Einführung in das Christentum

Joseph Ratzinger
Benedikt XVI.

Einführung in das Christentum

Weltbild

Meinen Hörern in Freising, Bonn, Münster und Tübingen

Völlig unveränderte, mit einer neuen Einführung
versehene Neuausgabe 2000
Gesetzt nach den Regeln der reformierten Rechtschreibung

Besuchen Sie uns im Internet:
www.weltbild.de

Genehmigte Lizenzausgabe der Verlagsgruppe Weltbild GmbH,
Steinerne Furt, D-86167 Augsburg

Mit kirchlicher Druckerlaubnis: München, 2. Juli 1968
GV Nr. 7194/4, Matthias Defregger, Generalvikar
Umschlaggestaltung: Atelier Lehmacher, Friedberg
Umschlagmotiv: picture-alliance/dpa
Gesamtherstellung: Clausen & Bosse GmbH,
Birkstraße 10, 25917 Leck
Printed in Germany
ISBN 3-8289-4932-0

2007 2006 2005
Die letzte Jahreszahl gibt die aktuelle Lizenzausgabe an.

INHALT

ERSTER HAUPTTEIL: GOTT

ZWEITER HAUPTTEIL: JESUS CHRISTUS

DRITTER HAUPTTEIL: DER GEIST UND DIE KIRCHE

ANHANG

VORWORT ZUR NEUAUSGABE 2000

»Einführung in das Christentum« – gestern, heute, morgen

Seitdem dieses Werk entstanden ist, sind mehr als dreißig Jahre vergangen, in denen sich die Weltgeschichte in schnellem Tempo weiterbewegt hat. Zwei Jahre erscheinen im Rückblick als spezifische Markierungen der letzten Jahrzehnte des abgelaufenen Jahrtausends: 1968 und 1989. Das Jahr 1968 bezeichnet den Aufstand einer neuen Generation, die nicht nur das Aufbauwerk nach dem Krieg als unzulänglich, voller Ungerechtigkeit, voller Egoismus und Besitzgier befand, sondern den ganzen Verlauf der Geschichte seit dem Sieg des Christentums für verfehlt und gescheitert ansah. Sie wollte es nun endlich besser machen, die Welt der Freiheit, der Gleichheit und der Gerechtigkeit herstellen und war überzeugt, den Weg dahin im großen Strom des marxistischen Denkens gefunden zu haben. Das Jahr 1989 brachte den überraschenden Zusammenbruch der sozialistischen Regime in Europa, die ein trauriges Erbe zerstörter Erde und zerstörter Seelen hinterließen. Wer erwartet hatte, dass nun die Stunde der christlichen Botschaft neu geschlagen habe, sah sich getäuscht. Obwohl die Zahl der glaubenden Christen in der ganzen Welt nicht gering ist, ist es dem Christentum in diesem geschichtlichen Augenblick nicht gelungen, sich als eine epochale Alternative vernehmlich zu machen. Im Grunde war die marxistische Heilslehre in freilich unterschiedlich instrumentierten Variationen als die einzige ethisch motivierte und zugleich dem wissenschaftlichen Weltbild gemäße Wegweisung in die Zukunft da gestanden. Deshalb hat sie auch nach dem Schock von 1989 nicht einfach abgedankt. Man braucht nur einmal zu bedenken, wie wenig von den Schrecknissen kommunistischer Gulags die Rede, wie verloren die Stimme Solschenizyns geblieben ist: Über all dieses spricht man nicht. Eine Art Scham verbietet es; selbst Pol Pots mörderisches Regime wird nur gelegentlich im Vorbeigehen erwähnt. Aber eine Enttäuschung ist doch geblieben und eine tiefe Ratlosigkeit. Man traut großen moralischen Verheißungen nicht mehr, und der Marxismus hatte sich ja als eine solche verstanden. Es ging um Gerechtigkeit für alle, um Frieden, um Abschaffung ungerechter Herrschaftsverhältnisse und so fort. Um dieser edlen Ziele willen glaubte man unterwegs die ethischen Grundlagen aussetzen zu müssen und Terror als Mittel für das Gute verwenden zu dürfen. Nachdem die Trümmerfelder der Menschlichkeit, die so entstanden, wenigstens für einen Augenblick sichtbar geworden sind, zieht man sich lieber auf Pragmatik zurück oder bekennt sich ganz unverhüllt zur Verachtung des Ethischen. Ein tragisches Beispiel können wir in Kolumbien beobachten, wo zunächst unter marxistischen Vorzeichen ein Kampf für die Befreiung der kleinen Bauern, der von den großen Kapitalien Getretenen aufgenommen worden war. Heute hat sich stattdessen einfach eine der staatlichen Macht entzogene Rebellenrepublik herausgebildet, die ganz offen vom Drogenhandel lebt und dafür keine moralischen Rechtfertigungen mehr sucht, zumal sie damit eine Anfrage der reichen Länder befriedigt und zugleich Menschen Brot gibt, die in der Weltwirtschaftsordnung sonst kaum noch etwas zu suchen hätten. Muss in einer solchen Situation der Ratlosigkeit das Christentum nicht allen Ernstes versuchen, seine Stimme wiederzufinden, um das neue Jahrtausend in seine Botschaft »einzuführen«, sie als eine gemeinsame Wegweisung in die Zukunft verständlich zu machen?

Wo war eigentlich die Stimme des christlichen Glaubens in dieser Zeit? 1967, als das Buch entstand, waren die Gärungen der frühen Nachkonzilszeit voll im Gange. Das II. Vatikanische Konzil hatte ja genau dies gewollt: dem Christentum wieder geschichtsbildende Kraft verleihen. Im 19. Jahrhundert hatte sich die Meinung herausgebildet, die Religion gehöre dem Bereich des Subjektiven und Privaten zu und solle da ihren Ort haben. Aber eben weil sie dem Subjektiven zuzurechnen sei, könne sie für den großen Gang der Geschichte und die in ihr zu fällenden Entscheidungen keine bestimmende Kraft sein. Nun sollte im Anschluss an das Konzil gerade wieder sichtbar werden, dass der Glaube der Christen das ganze Leben umfasst, dass er mitten in der Geschichte und in der Zeit steht und über den Bereich subjektiver Vorstellungen hinaus belangvoll ist. Das Christentum versuchte – jedenfalls in der Sicht der katholischen Kirche – wieder aus dem Ghetto, wohin es seit dem 19. Jahrhundert verdrängt worden war, herauszutreten und sich auf die Welt im Ganzen neu einzulassen. Über die innerkirchlichen Streitigkeiten und Reibereien, die sich in der Auslegung und Aneignung des Konzils ergaben, brauchen wir hier nicht zu sprechen. Für den Stand des Christentums in der Zeit wurde vor allem der Gedanke eines neuen Verhältnisses von Kirche und Welt wirksam. Hatte Romano Guardini in den dreißiger Jahren – höchst notwendigerweise – den Begriff der »Unterscheidung des Christlichen« geprägt, so schien solche Unterscheidung jetzt nicht mehr wichtig zu sein, sondern im Gegenteil das Überspringen der Unterschiede, das Zugehen auf die Welt, das Sich-Einlassen auf sie. Schon auf den Pariser Barrikaden von 1968 zeigte sich, wie schnell diese Gedanken aus den Gesprächen kirchlicher Akademien heraustraten und ganz praktisch werden konnten: Man feierte eine Revolutionseucharistie und praktizierte damit eine neue Verschmelzung von Kirche und Welt im Zeichen der Revolution, die endlich den Aufbruch zu einer besseren Zeit bringen sollte. Die führende Beteiligung katholischer und evangelischer Studentengemeinden an den revolutionären Umbrüchen in europäischen und außereuropäischen Universitäten bestätigte dieselbe Richtung.

Aber eigentlich gezündet hat der Blitz dieser neuen Umsetzung von Ideen in Praxis, dieser neuen Verschmelzung von christlichem Impuls und weltlich politischem Handeln in Lateinamerika. Die Theologie der Befreiung schien für mehr als ein Jahrzehnt die neue Richtung anzugeben, mit der der Glaube wieder weltgestaltend werden sollte, weil er sich mit den Erkenntnissen und Weisungen der Weltstunde neu verband. Dass es in Lateinamerika in erschreckendem Maß Unterdrückung, ungerechte Herrschaft, Konzentration von Besitz und Macht in wenigen Händen und Ausbeutung der Armen gab, war unbestritten und unbestritten damit, dass Handlungsbedarf bestand. Und da es sich um mehrheitlich katholische Länder handelte, konnte kein Zweifel sein, dass hier die Kirche Verantwortung trug und der Glaube sich als Kraft der Gerechtigkeit bewähren musste. Aber wie eigentlich? Da schien nun Marx der große Wegweiser zu sein. Er habe nun die Rolle übernommen, die im 13. Jahrhundert Aristoteles zugekommen war, dessen vorchristliche (also »heidnische«) Philosophie zu taufen war, um Glaube und Vernunft in die rechte Beziehung zueinander zu bringen. Wer aber Marx (in welchen neomarxistischen Variationen auch immer) als den Vertreter der Weltvernunft aufnimmt, der nimmt nicht einfach eine Philosophie, eine Vision über Herkunft und Sinn des Daseins an, sondern der übernimmt vor allem eine Praxis. Denn diese »Philosophie« ist wesentlich eine »Praxis«, die erst »Wahrheit« schafft, nicht eine solche voraussetzt. Wer Marx zum Philosophen der Theologie macht, der übernimmt den Primat des Politischen und der Wirtschaft, die nun die eigentlichen Heilsmächte (und, wenn falsch angewendet, Unheilsmächte) sind: Die Erlösung des Menschen geschieht in solcher Sicht durch die Politik und die Wirtschaft, in der die Gestalt der Zukunft bestimmt wird. Dieser Primat der Praxis und der Politik bedeutete vor allem, dass Gott nicht als »praktisch« einzustufen ist. Die »Realität«, auf die man nun einzugehen hatte, war allein die materielle Realität der geschichtlichen Gegebenheiten, die zu durchschauen und auf die richtigen Ziele hin mit den dafür angemessenen Mitteln umzugestalten war, wozu unerlässlich auch die Gewalt zählte. Die Rede von Gott gehört in dieser Sicht weder zum Bereich des Praktischen noch zu dem der Realität. Man musste sie – wenn schon – verschieben, bis das Wichtigste getan sein würde. Es blieb die Gestalt Jesu, der nun freilich nicht mehr als der Christus erschien, sondern als die Verkörperung aller Leidenden und Unterdrückten und als deren Stimme, die zum Umbruch, zur großen Veränderung ruft. Das Neue an dem Ganzen war, dass das Programm der Weltveränderung, das bei Marx nicht nur atheistisch, sondern auch antireligiös gedacht ist, nun mit religiöser Leidenschaft gefüllt wurde, sich auf religiöse Grundlagen stützte: eine neu gelesene Bibel (besonders des Alten Testaments) und eine Liturgie, die als symbolischer Vorvollzug der Revolution und als Bereitung für sie gefeiert wurde.

Man muss es zugeben: Das Christentum war mit dieser merkwürdigen Synthese wieder in die Öffentlichkeit der Welt getreten und eine »epochale« Botschaft geworden. Es verwundert nicht, dass die sozialistischen Staaten dieser Bewegung freundlich gegenüber standen. Bemerkenswerter ist, dass auch in den »kapitalistischen« Ländern die Befreiungstheologie das Hätschelkind der öffentlichen Meinung war, dem zu widersprechen geradezu als Versündigung gegen die Menschlichkeit und die Menschheit angesehen wurde, auch wenn man die praktischen Anweisungen im eigenen Bereich natürlich nicht angewendet sehen wollte, weil man ja bereits bei einer gerechten Sozialordnung angekommen sei. Nun darf man nicht bestreiten, dass es in den verschiedenen Befreiungstheologien auch viele wirklich bedenkenswerte Einsichten gab. Alle diese Entwürfe mussten aber in dem Augenblick als epochale Gestalt einer Synthese des Christlichen mit der Welt abtreten, in dem der Glaube an Politik als Heilsmacht zusammenbrach. Der Mensch ist zwar, wie Aristoteles sagt, ein »politisches Wesen«, aber er darf nicht auf Politik und Wirtschaft reduziert werden. Das eigentliche und tiefste Problem der Befreiungstheologien sehe ich in dem faktischen Ausfall des Gottesgedankens, der natürlich auch (wie angedeutet) die Gestalt Christi grundlegend verändert hat. Nicht als ob man Gott geleugnet hätte – beileibe nicht. Er wurde nur für die »Realität«, der man sich zuwenden musste, nicht gebraucht. Er war funktionslos. An diesem Punkt fragt man sich plötzlich betroffen: War das etwa nur in der Befreiungstheologie so? Oder konnte sie zu einer solchen Einschätzung der Gottesfrage als nicht praktisch für das Geschäft der Weltveränderung, das anstand, bloß kommen, weil die Christenheit weithin ähnlich dachte oder eher ähnlich lebte, ohne es zu bedenken und zu bemerken? Hat sich nicht das christliche Bewusstsein weithin – ohne es gewahr zu werden – damit abgefunden, dass der Glaube an Gott etwas Subjektives sei, das in den Bereich des Privaten gehört und nicht in die gemeinsamen Aktivitäten des öffentlichen Lebens, in denen man sich nun einmal, um zusammenarbeiten zu können, einrichten musste, »etsi Deus non daretur« (für den Fall, dass es Gott nicht geben würde). Musste man nicht einen Weg finden, der gültig war auch für den Fall, dass es Gott nicht geben sollte? So ergab es sich eigentlich von selbst, dass man beim Heraustreten des Glaubens aus dem Innenraum des Kirchlichen ins Öffentliche und Allgemeine Gott keine Funktion zuweisen konnte, ihn ließ, wo er war: im Privaten, in der Intimsphäre, die keinen anderen angeht. Darum brauchte es gar keiner besonderen Nachlässigkeit und schon gar nicht einer bewussten Verneinung, wenn man Gott als Gott ohne Funktion ließ, zumal sein Name oft genug missbraucht worden war. Aber wirklich aus dem Ghetto wäre der Glaube erst dann herausgetreten, wenn er sein Eigenes mit in die Öffentlichkeit genommen hätte, den richtenden und leidenden Gott, den Gott, der uns Grenzen und Maßstäbe setzt; den Gott, von dem wir kommen und zu dem wir gehen. So aber blieb er eigentlich erst recht im Ghetto der Funktionslosigkeit.

Gott aber ist »praktisch« und nicht bloß irgendein theoretischer Abschluss des Weltbildes, mit dem man sich tröstet, an dem man sich anhält oder einfach vorübergeht. Das sehen wir heute überall dort, wo seine bewusste Leugnung konsequent geworden ist und wo seine Abwesenheit durch nichts mehr gemildert wird. Denn zunächst geht da, wo man Gott auslässt, scheinbar alles weiter wie bisher. Gewachsene Grundentscheidungen, Grundformen des Lebens bleiben bestehen, auch wenn sie ihre Begründung verloren haben. Aber wenn, wie es Nietzsche darstellt, die Botschaft einmal wirklich ankommt, die Menschen ins Herz trifft, dass Gott tot sei, dann wird alles anders. Das zeigt sich heute zum einen in dem wissenschaftlichen Umgang mit dem menschlichen Leben, bei dem der Mensch ganz von selbst zum technischen Objekt wird, als Mensch immer mehr verschwindet. Wenn man Embryonen technisch »züchtet«, um »Forschungsmaterial« zu haben und Organvorräte zu gewinnen, die dann anderen Menschen nützen sollen – da gibt es schon kaum noch mehr einen Aufschrei des Entsetzens. Der Fortschritt verlangt dies alles, und die Ziele sind ja edel: die Lebensqualität der Menschen zu verbessern, jedenfalls derjenigen, die es sich leisten können, nach solchen Dienstleistungen zu greifen. Aber wenn der Mensch in seinem Ursprung und in seinen Wurzeln sich selbst nur Objekt ist, wenn er »produziert« und in der Produktion nach Wünschen und Nützlichkeiten selektiert wird, was soll dann überhaupt der Mensch noch vom Menschen denken? Wie sich zu ihm verhalten? Wie wird der Mensch zum Menschen stehen, wenn er nichts mehr vom göttlichen Geheimnis im anderen finden kann, sondern nur noch sein eigenes Machen-Können? Was hier in den »hohen« Zonen der Wissenschaft erscheint, hat sein Spiegelbild überall dort, wo es gelungen ist, auch in der Breite den Menschen Gott aus dem Herzen zu reißen. Heute gibt es Freizonen des Menschenhandels, des zynischen Verbrauchs des Menschen, denen die Gesellschaft wehrlos gegenübersteht. Von Albanien zum Beispiel werden durch Verbrechersyndikate immerfort Frauen unter Vorspiegelungen als Prostituierte ins gegenüberliegende Festland geliefert, und weil es hier genügend Zyniker gibt, die auf solche »Ware« warten, werden die Organisationen des Verbrechens mächtiger, und die Abwehr muss feststellen, dass der Hydra des Bösen fortwährend neue Köpfe nachwachsen, wie viele man auch abhauen mag. Und sehen wir nicht überall um uns herum, in scheinbar ganz geordneter Umgebung, das Wachsen der Gewalt, die immer selbstverständlicher und immer hemmungsloser wird? Ich will das Szenario des Schreckens nicht weiter verlängern. Aber nachdenklich sollten wir werden, ob nicht doch Gott die eigentliche Wirklichkeit, die Grundvoraussetzung eines jeden »Realismus« ist, so dass ohne ihn nichts heil bleibt.

Kehren wir zurück zum Verlauf der geschichtlichen Entwicklung seit 1967. Das Jahr 1989, so sagte ich, hatte keine neuen Antworten gebracht, eher die Ratlosigkeit vertieft und Skepsis gegen große Ideale genährt. Aber etwas ist doch geschehen. Religion ist wieder modern geworden. Ihr Verschwinden wird nicht mehr erwartet, im Gegenteil, sie wuchert in verschiedenen neuen Formen. In der bleiernen Einsamkeit einer gottleeren Welt, in ihrer inneren Langweiligkeit ist die Suche nach Mystik, nach irgendeiner Berührung mit dem Göttlichen von neuem aufgebrochen. Allenthalben ist von Visionen und Botschaften aus der anderen Welt die Rede, und wo immer das Stichwort Erscheinung hörbar wird, machen sich Tausende auf den Weg, um vielleicht doch einen Spalt in der Welt zu entdecken, durch den der Himmel sie anschaut und ihnen Tröstung schenkt. Man klagt darüber, dass die neue Suche nach Religion an den traditionellen christlichen Kirchen weithin vorübergehe. Institution stört, und Dogma stört. Das Erlebnis wird gesucht, die Erfahrung des ganz anderen. Ich möchte dieser Klage nicht uneingeschränkt zustimmen. Auf den großen Weltjugendtagen wie zuletzt in Paris wird Glaube Erfahrung und schenkt die Freude der Gemeinschaft. Etwas von Ekstase im guten Sinn teilt sich mit. Der düsteren und zerstörerischen Ekstase der Droge, der hämmernden Rhythmen, des Lärms und des Rausches tritt eine helle Ekstase des Lichts, der freudigen Begegnung in der Sonne Gottes entgegen. Man sage nicht, das sei nur eine Sache des Augenblicks. Oft ist es so, ohne Zweifel. Aber es kann auch ein Augenblick sein, der Aufbruch wird und auf den Weg bringt. Ähnliches trägt sich in den Bewegungen zu, die in den letzten Jahrzehnten vermehrt aufgebrochen sind. Auch hier wird Glaube erfahrbare Lebensgestalt, Freude, sich auf den Weg zu machen und am Geheimnis des Sauerteigs teilzunehmen, der von innen her das Ganze durchdringt und erneuert. Schließlich können auch Erscheinungsorte, wenn ein gesunder Kern da ist, Anstöße werden, sich neu und auf nüchterne Weise auf die Suche nach Gott zu machen. Wer erwartet hatte, das Christentum werde nun zur Massenbewegung, sah sich freilich getäuscht. Aber nicht die Massenbewegungen tragen die Verheißung der Zukunft in sich. Zukunft bildet sich, wo Menschen in lebensformenden Überzeugungen zueinander finden. Und gute Zukunft wächst, wo diese Überzeugungen aus der Wahrheit kommen und in sie hineinführen.

Die Wiederentdeckung von Religion hat aber auch noch ein anderes Gesicht. Wir sahen schon, dass diese Wiederentdeckung nach Religion als Erlebnis sucht, dass ihr die »mystische« Seite der Religion wichtig ist, Religion als mir eröffnete Berührung mit dem ganz Anderen. Das bedeutet in unserer geschichtlichen Lage, dass die mystischen Religionen Asiens (Teile des Hinduismus und der Buddhismus) mit ihrem Verzicht auf Dogmatik und ihrem geringen Maß an Institutionalisierung der aufgeklärten Menschheit gemäßer zu sein scheinen als das dogmatisch-inhaltlich bestimmte und institutionell geformte Christentum. Ganz allgemein aber entsteht eine Relativierung der einzelnen Religionen, in denen es bei allen Unterschieden, ja, Gegensätzen letztlich unter verschiedenen Gestalten doch nur um die Innenseite aller unterschiedlichen Formen gehen könne, um die Berührung mit dem Unnennbaren, dem verborgenen Geheimnis. Und man ist sich weithin einig, dass dieses Geheimnis sich in keiner Offenbarungsgestalt ganz zeigt, dass es immer nur verschüttet und bruchstückhaft und doch als dasselbe und eine geahnt und gesucht wird. Dass wir Gott nicht selber erkennen können, dass alles Ausgesagte und Dargestellte nur Symbol sein kann, das ist geradezu eine Grundgewissheit des modernen Menschen, die er irgendwie auch als seine Demut vor dem Unendlichen versteht. Mit solcher Relativierung verbindet sich der Gedanke des großen Friedens der Religionen, die sich gegenseitig als unterschiedliche Weisen der Spiegelung des einen Ewigen anerkennen und dem Menschen freistellen sollten, auf welchen Wegen er sich zu dem sie doch alle Verbindenden durchtastet. Der christliche Glaube wird durch einen solchen Relativierungsprozess vor allem an den zwei grundlegenden Orten seines Wesens entscheidend verändert:

1. Die Gestalt Christi wird vollständig neu gedeutet, nicht nur dem Dogma, sondern gerade auch den Evangelien gegenüber. Der Glaube daran, dass Christus der einzige Sohn Gottes *ist*, dass in ihm wirklich Gott als Mensch unter uns weilt und dass der Mensch Jesus ewig in Gott selbst, Gott selber ist, also nicht eine Offenbarungsgestalt Gottes, sondern Gott, der einzige und nicht austauschbare, dieser Glaube wird damit ausgeschieden. Christus wird aus dem Menschen, der Gott *ist*, zu einem, der Gott in

besonderer Weise *erfahren* hat. Er ist ein Erleuchteter und darin nicht mehr grundsätzlich unterschieden von anderen Erleuchteten, etwa Buddha. Aber bei einer solchen Auslegung verliert die Gestalt Jesu ihre innere Logik. Sie wird aus ihrer historischen Verankerung gerissen und in ein ihr fremdes Schema gepresst. Buddha – darin übrigens Sokrates vergleichbar – verweist von sich weg: Nicht auf seine Person kommt es an, einzig auf den Weg, den er gezeigt hat. Wer den Weg findet, darf Buddha vergessen. Aber bei Jesus kommt es gerade auf seine Person, auf ihn selber an. In seinem »Ich bin es« klingt das »Ich bin« vom Berg Horeb durch. Der Weg besteht gerade darin, ihm nachzufolgen, denn: »*Ich* bin der Weg, die Wahrheit und das Leben« (Joh 14,6). Er selbst ist der Weg, es gibt keinen von ihm unabhängigen Weg, auf dem er nicht mehr zählen würde. Wenn so gerade nicht eine Lehre, sondern seine Person die eigentliche Botschaft ist, die von ihm kommt, dann muss man freilich hinzufügen, dass dieses Ich Jesu reine Verwiesenheit auf das Du des Vaters ist, nicht in sich selber steht, sondern eben wirklich »Weg« ist. »Meine Lehre ist nicht meine Lehre« (Joh 7,16). »Ich suche nicht meinen Willen, sondern den Willen dessen, der mich gesandt hat« (Joh 5,30). Das Ich ist wichtig, weil es uns ganz in die Dynamik der Sendung hineinnimmt, weil es zur Selbstüberschreitung und zur Einung mit dem führt, auf den hin wir geschaffen sind. Wenn man die Gestalt Jesu aus dieser freilich immer skandalös wirkenden Größenordnung herausnimmt, sie vom Gottsein trennt, dann wird sie widersprüchlich. Es bleiben nur Fetzen, die uns ratlos lassen oder Vorwände der Selbstbestätigung werden.

2. Der Gottesbegriff wird grundlegend verändert. Die Frage, ob Gott als Person oder apersonal zu denken sei, scheint nun zweitrangig; zwischen theistischen und nichttheistischen Religionsformen ist kein wesentlicher Unterschied mehr erkennbar. Diese Ansicht verbreitet sich mit erstaunlicher Schnelligkeit. Auch

gläubige und theologisch gebildete Katholiken, die das Leben der Kirche mittragen wollen, stellen einem wie selbstverständlich die Frage: Kann denn das so wichtig sein, ob man Gott als Person oder unpersönlich fasst? Da sollten wir, so meint man, doch großzügig sein, denn Gottes Geheimnis stehe ja ohnedies jenseits aller Begriffe und Bilder. Damit aber trifft man das Herz des biblischen Glaubens. Nicht nur für Israel, sondern auch für die Christenheit als ganze war und bleibt das Sch^{e}ma, das »Höre Israel« aus Dtn 6,4–9 die eigentliche Mitte ihrer gläubigen Identität. Mit diesem Wort stirbt der gläubige Jude, die jüdischen Märtyrer haben mit ihm und für dies ihr Leben ausgehaucht: »Höre, Israel, Er ist unser Gott, Er ist einer.« Dass dieser Gott uns nun in Jesus Christus sein Gesicht zeigt (Joh 14,9), das Mose nicht sehen durfte (Ex 33,19), ändert nichts an diesem Bekenntnis, ändert nichts am Wesen dieser Identität. Dass Gott Person ist, erscheint in der Bibel natürlich nicht unter diesem Begriff, sondern in der Form, dass es einen Namen Gottes gibt. Name bedeutet Rufbarkeit, die Fähigkeit zu reden, zu hören, zu antworten. Das ist für den biblischen Gott wesentlich, und wenn man dies wegnimmt, hat man den Glauben der Bibel verlassen. Unbestreitbar gab und gibt es falsche, vordergründige Formen, Gott als Person zu fassen. Gerade wenn wir den Personbegriff auf Gott anwenden, ist – wie das vierte Laterankonzil über alles Reden von Gott sagt – der Unterschied zwischen unserer Idee von Person und Gottes Wirklichkeit immer unendlich größer als die Gemeinsamkeit. Falsche Anwendungen des Personbegriffs liegen immer da mit Sicherheit vor, wo Gott für eigene menschliche Interessen vereinnahmt und so sein Name verunreinigt wird: Das zweite Gebot, das den Namen Gottes schützen soll, folgt nicht von ungefähr direkt dem ersten, das uns ihn anzubeten lehrt. Insofern ist von der Gottesrede der »mystischen« Religionen mit ihrer rein negativen Theologie immerfort und immer neu zu lernen, und insofern gibt es Wege hin und her. Aber wo das verschwindet, was mit »Name Gottes«, also Gottes Personsein gemeint ist, wird sein Name nicht mehr geschützt und geehrt, sondern eben preisgegeben.

Aber was ist nun eigentlich mit Gottes Namen, mit seinem Personsein gemeint? Eben dies, dass nicht nur wir ihn erfahren können jenseits aller Erfahrung, sondern dass er selbst sich äußern, sich mitteilen kann. Wo Gott, wie im Buddhismus, ganz unpersönlich gefasst ist, als das reine Nicht im Verhältnis zu allem, was uns wirklich erscheint, da gibt es keine positive Weltbeziehung »Gottes«. Da ist Welt als Quell des Leidens zu überwinden, aber nicht mehr zu gestalten. Die Religion zeigt dann Wege der Weltüberwindung, der Befreiung von der Last ihres Scheins, aber keine Maßstäbe, wie wir in der Welt leben können, keine Formen gemeinschaftlicher Verantwortung in ihr. Etwas anders stellt sich die Sache im Hinduismus dar. Das Wesentliche ist die Identitätserfahrung: In meinem Grunde bin ich eins mit dem verborgenen Grund der Wirklichkeit selbst – das berühmte *tat tvam asi* der Upanishaden. Die Erlösung liegt in der Befreiung von der Individuation, vom Personsein, in der Überwindung der im Personsein begründeten Unterscheidung von allem Seienden: Die Täuschung des Selbst über sich selbst muss beseitigt werden. Die Problematik dieser Sicht des Seins ist im Neuhinduismus sehr stark empfunden worden. Wo es die Einzigkeit der Personen nicht gibt, da ist auch die unantastbare Würde jeder einzelnen Person nicht zu begründen. Zu den Reformen, die man nun in Gang brachte (Abschaffung der Kastengesetze, der Witwenverbrennung usw.), war es gerade notwendig, von dieser Grundauffassung Abschied zu nehmen und in das Gesamtgefüge indischen Denkens den Personbegriff einzubringen, wie er im christlichen Glauben aus der Begegnung mit dem persönlichen Gott gewachsen ist. Die Suche nach der rechten »Praxis«, nach dem rechten Handeln, hat hier die »Theorie« zu korrigieren begonnen: Man kann ein Stück weit sehen, wie

»praktisch« der christliche Gottesglaube ist, wie wenig man die großen Unterscheidungsfragen ins letztlich Belanglose abschieben darf.

Mit diesen Überlegungen sind wir an der Stelle angelangt, an der heute »Einführung in das Christentum« ansetzen muss. Bevor ich versuche, die damit angedeutete Linie noch ein wenig weiter auszuziehen, ist aber noch ein Hinweis zur gegenwärtigen Situation von Gottes- und Christusglaube angebracht. Es gibt die Furcht vor dem christlichen »Imperialismus«, das Heimweh nach der schönen Vielfalt der Religionen und ihrer vermeintlich ursprünglichen Heiterkeit und Freiheit. Der Kolonialismus sei mit dem Wesen des geschichtlichen Christentums verbunden, das den anderen in seiner Andersheit nicht annehmen und alles unter seine Obhut bringen wollte. So seien die Religionen und Kulturen Südamerikas zertrampelt und zertreten und der Seele der Völker Gewalt angetan worden, die sich im Neuen nicht finden konnte und der das Alte entrissen war. Es gibt da mildere und strengere Lesarten. Die mildere sagt, man müsse nun endlich den verlorenen Kulturen ihr Heimatrecht im christlichen Glauben gewähren und ein autochthones Christentum sich formen lassen. Die radikalere Ansicht betrachtet das Christentum insgesamt als eine Entfremdung, von der man die Völker befreien müsse. Die Forderung eines autochthonen Christentums muss man, recht verstanden, als eine durchaus wichtige Aufgabe anfassen. Alle großen Kulturen sind offen aufeinander und auf die Wahrheit hin. Alle haben etwas beizutragen zum »vielfarbenen Gewand« der Braut, von dem der Psalm 44 spricht, den die Väter auf die Kirche bezogen. Da ist gewiss manches versäumt worden und Neues zu tun. Vergessen wir aber nicht, dass jene Völker in der Volksfrömmigkeit zu einem nicht unwesentlichen Teil schon einen eigenen Ausdruck des christlichen Glaubens gefunden haben. Dass ihnen besonders der leidende Gott und die gütige Mutter zu den zentralen Bildern des Glaubens wurden, die ihnen die

Tür zum Gott der Bibel öffneten, hat auch uns, auch heute etwas zu sagen. Aber natürlich bleibt noch vieles zu tun.

Kehren wir zurück zur Frage nach Gott und nach Christus als Herzstück einer Einführung in den christlichen Glauben. Eines ist schon deutlich geworden: Die mystische Dimension des Gottesbegriffs, die von den Religionen Asiens als Anruf auf uns zukommt, muss deutlich auch unser Denken und unser Glauben bestimmen. Gott ist ganz konkret geworden in Christus, aber so ist auch sein Geheimnis noch größer geworden. Gott ist immer unendlich größer als all unsere Begriffe und all unsere Bilder und Namen. Dass wir ihn nun als dreieinig bekennen, bedeutet nicht, dass wir jetzt eigentlich alles über ihn wissen, sondern ganz im Gegenteil: Es zeigt uns erst, wie wenig wir von ihm wissen und wie wenig wir ihn begreifen oder umgreifen können. Wenn heute nach den Schrecknissen der totalitären Regime (ich erinnere an das Mahnmal Auschwitz) die Theodizeefrage mit brennender Gewalt sich auf uns alle legt, dann wird nur noch einmal sichtbar, wie wenig wir Gott definieren, gar durchschauen können. Die Antwort Gottes an Ijob erklärt ja nichts, sondern weist nur unseren Wahn, über alles urteilen und abschließend sprechen zu können, in die Schranken und erinnert uns an unsere Grenzen. Dem Geheimnis Gottes in seiner Unbegreiflichkeit zu trauen, ermahnt sie uns.

Dies gesagt, muss nun aber doch gerade auch mit dem Dunkel die Helligkeit Gottes betont werden. Vom Johannes-Prolog her steht der Begriff des Logos im Mittelpunkt unseres christlichen Gottesglaubens. Logos heißt Vernunft, Sinn, aber auch Wort – ein Sinn also, der Wort ist, der Beziehung ist, der schöpferisch ist. Der Gott, der Logos ist, verbürgt uns die Vernünftigkeit der Welt, die Vernünftigkeit unseres Seins, die Gottgemäßheit der Vernunft und die Vernunftgemäßheit Gottes, auch wenn seine Vernunft die unsere unendlich überschreitet und für uns so oft wie Dunkel erscheinen mag. Die Welt kommt aus der Vernunft, und diese Vernunft ist Person, ist Liebe – das ist es, was uns der biblische Glaube über Gott sagt. Die Vernunft kann von Gott reden, sie muss von Gott reden, sonst amputiert sie sich selbst. Damit ist der Schöpfungsbegriff mitgegeben. Die Welt ist nicht nur maya, Schein, den wir letztlich hinter uns lassen müssen. Sie ist nicht bloß das unendliche Rad der Leiden, dem wir versuchen müssen zu entrinnen. Sie ist positiv. Sie ist trotz all des Bösen in ihr und trotz allen Leids gut, und es ist gut, in ihr zu leben. Der Gott, der Schöpfer ist und sich in seiner Schöpfung aussagt, gibt auch dem menschlichen Tun Richtung und Maß. Wir leben heute in einer Krise des Ethos, die längst nicht mehr bloß eine akademische Frage von Letztbegründungen ethischer Theorien, sondern eine ganz praktische Angelegenheit ist. Dass Ethos eigentlich unbegründbar sei, spricht sich herum und wirkt sich aus. Die Publikationen zum Thema Ethos überschlagen sich beinahe, was einerseits die Dringlichkeit der Frage anzeigt, andererseits aber auch die herrschende Ratlosigkeit. Kolakowski hat auf seinem Denkweg sehr nachdrücklich darauf aufmerksam gemacht, dass die Streichung des Gottesglaubens, wie immer man es auch drehen und wenden mag, letztlich dem Ethos seinen Grund wegnimmt. Wenn die Welt und der Mensch nicht aus einer schöpferischen Vernunft kommen, die ihre Maße in sich trägt und in die Existenz des Menschen einträgt, dann bleiben nur noch Verkehrsregeln menschlichen Verhaltens übrig, die nach ihrem Nutzwert zu entwerfen und zu begründen sind. Es bleibt nur das Kalkül der Wirkungen, das, was man teleologische Ethik oder Proportionalismus nennt. Aber wer kann denn wirklich über die Wirkungen unseres Augenblicks hinaus urteilen? Wird dann nicht eine neue Herrschaftsklasse die Schlüssel des Daseins, die Verwaltung des Menschen in die Hand nehmen? Wenn es um das Kalkül der Wirkungen geht, dann gibt es die Unberührbarkeit der Menschenwürde nicht mehr, weil nichts mehr in sich gut oder böse ist. Die Frage nach dem Ethos steht auf der Tagesordnung unserer Zeit, mit großer Dringlichkeit. Der Glaube an den Logos, das Wort am Anfang, versteht Ethos als Ver-antwortung, als Antwort auf das Wort und gibt ihm seine Rationalität wie seine wesentliche Richtung. Damit ist auch der Auftrag verbunden, nach einem gemeinsamen Verstehen von Verantwortung mit aller redlich fragenden Vernunft und mit den großen religiösen Traditionen der Menschheit zu suchen. Es gibt da nicht nur die innere Nähe der drei großen Monotheismen, sondern auch bedeutende Konvergenzen mit einem anderen Strang asiatischer Religiosität wie er uns im Konfuzianismus und Taoismus begegnet.

Wenn für das christliche Gottesbild das Stichwort Logos – das Wort am Anfang, die schöpferische Vernunft und Liebe – bestimmend ist, und wenn der Begriff des Logos zugleich die Mitte der Christologie, des Christusglaubens bildet, dann ist die Untrennbarkeit von Glaube an Gott und Glaube an seinen menschgewordenen Sohn Jesus Christus nur noch einmal bekräftigt. Wir werden Jesus nicht besser verstehen und ihm nicht näher kommen, wenn wir den Glauben an seine Göttlichkeit einklammern. Die Furcht, der Glaube an seine Gottheit entfremde ihn uns, ist heute weit verbreitet. Nicht nur den anderen Religionen zuliebe möchte man diesen Glauben gerne möglichst kleinschreiben. Es geht zuallererst um unsere eigenen westlichen Ängste. Zum modernen Weltbild scheint all dies nicht zu passen. Es kann sich eigentlich nur um Mythisierungen handeln, die dann vom griechischen Geist in Metaphysik umgesetzt worden seien. Aber wenn wir Christus und Gott auseinandernehmen, dann steht dahinter auch der Zweifel, ob Gott uns überhaupt so nahe sein könne, ob er sich so weit herunterbeugen dürfe. Es scheint Demut zu sein, dass wir dies nicht wollen. Aber Romano Guardini hat mit Recht darauf hingewiesen, dass die höhere Demut darin besteht, Gott auch das uns geradezu ungehörig Scheinende machen zu lassen und sich dem zu beugen, was er tut, nicht dem, was wir über ihn und für ihn ausdenken. Weil eine Idee der Weltferne Gottes hinter unserem scheinbar demütigen Realismus steht, ist damit auch ein Verlust an Gegenwart Gottes verbunden. Wenn Gott nicht in Christus ist, dann rückt er in eine unmessbare Ferne, und wenn Gott nicht mehr ein Gott mit uns ist, dann ist er eben ein abwesender Gott und damit eigentlich kein Gott: Ein Gott, der nicht wirken kann, ist nicht Gott. Was aber die Furcht angeht, Jesus rücke uns durch den Glauben an seine Gottessohnschaft zu ferne, so ist genau das Gegenteil der Fall: Wenn er nur ein Mensch war, dann ist er unwiderruflich in die Vergangenheit zurückgetreten, und nur fernes Erinnern kann ihn dann mehr oder weniger deutlich wahrnehmen. Aber wenn Gott wahrhaft einen Menschen angenommen hat und so zugleich wahrer Mensch und wahrer Gott in Jesus ist, dann nimmt er als Mensch an der Gegenwart Gottes teil, die alle Zeiten umgreift. Dann, nur dann ist er nicht bloß gestern, sondern anwesend unter uns, unser Zeitgenosse in unserem Heute. Deswegen muss – davon bin ich fest überzeugt – eine Erneuerung der Christologie den Mut haben, Christus in seiner ganzen Größe zu sehen, wie ihn die vier Evangelien zusammen in ihrer spannungsvollen Einheit zeigen.

Wenn ich die »Einführung in das Christentum« heute noch einmal zu schreiben hätte, müssten all die Erfahrungen der letzten dreißig Jahre in den Text eingehen, der dann viel stärker, als es damals angezeigt schien, auch den Kontext der interreligiösen Fragestellungen aufnehmen müsste. Aber ich glaube, dass ich mich in der Grundrichtung nicht geirrt habe, insofern ich die Gottesfrage und die Frage nach Christus in die Mitte rückte, die dann in eine »narrative Christologie« mündet und den Ort des Glaubens in der Kirche anzeigt. Die Grundorientierung, so denke ich, war richtig. Deswegen wage ich es, das Buch auch heute noch einmal in die Hand des Lesers zu legen.

Rom, April 2000 *Joseph Cardinal Ratzinger*

VORWORT ZUR ERSTEN AUFLAGE

Die Frage, was eigentlich Inhalt und Sinn christlichen Glaubens sei, ist heute von einem Nebel der Ungewissheit umgeben wie kaum irgendwann zuvor in der Geschichte. Wer die theologische Bewegung des letzten Jahrzehnts beobachtet hat und nicht zu jenen Gedankenlosen gehört, die das Neue unbesehen jederzeit auch schon für das Bessere halten, könnte sich wohl dabei an die alte Geschichte vom »Hans im Glück« erinnert fühlen: Den Goldklumpen, der ihm zu mühsam und schwer war, vertauschte er der Reihe nach, um es bequemer zu haben, für ein Pferd, für eine Kuh, für eine Gans, für einen Schleifstein, den er endlich ins Wasser warf, ohne noch viel zu verlieren – im Gegenteil: Was er nun eintauschte, war die köstliche Gabe völliger Freiheit, wie er meinte. Wie lang seine Trunkenheit währte, wie finster der Augenblick des Erwachens aus der Geschichte seiner vermeinten Befreiung war, das auszudenken überlässt jene Geschichte, wie man weiß, der Fantasie ihrer Leser. Dem besorgten Christen von heute aber drängen sich nicht selten Fragen wie diese auf: Hat unsere Theologie in den letzten Jahren sich nicht vielfach auf einen ähnlichen Weg begeben? Hat sie nicht den Anspruch des Glaubens, den man allzu drückend empfand, stufenweise herunterinterpretiert, immer nur so wenig, dass nichts Wichtiges verloren schien, und doch immer so viel, dass man bald darauf den nächsten Schritt wagen konnte? Und wird der arme Hans, der Christ, der vertrauensvoll sich von Tausch zu Tausch, von Interpretation zu Interpretation führen ließ, nicht wirklich bald statt des Goldes, mit dem er begann, nur noch einen Schleifstein in Händen halten, den wegzuwerfen man ihm getrost zuraten darf?

Gewiss, solche Fragen sind ungerecht, wenn sie allzu global gestellt werden. Denn man kann nun einmal rechtmäßigerweise nicht behaupten, »die moderne Theologie« überhaupt sei einen solchen Weg gegangen. Ebenso wenig aber wird man leugnen dürfen, dass eine weit verbreitete Stimmung einen Trend unterstützt, der in der Tat vom Gold zum Schleifstein führt. Ihm kann man freilich nicht entgegenwirken durch ein bloßes Beharren auf dem Edelmetall fester Formeln der Vergangenheit, das dann doch auch nur ein Metallklumpen bleibt: eine Last, statt kraft seines Wertes die Möglichkeit wahrer Freiheit zu gewähren. An dieser Stelle setzt die Absicht des vorliegenden Buches an: Es will helfen, den Glauben als Ermöglichung wahren Menschseins in unserer heutigen Welt neu zu verstehen, ihn auslegen, ohne ihn umzumünzen in ein Gerede, das nur mühsam eine völlige geistige Leere verdeckt.

Hervorgegangen ist das Buch aus Vorlesungen, die ich im Sommersemester 1967 in Tübingen für Hörer aller Fakultäten hielt. Was Karl Adam vor fast einem halben Jahrhundert an dieser Universität meisterhaft mit seinem »Wesen des Katholizismus« geleistet hatte, sollte auf diese Weise unter den veränderten Bedingungen unserer Generation von neuem versucht werden. In sprachlicher Hinsicht wurde der Text den Anforderungen einer Buchveröffentlichung entsprechend umgearbeitet. Aufbau und Umfang habe ich demgegenüber nicht geändert, wissenschaftliche Belege nur insoweit angefügt, als es galt, das Handwerkszeug zu nennen, das mir unmittelbar zur Vorlesungsvorbereitung diente.

Die Widmung des Buches an die Hörer auf den verschiedenen Etappen meines akademischen Lehramtes will die Dankbarkeit ausdrücken, die ich gegenüber ihrem Fragen und Mitdenken empfinde, das entscheidend mit zu den Voraussetzungen gehört, aus denen dieser Versuch erwachsen ist. Danken möchte ich sodann vor allem auch dem Verleger, Dr. Heinrich Wild, ohne dessen ebenso geduldiges wie beharrliches Drängen ich den Entschluss zu einem Wagnis, wie es eine solche Arbeit nun einmal bedeutet, kaum aufgebracht hätte. Schließlich danke ich allen Helfern, die für das Zustandekommen des Werkes mancherlei Mühen auf sich genommen haben.

Tübingen, Sommer 1968 *Joseph Ratzinger*

VORWORT ZUR ZEHNTEN AUFLAGE

Als dieses Buch vor einem Jahr zum ersten Mal erschien, konnte ich nicht ahnen, welch ungewöhnliches Echo ihm beschieden sein würde. Dass es sowohl über die Grenzen von Ost und West wie über die Grenzen der Konfessionen hinweg vielen Menschen hilfreich werden durfte, erfüllt mich mit großer Dankbarkeit und Freude. Zu einigen wissenschaftlichen Fragen, die von den inzwischen erschienenen Rezensionen gestellt wurden, habe ich im Hochland, Jg. 61 (1969), S. 533, Stellung genommen, da es mir nicht richtig schien, das Buch damit zu belasten. Dieses selbst erscheint unverändert, lediglich einige kleinere Versehen wurden korrigiert. Für freundliche Hinweise habe ich dabei vor allem Herrn Kirchenrat Strohl Freudenstadt und Herrn Pastor Hans Joachim Schmidt/Goslar zu danken, der freundlicherweise auch das Verzeichnis der Bibelstellen besorgt hat, das von dieser Auflage an dem Buch beigefügt ist. Ich nehme diese Hilfe mit besonderer Dankbarkeit an als Zeichen für die Verbundenheit katholischer und evangelischer Christen in dem apostolischen Glauben, dem die »Einführung« zu dienen versucht.

Tübingen, September 1969 *Joseph Ratzinger*

EINFÜHRUNG

»ICH GLAUBE – AMEN«

ERSTES KAPITEL

Glauben in der Welt von heute

1. Zweifel und Glaube – die Situation des Menschen vor der Gottesfrage

Wer heute über die Sache des christlichen Glaubens vor Menschen zu reden versucht, die nicht durch Beruf oder Konvention im Innern des kirchlichen Redens und Denkens angesiedelt sind, wird sehr bald das Fremde und Befremdliche eines solchen Unterfangens verspüren. Er wird wahrscheinlich bald das Gefühl haben, seine Situation sei nur allzu treffend beschrieben in der bekannten Gleichniserzählung Kierkegaards über den Clown und das brennende Dorf, die Harvey Cox kürzlich in seinem Buch » Stadt ohne Gott? « wieder aufgegriffen hat[1]. Diese Geschichte sagt, dass ein Reisezirkus in Dänemark in Brand geraten war. Der Direktor schickte daraufhin den Clown, der schon zur Vorstellung gerüstet war, in das benachbarte Dorf, um Hilfe zu holen, zumal die Gefahr bestand, dass über die abgeernteten, ausgetrockneten Felder das Feuer auch auf das Dorf übergreifen würde. Der Clown eilte in das Dorf und bat die Bewohner, sie möchten eiligst zu dem brennenden Zirkus kommen und löschen helfen. Aber die Dörfler hielten das Geschrei des Clowns lediglich für einen ausgezeichneten Werbetrick, um sie möglichst zahlreich in die Vorstellung zu locken; sie applaudierten und lachten bis zu Tränen. Dem Clown war mehr zum Weinen als zum Lachen zumute; er versuchte vergebens, die Menschen zu beschwören, ihnen klarzumachen, dies sei keine Verstellung, kein Trick, es sei bitterer Ernst, es brenne wirklich. Sein Flehen steigerte nur das Gelächter, man fand, er spiele seine Rolle ausgezeichnet – bis schließlich in der Tat das Feuer auf das Dorf übergegriffen hatte und jede Hilfe zu spät kam, so dass Dorf und Zirkus gleichermaßen verbrannten.

Cox erzählt diese Geschichte als Beispiel für die Situation des Theologen heute und sieht in dem Clown, der seine Botschaft gar nicht bis zum wirklichen Gehör der Menschen bringen kann, das Bild des Theologen. Er wird in seinen Clownsgewändern aus dem Mittelalter oder aus welcher Vergangenheit auch immer gar nicht ernst genommen. Er kann sagen, was er will, er ist gleichsam etikettiert und eingeordnet durch seine Rolle. Wie er sich auch gebärdet und den Ernstfall darzustellen versucht, man weiß immer im Voraus schon, dass er eben – ein Clown ist. Man weiß schon, worüber er redet, und weiß, dass er nur eine Vorstellung gibt, die mit der Wirklichkeit wenig oder nichts zu tun hat. So kann man ihm getrost zuhören, ohne sich über das, was er sagt, ernstlich beunruhigen zu müssen. In diesem Bild ist ohne Zweifel etwas von der bedrängenden Wirklichkeit eingefangen, in der sich Theologie und theologisches Reden heute befinden; etwas von der lastenden Unmöglichkeit, die Schablonen der Denk- und Sprechgewohnheiten zu durchbrechen und die Sache der Theologie als Ernstfall menschlichen Lebens erkennbar zu machen.

Vielleicht aber muss unsere Gewissenserforschung sogar noch radikaler sein. Vielleicht müssen wir sagen, dass dieses erregende Bild – so viel Wahres und Bedenkenswertes es auch enthält – noch immer die Dinge vereinfacht. Denn danach sieht es ja so aus, als wäre der Clown, das heißt der Theologe, der völlig

Wissende, der mit einer ganz klaren Botschaft kommt. Die Dörfler, zu denen er eilt, das heißt die Menschen außerhalb des Glaubens, wären umgekehrt die völlig Unwissenden, die erst belehrt werden müssen über das ihnen Unbekannte; der Clown brauchte dann eigentlich nur das Kostüm zu wechseln und sich abzuschminken – dann wäre alles in Ordnung. Aber ist die Sache denn wirklich so einfach? Brauchen wir nur zum Aggiornamento zu greifen, uns abzuschminken und uns in das Zivil einer säkularen Sprache oder eines religionslosen Christentums zu stecken, damit alles in Ordnung sei? Genügt der geistige Kostümwechsel, damit die Menschen freudig herbeilaufen und mithelfen, den Brand zu löschen, von dem der Theologe behauptet, dass es ihn gebe und dass er unser aller Gefahr sei? Ich möchte sagen, dass die tatsächlich abgeschminkte und in modernes Zivil gekleidete Theologie, wie sie vielerorten heute auf den Plan tritt, diese Hoffnung als recht naiv erscheinen lässt. Freilich ist es wahr: wer den Glauben inmitten von Menschen, die im heutigen Leben und Denken stehen, zu sagen versucht, der kann sich wirklich wie ein Clown vorkommen, oder vielleicht noch eher wie jemand, der, aus einem antiken Sarkophag aufgestiegen, in Tracht und Denken der Antike mitten in unsere heutige Welt eingetreten ist und weder sie verstehen kann noch verstanden wird von ihr. Wenn indes der, der den Glauben zu verkündigen versucht, selbstkritisch genug ist, wird er bald bemerken, dass es nicht nur um eine Form, um eine Krise der Gewänder geht, in denen die Theologie einherschreitet. In der Fremdheit des theologischen Unterfangens den Menschen unserer Zeit gegenüber wird der, der seine Sache ernst nimmt, nicht nur die Schwierigkeit der Dolmetschung, sondern auch die Ungeborgenheit seines eigenen Glaubens, die bedrängende Macht des Unglaubens inmitten des eigenen Glaubenwollens erfahren und erkennen. So wird jemand, der heute redlich versucht, sich und anderen Rechenschaft vom christlichen Glauben zu geben, einsehen lernen müssen, dass er gar nicht bloß der

Verkleidete ist, der sich nur umzuziehen bräuchte, um andere erfolgreich belehren zu können. Er wird vielmehr zu verstehen haben, dass seine Situation sich gar nicht so vollständig von derjenigen der anderen unterscheidet, wie er anfangs denken mochte. Er wird innewerden, dass in beiden Gruppen die gleichen Mächte anwesend sind, wenn auch freilich in jeweils unterschiedlichen Weisen.

Zunächst: Im Gläubigen gibt es die Bedrohung der Ungewissheit, die in Augenblicken der Anfechtung mit einem Mal die Brüchigkeit des Ganzen, das ihm gewöhnlich so selbstverständlich scheint, hart und unversehens in Erscheinung treten lässt. Verdeutlichen wir uns das an ein paar Beispielen. Therese von Lisieux, die liebenswerte, scheinbar so naiv-unproblematische Heilige, war in einem Leben völliger religiöser Geborgenheit aufgewachsen; ihr Dasein war von Anfang bis Ende so vollständig und bis ins Kleinste vom Glauben der Kirche geprägt, dass die Welt des Unsichtbaren ein Stück ihres Alltags – nein: ihr Alltag selbst geworden und nahezu greifbar zu sein schien und nicht daraus wegzudenken war. Für sie war »Religion« wirklich eine selbstverständliche Vorgegebenheit ihres täglichen Daseins, sie ging damit um, wie wir mit den fassbaren Gewöhnlichkeiten unseres Lebens umgehen können. Aber gerade sie, die scheinbar in ungefährdeter Sicherheit Geborgene, hat uns aus den letzten Wochen ihrer Passion erschütternde Geständnischiffren hinterlassen, die ihre Schwestern dann in ihrer literarischen Hinterlassenschaft erschrocken abgemildert hatten und die erst jetzt durch die wörtlichen Neuausgaben zutage getreten sind, so etwa, wenn sie sagt: »Die Gedankengänge der schlimmsten Materialisten drängen sich mir auf«. Ihr Verstand wird bedrängt von allen Argumenten, die es gegen den Glauben gibt; das Gefühl des Glaubens scheint verschwunden, sie erfährt sich »in die Haut der Sünder« versetzt[2]. Das heißt: In einer scheinbar völlig bruchlos verfugten Welt wird hier jählings einem Menschen der Abgrund sichtbar, der unter dem festen Zusammenhang der tragenden Konventionen lauert – auch für ihn. In einer solchen Situation steht dann nicht mehr dies oder jenes zur Frage, um das man sonst vielleicht streitet – Himmelfahrt Marias oder nicht, Beichte so oder anders –, all das wird völlig sekundär. Es geht dann wirklich um das Ganze, alles oder nichts. Das ist die einzige Alternative, die bleibt, und nirgendwo scheint ein Grund sich anzubieten, auf dem man in diesem jähen Absturz sich dennoch festklammern könnte. Nur noch die bodenlose Tiefe des Nichts ist zu sehen, wohin man auch blickt.

Paul Claudel hat in der Eröffnungsszene des »Seidenen Schuhs « diese Situation des Glaubenden in eine große und überzeugende Bildvision gebannt. Ein Jesuitenmissionar, Bruder des Helden Rodrigo, des Weltmanns, des irrenden und ungewissen Abenteurers zwischen Gott und Welt, wird als Schiffbrüchiger dargestellt. Sein Schiff wurde von Seeräubern versenkt, er selbst an einen Balken des gesunkenen Schiffes gebunden, und so treibt er nun an diesem Stück Holz im tosenden Wasser des Ozeans[3]. Mit seinem letzten Monolog beginnt das Schauspiel: »Herr, ich danke dir, dass du mich so gefesselt hast. Zuweilen geschah mir, dass ich deine Gebote mühsam fand, und meinen Willen im Angesicht deiner Satzung ratlos, versagend. Doch heute kann ich enger nicht mehr an dich angebunden sein, als ich es bin, und mag ich auch meine Glieder eines um das andere durchgehn, keines kann sich auch nur ein wenig von dir entfernen. Und so bin ich wirklich ans Kreuz geheftet, das Kreuz aber, an dem ich hänge, ist an nichts mehr geheftet. Es treibt auf dem Meere«[4].

Ans Kreuz geheftet – das Kreuz aber an nichts, treibend über dem Abgrund. Die Situation des Glaubenden von heute könnte man kaum eindringlicher und genauer beschreiben, als es hier geschieht. Nur ein über dem Nichts schwankender, loser Balken scheint ihn zu halten, und es sieht aus, als müsse man den Augenblick errechnen können, in dem er versinken muss. Nur ein loser

Balken knüpft ihn an Gott, aber freilich: er knüpft ihn unausweichlich, und am Ende weiß er, dass dieses Holz stärker ist als das Nichts, das unter ihm brodelt, das aber dennoch die bedrohende, eigentliche Macht seiner Gegenwart bleibt.

Das Bild enthält darüber hinaus noch eine weitere Dimension, die mir sogar das eigentlich Wichtige daran zu sein scheint. Denn dieser schiffbrüchige Jesuit ist nicht allein, sondern in ihm wird gleichsam vorgeblendet auf das Schicksal seines Bruders; in ihm ist das Geschick des Bruders mit anwesend, *des* Bruders, der sich für ungläubig hält, der Gott den Rücken gekehrt hat, weil er als seine Sache nicht das Warten ansieht, sondern »das Besitzen des Erreichlichen ..., als könnte er anderswo sein, als Du bist«.

Wir brauchen hier nicht den Verschlingungen der Claudel'schen Konzeption nachzugehen, wie er das Ineinander der scheinbar gegensätzlichen Geschicke als Leitfaden behält, bis zu dem Punkt hin, wo am Ende Rodrigos Geschick dasjenige seines Bruders berührt, indem der Welteroberer als Sklave auf einem Schiff endigt, der froh sein muss, wenn eine alte Nonne mit rostigen Bratpfannen und Lumpen auch ihn als wertlose Ware mitnimmt. Wir können vielmehr ohne Bild zu unserer eigenen Situation zurückkehren und sagen: Wenn der Glaubende nur immer über dem Ozean des Nichts, der Anfechtung und der Fragwürdigkeiten seinen Glauben vollziehen kann, den Ozean der Ungewissheit als den allein möglichen Ort seines Glaubens zugewiesen erhalten hat, so ist doch auch umgekehrt der Ungläubige nicht undialektisch als bloß Glaubensloser zu verstehen. So wie wir bisher erkannt hatten, dass der Gläubige nicht fraglos dahinlebt, sondern stets vom Absturz ins Nichts bedroht, so werden wir jetzt das Ineinandergeschobensein der menschlichen Geschicke anerkennen und sagen müssen, dass auch der Nichtglaubende keine rund in sich geschlossene Existenz darstellt. Denn wie forsch er sich auch immer als reiner Positivist gebärden mag, der die supranaturalen Versuchungen und Anfälligkeiten längst hinter sich gelassen hat und jetzt nur noch im unmittelbar Gewissen lebt – die geheime Ungewissheit, ob der Positivismus wirklich das letzte Wort habe, wird ihn doch nie verlassen. Wie es dem Glaubenden geschieht, dass er vom Salzwasser des Zweifels gewürgt wird, das ihm der Ozean fortwährend in den Mund spült, so gibt es auch den Zweifel des Ungläubigen an seiner Ungläubigkeit, an der wirklichen Totalität der Welt, die zum Totum zu erklären er sich entschlossen hat. Er wird der Abgeschlossenheit dessen, was er gesehen hat und als das Ganze erklärt, nie restlos gewiss, sondern bleibt von der Frage bedroht, ob nicht der Glaube dennoch das Wirkliche sei und es sage. So wie also der Gläubige sich fortwährend durch den Unglauben bedroht weiß, ihn als seine beständige Versuchung empfinden muss, so bleibt dem Ungläubigen der Glaube Bedrohung und Versuchung seiner scheinbar ein für allemal geschlossenen Welt. Mit einem Wort – es gibt keine Flucht aus dem Dilemma des Menschseins. Wer der Ungewissheit des Glaubens entfliehen will, wird die Ungewissheit des Unglaubens erfahren müssen, der seinerseits doch nie endgültig gewiss sagen kann, ob nicht doch der Glaube die Wahrheit sei. Erst in der Abweisung wird die Unabweisbarkeit des Glaubens sichtbar.

Vielleicht ist es angebracht, an dieser Stelle eine jüdische Geschichte anzuhören, die Martin Buber aufgezeichnet hat; in ihr kommt das eben geschilderte Dilemma des Menschseins deutlich zur Anschauung. »Einer der Aufklärer, ein sehr gelehrter Mann, der vom Berditschewer gehört hatte, suchte ihn auf, um auch mit ihm, wie er's gewohnt war, zu disputieren und seine rückständigen Beweisgründe für die Wahrheit seines Glaubens zuschanden zu machen. Als er die Stube des Zaddiks betrat, sah er ihn mit einem Buch in der Hand in begeistertem Nachdenken auf und ab gehen. Des Ankömmlings achtete er nicht. Schließlich blieb er stehen, sah ihn flüchtig an und sagte: ›Vielleicht ist es aber wahr‹. Der Gelehrte nahm vergebens all sein Selbstgefühl zusammen –

ihm schlotterten die Knie, so furchtbar war der Zaddik anzusehen, so furchtbar sein schlichter Spruch zu hören. Rabbi Levi Jizchak aber wandte sich ihm nun völlig zu und sprach ihn gelassen an: ›Mein Sohn, die Großen der Thora, mit denen du gestritten hast, haben ihre Worte an dich verschwendet, du hast, als du gingst, darüber gelacht. Sie haben dir Gott und sein Reich nicht auf den Tisch legen können, und auch ich kann es nicht. Aber, mein Sohn, bedenke, vielleicht ist es wahr‹. Der Aufklärer bot seine innerste Kraft zur Entgegnung auf; aber dieses furchtbare ›Vielleicht‹, das ihm da Mal um Mal entgegenscholl, brach seinen Widerstand«[5].

Ich glaube, hier ist – bei aller Fremdheit der Einkleidung – die Situation des Menschen vor der Gottesfrage sehr präzis beschrieben. Niemand kann dem andern Gott und sein Reich auf den Tisch legen, auch der Glaubende sich selbst nicht. Aber wie sehr sich auch der Unglaube dadurch gerechtfertigt fühlen mag, es bleibt ihm die Unheimlichkeit des »Vielleicht ist es doch wahr«. Das »Vielleicht« ist die unentrinnbare Anfechtung, der er sich nicht entziehen kann, in der auch er in der Abweisung die Unabweisbarkeit des Glaubens erfahren muss. Anders ausgedrückt: Der Glaubende wie der Ungläubige haben, jeder auf seine Weise, am Zweifel *und* am Glauben Anteil, wenn sie sich nicht vor sich selbst verbergen und vor der Wahrheit ihres Seins. Keiner kann dem Zweifel ganz, keiner dem Glauben ganz entrinnen; für den einen wird der Glaube *gegen* den Zweifel, für den andern *durch* den Zweifel und in der *Form* des Zweifels anwesend. Es ist die Grundgestalt menschlichen Geschicks, nur in dieser unbeendbaren Rivalität von Zweifel und Glaube, von Anfechtung und Gewissheit die Endgültigkeit seines Daseins finden zu dürfen. Vielleicht könnte so gerade der Zweifel, der den einen wie den anderen vor der Verschließung im bloß Eigenen bewahrt, zum Ort der Kommunikation werden. Er hindert beide daran, sich völlig in sich selbst zu runden, er bricht den Glaubenden auf den

Zweifelnden und den Zweifelnden auf den Glaubenden hin auf, für den einen ist er seine Teilhabe am Geschick des Ungläubigen, für den andern die Form, wie der Glaube trotzdem eine Herausforderung an ihn bleibt.

2.
Der Sprung des Glaubens – vorläufiger Versuch einer Wesensbestimmung des Glaubens

Wenn wir mit allem Gesagten das Bild vom unverständlichen Clown und von den ahnungslosen Dörflern als ungenügend erwiesen haben, um das Zueinander von Glaube und Unglaube in unserer heutigen Welt zu beschreiben, so werden wir andererseits nicht bestreiten dürfen, dass es ein spezifisches Problem des Glaubens heute ausdrückt. Denn die Grundfrage einer Einführung ins Christentum, die aufzuschließen versuchen muss, was es heißt, wenn ein Mensch sagt »Ich glaube« – diese Grundfrage stellt sich uns mit einem ganz bestimmten zeitlichen Index. Sie kann von uns angesichts unseres Geschichtsbewusstseins, das ein Teil unseres Selbstbewusstseins, unseres Grundverständnisses des Menschlichen geworden ist, nur noch in der Form gestellt werden: Was heißt und was bedeutet das christliche Bekenntnis »Ich glaube« *heute*, unter den Voraussetzungen unserer gegenwärtigen Existenz und unserer gegenwärtigen Stellung zum Wirklichen insgesamt?

Damit sind wir zugleich bei einer Analyse des Textes angelangt, der den Leitfaden unserer ganzen Überlegungen abgeben soll: des »Apostolischen Glaubensbekenntnisses«, das von seinem Ursprung her ›Einführung ins Christentum‹ und Zusammenfassung seiner wesentlichen Inhalte sein will. Dieser Text beginnt symptomatisch mit den Worten »Ich glaube ...«. Wir verzichten freilich zunächst darauf, dieses Wort von seinem inhaltlichen Zusammenhang her auszulegen; wir unterlassen es auch vorerst noch zu fragen, was es bedeutet, dass diese Grundaussage »Ich glaube« in einer geprägten Formel, in Verbindung mit bestimmten Gehalten und entworfen von einem gottesdienstlichen Zusammenhang her auftritt. Beiderlei Kontext, der der gottesdienstlichen Form wie der der inhaltlichen Bestimmungen, prägt allerdings den Sinn dieses Wörtchens »Credo« mit, so wie umgekehrt das Wörtchen »Credo« alles Nachfolgende und den gottesdienstlichen Rahmen trägt und prägt. Dennoch müssen wir beides einstweilen zurückstellen, um radikaler zu fragen und ganz grundsätzlich zu bedenken, was für eine Einstellung überhaupt damit gemeint ist, wenn christliche Existenz sich zunächst und zuerst einmal im Verbum »Credo« ausdrückt und damit – was keineswegs selbstverständlich ist – den Kern des Christlichen dahin bestimmt, dass es ein »Glaube« sei. Allzu unreflektiert setzen wir ja meist voraus, dass »Religion« und »Glaube« allemal das Gleiche seien und jede Religion daher ebenso gut als »Glaube« bezeichnet werden könne. Das trifft aber tatsächlich nur in begrenztem Maße zu; vielfach benennen sich die anderen Religionen anders und setzen damit andere Schwerpunkte. Das Alte Testament hat sich als Ganzes nicht unter dem Begriff »Glaube«, sondern unter dem Begriff »Gesetz« beschrieben. Es ist primär eine Lebensordnung, in der freilich dann der Akt des Glaubens immer mehr an Bedeutung gewinnt. Die römische Religiosität wiederum hat praktisch unter religio vorwiegend das Einhalten bestimmter ritueller Formen und Gepflogenheiten verstanden. Für sie ist nicht entscheidend, dass ein Glaubensakt an Supranaturales gesetzt wird; er kann sogar völlig fehlen, ohne dass man dieser Religion untreu wird. Da sie wesentlich ein System von Riten ist, ist deren sorgfältige Beobachtung für sie das eigentlich Entscheidende. So ließe sich das durch die ganze Religionsgeschichte verfolgen. Aber diese Andeutung mag genügen, um zu

verdeutlichen, wie wenig es sich von selbst versteht, dass das Christsein sich zentral in dem Wort »Credo« ausdrückt, dass es seine Form von Stellungnahme zum Wirklichen in der Haltung des Glaubens benennt. Damit wird freilich unsere Frage nur um so dringlicher: Welche Einstellung ist eigentlich gemeint mit diesem Wort? Und weiter: Wie kommt es, dass uns das Eintreten unseres je persönlichen Ich in dieses »Ich glaube« so schwer wird? Wie kommt es, dass es uns immer wieder fast unmöglich erscheint, unser heutiges Ich – jeder das seinige, das von dem des andern untrennbar geschieden ist – in die Identifizierung mit jenem von Generationen vorbestimmten und vorgeprägten Ich des »Ich glaube« zu versetzen?

Machen wir uns nichts vor: In jenes Ich der Credo-Formel einzutreten, das schematische Ich der Formel in Fleisch und Blut des persönlichen Ich umzuwandeln, das war schon immer eine aufregende und schier unmöglich scheinende Sache, bei deren Vollzug nicht selten, statt das Schema mit Fleisch und Blut zu füllen, das Ich in ein Schema umgewandelt worden ist. Und wenn wir heute als Glaubende in unserer Zeit vielleicht ein wenig neidisch sagen hören, im Mittelalter sei man in unseren Landen ausnahmslos gläubig gewesen, dann tut es gut, einen Blick hinter die Kulissen zu werfen, wie ihn uns die historische Forschung heute gestattet. Sie kann uns darüber belehren, dass es auch damals schon die große Schar der Mitläufer und die verhältnismäßig geringe Zahl der wirklich in die innere Bewegung des Glaubens Eingetretenen gab. Sie kann uns zeigen, dass für viele der Glaube doch nur ein vorgefundenes System von Lebensformen war, durch das für sie das aufregende Abenteuer, welches das Wort »Credo« eigentlich meint, wenigstens ebenso sehr verdeckt wie eröffnet wurde. Das alles einfach deshalb, weil es zwischen Gott und Mensch eine unendliche Kluft gibt; weil der Mensch so beschaffen ist, dass seine Augen nur das zu sehen vermögen, was Gott nicht ist, und daher Gott der für den Menschen wesentlich

Unsichtbare, außerhalb seines Sehfeldes Liegende ist und immer sein wird. Gott ist wesentlich unsichtbar – diese Grundaussage biblischen Gottesglaubens im Nein zur Sichtbarkeit der Götter ist zugleich, ja zuerst, eine Aussage über den Menschen: Der Mensch ist das schauende Wesen, dem der Raum seiner Existenz durch den Raum seines Sehens und Greifens abgesteckt scheint. Aber in diesem Raum seines Sehens und Greifens, der den Daseinsort des Menschen bestimmt, kommt Gott nicht vor und wird er nie vorkommen, wie sehr auch immer dieser Raum ausgeweitet werden mag. Ich glaube, es ist wichtig, dass im Prinzip diese Aussage im Alten Testament gegeben ist: Gott ist nicht nur der, der jetzt tatsächlich außerhalb des Sehfeldes liegt, aber so, dass man ihn sehen könnte, wenn es möglich wäre weiterzugehen; nein, er ist der, der *wesentlich* außerhalb davon steht, wie sehr unser Blickfeld auch immer ausgeweitet werden wird.

Damit zeigt sich aber nun ein erster Umriss der Haltung, die das Wörtchen »Credo« meint. Es bedeutet, dass der Mensch Sehen, Hören und Greifen nicht als die Totalität des ihn Angehenden betrachtet, dass er den Raum seiner Welt nicht mit dem, was er sehen und greifen kann, abgesteckt ansieht, sondern eine zweite Form von Zugang zum Wirklichen sucht, die er eben Glauben nennt, und zwar so, dass er darin sogar die entscheidende Eröffnung seiner Weltsicht überhaupt findet. Wenn es aber so ist, dann schließt das Wörtchen Credo eine grundlegende Option gegenüber der Wirklichkeit als solcher ein; es meint nicht ein Feststellen von dem und jenem, sondern eine Grundform, sich zum Sein, zur Existenz, zum Eigenen und zum Ganzen des Wirklichen zu Verhalten. Es bedeutet die Option, dass das nicht zu Sehende, das auf keine Weise ins Blickfeld rücken kann, nicht das Unwirkliche ist, sondern dass im Gegenteil das nicht zu Sehende sogar das eigentlich Wirkliche, das alle übrige Wirklichkeit Tragende und Ermöglichende darstellt. Und es bedeutet die Option, dass dieses die Wirklichkeit insgesamt Ermöglichende auch das ist, was dem

Menschen wahrhaft menschliche Existenz gewährt, was ihn als Menschen und als menschlich Seienden möglich macht. Nochmal anders gesagt: Glauben bedeutet die Entscheidung dafür, dass im Innersten der menschlichen Existenz ein Punkt ist, der nicht aus dem Sichtbaren und Greifbaren gespeist und getragen werden kann, sondern an das nicht zu Sehende stößt, sodass es ihm berührbar wird und sich als eine Notwendigkeit für seine Existenz erweist.

Solche Haltung ist freilich nur zu erreichen durch das, was die Sprache der Bibel »Umkehr«, »Be-kehrung« nennt. Das natürliche Schwergewicht des Menschen treibt ihn zum Sichtbaren, zu dem, was er in die Hand nehmen und als sein Eigen greifen kann. Er muss sich innerlich herumwenden, um zu sehen, wie sehr er sein Eigentliches versäumt, indem er sich solchermaßen von seinem natürlichen Schwergewicht ziehen lässt. Er muss sich herumwenden, um zu erkennen, wie blind er ist, wenn er nur dem traut, was seine Augen sehen. Ohne diese Wende der Existenz, ohne die Durchkreuzung des natürlichen Schwergewichts gibt es keinen Glauben. Ja, der Glaube ist die Be-kehrung, in der der Mensch entdeckt, dass er einer Illusion folgt, wenn er sich dem Greifbaren allein verschreibt. Dies ist zugleich der tiefste Grund, warum Glaube nicht demonstrierbar ist: Er ist eine Wende des Seins, und nur wer sich wendet, empfängt ihn. Und weil unser Schwergewicht nicht aufhört, uns in eine andere Richtung zu weisen, deshalb bleibt er als Wende täglich neu, und nur in einer lebenslangen Bekehrung können wir innewerden, was es heißt, zu sagen: Ich glaube.

Von da aus ist es zu verstehen, dass Glaube nicht erst heute und unter den spezifischen Bedingungen unserer modernen Situation problematisch, ja nahezu etwas unmöglich Scheinendes ist, sondern dass er, vielleicht etwas verdeckter und weniger leicht erkennbar, dennoch immer schon das Springen über eine unendliche Kluft, nämlich aus der dem Menschen sich aufdrängenden Greifbarkeitswelt, bedeutet: Immer schon hat Glaube etwas von einem abenteuerlichen Bruch und Sprung an sich, weil er zu jeder Zeit das Wagnis darstellt, das schlechthin nicht zu Sehende als das eigentlich Wirkliche und Grundgebende anzunehmen. Nie war Glaube einfach die dem Ge-fälle des menschlichen Daseins von selbst zu-fallende Einstellung; immer schon war er eine die Tiefe der Existenz anfordernde Entscheidung, die allzeit ein Sichherumwenden des Menschen forderte, das nur im Entschluss erreichbar ist.

3.
Das Dilemma des Glaubens in der Welt von heute

Hat man sich freilich einmal das Abenteuer klargemacht, das wesentlich in der Haltung des Glaubens liegt, dann ist eine zweite Überlegung nicht zu umgehen, in der die besondere Schärfe der Schwierigkeit zu glauben zum Vorschein kommt, wie sie uns heute betrifft. Zur Kluft von »Sichtbar« und »Unsichtbar« kommt für uns erschwerend diejenige von »Damals« und »Heute« dazu. Die Grundparadoxie, die im Glauben an sich schon liegt, ist noch dadurch vertieft, dass Glaube im Gewand des Damaligen auftritt, ja, geradezu das Damalige, die Lebens- und Existenzform von damals, zu sein scheint. Alle Verheutigungen, ob sie sich nun intellektuell-akademisch »Entmythologisierung« oder kirchlich-pragmatisch »Aggiornamento« nennen, ändern das nicht, im Gegenteil: diese Bemühungen verstärken den Verdacht, hier werde krampfhaft als heutig ausgegeben, was in Wirklichkeit doch eben das Damalige ist. Diese Verheutigungsversuche lassen erst vollends bewusst werden, wie sehr das, was uns da begegnet, »von gestern« ist, und der Glaube erscheint so gar nicht mehr eigentlich als der zwar verwegene, aber doch die

Großmut des Menschen herausfordernde Sprung aus dem scheinbaren Alles unserer Sichtbarkeitswelt in das scheinbare Nichts des Unsichtbaren und Ungreifbaren; er erscheint uns viel eher als die Zumutung, im Heute sich auf das Gestrige zu verpflichten und es als das immerwährend Gültige zu beschwören. Aber wer will das schon in einer Zeit, in der an die Stelle des Gedankens der »Tradition« die Idee des »Fortschrittes« getreten ist?

Wir stoßen hier im Vorbeigehen auf ein Spezifikum unserer heutigen Situation, das für unsere Frage einige Bedeutung hat. Für vergangene geistige Konstellationen umschrieb der Begriff »Tradition« ein prägendes Programm; sie erschien als das Bergende, worauf der Mensch sich verlassen kann; er durfte sich *dann* sicher und am rechten Orte glauben, wenn er sich auf Tradition berufen konnte. Heute waltet genau das entgegengesetzte Gefühl: Tradition erscheint als das Abgetane, das bloß Gestrige, der Fortschritt aber als die eigentliche Verheißung des Seins, so dass der Mensch sich nicht am Ort der Tradition, der Vergangenheit, sondern im Raum des Fortschritts und der Zukunft ansiedelt[6]. Auch von da her muss ihm ein Glaube, der ihm unter dem Etikett der ›Tradition‹ begegnet, als das Überwundene erscheinen, das ihm, der die Zukunft als seine eigentliche Verpflichtung und Möglichkeit erkannt hat, nicht den Ort seines Daseins öffnen kann. Das alles aber heißt, dass das primäre Scandalum des Glaubens, die Distanz von Sichtbar und Unsichtbar, von Gott und Nicht-Gott, verdeckt und versperrt ist durch das sekundäre Scandalum von Damals und Heute, durch die Antithese von Tradition und Fortschritt, durch die Verpflichtung auf die Gestrigkeit, die der Glaube einzuschließen scheint.

Dass weder der tiefsinnige Intellektualismus der Entmythologisierung noch der Pragmatismus des Aggiornamento einfach zu überzeugen vermögen, macht freilich sichtbar, dass auch diese Verzerrung des Grundskandals christlichen Glaubens eine sehr tief reichende Sache ist, der man weder mit Theorien noch mit

Aktionen ohne Weiteres beikommen kann. Ja, in gewissem Sinne wird hier erst die Eigenart des *christlichen* Skandals greifbar, nämlich das, was man den christlichen Positivismus, die unaufhebbare Positivität des Christlichen nennen könnte. Ich meine damit Folgendes: Christlicher Glaube hat es gar nicht bloß, wie man zunächst bei der Rede vom Glauben vermuten möchte, mit dem Ewigen zu tun, das als das ganz Andere völlig außerhalb der menschlichen Welt und der Zeit verbliebe; er hat es vielmehr mit dem Gott *in* der Geschichte zu tun, mit Gott als Menschen. Indem er so die Kluft von ewig und zeitlich, von sichtbar und unsichtbar zu überbrücken scheint, indem er uns Gott als einem Menschen begegnen lässt, dem Ewigen als dem Zeitlichen, als einem von uns, weiß er sich als Offenbarung. Sein Anspruch, Offenbarung zu sein, gründet ja darin, dass er gleichsam das Ewige hereingeholt hat in unsere Welt: »Was niemand je gesehen hat – der hat es uns ausgelegt, der an der Brust des Vaters ruht« (Jo 1,18) – er ist uns zur »Exegese« Gottes geworden, möchte man in Anlehnung an den griechischen Text beinahe sagen[7]. Aber bleiben wir beim deutschen Wort; das Original ermächtigt uns, es ganz buchstäblich zu nehmen: Jesus hat Gott wirklich aus-gelegt, ihn herausgeführt aus sich selbst, oder, wie es der 1. Johannesbrief noch drastischer sagt: ihn unserem Anschauen und unserem Betasten freigegeben, sodass der, den nie jemand gesehen hat, nun unserem geschichtlichen Berühren offen steht[8].

Im ersten Augenblick scheint das wirklich das Höchstmaß von Offenbarung, von Offenlegung Gottes zu sein. Der Sprung, der bisher ins Unendliche führte, scheint auf eine menschlich mögliche Größenordnung verkürzt, indem wir nur noch gleichsam die paar Schritte zu jenem Menschen in Palästina zu gehen brauchen, in dem uns Gott selber entgegentritt. Aber die Dinge haben eine seltsame Doppelseitigkeit: Was zunächst die radikalste Offenbarung zu sein scheint und in gewissem Maß in der Tat für immer Offenbarung, *die* Offenbarung, bleibt, das ist doch im selben Augenblick die äußerste Verdunklung und Verhüllung. Was Gott uns zunächst ganz nahe zu bringen scheint, sodass wir ihn als Mitmenschen anrühren können, seinen Fußspuren zu folgen, sie förmlich nachzumessen vermögen, eben das ist in einem sehr tiefen Sinne zur Voraussetzung für den ›Tod Gottes‹ geworden, der fortan den Gang der Geschichte und das menschliche Gottesverhältnis unwiderruflich prägt. Gott ist uns so nahe geworden, dass wir ihn töten können und dass er darin, wie es scheint, aufhört, Gott für uns zu sein. So stehen wir heute ein wenig fassungslos vor dieser christlichen »Offenbarung« und fragen uns vor ihr, besonders wenn wir sie mit der Religiosität Asiens konfrontieren, ob es nicht doch viel einfacher gewesen wäre, an das Verborgen-Ewige zu glauben, sich sinnend und sehnend ihm anzuvertrauen. Ob uns Gott nicht gleichsam besser in der unendlichen Distanz gelassen hätte. Ob es nicht wirklich einfacher vollziehbar wäre, im Aufstieg aus allem Weltlichen in ruhiger Beschauung das ewig unfassbare Geheimnis zu vernehmen, als sich dem Positivismus des Glaubens an eine einzige Gestalt auszuliefern und gleichsam auf der Nadelspitze dieses einen Zufallspunktes das Heil des Menschen und der Welt anzusiedeln. Muss dieser auf einen Punkt hin verengte Gott nicht definitiv sterben in einem Weltbild, das den Menschen und seine Geschichte unnachsichtig relativiert zu einem winzigen Staubkorn im All, das nur in der Naivität seiner Kinderjahre sich als die Mitte des Universums ansehen konnte, aber nun, den Kinderjahren entwachsen, endlich den Mut haben sollte, vom Schlaf aufzuwachen, sich die Augen zu reiben und jenen törichten Traum, wie schön er auch war, abzuschütteln und sich fraglos dem gewaltigen Zusammenhang einzufügen, in den unser winziges Leben hineinverwiesen ist, das gerade so, im Annehmen seiner Winzigkeit, auf neue Weise Sinn finden sollte?

Erst indem wir die Frage solchermaßen zuspitzen und so in den Blick bekommen, dass hinter dem scheinbar sekundären

Skandal von »damals« und »heute« das viel tiefere Ärgernis des christlichen »Positivismus« steht, die »Einengung« Gottes auf einen Punkt der Geschichte hin, erst damit sind wir bei der ganzen Tiefe der christlichen Glaubensfrage angelangt, wie sie heute bestanden werden muss. Können wir überhaupt noch glauben? Nein, wir müssen radikaler fragen: Dürfen wir es noch, oder gibt es nicht eine Pflicht, mit dem Traum zu brechen und sich der Wirklichkeit zu stellen? Der Christ von heute muss so fragen; er darf sich nicht damit begnügen, zu ermitteln, dass sich durch allerlei Drehungen und Wendungen schließlich auch noch eine Interpretation des Christentums finden lässt, die nirgends mehr anstößt. Wenn etwa irgendwo ein Theologe erklärt, »Auferstehung der Toten« bedeute nur, dass man täglich unverdrossen von neuem ans Werk der Zukunft zu gehen habe, so ist der Anstoß sicherlich beseitigt. Aber sind wir eigentlich ehrlich geblieben dabei? Liegt nicht doch eine bedenkliche Unredlichkeit darin, wenn Christentum mit solchen Interpretationskünsten als heute noch vertretbar aufrechterhalten wird? Oder haben wir, wenn wir zu solcher Zuflucht uns gedrängt fühlen, nicht vielmehr die Pflicht, zu gestehen, dass wir am Ende sind? Müssen wir uns dann nicht ohne Nebel schlicht der verbleibenden Wirklichkeit stellen? Sagen wir es scharf: ein in dieser Weise wirklichkeitsleer gewordenes Interpretationschristentum bedeutet einen Mangel an Aufrichtigkeit gegenüber den Fragen des Nichtchristen, dessen »Vielleicht nicht« uns doch so ernst bedrängen muss, wie wir wünschen, dass ihn das christliche »Vielleicht« bedränge.

Wenn wir versuchen, in dieser Weise das Fragen des andern als die immer währende Befragtheit unseres eigenen Seins anzunehmen, das man nicht in einen Traktat einengen und hernach beiseite legen kann, dann werden wir umgekehrt das Recht haben, festzustellen, dass hier eine Gegenfrage aufsteht. Wir sind heute von vornherein geneigt, einfach das greifbar Vorhandene, das »Nachweisbare«, als das eigentlich Wirkliche zu unterstellen. Aber darf man das eigentlich? Müssen wir nicht doch sorgfältiger fragen, was das in Wahrheit ist, »das Wirkliche«? Ist es nur das Festgestellte und Feststellbare, oder ist vielleicht das Feststellen doch nur eine bestimmte Weise, sich zur Wirklichkeit zu verhalten, die keineswegs das Ganze erfassen kann und die sogar zur Verfälschung der Wahrheit und des Menschseins führt, wenn wir sie als das allein Bestimmende annehmen? Indem wir so fragen, sind wir noch einmal auf das Dilemma von »damals« und »heute« zurückgeführt und nun allerdings der spezifischen Problematik unseres Heute gegenübergestellt. Versuchen wir, ihre wesentlichen Elemente etwas deutlicher zu erkennen!

4.
Die Grenze des modernen Wirklichkeitsverständnisses und der Ort des Glaubens

Wenn wir vermöge der uns heute gegebenen historischen Erkenntnis den Weg des menschlichen Geistes überblicken, soweit er sich unserem Auge darbietet, werden wir feststellen, dass es in den verschiedenen Perioden der Entfaltung dieses Geistes verschiedene Formen des Stehens zur Wirklichkeit gibt, etwa die magische Grundorientierung oder die metaphysische oder schließlich heute die wissenschaftliche (wobei hier »wissenschaftlich« vom Modell der Naturwissenschaften her gedacht ist). Jede dieser menschlichen Grundorientierungen hat auf ihre Weise mit dem Glauben zu tun, und jede steht ihm auch auf ihre Weise im Weg. Keine deckt sich mit ihm, aber auch keine ist einfach neutral zu ihm; jede kann ihm dienen, und jede kann ihn hindern. Für unsere heutige wissenschaftsbestimmte Grundeinstellung, die unser aller Daseinsgefühl ungefragt prägt und uns den Ort im Wirklichen zuweist, ist die Beschränkung auf die »Phainomena«, auf das Erscheinende und in den Griff zu Nehmende, kennzeichnend. Wir haben es aufgegeben, das verborgene Ansich der Dinge zu suchen, in das Wesen des Seins selbst hinabzuloten; solches zu tun erscheint uns als fruchtloser Versuch, die Tiefe des Seins gilt uns als letztlich unerreichbar. Wir haben uns auf unsere Perspektive eingestellt, auf das Sehbare im weitesten Sinn, auf das, was unserem messenden Zugriff fassbar ist. Die Methodik der Naturwissenschaft beruht auf dieser Beschränkung auf das Erscheinende. Es genügt uns. Mit ihm können wir hantieren und so uns selbst jene Welt erschaffen, in der wir als Menschen zu leben vermögen. Damit hat sich im neuzeitlichen Denken und Existieren allmählich ein neuer Begriff von Wahrheit und Wirklichkeit herausgebildet, der meistens unbewusst als die Voraussetzung unseres Denkens und Redens waltet, der aber nur bewältigt werden kann, wenn er auch seinerseits der Prüfung des Bewusstseins ausgesetzt wird. An dieser Stelle wird die Funktion des nicht-naturwissenschaftlichen Denkens sichtbar, das Unbedachte zu bedenken und die menschliche Problematik solcher Orientierung dem Bewusstsein vor den Blick zu bringen.

a) Das erste Stadium: Die Geburt des Historismus. Wenn wir zu erkennen versuchen, wie es zu der eben geschilderten Einstellung kam, werden wir, wenn ich recht sehe, wohl zwei Stadien des geistigen Umbruchs feststellen können. Das erste, von Descartes vorbereitet, erhält seine Gestaltung bei Kant und vorher schon, in einem etwas anderen Denkansatz, bei dem italienischen Philosophen Giambattista Vico (1688–1744), der wohl als Erster eine völlig neue Idee von Wahrheit und Erkenntnis formuliert und in einem kühnen Vorgriff die typische Formel des neuzeitlichen Geistes hinsichtlich der Wahrheits- und Wirklichkeitsfrage geprägt hat. Der scholastischen Gleichung »Verum est ens – das Sein ist die Wahrheit« – stellt er seine Formel entgegen: »Verum quia factum«. Das will sagen: Als wahr erkennbar ist für uns nur das, was wir selbst gemacht haben. Mir will scheinen, dass diese

Formel das eigentliche Ende der alten Metaphysik und den Anfang des spezifisch neuzeitlichen Geistes darstellt. Die Revolution des modernen Denkens gegenüber allem Vorangegangenen ist hier mit einer geradezu unnachahmlichen Präzision gegenwärtig. Für Antike und Mittelalter ist das Sein selbst wahr, das heißt erkennbar, weil Gott, der Intellekt schlechthin, es gemacht hat; er hat es aber gemacht, indem er es gedacht hat. Denken und Machen sind dem schöpferischen Urgeist, dem Creator Spiritus, eins. Sein Denken ist ein Erschaffen. Die Dinge sind, weil sie gedacht sind. Für antike und mittelalterliche Sicht ist daher alles Sein Gedachtsein, Gedanke des absoluten Geistes. Das bedeutet umgekehrt: Da alles Sein Gedanke ist, ist alles Sein Sinn, »Logos«, Wahrheit[9]. Menschliches Denken ist von da aus Nach-Denken des Seins selbst, Nachdenken des Gedankens, der das Sein selber ist. Der Mensch aber kann dem Logos, dem Sinn des Seins, nachdenken, weil sein eigener Logos, seine eigene Vernunft, Logos des einen Logos, Gedanke des Urgedankens ist, des Schöpfergeistes, der das Sein durchwaltet.

Demgegenüber erscheint im Blickpunkt der Antike und des Mittelalters das Werk des Menschen als das Zufällige und Vorübergehende. Das Sein ist Gedanke, daher denkbar, Gegenstand des Denkens und der Wissenschaft, die nach Weisheit strebt. Das Werk des Menschen hingegen ist das aus Logos und Unlogik Vermischte, das überdies mit der Zeit in die Vergangenheit absinkt. Es lässt keine volle Verstehbarkeit zu, denn es fehlt ihm an Gegenwart, die Voraussetzung des Schauens ist, und es fehlt ihm an Logos, an durchgehender Sinnhaftigkeit. Aus diesem Grunde war der antike und mittelalterliche Wissenschaftsbetrieb der Ansicht, dass das Wissen von den menschlichen Dingen nur »Techne«, handwerkliches Können, aber nie wirkliches Erkennen und daher nie wirkliche Wissenschaft sein könne. Deshalb blieben in der mittelalterlichen Universität die artes, die Künste, nur die Vorstufe der eigentlichen Wissenschaft, die dem Sein selbst nachdenkt. Man kann diesen Standpunkt noch bei Descartes am Anfang der Neuzeit deutlich festgehalten finden, wenn er ausdrücklich den Wissenschaftscharakter der Historie bestreitet. Der Historiker, der die alte römische Geschichte zu kennen vorgebe, wisse schließlich weniger von ihr, als ein Koch in Rom wusste, und Latein zu verstehen bedeute, nicht mehr zu können, als was auch Ciceros Dienstmädchen konnte. Rund hundert Jahre später wird Vico den Wahrheitskanon des Mittelalters, der sich hier noch einmal ausdrückte, regelrecht auf den Kopf stellen und damit die grundlegende Wende des neuzeitlichen Geistes zu Worte bringen. Nun erst beginnt jene Einstellung, die das »wissenschaftliche« Zeitalter heraufführt, in dessen Entfaltung wir noch immer stehen[10].

Versuchen wir das, weil es für unsere Frage grundlegend ist, noch etwas weiter zu bedenken. Für Descartes erscheint noch einzig die von den Unsicherheiten des Tatsächlichen gereinigte, rein formale Vernunftgewissheit als wirkliche Gewissheit. Die Wende zur Neuzeit kündigt sich immerhin an, wenn er diese Vernunftgewissheit wesentlich vom Modell der mathematischen Gewissheit her versteht, Mathematik zur Grundform alles vernünftigen Denkens erhebt[11]. Während aber hier die Tatsachen noch ausgeklammert werden müssen, wenn man Sicherheit will, stellt Vico die genau umgekehrte These auf. Formal im Anschluss an Aristoteles erklärt er, dass wirkliches Wissen ein Wissen der Ursachen sei. Ich kenne eine Sache, wenn ich ihre Ursache kenne; das Begründete verstehe ich, wenn ich den Grund weiß. Aber aus diesem alten Gedanken wird etwas durchaus Neues gefolgert und gesagt: Wenn zu wirklichem Wissen das Wissen der Ursachen gehört, dann können wir nur *das* wahrhaft wissen, was wir selbst gemacht haben, denn nur uns selbst kennen wir. Das bedeutet dann, dass an die Stelle der alten Gleichsetzung von Wahrheit und Sein die neue von Wahrheit und Tatsächlichkeit tritt, erkennbar ist nur das »Faktum«, das, was wir selbst gemacht haben.

Nicht dem Sein nachzudenken ist die Aufgabe und Möglichkeit des menschlichen Geistes, sondern dem Faktum, dem Gemachten, der Eigenwelt des Menschen, denn nur sie vermögen wir wahrhaft zu verstehen. Der Mensch hat den Kosmos nicht hervorgebracht, und er bleibt ihm in seiner letzten Tiefe undurchsichtig. Vollkommenes, beweisbares Wissen ist ihm nur erreichbar innerhalb der mathematischen Fiktionen und bezüglich der Geschichte, die der Bereich des vom Menschen selbst Gewirkten und ihm deshalb Wissbaren ist. Inmitten des Ozeans des Zweifels, der nach dem Zusammenbruch der alten Metaphysik am Beginn der Neuzeit die Menschheit bedroht, wird hier im Faktum das feste Land wieder entdeckt, auf dem der Mensch versuchen kann, sich eine neue Existenz zu erbauen. Die Herrschaft des Faktums beginnt, das heißt die radikale Zuwendung des Menschen zu seinem eigenen Werk als dem allein ihm Gewissen.

Damit ist jene Umwertung aller Werte verbunden, die aus der folgenden Geschichte wirklich eine »neue« Zeit gegenüber der alten werden lässt. Was vordem verachtet und unwissenschaftlich gewesen war, die Historie, bleibt nun als einzig wahre Wissenschaft neben der Mathematik übrig. Was vorher allein des freien Geistes würdig schien, dem Sinn des Seins nachzudenken, erscheint jetzt als müßiges und auswegloses Bemühen, dem kein echtes Wissenkönnen entspricht. So werden nun Mathematik und Historie zu den beherrschenden Disziplinen, ja, die Historie verschlingt gleichsam den ganzen Kosmos der Wissenschaften in sich hinein und verwandelt sie alle grundlegend. Philosophie wird durch Hegel, auf andere Weise durch Comte zu einer Frage der Geschichte, in der das Sein selbst als geschichtlicher Prozess zu begreifen ist; Theologie wird bei F. Chr. Baur zur Historie, ihr Weg die streng historische Forschung, die dem damals Geschehenen nachfragt und dadurch der Sache auf den Grund zu kommen hofft; Nationalökonomie wird bei Marx geschichtlich umgedacht, ja, auch die Naturwissenschaften sind von dieser allgemeinen Tendenz zur Geschichte betroffen: Bei Darwin wird das System des Lebendigen als eine Geschichte des Lebens begriffen; an die Stelle der Konstanz dessen, was bleibt, wie es geschaffen ist, tritt eine Abstammungsreihe, in der alle Dinge voneinander kommen und aufeinander rückführbar sind[12]. So erscheint aber endlich die Welt nicht mehr als das feste Gehäuse des Seins, sondern als ein Prozess, dessen beständige Ausbreitung die Bewegung des Seins selber ist. Das bedeutet: Die Welt ist nur noch als vom Menschen gemachte wissbar. Über sich vermag der Mensch im Letzten nicht mehr hinauszuschauen, es sei denn wieder auf der Ebene des Faktums, wo er sich selber als Zufallsprodukt uralter Entwicklungen erkennen muss. Auf diese Weise entsteht nun eine höchst eigentümliche Situation. In dem Augenblick, in dem eine radikale Anthropozentrik einsetzt, der Mensch nur noch sein eigenes Werk erkennen kann, muss er doch zugleich lernen, sich selbst als ein bloß zufällig Gewordenes, auch nur als »Faktum«, hinzunehmen. Auch hier wird ihm gleichsam der Himmel eingerissen, aus dem er zu kommen schien, und nur die Erde der Fakten bleibt in seinen Händen zurück – die Erde, in der er jetzt mit dem Spaten die mühsame Geschichte seines Werdens zu entziffern sucht.

b) Das zweite Stadium: Die Wende zum technischen Denken. »Verum quia factum«, dieses Programm, das den Menschen auf die Geschichte als Ort der Wahrheit weist, konnte für sich allein freilich nicht genügen. Zur vollen Wirkung kam es erst, als es sich mit einem zweiten Motiv verband, das, wiederum gut 100 Jahre später, Karl Marx formuliert hat in seinem klassischen Satz: »Die Philosophen haben bisher die Welt nur verschieden interpretiert; es kommt darauf an, sie zu verändern.« Die Aufgabe der Philosophie wird damit nochmal grundlegend neu bestimmt. In die Sprache der philosophischen Tradition übertragen hieße diese Maxime, dass an die Stelle des »Verum quia factum«

– erkennbar, wahrheitsträchtig ist das, was der Mensch gemacht hat und was er nun betrachten kann – das neue Programm tritt »Verum quia faciendum« – die Wahrheit, um die es fortan geht, ist die Machbarkeit. Nochmal anders gewendet: Die Wahrheit, mit der der Mensch zu tun hat, ist weder die Wahrheit des Seins noch auch letztlich die seiner gewesenen Taten, sondern es ist die Wahrheit der Weltveränderung, der Weltgestaltung – eine auf Zukunft und Aktion bezogene Wahrheit.

»Verum quia faciendum« – das will sagen, dass die Herrschaft des Faktum seit der Mitte des 19. Jahrhunderts in zunehmendem Maße abgelöst wird durch die Herrschaft des Faciendum, des zu Machenden und Machbaren, und dass damit die Herrschaft der Historie verdrängt wird durch diejenige der Techne. Denn je mehr der Mensch den neuen Weg beschreitet, sich auf das Faktum zu konzentrieren und darin Gewissheit zu suchen, desto mehr muss er auch erkennen, dass sich selbst das Faktum, sein eigenes Werk, ihm weitgehend entzieht. Die Belegbarkeit, die der Historiker anstrebt und die zunächst im 19. Jahrhundert als der große Triumph der Historie gegenüber der Spekulation erscheint, behält immer etwas Fragwürdiges an sich, ein Moment der Rekonstruktion, der Deutung und der Zweideutigkeit, sodass schon zu Beginn dieses Jahrhunderts die Historie in eine Krise geriet und der Historismus mit seinem stolzen Wissensanspruch fragwürdig wurde. Immer deutlicher zeigte sich, dass es das reine Faktum und seine unerschütterliche Sicherheit gar nicht gibt, dass auch im Faktum jedesmal noch das Deuten und seine Zweideutigkeit enthalten sind. Immer weniger konnte man sich verbergen, dass man abermals nicht jene Gewissheit in Händen hielt, die man sich zunächst, in der Abwendung von der Spekulation, von der Tatsachenforschung versprochen hatte.

So musste sich mehr und mehr die Überzeugung durchsetzen, dass wirklich erkennbar dem Menschen zu guter Letzt nur das sei, was wiederholbar ist, was er sich im Experiment jederzeit neu vor Augen stellen kann. Alles, was er nur in sekundären Zeugnissen zu sehen vermag, bleibt Vergangenheit und ist trotz aller Belege nicht vollends erkennbar. Damit erscheint die naturwissenschaftliche Methode, die sich aus der Verbindung von Mathematik (Descartes!) und Zuwendung zur Faktizität in der Form des wiederholbaren Experiments ergibt, als der einzig wirkliche Träger zuverlässiger Gewissheit. Aus der Verbindung von mathematischem Denken und Faktendenken resultiert der von der Naturwissenschaft bestimmte geistige Standort des modernen Menschen, der damit Zuwendung zur Wirklichkeit, insofern sie Machbarkeit ist, bedeutet[13]. Das Faktum hat das Faciendum, das Gemachte hat das Machbare und Wiederholbare, Nachprüfbare aus sich entlassen und ist nun um seinetwillen da. Es kommt zum Primat des Machbaren vor dem Gemachten, denn in der Tat: Was soll der Mensch schon mit dem bloß Gewesenen? Er kann seinen Sinn nicht darin finden, sich zum Museumswärter seiner eigenen Vergangenheit zu machen, wenn er seine Gegenwart bewältigen will.

Damit hört, wie vorher die Historie, nun die Techne auf, eine untergeordnete Vorstufe der geistigen Entfaltung des Menschen zu sein, auch wenn sie in einem ausgesprochen geisteswissenschaftlich orientierten Bewusstsein noch immer einen gewissen Ruch von Barbarei behält. Von der geistigen Gesamtsituation her ist die Lage grundlegend geändert: Techne ist nicht länger ins Unterhaus der Wissenschaften verbannt oder richtiger: das Unterhaus ist auch hier das eigentlich Bestimmende geworden, vor dem das »Oberhaus« nur noch als ein Haus von adligen Pensionären erscheint. Techne wird zum eigentlichen Können und Sollen des Menschen. Was bis dahin zuunterst stand, steht jetzt zuoberst; zugleich verschiebt sich noch einmal die Perspektive: War der Mensch zuerst, in Antike und Mittelalter, dem Ewigen zugewandt gewesen, dann in der kurzen Herrschaft des Historismus dem Vergangenen, so verweist ihn nun das Faciendum, die

Machbarkeit, auf die Zukunft dessen, was er selbst erschaffen kann. Wenn er vordem, etwa durch die Ergebnisse der Abstammungslehre, resigniert festgestellt haben mochte, dass er von seiner Vergangenheit her nur Erde, bloßer Zufall der Entwicklung ist, wenn er von solcher Wissenschaft desillusioniert war und sich degradiert erschien, so braucht ihn das jetzt nicht mehr zu stören, denn nun kann er, von wo auch immer er kommt, entschlossen seiner Zukunft entgegensehen, um sich selbst zu dem zu erschaffen, was er will; es braucht ihm nicht mehr als Unmöglichkeit zu erscheinen, sich selbst zum Gott zu erschaffen, der nun als Faciendum, als das Machbare, am Ende und nicht mehr als Logos, als Sinn, am Anfang steht. Das wirkt sich übrigens heute bereits ganz konkret in der Form der anthropologischen Fragestellung aus. Wichtiger als die Abstammungslehre, die praktisch schon wie etwas Selbstverständliches hinter uns liegt, erscheint heute bereits die Kybernetik, die Planbarkeit des neu zu erschaffenden Menschen, sodass auch theologisch die Manipulierbarkeit des Menschen durch sein eigenes Planen ein wichtigeres Problem darzustellen beginnt als die Frage der menschlichen Vergangenheit – obwohl beide Fragen nicht voneinander trennbar sind und in ihrer Richtung sich weithin gegenseitig bestimmen: Die Reduktion des Menschen auf ein »Faktum« ist die Voraussetzung für sein Verständnis als ein Faciendum, das aus Eigenem in eine neue Zukunft geführt werden soll.

c) Die Frage nach dem Ort des Glaubens. Mit diesem zweiten Schritt des neuzeitlichen Geistes, mit der Zuwendung zur Machbarkeit, ist zugleich ein erster Anlauf der Theologie gescheitert, auf die neuen Gegebenheiten zu antworten. Die Theologie hatte ja versucht, der Problematik des Historismus, seiner Reduktion der Wahrheit auf das Faktum, dadurch zu begegnen, dass sie Glauben selbst als Historie konstruierte. Für den ersten Anschein konnte sie mit dieser Wendung recht zufrieden sein. Schließlich ist christlicher Glaube von seinem Inhalt her wesentlich auf Geschichte bezogen, die Aussagen der Bibel tragen nicht metaphysischen, sondern faktischen Charakter. So konnte die Theologie scheinbar nur einverstanden sein, wenn die Stunde der Metaphysik abgelöst wurde durch diejenige der Geschichte. Denn damit schien zugleich so Recht erst ihre eigene Stunde zu schlagen, ja, vielleicht durfte sie die neue Entwicklung überhaupt als Ergebnis ihres eigenen Ausgangspunktes buchen.

Die zunehmende Entthronung der Historie durch die Techne hat solche Hoffnungen schnell wieder gedämpft. Dafür drängt sich jetzt ein anderer Gedanke auf – man fühlt sich versucht, Glauben nicht mehr auf der Ebene des Faktum, sondern auf der des Faciendum anzusiedeln und ihn mittels einer »politischen Theologie« als Medium der Weltveränderung auszulegen[14]. Ich glaube, dass damit nur in der gegenwärtigen Situation das wieder getan wird, was einseitig heilsgeschichtliches Denken in der Situation des Historismus unternommen hatte. Man sieht, dass die Welt von heute bestimmt ist durch die Perspektive des Machbaren, und man antwortet, indem man den Glauben selbst auf diese Ebene transponiert. Nun möchte ich beide Versuche keineswegs einfach als unsinnig beiseite schieben. Damit würde man ihnen sicher nicht gerecht. Vielmehr kommt im einen wie im andern Wesentliches ans Licht, das in anderen Konstellationen mehr oder weniger übersehen worden war. Christlicher Glaube hat wirklich mit dem »Faktum« zu tun, er wohnt in einer spezifischen Weise auf der Ebene der Geschichte, und es ist kein Zufall, dass gerade im Raum christlichen Glaubens Historismus und Historie überhaupt gewachsen sind. Und zweifellos hat Glaube auch etwas mit Weltveränderung, mit Weltgestaltung, mit dem Einspruch gegen die Trägheit der menschlichen Institutionen und derer, die daraus ihren Nutzen ziehen, zu tun. Wiederum ist es schwerlich ein Zufall, dass das Verständnis der Welt als Machbarkeit im Raum der christlich-jüdischen Überlieferung gewachsen und gerade bei Marx aus ihren Inspirationen heraus, wenn auch in Antithese dazu, gedacht und formuliert worden ist. Insofern ist nicht zu bestreiten, dass beide Male etwas von der wirklichen Meinung des christlichen Glaubens zum Vorschein kommt, das früher allzusehr verdeckt geblieben war. Christlicher Glaube hat auf entscheidende Weise mit den wesentlichen Antriebskräften der Neuzeit zu tun. Es ist in der Tat die Chance unserer geschichtlichen Stunde, dass wir von ihr her die Struktur des Glaubens zwischen Faktum und Faciendum ganz neu begreifen können; es ist die Aufgabe der Theologie, diesen Anruf und diese Möglichkeit wahrzunehmen und die blinden Stellen vergangener Perioden zu finden und zu füllen.

Aber sowenig man hier mit schnellen Aburteilungen bei der Hand sein darf, so sehr bleibt die Warnung vor Kurzschlüssen geboten. Wo die beiden genannten Versuche exklusiv werden und den Glauben ganz auf die Ebene des Faktums oder der Machbarkeit verlegen, da wird zuletzt doch verdeckt, was es eigentlich heißt, wenn ein Mensch sagt: Credo – ich glaube. Denn indem er solches ausspricht, entwirft er fürs Erste weder ein Programm aktiver Weltveränderung noch schließt er sich damit einfach einer Kette historischer Ereignisse an. Ich möchte, um das Eigentliche versuchsweise ans Licht zu bringen, sagen, der Vorgang des Glaubens gehöre nicht der Relation Wissen – Machen zu, die für die geistige Konstellation des Machbarkeitsdenkens kennzeichnend ist, er lasse sich viel eher ausdrücken in der ganz anderen Relation Stehen – Verstehen. Mir scheint, dass damit zwei Gesamtauffassungen und Möglichkeiten menschlichen Seins sichtbar werden, die nicht beziehungslos zueinander sind, aber die man doch unterscheiden muss.

5.
Glaube als Stehen und Verstehen

Indem ich das Begriffspaar Stehen – Verstehen demjenigen von Wissen – Machen gegenüberstelle, spiele ich auf ein letztlich unübersetzbares biblisches Grundwort über den Glauben an, dessen tiefsinniges Wortspiel Luther einzufangen versuchte in der Formel: »Gläubt ihr nicht, so bleibt ihr nicht«; wörtlicher könnte man übersetzen: »Wenn ihr nicht glaubt (wenn ihr euch nicht an Jahwe fest*haltet*), dann werdet ihr keinen *Halt* haben« (Jes 7,9). Die *eine* Wortwurzel 'mn (amen) umfasst eine Vielfalt von Bedeutungen, deren Ineinandergreifen und Differenziertheit die subtile Großartigkeit dieses Satzes ausmacht. Sie schließt die Bedeutungen Wahrheit, Festigkeit, fester Grund, Boden ein, des weiteren die Bedeutungen Treue, trauen, sich anvertrauen, sich auf etwas stellen, an etwas glauben; das Glauben an Gott erscheint so als ein Sicheinhalten bei Gott, durch das der Mensch einen festen Halt für sein Leben gewinnt. Glaube ist damit beschrieben als ein Standfassen, als ein vertrauendes Sichstellen auf den Boden des Wortes Gottes. Die griechische Übersetzung des Alten Testaments (die so genannte Septuaginta) hat den vorhin genannten Satz nicht nur sprachlich, sondern auch gedanklich in den griechischen Bereich hineinübersetzt, indem sie formuliert: »Wenn ihr nicht glaubt, dann versteht ihr auch nicht«. Man hat vielfach gesagt, in dieser Übersetzung sei bereits der typische Hellenisierungsprozess, der Abfall vom ursprünglich Biblischen am Werk. Glaube würde intellektualisiert; anstatt das Stehen auf dem festen Grund des zuverlässigen Wortes Gottes auszudrücken, werde er nun mit Verstehen und Verstand in Verbindung gebracht und damit auf eine ganz andere, ihm durchaus unangemessene Ebene verlegt. Daran mag etwas Wahres sein. Dennoch meine ich, dass aufs Ganze gesehen unter veränderten Vorzeichen das Entscheidende gewahrt ist. Stehen, wie es im Hebräischen als Inhalt des Glaubens angegeben wird, hat durchaus auch mit Verstehen etwas zu tun. Darüber werden wir gleich anschließend noch weiter reflektieren müssen. Einstweilen können wir einfach den Faden des vorhin Bedachten wieder aufgreifen und sagen, dass Glaube eine völlig andere Ebene meint als jene des Machens und der Machbarkeit. Er ist wesentlich das Sichanvertrauen an das Nicht-Selbstgemachte und niemals Machbare, das gerade so all unser Machen trägt und ermöglicht. Das heißt aber dann weiterhin, dass er auf der Ebene des Machbarkeitswissens, auf der Ebene des »verum quia factum seu faciendum« weder vorkommt noch überhaupt vorkommen und darin gefunden werden kann und dass jeder Versuch, ihn dort »auf den Tisch zu legen«, ihn im Sinn des Machbarkeitswissens beweisen zu wollen, notwendig scheitern muss. Er ist im Gefüge dieser Art von Wissen nicht anzutreffen, und wer ihn dennoch dort auf den Tisch legt, der hat etwas Falsches auf den Tisch gelegt. Das bohrende Vielleicht, mit dem der Glaube den Menschen allerorten und jederzeit in Frage stellt, verweist nicht auf eine Unsicherheit *innerhalb* des Machbarkeitswissens, sondern es ist die Infragestellung der Absolutheit dieses Bereichs, seine Relativierung als *eine* Ebene des menschlichen Seins und des Seins überhaupt, die nur den Charakter von etwas Vorletztem haben kann. Anders ausgedrückt: Wir sind mit unseren Überlegungen nun an einer Stelle angelangt, an der sichtbar wird, dass es *zwei* Grundformen menschlichen Verhaltens zur Wirklichkeit gibt, von denen die eine nicht auf die andere zurückgeführt werden kann, weil sich beide je auf einer gänzlich anderen Ebene abspielen.

Man darf hier vielleicht an eine Gegenüberstellung Martin Heideggers erinnern, der von der Dualität von rechnendem Denken und besinnlichem Denken spricht. Beide Denkweisen sind legitim und notwendig, aber eben deshalb kann keine von beiden in die andere hinein aufgelöst werden. Beides also muss es geben: das rechnende Denken, das der Machbarkeit zugeordnet ist, und das besinnliche Denken, das dem Sinn nachdenkt. Man wird dem Freiburger Philosophen wohl auch nicht ganz Unrecht geben können, wenn er die Befürchtung ausdrückt, dass in einer Zeit, in der das rechnende Denken die staunenswertesten Triumphe feiert, der Mensch dennoch, ja vielleicht mehr als zuvor, von der Gedankenlosigkeit bedroht ist, von der Flucht vor dem Denken. Indem er allein dem Machbaren nachdenkt, steht er in Gefahr zu vergessen, sich selbst, den Sinn seines Seins zu bedenken. Freilich gibt es diese Versuchung zu allen Zeiten. So glaubte im 13. Jahrhundert der große Franziskanertheologe Bonaventura seinen Kollegen von der philosophischen Fakultät in Paris vorwerfen zu müssen, sie hätten die Welt zwar zu messen gelernt, aber verlernt, sich selbst zu messen. Sagen wir das gleiche nochmals anders: Glauben in dem Sinn, wie ihn das Credo will, ist nicht eine unfertige Form des Wissens, ein Meinen, das man dann in Machbarkeitswissen umsetzen könnte oder sollte. Er ist vielmehr eine von Wesen andere Form geistigen Verhaltens, die als etwas Selbständiges und Eigenes neben diesem steht, nicht rückführbar darauf und unableitbar davon. Denn der Glaube ist nicht dem Bereich der Machbarkeit und des Gemachten zugeordnet, obwohl er mit beiden zu tun hat, sondern dem Bereich der Grundentscheidungen, deren Beantwortung dem Menschen unausweichlich ist und die von Wesen her nur in *einer* Form geschehen kann. Diese Form aber nennen wir Glaube. Es scheint mir unerlässlich, dies in voller Deutlichkeit zu sehen: Jeder Mensch muss in irgendeiner Form zum Bereich der Grundentscheidungen Stellung beziehen, und kein Mensch kann das anders als in der Weise eines Glaubens tun. Es gibt einen Bezirk, der keine andere Antwort als die eines Glaubens zulässt, und gerade ihn kann kein Mensch ganz umgehen. Jeder Mensch muss auf irgendeine Art »glauben«.

Der bisher imponierendste Versuch, die Verhaltensweise »Glaube« dennoch der Verhaltensweise des Machbarkeitswissens einzuordnen, liegt im Marxismus vor. Denn hier stellt das

Faciendum, die selbst zu erschaffende Zukunft, zugleich den Sinn des Menschen dar, sodass die Sinngebung, die an sich im Glauben vollzogen bzw. angenommen wird, auf die Ebene des zu Machenden transponiert erscheint. Damit ist ohne Zweifel die äußerste Konsequenz neuzeitlichen Denkens erreicht; es scheint geglückt, den Sinn des Menschen gänzlich ins Machbare einzubeziehen, ja, beides einander gleichzusetzen. Sieht man indes näher zu, so zeigt sich, dass auch dem Marxismus die Quadratur des Kreises nicht gelungen ist. Denn auch er kann das Machbare als Sinn nicht wissbar machen, sondern nur verheißen und damit dem Glauben zur Entscheidung anbieten. Was freilich diesen marxistischen Glauben heute so attraktiv und so unmittelbar zugänglich erscheinen lässt, ist der Eindruck der Harmonie mit dem Machbarkeitswissen, den er hervorruft.

Kehren wir nach dieser kleinen Abschweifung zurück, um noch einmal und zusammenfassend zu fragen: Was ist das eigentlich, das Glauben? Darauf können wir jetzt antworten: Es ist die nicht auf Wissen reduzierbare, dem Wissen inkommensurable Form des Standfassens des Menschen im Ganzen der Wirklichkeit, die Sinngebung, ohne die das Ganze des Menschen ortlos bliebe, die dem Rechnen und Handeln des Menschen vorausliegt und ohne die er letztlich auch nicht rechnen und handeln könnte, weil er es nur kann im Ort eines Sinnes, der ihn trägt. Denn in der Tat: der Mensch lebt nicht vom Brot der Machbarkeit allein, er lebt als *Mensch* und gerade in dem Eigentlichen seines Menschseins vom Wort, von der Liebe, vom Sinn. Der Sinn ist das Brot, wovon der Mensch im Eigentlichen seines Menschseins besteht. Ohne das Wort, ohne den Sinn, ohne die Liebe kommt er in die Situation des Nicht-mehr-leben-Können, selbst wenn irdischer Komfort im Überfluss vorhanden ist. Wer wüsste nicht, wie sehr diese Situation des »Ich kann nicht mehr« inmitten des äußeren Überflusses auftauchen kann? Sinn aber ist nicht abkünftig von Wissen. Ihn auf diese Art, das heißt aus dem Beweiswissen der

Machbarkeit, herstellen zu wollen entspräche dem absurden Versuch Münchhausens, sich selbst an den Haaren aus dem Sumpf ziehen zu wollen. Ich glaube, dass in der Absurdität jener Geschichte die Grundsituation des Menschen sehr genau zum Vorschein kommt. Aus dem Sumpf der Ungewissheit, des Nicht-leben-Könnens zieht sich niemand selbst empor, ziehen wir uns auch nicht, wie Descartes noch meinen konnte, durch ein »Cogito ergo sum«, durch eine Kette von Vernunftschlüssen, heraus. Sinn, der selbst gemacht ist, ist im Letzten kein Sinn. Sinn, das heißt der Boden, worauf unsere Existenz als ganze stehen und leben kann, kann nicht gemacht, sondern nur empfangen werden.

Damit sind wir, von einer ganz allgemeinen Analyse der Grundhaltung Glaube ausgehend, unmittelbar bei der christlichen Weise des Glaubens angelangt. Christlich glauben bedeutet ja, sich anvertrauen dem Sinn, der mich und die Welt trägt; ihn als den festen Grund nehmen, auf dem ich furchtlos stehen kann. Etwas mehr in der Sprache der Tradition redend könnten wir sagen: Christlich glauben bedeutet unsere Existenz als Antwort verstehen auf das Wort, den Logos, der alle Dinge trägt und hält. Er bedeutet das Jasagen dazu, dass der Sinn, den wir nicht machen, sondern nur empfangen können, uns schon geschenkt ist, sodass wir ihn nur zu nehmen und uns ihm anzuvertrauen brauchen. Dementsprechend ist christlicher Glaube die Option dafür, dass das Empfangen dem Machen vorangeht – womit das Machen nicht abgewertet oder gar für überflüssig erklärt wird. Nur weil wir empfangen haben, können wir auch »machen«. Und weiterhin: Christlicher Glaube – wir sagten es schon – bedeutet die Option dafür, dass das Nichtzusehende wirklicher ist als das zu Sehende. Er ist das Bekenntnis zum Primat des Unsichtbaren als des eigentlich Wirklichen, das uns trägt und daher ermächtigt, mit gelöster Gelassenheit uns dem Sichtbaren zu stellen – in der Verantwortung vor dem Unsichtbaren als dem wahren Grund aller Dinge. Insofern ist freilich – man kann es nicht leugnen – christlicher Glaube in doppelter Hinsicht ein Affront gegen die Einstellung, zu der uns die heutige Weltsituation zu drängen scheint. Als Positivismus und als Phänomenologismus lädt sie uns ein, uns auf das »Sichtbare«, das »Erscheinende« im weitesten Sinn des Wortes zu beschränken, die methodische Grundeinstellung, der die Naturwissenschaft ihre Erfolge verdankt, aufs Ganze unseres Wirklichkeitsbezugs auszudehnen. Als Techne hinwiederum fordert sie uns auf, uns auf das Machbare zu verlassen und davon den Boden zu erhoffen, der uns trägt. Der Primat des Unsichtbaren vor dem Sichtbaren und der des Empfangens vor dem Machen läuft stracks dieser Grundsituation zuwider. Darauf wohl beruht es, dass uns der Sprung des Sichanvertrauens an das Nichtzusehende heute so schwer wird. Und doch ist die Freiheit des Machens wie diejenige, das Sichtbare durch methodisches Forschen in Dienst zu nehmen, letztlich erst ermöglicht durch die Vorläufigkeit, in die christlicher Glaube beides verweist, und durch die Überlegenheit, die er so eröffnet hat.

6. Die Vernunft des Glaubens

Wenn man das alles bedenkt, wird man feststellen, wie eng das erste und das letzte Wort des Credo – das »Ich glaube« und das »Amen« – ineinanderklingen, das Gesamt der einzelnen Aussagen umgreifen und so den inneren Ort für alles, was dazwischen steht, angeben. Im Zweiklang von »Credo« und «Amen« wird der Sinn des Ganzen sichtbar, die geistige Bewegung, um die es geht. Wir hatten vorhin festgestellt, das Wort Amen gehöre im Hebräischen dem gleichen Wortstamm zu, dem auch das Wort »Glauben« entnommen ist. »Amen« sagt so auf seine Weise nur noch einmal, was Glauben heißt: das vertrauende Sichstellen auf einen Grund, der trägt, nicht weil ich ihn gemacht und nachgerechnet habe, sondern vielmehr eben darum, weil ich ihn nicht gemacht habe und nicht nachrechnen kann. Er drückt das Sichüberlassen an das aus, was wir weder machen können noch zu machen brauchen, an den Grund der Welt als Sinn, der mir die Freiheit des Machens allererst eröffnet.

Dennoch ist, was hier geschieht, nicht ein blindes Sichausliefern ins Irrationale hinein. Im Gegenteil – es ist Zugehen auf den »Logos«, auf die »Ratio«, auf den Sinn und so auf die Wahrheit selbst, denn am Ende kann und darf der Grund, worauf der Mensch sich stellt, kein anderer als die sich eröffnende Wahrheit selber sein. Damit stoßen wir an einer Stelle, an der wir es am wenigsten vermuten möchten, nochmal auf eine letzte Antithese zwischen Machbarkeitswissen und Glauben. Das Machbarkeitswissen muss – wir sahen es schon – von seinem eigensten Wollen her positivistisch sein, sich auf das Gegebene und Messbare begrenzen. Das aber hat zur Folge, dass es nicht mehr nach Wahrheit fragt. Es erzielt seine Erfolge gerade durch den Verzicht auf die Frage nach der Wahrheit selbst und durch die Bescheidung auf die »Richtigkeit«, auf die »Stimmigkeit« des Systems, dessen hypothetischer Entwurf sich im Funktionieren des Experiments bewähren muss. Das Machbarkeitswissen fragt, um es nochmal anders zu sagen, nicht nach den Dingen, wie sie an sich und *in sich* sind, sondern allein nach ihrer Funktionalisierbarkeit *für uns*. Die Wende zum Machbarkeitswissen ist genau dadurch erzielt worden, dass man das Sein nicht mehr in sich selbst betrachtet, sondern lediglich in Funktion zu unserem Werk. Das bedeutet, dass in der Ablösung der Wahrheitsfrage vom Sein und in ihrer Verlagerung auf das Faktum und Faciendum der Wahrheitsbegriff selbst wesentlich verändert worden ist. An die Stelle der Wahrheit des Seins in sich ist die Brauchbarkeit der Dinge für uns getreten, die sich in der Richtigkeit der Ergebnisse bestätigt. Daran ist zutreffend und unwiderruflich, dass nur diese Richtigkeit sich uns als Berechenbarkeit gewährt, während die Wahrheit des Seins selbst sich dem Wissen als Berechnung entzieht.

Dass die christliche Glaubenshaltung sich in dem Wörtchen »Amen« ausdrückt, in dem sich die Bedeutungen: Trauen, Anvertrauen, Treue, Festigkeit, fester Grund, Stehen, Wahrheit gegenseitig durchdringen, das will sagen, dass das, worauf der Mensch im Letzten stehen und was ihm Sinn sein kann, allein die Wahrheit selbst sein darf. Nur die Wahrheit ist der dem Menschen gemäße Grund seines Stehens. So schließt der Akt des christlichen Glaubens wesentlich die Überzeugung ein, dass der sinngebende Grund, der »Logos«, worauf wir uns stellen, gerade als Sinn auch die Wahrheit ist[15]. Sinn, der nicht die Wahrheit wäre, würde Un-Sinn sein. Die Untrennbarkeit von Sinn, Grund, Wahrheit, die sich ebenso im hebräischen Wort »Amen« wie im griechischen »Logos« ausdrückt, sagt zugleich ein ganzes Weltbild an. In der Untrennbarkeit von Sinn, Grund und Wahrheit, wie solche Wörter sie – für uns unnachahmlich umschließen, kommt das ganze Koordinatennetz zum Vorschein, in dem christlicher Glaube die Welt betrachtet und sich ihr stellt. Das bedeutet dann aber auch, dass Glaube von seinem ursprünglichen Wesen her keine blinde Häufung unverstehbarer Paradoxien ist. Es bedeutet weiterhin, dass es Unfug ist, das Mysterium, wie es freilich nicht allzu selten geschieht, als Ausflucht für das Versagen des Verstandes vorzuschützen. Wenn die Theologie zu allerlei Ungereimtheiten kommt und sie mit dem Verweis auf das Mysterium nicht nur entschuldigen, sondern womöglich kanonisieren will, liegt ein Missbrauch der wahren Idee des »Mysteriums« vor, dessen Sinn nicht die Zerstörung des Verstandes ist, sondern das vielmehr Glauben *als* Verstehen ermöglichen will. Anders ausgedrückt: Gewiss ist Glaube nicht Wissen im Sinn des Machbarkeitswissens und seiner Form der Berechenbarkeit. Das kann er nie werden, und er kann sich letztlich nur lächerlich machen, wenn er versucht, sich dennoch in dessen Formen zu etablieren. Aber umgekehrt gilt, dass das berechenbare Machbarkeitswissen vom Wesen her auf das Erscheinende und Funktionierende beschränkt ist und nicht den Weg darstellt, die Wahrheit selbst zu finden, auf die es von seiner Methode her Verzicht getan hat. Die Form, wie der Mensch mit der Wahrheit des Seins zu tun erhält, ist nicht *Wissen*, sondern *Verstehen*: Verstehen des Sinnes, dem er sich anvertraut hat. Und freilich werden wir hinzufügen müssen, dass nur im Stehen sich das Verstehen eröffnet, nicht außerhalb davon. Eines geschieht nicht ohne das andere, denn Verstehen bedeutet, den Sinn, den man als *Grund* empfangen hat, als *Sinn* zu ergreifen und zu begreifen. Ich denke, dies sei die genaue Bedeutung dessen, was wir mit Verstehen meinen: dass wir den Grund, worauf wir uns gestellt haben, als Sinn und als Wahrheit ergreifen lernen; dass wir erkennen lernen, dass der *Grund Sinn* darstellt.

Wenn es aber so ist, dann bedeutet Verstehen nicht nur keinen Widerspruch zum Glauben, sondern stellt dessen eigenste Sache dar. Denn das Wissen der Funktionalisierbarkeit der Welt, wie es uns das heutige technisch-naturwissenschaftliche Denken großartig vermittelt, bringt noch kein Verstehen der Welt und des Seins. Verstehen wächst nur aus Glauben. Deshalb ist Theologie als verstehende, logoshafte (= rationale, vernünftig-verstehende) Rede von Gott eine Uraufgabe christlichen Glaubens. In diesem Sachverhalt gründet auch das durch nichts aufzuhebende Recht des Griechischen im Christlichen. Ich bin der Überzeugung, dass es im Tiefsten kein bloßer Zufall war, dass die christliche Botschaft bei ihrer Gestaltwerdung zuerst in die griechische Welt eintrat und sich hier mit der Frage nach dem Verstehen, nach der Wahrheit verschmolzen hat[16]. Glauben und Verstehen gehören nicht weniger zusammen als Glauben und Stehen, einfach weil Stehen und Verstehen untrennbar sind. Insofern enthüllt die griechische Übersetzung des jesajanischen Satzes von Glauben und Bleiben eine Dimension, die dem Biblischen selbst unabdingbar ist, wenn es nicht ins Schwärmerische, Sektiererische abgedrängt werden soll.

Allerdings ist es dem Verstehen eigen, dass es unser *Begreifen* immer wieder überschreitet zu der Erkenntnis unseres Umgriffenseins. Wenn aber Verstehen Begreifen unseres Umgriffenseins ist, dann heißt dies, dass wir es nicht noch einmal umgreifen können; es gewährt uns Sinn eben dadurch, dass es *uns* umgreift. In *diesem* Sinn sprechen wir mit Recht vom Geheimnis als dem uns vorausgehenden und uns immerfort überschreitenden, von uns nie einzuholenden oder zu überholenden Grund. Aber gerade im Umgriffensein von dem nicht noch einmal Begriffenen vollzieht sich die Verantwortung des Verstehens, ohne die der Glaube würdelos würde und sich selbst zerstören müsste.

7.
»Ich glaube an dich«

Mit allem Gesagten ist freilich der tiefste Grundzug christlichen Glaubens noch immer nicht ausgesprochen: sein personaler Charakter. Der christliche Glaube ist mehr als Option für einen geistigen Grund der Welt, seine zentrale Formel lautet nicht: »Ich glaube etwas«, sondern »Ich glaube an dich«[17]. Er ist Begegnung mit dem Menschen Jesus und erfährt in solchem Begegnen den Sinn der Welt als Person. In Jesu Leben aus dem Vater, in der Unmittelbarkeit und Dichte seines betenden, ja, sehenden Umgangs mit ihm ist er der Zeuge Gottes, durch den hindurch der Unberührbare berührbar, der Ferne nahe geworden ist. Und mehr: Er ist nicht bloß der Zeuge, dem wir glauben, was er geschaut hat in einer Existenz, die wahrhaft die Wende vollzogen hatte von der falschen Bescheidung aufs Vordergründige in die Tiefe der ganzen Wahrheit hinein; nein, er ist die Anwesenheit des Ewigen selbst in dieser Welt. In seinem Leben, in der Vorbehaltlosigkeit seines Seins für die Menschen, ist der Sinn der Welt Gegenwart, er gewährt sich uns als Liebe, die auch mich liebt und mit solch unfasslichem Geschenk einer von keiner Vergänglichkeit, keiner egoistischen Trübung bedrohten Liebe das Leben lebenswert macht. Der Sinn der Welt ist das Du, freilich nur jenes, das nicht selbst offene Frage, sondern der keines anderen Grundes bedürfende Grund des Ganzen ist.

So ist der Glaube das Finden eines Du, das mich trägt und in aller Unerfülltheit und letzten Unerfüllbarkeit menschlichen Begegnens die Verheißung unzerstörbarer Liebe schenkt, die Ewigkeit nicht nur begehrt, sondern gewährt. Christlicher Glaube lebt davon, dass es nicht bloß objektiven Sinn gibt, sondern dass dieser Sinn mich kennt und liebt, dass ich ihm mich anvertrauen kann mit der Gebärde des Kindes, das im Du der Mutter all sein Fragen geborgen weiß. So ist Glaube, Vertrauen und Lieben letztlich eins, und alle Inhalte, um die der Glaube kreist, sind nur Konkretisierungen der alles tragenden Wende, des »Ich glaube an dich« – der Entdeckung Gottes im Antlitz des Menschen Jesus von Nazareth.

Freilich hebt dies das Nachdenken nicht auf – das haben wir oben bereits gesehen. Bist du es wirklich: das hat schon Johannes der Täufer angstvoll in einer dunklen Stunde gefragt, der Prophet also, der seine Jünger selbst zum Rabbi aus Nazareth gewiesen und ihn als den Größeren bekannt hatte, für den er nur Vorbereitungsdienste leisten konnte. Bist du es wirklich? Der Glaubende wird immer wieder jenes Dunkel erleben, in dem der Widerspruch des Unglaubens ihn wie ein düsteres, unentrinnbares Gefängnis umgibt und die Gleichmütigkeit der Welt, die unverändert weitergeht, als ob nichts geschehen wäre, nur Hohn auf seine Hoffnung zu sein scheint. Bist du es wirklich – diese Frage müssen wir nicht nur stellen aus der Redlichkeit des Denkens heraus und wegen der Verantwortung der Vernunft, sondern auch aus dem inneren Gesetz der Liebe, die den mehr und mehr erkennen möchte, dem sie ihr Ja gegeben, um ihn mehr lieben zu können. Bist du es wirklich – alle Überlegungen dieses Buches sind letztlich dieser Frage zugeordnet und kreisen so um die Grundform des Bekenntnisses: Ich glaube an dich, Jesus von Nazareth, als den Sinn (»Logos«) der Welt und meines Lebens.

ZWEITES KAPITEL

Die kirchliche Gestalt des Glaubens

1. Vorbemerkung zu Geschichte und Struktur des Apostolischen Glaubensbekenntnisses[18]

Alles bisher Gesagte ist bei der formalen Frage stehen geblieben, was Glaube überhaupt ist und wo er in der Welt des modernen Denkens einen Ansatz finden, eine Funktion ausüben kann. Die weiter greifenden inhaltsbezogenen Probleme blieben so notwendig noch offen – das Ganze vielleicht noch allzu blass und unbestimmt. Die Antworten können sich nur finden lassen durch den Blick auf die konkrete Gestalt des christlichen Glaubens, die wir im Folgenden am Leitfaden des so genannten Apostolischen Glaubensbekenntnisses bedenken wollen. Es mag nützlich sein, ein paar Daten über seine Herkunft und Struktur vorauszuschicken, die zugleich das Recht dieses Vorgehens beleuchten können. Die Grundform unseres Bekenntnisses hat sich im Lauf des 2. und 3. Jahrhunderts im Zusammenhang mit dem Taufvollzug gebildet. Was seine lokale Herkunft angeht, so handelt es sich um einen stadtrömischen Text; sein innerer Ursprungsort aber liegt im Gottesdienst, näherhin in der Taufspendung. Diese wiederum orientierte sich in ihrer Grundgestalt an dem Wort des Auferstandenen, das in Mt 28,19 überliefert wird: »Gehet hin, macht zu Jüngern alle Völker und tauft sie im Namen des Vaters und des Sohnes und des Heiligen Geistes«. Demgemäß werden an den Täufling drei Fragen gerichtet: »Glaubst du an Gott, den Vater, den Allherrscher? Glaubst du an Christus Jesus, den Sohn Gottes ...? Glaubst du an den Heiligen Geist ... «[19]? Der Täufling antwortet auf jede dieser drei Fragen mit »Credo« – Ich glaube – und wird daraufhin jeweils ins Wasser eingetaucht. Die älteste Form des Bekenntnisses vollzieht sich also in einem dreiteiligen Dialog, in Frage und Antwort, und ist überdies in den Taufvollzug eingebettet.

Wahrscheinlich schon im Laufe des zweiten und noch mehr im dritten Jahrhundert ist die zunächst ganz einfache dreigliedrige Formel, die lediglich den Schrifttext von Mt 28 aufnimmt, im Mittelstück, das heißt bei der Christusfrage, weiter aufgefüllt worden. Hier ging es ja um das unterscheidend Christliche, sodass man sich veranlasst fühlte, im Rahmen dieser Frage eine kleine Summe dessen zu geben, was für den Christen Christus bedeutet; ebenso wurde die dritte Frage, das Bekenntnis zum Heiligen Geist, als Bekenntnis zu Gegenwart und Zukunft des Christlichen weiter verdeutlicht und entfaltet. Im 4. Jahrhundert treffen wir dann auf einen vom Frage-Antwort-Schema gelösten, durchlaufenden Text; dass er noch immer in griechischer Sprache abgefasst ist, macht es wahrscheinlich, dass er schon dem 3. Jahrhundert entstammt, da man im vierten Saeculum in Rom auch in der Liturgie endgültig zum Lateinischen übergegangen war. Alsbald taucht denn auch im 4. Jahrhundert eine lateinische Übersetzung auf. Wegen der besonderen Stellung, die der Kirche von Rom für den ganzen Westen zukam, vermochte sich das stadtrömische Taufbekenntnis (»Symbolum«, »Symbol« genannt) schnell im gesamten lateinischsprachigen Raum durchzusetzen. Es erlebte dabei freilich noch eine Reihe von kleineren

Textveränderungen, bis schließlich Karl der Große für sein ganzes Reich eine Textform zur Anerkennung brachte, die – auf der Basis des altrömischen Textes – ihre Endgestalt in Gallien erhalten hatte; in der Stadt Rom wurde dieser Einheitstext im 9. Jahrhundert übernommen. Etwa seit dem 5. Jahrhundert, vielleicht schon im 4., taucht die Legende vom apostolischen Ursprung dieses Textes auf, die sich sehr bald (wohl noch im 5. Jahrhundert) dahin konkretisierte, dass man annahm, jeder der zwölf Artikel, in die man das Ganze nun einteilte, sei von einem der zwölf Apostel beigetragen worden.

Im Osten blieb dieses stadtrömische Symbol unbekannt; für die Vertreter Roms bedeutete es keine geringe Überraschung, als sie auf dem Unionskonzil von Florenz im 15. Jahrhundert von den Griechen erfahren mussten, dass das vermeintlich von den Aposteln stammende Symbolum bei ihnen nicht gebetet werde. Der Osten hat nie ein derart einheitliches Symbol ausgebildet, weil dort keine Einzelkirche je eine Stellung einnahm, die derjenigen vergleichbar gewesen wäre, die Rom im Westen zukam – als einzigem »Apostelsitz« im westlichen Bereich. Für den Osten blieb immer die Vielgestalt der Symbole charakteristisch, die freilich auch im theologischen Typus etwas vom römischen Symbol abweichen. Das römische (und damit überhaupt das abendländische) Credo ist mehr heilsgeschichtlich-christologisch bestimmt. Es verweilt sozusagen im Innern der Positivität der christlichen Geschichte; es nimmt einfach die Tatsache hin, dass Gott zu unserem Heil Mensch geworden ist, und versucht nicht, hinter diese Geschichte auf ihre Gründe und auf ihren Zusammenhang mit dem Ganzen des Seins selbst zurückzufragen. Der Osten dagegen hat den christlichen Glauben immer in einer kosmisch-metaphysischen Perspektive zu verstehen versucht, die ihren Niederschlag in den Glaubensbekenntnissen vor allem darin findet, dass Christologie und Schöpfungsglaube miteinander in Beziehung gesetzt werden und so das Einmalige jener Geschichte und das Immerwährende, Umfassende der Schöpfung in engen Zusammenhang treten. Wir werden später darauf zurückkommen, wie diese erweiterte Sicht heute, vor allem infolge der Anstöße aus dem Werk von Teilhard de Chardin, endlich auch im abendländischen Bewusstsein wieder anfängt, stärker zur Geltung zu kommen.

2.
Grenze und Bedeutung des Textes

Die grobe Skizze der Geschichte des Symbolums, die ich damit entworfen habe, drängt vielleicht noch zu einer kleinen ergänzenden Reflexion. Denn schon der kurze Blick auf das Werden des Textes, den wir damit gewonnen haben, zeigt, dass in diesem Vorgang sich die ganze Spannung der Kirchengeschichte des ersten Jahrtausends, Glanz und Elend dieser Geschichte, spiegeln. Mir will scheinen, auch dies sei eine Aussage, die mit der Sache des christlichen Glaubens selbst zu tun hat und seine geistige Physiognomie erkennbar werden lässt. Das Symbolum drückt zunächst gewiss quer über alle Spaltungen und Spannungen hinweg den gemeinsamen Grund des Glaubens an den Dreieinigen Gott aus. Es ist Antwort auf den Anruf, der von Jesus von Nazareth ausging: »Macht zu Jüngern alle Völker und taufet sie«. Es ist Bekenntnis zu ihm als zu der Nähe Gottes, zu ihm als zu der wahren Zukunft des Menschen. Aber es drückt auch schon das beginnende Schicksal der Spaltung zwischen Ost und West aus; die besondere Stellung, die Rom im Westen als dem Vorort apostolischer Überlieferung zukam, und die Spannung, die dadurch für die Gesamtkirche erwuchs, werden in seiner Geschichte sichtbar. Und endlich drückt dieser Text in seiner heutigen Gestalt auch die vom Politischen ausgehende Uniformierung der Kirche im Westen und so das Schicksal der politischen Verfremdung des Glaubens, seine Benutzung als Mittel der Reichseinheit aus. Indem wir diesen Text verwenden, der als das »Römische« durchgesetzt und dabei in dieser Gestalt Rom von außen aufgedrängt worden ist, finden wir in ihm anwesend die Not des Glaubens, sich durch das Gitter der politischen Zwecke hindurch in seiner Selbstheit behaupten zu müssen. So wird im Spiegel der Schicksale dieses Textes sichtbar, wie die Antwort auf den Ruf aus Galiläa in dem Augenblick, in dem sie in die Geschichte eintritt, sich mit allen Menschlichkeiten des Menschen vermengt: mit den Sonderinteressen einer Region, mit der Entfremdung der zur Einheit untereinander Berufenen, mit den Schlichen der Mächte dieser Welt. Ich denke, es sei wichtig, dies zu sehen, denn auch dies gehört zur Wirklichkeit des Glaubens in der Welt, dass der kühne Sprung aufs Unendliche zu, den er bedeutet, nur in den Verkleinerungen des Menschlichen stattfindet; dass auch hier, wo der Mensch gleichsam sein Größtes, den Sprung über seinen Schatten hinweg auf den ihn tragenden Sinn, wagt, sein Tun nicht reine, adlige Größe ist, sondern ihn als das zwiespältige Wesen spiegelt, das in seiner Größe erbärmlich und in seiner Erbärmlichkeit doch immer noch groß ist. Dabei wird etwas sehr Zentrales sichtbar, dies nämlich, dass Glaube mit Vergebung zu tun hat, zu tun haben muss; dass er den Menschen darauf hinorientieren will, zu erkennen, dass er das Wesen ist, das nur im Empfangen und im Weitertragen von Vergebung sich selbst finden kann, das der Vergebung selbst noch in seinem Besten und Reinsten bedarf.

Wenn man solchermaßen den Spuren nachgeht, die der Mensch und seine Menschlichkeit im Wortlaut des Glaubensbekenntnisses hinterlassen haben, möchten einem wohl Zweifel aufsteigen, ob es rechtens sei, eine Einführung in die Grundgehalte des christlichen Glaubens, wie sie dieses Buch beabsichtigt, an diesen Text anzuschließen. Müssen wir nicht befürchten, dass wir uns damit bereits auf einem recht fragwürdigen Gelände bewegen? Die Frage muss gestellt werden, aber wer ihr nachgeht, wird doch feststellen können, dass dieses Bekenntnis trotz aller Wirrungen seiner Geschichte im Entscheidenden das genaue Echo des Glaubens der Alten Kirche darstellt, der seinerseits in seinem Kern das treue Echo der Botschaft des Neuen Testaments ist. Die Unterschiede zwischen Ost und West, von denen vorhin die Rede war, sind eben doch Unterschiede der theologischen Akzentuierung, nicht solche des Bekenntnisses. Allerdings werden wir bei dem Versuch des Verstehens, um den es uns geht, darauf achten müssen, das Ganze immer wieder auf das Neue Testament zurückzubeziehen und es aus seinen Absichten heraus zu lesen und zu deuten.

3. Bekenntnis und Dogma

Noch auf etwas anderes soll hingewiesen werden. Wenn wir uns hier mit einem Text befassen, der ursprünglich im Zusammenhang der Taufspendung beheimatet ist, begegnen wir zugleich dem anfänglichen Sinn von »Lehre« und von »Bekenntnis« im Christentum, damit auch dem Sinn dessen, was man später »Dogma« nennen wird. Wir hatten vorhin gesehen, dass das Credo im Rahmen des Taufgeschehens als die dreimalige Antwort auf die dreimalige Frage »Glaubst du an Gott – an Christus – an den Heiligen Geist« gesprochen wird. Fügen wir nun hinzu, dass es dabei das positive Gegenüber zu der dreifachen Absage darstellt, die vorausgeht: »Ich sage ab dem Teufel, seinem Dienst und seinen Werken«[20]. Das bedeutet: Der Glaube hat seinen Sitz im Akt der Bekehrung, der Wende des Seins, das sich von der Anbetung des Sichtbaren und Machbaren herumwendet zum Vertrauen auf den Unsichtbaren. Das Wort »Ich glaube« könnte man hier förmlich übersetzen mit »Ich übergebe mich an ..., ich sage zu«[21]. Glaube ist gerade im Sinn des Glaubensbekenntnisses und von seinem Ursprung her nicht eine Rezitation von Lehren, nicht ein Annehmen von Theorien über Dinge, über die man an sich nichts weiß und dafür um so lauter etwas behauptet, er bedeutet eine Bewegung der ganzen menschlichen Existenz; in der Sprache Heideggers könnte man sagen, er bedeute eine »Kehre« des ganzen Menschen, die das Dasein fortan ständig strukturiert. In dem Vorgang der dreifachen Absage und der dreifachen Zusage, Verbunden mit dem dreimaligen Todessymbol des Ertrinkens und der dreimaligen Symbolisierung des Auferstehens zu neuem Leben, wird Glaube sinnfällig verdeutlicht als das, was er ist: Bekehrung, Kehre der Existenz, Wende des Seins.

In diesem Vorgang der Kehre, als welchen wir mithin den Glauben zu verstehen haben, spielen das Ich und das Wir, das Ich und das Du in einer Weise ineinander, die ein ganzes Menschenbild ausdrückt. Es handelt sich auf der einen Seite um einen höchstpersönlichen Vorgang, dessen unvertretbar Eigenes in dem dreimaligen »*Ich* glaube« wie in dem vorherigen »*Ich*, sage ab« deutlich zum Ausdruck kommt: Es ist *meine* Existenz, die sich hier wenden muss, die sich ver-wandeln soll. Aber zugleich mit dem Element des Höchstpersönlichen finden wir hier das Weitere vor, dass sich die Entscheidung des Ich als Antwort auf eine Frage, im Wechselspiel von »Glaubst du?« und »Ich glaube!« abspielt. Diese Urform des Symbols, das zunächst nur in der Zweieinheit von Frage und Antwort besteht, scheint mir ein sehr viel genauerer Ausdruck der Struktur des Glaubens zu sein als die spätere Vereinfachung auf die kollektive Ich-Form. Wenn man sich auf das Grundwesen des christlichen Glaubens vortasten will, wird es richtig sein, hinter den späteren reinen Lehrtexten diese seine dialogische Erstgestalt als die zutreffendste Form zu bedenken, die sich sein Wesen geschaffen hat. Sie ist auch sachgemäßer als der Typ der Wir-Bekenntnisse, der (zum Unterschied von unserem Ich-Bekenntnis) im christlichen Afrika und dann auf den großen Konzilien des Ostens geformt worden ist[22]. In den Letzteren wird zugleich schon ein neuer Typ von Bekenntnis eröffnet, das nicht mehr im sakramentalen Zusammenhang des kirchlich vollzogenen Bekehrungsgeschehens, im Vollzug der Kehre des Seins und so im eigentlichen Ursprungsort des Glaubens verwurzelt ist, sondern aus dem Ringen der zum Konzil versammelten Bischöfe um die rechte Lehre stammt und damit deutlich zur Vorstufe der künftigen Form des Dogmas wird. Immerhin ist wichtig, dass man auf diesen Konzilien noch nicht Lehrsätze formuliert hat, sondern dass ihr Ringen um die rechte Lehre sich immer noch als Ringen um die Vollgestalt des kirchlichen Bekenntnisses abspielt und so als Ringen um die wahre Weise jener Bekehrung, jener Kehre der Existenz, die Christsein meint.

Das ließe sich etwa deutlich zeigen bei dem dramatischen Kampf um die Frage »Wer ist, wer war Christus?«, von dem die Kirche im vierten und fünften Jahrhundert erschüttert wurde. In diesem Ringen ging es nicht um metaphysische Spekulationen; die hätten nicht jene zwei Jahrhunderte so bis in den Grund hinein und bis zu den einfachsten Menschen hin erschüttern können. Es ging vielmehr um die Frage: Was geschieht, wenn ich selbst Christ werde, wenn ich mich dem Namen dieses Christus unterstelle und damit ihn als den maßgebenden Menschen, als das Maß des Menschlichen bejahe? Welche Form von Wende des Seins, welche Stellung zum Menschsein vollziehe ich damit? Welche Tiefe hat dieser Vorgang? Welche Einschätzung des Wirklichen insgesamt vollzieht sich dabei?

4.
Das Symbolum als Ausdruck der Struktur des Glaubens

Stellen wir zum Abschluss dieser Überlegungen schließlich noch zweierlei heraus, das sich gleichfalls aus Text und Geschichte des Symbolums ergibt.

a) Glaube und Wort. Das Credo ist eine Restformel aus dem ursprünglichen Dialog »Glaubst du – ich glaube«. Dieser Dialog verweist seinerseits auf das »Wir glauben«, in dem das Ich des »Ich glaube« nicht aufgesaugt ist, aber seinen Ort erhält. So ist aber in der Vorgeschichte dieses Bekenntnisses und in seiner ursprünglichen Form die ganze anthropologische Gestalt des Glaubens mit anwesend. Es wird sichtbar, dass Glaube nicht Ergebnis einsamer Grübelei ist, in der das Ich sich etwas ausdenkt, losgelöst von allen Bindungen allein der Wahrheit nachsinnt; er ist vielmehr das Ergebnis eines Dialogs, Ausdruck von Hören, Empfangen und Antworten, das den Menschen durch das Zueinander von Ich und Du in das Wir der gleichermaßen Glaubenden einweist.

»Der Glaube kommt vom Hören«, sagt Paulus (Röm 10,17). Das könnte als eine sehr zeitgebundene Sache erscheinen, die sich ändern kann; man könnte versucht sein, darin lediglich das Ergebnis einer soziologischen Situation zu sehen, so dass es eines Tages stattdessen heißen könnte: »Der Glaube kommt vom Lesen« oder »vom Nachdenken«. In Wirklichkeit wird man sagen müssen, dass hier weit mehr als der Reflex einer vergangenen geschichtlichen Stunde vorliegt. In der Formel »Der Glaube kommt vom Hören« ist vielmehr eine bleibende Strukturaussage gegeben über das, was hier geschieht. In ihr wird der grundlegende Unterschied zwischen Glaube und bloßer Philosophie deutlich, der übrigens nicht hindert, dass der Glaube in seinem Innern die philosophische Wahrheitssuche neu in Bewegung setzt. Zugespitzt könnte man Sagen: In der Tat, der Glaube kommt vom »Hören«, nicht – wie die Philosophie – vom »Nachdenken«. Er hat sein Wesen darin, dass er nicht das Ausdenken des Ausdenkbaren ist, das mir dann am Schluss als mein Denkergebnis zur Verfügung steht; für ihn ist es vielmehr kennzeichnend, dass er aus dem Hören kommt, Empfangen dessen ist, was ich nicht ausgedacht habe, sodass das Denken im Glauben letztlich immer Nach-denken des vorher Gehörten und Empfangenen ist.

Anders gesagt: Es gibt im Glauben einen Vorrang des Wortes vor dem Gedanken, der ihn strukturell von der Bauart der Philosophie abhebt. In der Philosophie geht der Gedanke dem Wort voraus, ist sie doch Produkt des Nachdenkens, das man *dann* in Worte zu bringen versucht, die indes immer sekundär bleiben gegenüber dem Gedanken und daher grundsätzlich immer ersetzbar durch andere Wörter sind. Glaube tritt hingegen von außen an den Menschen heran, und eben dies ist ihm wesentlich, dass er von außen zukommt. Er ist – sagen wir das noch einmal – nicht das selbst Erdachte, sondern das mir Gesagte, das mich als das nicht Ausgedachte und nicht Ausdenkbare trifft, ruft, in Verpflichtung nimmt. Ihm ist diese Doppelstruktur des »Glaubst du? – Ich glaube!«, die Gestalt des Angerufenseins von außen und des Antwortens darauf, wesentlich. Es ist daher gar nicht abnorm, wenn wir, von ganz wenigen Ausnahmen abgesehen, sagen müssen: Ich bin nicht durch private Wahrheitssuche zum Glauben gekommen, sondern durch ein Empfangen, das mir gleichsam schon zuvorgekommen war. Bloßes Produkt des Nachdenkens kann der Glaube nicht und soll er nicht sein. Die Vorstellung, dass der Glaube eigentlich dadurch entstehen müsste, dass wir ihn uns selbst erdenken und dass wir ihn auf dem Weg einer rein privaten Wahrheitssuche finden, ist im Grunde schon Ausdruck eines bestimmten Ideals, einer Denkhaltung, die das Eigentliche des Glaubens verkennt, das gerade darin besteht, dass er Empfangen des nicht Ausdenkbaren ist – freilich verantwortetes Empfangen, in dem das Vernommene zwar nie gänzlich mein Eigentum wird, der Vorsprung des Empfangenen nie gänzlich eingeholt werden kann, aber doch das Ziel sein muss, das Empfangene immer mehr mir zuzueignen, indem ich mich ihm als dem Größeren übereigne.

Weil es so steht, weil der Glaube das nicht von mir Erdachte, sondern das von außen auf mich Zutretende ist, darum ist sein Wort mir nicht beliebig verfügbar und austauschbar, sondern mir immer vorgeordnet, meinem Denken allzeit voraus. Die Positivität dessen, was auf mich zukommt, nicht von mir stammt und mir erschließt, was ich mir selbst nicht geben kann, kennzeichnet die Gestalt des Glaubensvorganges. Deshalb gibt es hier einen Vorrang des vorgegebenen Wortes vor dem Gedanken, sodass nicht der Gedanke sich seine Wörter schafft, sondern das gegebene Wort dem verstehenden Denken den Weg weist. Mit diesem Primat des Wortes und der darin sich anzeigenden »Positivität« des Glaubens hängt sodann der soziale Charakter des Glaubens zusammen, der einen zweiten Unterschied zur wesentlich individualistischen Struktur philosophischen Denkens bedeutet. Philosophie ist ihrem Wesen nach das Werk des Einzelnen, der als Einzelner die Wahrheit bedenkt. Der Gedanke, das Ausgedachte, ist das wenigstens scheinbar mir selbst Gehörende, weil von mir Kommende, wiewohl niemandes Denken nur aus dem Eigenen lebt, sondern bewusst oder unbewusst in vielerlei Verflechtungen steht. Der Vollzugsraum des Gedankens ist der Innenraum des Geistes; so bleibt er zunächst auf mich beschränkt, hat individualistische Struktur. Erst sekundär wird er mitteilbar, wenn er ins Wort gebracht wird, das ihn freilich meist nur annähernd dem anderen erfassbar macht. Im Gegensatz dazu ist, wie wir sahen, für den Glauben das Primäre das verkündigte Wort. Während der Gedanke innerlich, bloß geistig ist, stellt das Wort das Verbindende dar. Es ist die Weise, wie im Geistigen Kommunikation entsteht, die Form, wie der Geist gleichsam menschlich ist, das heißt leibhaftig und sozial. Dieser Primat des Wortes besagt damit, dass Glaube in einer ganz anderen Weise als philosophisches Denken auf Gemeinschaft des Geistes hin geordnet ist. In der Philosophie steht am Anfang das private Wahrheitssuchen, das dann, sekundär, Weggenossen sucht und findet. Glaube hingegen ist zuerst ein Ruf in eine Gemeinsamkeit, in die Einheit des Geistes durch die Einheit des Wortes. Ja, sein Sinn ist von vornherein ein wesentlich sozialer: Einheit des Geistes durch die Einheit des Wortes zu stiften. Erst sekundär wird er dann dem Einzelnen den Weg in sein je persönliches Abenteuer der Wahrheit eröffnen.

Wenn sich so in der dialogischen Struktur des Glaubens ein Menschenbild abzeichnet, können wir hinzufügen, dass darin auch ein Gottesbild zum Vorschein kommt. Der Mensch erhält mit Gott zu tun, indem er mit dem Mitmenschen zu tun erhält. Der Glaube ist wesentlich auf das Du und auf das Wir hingeordnet, nur auf dem Weg über diese doppelte Verklammerung verbindet er den Menschen mit Gott. Das bedeutet umgekehrt, dass Gottesverhältnis und Mitmenschlichkeit von der inneren Bauform des Glaubens her nicht voneinander trennbar sind; das Verhältnis zu Gott, zum Du, zum Wir greifen ineinander und stehen nicht nebeneinander. Nochmal von einer anderen Seite her könnten wir dasselbe formulieren, indem wir sagen: Gott will zum Menschen nur durch Menschen kommen; er sucht den Menschen nicht anders als in seiner Mitmenschlichkeit.

Vielleicht kann man von hier aus wenigstens im Innenraum des Glaubens einen Sachverhalt verständlich machen, der fürs Erste verwunderlich erscheinen muss und das religiöse Verhalten des Menschen problematisch erscheinen lassen kann. Die Religionsphänomenologie stellt ja fest – und wir alle können es nachprüfen –, dass es in der Religion, mindestens scheinbar, wie in allen anderen Bereichen des menschlichen Geistes eine Stufung der Begabungen gibt. Wie wir etwa im Bereich der Musik die

Schöpferischen, die bloß Empfangenden und endlich die ganz Unmusikalischen kennen, so scheint es auch in der Religion zu stehen. Auch hier trifft man religiös »Begabte« und »Unbegabte«; auch hier sind diejenigen, denen unmittelbare religiöse Erfahrung und damit so etwas wie religiöses Schöpfertum aufgrund lebendigen Innewerdens der religiösen Welt möglich ist, nur ganz wenige. Der »Mittler« oder der »Stifter«, der Zeuge, der Prophet oder wie immer die Religionsgeschichte solche Menschen nennen mag, die direkter Berührung des Göttlichen fähig sind, bleibt auch hier die Ausnahme. Diesen wenigen, denen so das Göttliche zu offener Gewissheit wird, stehen die vielen gegenüber, die religiös nur rezeptiv begabt sind, denen die unvermittelte Erfahrung des Heiligen versagt ist und die doch nicht so taub dafür sind, dass sie nicht durch den Menschen hindurch, dem solche Erfahrung gegeben wurde, auch ihrerseits Begegnung damit zu empfangen vermöchten.

Hier fühlt man sich zu dem Einwand gedrängt: Müsste es denn nicht so sein, dass jeder Mensch unmittelbaren Zutritt zu Gott hat, wenn »Religion« eine Wirklichkeit sein soll, die jeden angeht, und wenn jeder von Gott gleichermaßen beansprucht ist? Müsste es dann nicht volle »Chancengleichheit« geben und jedem gleiche Gewissheit offenstehen? Von unserem Ansatz her wird vielleicht doch sichtbar, wieso diese Frage ins Leere zielt: Der Dialog Gottes mit den Menschen spielt sich nur durch den Dialog der Menschen miteinander ab. Die Unterschiedlichkeit der religiösen Begabungen, die die Menschen in »Propheten« und in Hörende teilt, zwingt sie ins Zueinander und ins Füreinander hinein. Das Programm des frühen Augustin »Gott und die Seele – nichts sonst« ist unrealisierbar, es ist auch unchristlich. Religion gibt es letztlich nicht im Alleingang des Mystikers, sondern nur in der Gemeinsamkeit von Verkündigen und Hören. Gespräch des Menschen mit Gott und Gespräch der Menschen miteinander fordern und bedingen sich gegenseitig. Ja, vielleicht ist das Geheimnis Gott von Anbeginn die zwingendste und die nie zum fertigen Resultat zu führende Herausforderung der Menschen zum Dia-log, der, wie versperrt und verstört er auch sein mag, den »Logos«, das eigentliche Wort, durchtönen lässt, von dem alle Wörter kommen und das auszusagen alle Wörter in einem immerwährenden Anlauf versuchen.

Wirklicher Dia-log findet ja da noch nicht statt, wo Menschen nur über *etwas* reden. In seine Eigentlichkeit kommt das Gespräch der Menschen erst, wo sie nicht mehr etwas, sondern sich selbst auszusagen versuchen, wo Dialog zur Kommunikation wird. Wo aber das geschieht, wo der Mensch sich selbst zur Sprache bringt, da ist in irgendeiner Form auch von Gott die Rede, der das eigentliche Thema des Streitgesprächs der Menschen untereinander seit Anfang ihrer Geschichte ist. Aber auch nur, wo der Mensch sich selbst zur Sprache bringt, kommt mit dem Logos menschlichen Seins der Logos allen Seins in das Wort menschlicher Rede hinein. Deshalb verstummt das Zeugnis von Gott da, wo Sprache nur noch Technik der Mitteilung von »etwas« ist. Im logistischen Kalkül kommt Gott nicht vor[23]. Vielleicht rührt unsere Schwierigkeit, heute von Gott zu reden, gerade davon her, dass unsere Sprache immer mehr dahin tendiert, zum reinen Kalkül zu werden, dass sie immer mehr bloße Signifikation technischer Mitteilung wird und immer weniger Berührung im Logos des gemeinsamen Seins ist, in der so der Grund aller Dinge ahnend oder bewusst mitberührt wird.

b) Glaube als »Symbol«. Unsere Besinnung auf die Geschichte des Apostolischen Glaubensbekenntnisses hat uns zu der Erkenntnis geführt, dass hier, in der Taufzusage, die ursprüngliche Gestalt der christlichen Lehre vor uns steht und so auch die Urform dessen, was wir heute »Dogma« nennen. Es gibt ursprünglich nicht eine Reihe von Lehrsätzen, die man nebeneinander aufzählen und als eine bestimmte Menge von Dogmen verbuchen könnte. Eine derartige Vorstellung, die sich uns heute vielleicht aufdrängt, müsste man als eine Verkennung des Wesens der christlichen Zusage zu dem in Christus offenbaren Gott bezeichnen. Der Inhalt des christlichen Glaubens hat seinen unaufgebbaren Ort im Zusammenhang des Bekenntnisses, das, wie wir sahen, als Zusage und Absage, Be-kehrung, Kehre des menschlichen Seins in eine neue Richtung des Lebens hinein ist. Anders ausgedrückt: Christliche Lehre existiert nicht in Form von atomisierbaren Lehrsätzen, sondern in der Einheit des Symbolums, wie die Alte Kirche das Taufbekenntnis nannte. Und hier ist nun wohl der Punkt, die Bedeutung dieses Wortes etwas näher zu bedenken. »Symbolum« kommt von »symballein«, zu deutsch: zusammenfallen, zusammenwerfen. Den Hintergrund bildet ein antiker Brauch: zwei zusammenfügbare Teile eines Ringes, eines Stabes oder Täfelchens galten als Erkennungszeichen für Gastfreunde, Boten, Vertragspartner. Das entsprechende Stück zu besitzen berechtigte zum Empfang einer Sache oder einfach der Gastfreundschaft[24]. Symbolum ist das Stück, das auf die Ergänzung im andern weist und damit gegenseitiges Erkennen und Einheit schafft. Es ist Ausdruck und Ermöglichung von Einheit[25].

In der Bezeichnung des Glaubensbekenntnisses als Symbolum liegt so zugleich eine tiefe Deutung seines wahren Wesens vor. Denn in der Tat ist gerade dies der ursprüngliche Sinn dogmatischer Formulierungen in der Kirche gewesen: gemeinsames Bekenntnis Gottes, gemeinsame Anbetung zu ermöglichen. Als Sym-bolum verweist es auf den anderen, auf die Einheit des Geistes im einen Wort. Insofern ist, wie Rahner mit Recht bemerkt hat, Dogma (bzw. Symbol) immer wesentlich auch Sprachregelung[26], die rein gedanklich gesehen auch anders hätte ausfallen können, die aber doch eben als Sprachform ihren Sinn hat: Zusammenführung in die Gemeinsamkeit des bekennenden Wortes zu sein. Es ist nicht für sich und in sich isoliert stehende Lehre, sondern Form unseres Gottesdienstes, Form unserer Bekehrung, die nicht nur Kehre zu Gott, sondern zueinander in die gemeinsame Verherrlichung Gottes hinein ist. Nur in diesem inneren Zusammenhang hat christliche Lehre ihren rechten Ort. Es wäre verlockend, von da aus einmal eine Formgeschichte kirchlicher Lehre zu versuchen, vom Taufdialog über das konziliare Wir zum Anathem, zur reformatorischen Confessio und schließlich zum Dogma als Einzelsatz hin. Die Problematik und die unterschiedliche Bewusstheit der Selbstäußerungen des Glaubens würde auf diese Weise wohl recht deutlich zum Vorschein kommen.

Aus dem Gesagten folgt ein Weiteres: Es bedeutet, dass jeder Mensch den Glauben nur als »Symbolon«, als unvollkommenes und gebrochenes Stück, in Händen hat, das seine Einheit und Ganzheit nur finden kann im Zusammenlegen mit den andern: Nur im »symballein«, im Ineinanderfallen mit ihnen, kann sich auch das »symballein«, das Ineinanderfallen mit Gott, ereignen. Glaube verlangt Einheit, ruft nach dem Mitglaubenden – er ist von Wesen auf Kirche bezogen. Kirche ist nicht eine sekundäre Organisierung von Ideen, die ihnen ganz ungemäß und daher bestenfalls ein notwendiges Übel wäre; sie gehört in einen Glauben notwendig hinein, dessen Sinn das Ineinander gemeinsamen Bekennens und Anbetens ist.

Diese Einsicht weist freilich auch noch in eine andere Richtung: Auch die Kirche selbst und als ganze hat den Glauben immer nur als »Symbolon«, als gebrochene Hälfte, in Händen, die allein in ihrem unendlichen Verweisen über sich selbst hinaus, auf das ganz Andere hin, Wahrheit sagt. Nur durch die unendliche Gebrochenheit des Symbols hindurch dringt der Glaube als die immerwährende Selbstüberschreitung des Menschen zu seinem Gott vor.

Damit wird ein Letztes deutlich, das zugleich auf den Anfang zurückführt. Augustin erzählt in seinen Confessiones, wie es für seinen eigenen Weg entscheidend wurde, zu erfahren, dass der bekannte Philosoph Marius Victorinus Christ geworden sei, der sich lange Zeit geweigert hatte, der Kirche beizutreten, weil er der Meinung war, er besitze in seiner Philosophie bereits alles Wesentliche des Christentums, mit dessen geistigen Grundgegebenheiten er völlig übereinstimme[27]. Da er vom philosophischen Denken her die zentralen christlichen Ideen schon sein Eigen nennen dürfe, benötige er die Institutionalisierung seiner Überzeugungen in einer Kirchenzugehörigkeit nicht mehr. In der Kirche sah er – wie viele Gebildete von damals und heute – Platonismus für das Volk, dessen er als Vollplatoniker nicht bedurfte. Als das Entscheidende erschien ihm allein die Idee; nur wer sie nicht, wie der Philosoph, selbst in ihrer Ursprünglichkeit erfassen konnte, musste durch das Mittel der kirchlichen Organisierung hindurch mit ihr in Berührung gebracht werden. Dass Marius Victorinus eines Tages dennoch der Kirche beitrat und vom Platoniker zum Christen wurde, war Ausdruck der Einsicht in den fundamentalen Irrtum, den diese Meinung bedeutet. Der große Platoniker hatte begriffen, dass Kirche mehr und anderes ist als eine äußere Institutionalisierung und Organisierung von Ideen. Er hatte begriffen, dass Christentum nicht ein System von Erkenntnissen ist, sondern ein Weg. Das Wir der Glaubenden ist nicht eine sekundäre Zutat für kleine Geister, es ist in gewissem Sinn die Sache selbst – die mitmenschliche Gemeinschaft ist eine Realität, die auf anderer Ebene liegt als die bloße »Idee«. Wenn Platonismus eine *Idee* von der Wahrheit gibt, so gibt christlicher Glaube die Wahrheit als *Weg*, und erst indem sie zum Weg wird, ist sie des *Menschen* Wahrheit geworden. Wahrheit als bloße Erkenntnis, als bloße Idee bleibt ohne Kraft; des Menschen Wahrheit wird sie erst als Weg, der ihn beansprucht, den er betreten kann und muss.

So gehört zum Glauben wesentlich das Bekennen, das Wort und die Einheit, die es wirkt; es gehört zu ihm das Eintreten in den Gottesdienst der Gemeinde und so letztlich jenes Mitsein, das wir Kirche nennen. Christlicher Glaube ist nicht Idee, sondern Leben, ist nicht für sich seiender Geist, sondern Inkarnation, Geist im Leib der Geschichte und ihres Wir. Er ist nicht Mystik der Selbstidentifikation des Geistes mit Gott, sondern Gehorsam und Dienst: Selbstüberschreitung, Befreiung des Selbst gerade durch die Indienstnahme durch das von mir nicht Gemachte und nicht Erdachte; Freiwerden durch Indienstnahme für das Ganze.

ERSTER HAUPTTEIL

GOTT

»ICH GLAUBE AN GOTT, DEN ALLHERRSCHER, DEN VATER, SCHÖPFER DES HIMMELS UND DER ERDE«

Das Symbolum beginnt mit dem Bekenntnis zu Gott, der durch drei Prädikate näher beschrieben wird: Vater – Allherrscher (so ist das griechische Wort Pantokrator zu übersetzen, das wir im Anschluss an den lateinischen Text gewöhnlich mit »allmächtig« wiedergeben) – Schöpfer[1]*. Wir haben folglich als Erstes die Frage zu bedenken: Was heißt das, wenn der Glaubende sich zu Gott bekennt? In diese Frage eingeschlossen ist die weitere, was es bedeutet, wenn dieser Gott charakterisiert wird durch die Benennungen »Vater«, »Allherrscher«, »Schöpfer«.*

ERSTES KAPITEL

Vorfragen zum Thema Gott

1. Der Umfang der Frage

Was ist das eigentlich, »Gott«? In anderen Zeiten mochte diese Frage problemlos klar scheinen, für uns ist sie wirklich neu zur Frage geworden. Was kann dieses Wort »Gott« überhaupt sagen? Welche Wirklichkeit drückt es aus, und wie kommt den Menschen die Wirklichkeit zu, von der hier gesprochen wird? Wenn man der Frage mit der Gründlichkeit, deren wir heute eigentlich bedürfen, nachgehen wollte, müsste man zunächst eine religionsphilosophische Analyse versuchen, die die Quellen der religiösen Erfahrung aufzusuchen hätte und die dann auch das Problem bedenken müsste, wie es kommt, dass das Thema Gott die gesamte Menschheitsgeschichte prägt und bis zur Stunde ihre ganze Leidenschaft zu wecken vermag – ja, wirklich bis zu unserer Stunde, in der der Schrei vom Tode Gottes allenthalben ertönt und in der dennoch, gerade so, die Frage nach Gott übermächtig in unserer Mitte steht.

Woher kommt eigentlich dieser Gedanke »Gott« in der Menschheit; aus welchen Wurzeln steigt er auf? Wie ist es zu begreifen, dass das scheinbar überflüssigste und irdisch nutzloseste

Thema zugleich das bedrängendste Thema der Geschichte geblieben ist? Und warum tritt dieses Thema in so grundverschiedenen Formen in Erscheinung? Dabei ließe sich allerdings durch den verwirrenden Anschein der äußersten Vielfalt hindurch doch feststellen, dass es im Grunde nur in drei Formen existiert, die freilich verschiedene Abwandlungen durchlaufen – in der Gestalt des Monotheismus, des Polytheismus und des Atheismus, wie man die drei großen Wege der Menschheitsgeschichte in der Gottesfrage schlagwortartig bezeichnen kann. Überdies sind wir vorhin schon darauf aufmerksam geworden, dass auch der Atheismus nur scheinbar die Beendigung des Themas Gott darstellt, in Wirklichkeit jedoch eine Form der Befassung des Menschen mit der Gottesfrage bedeutet, die sogar eine besondere Leidenschaft in dieser Frage ausdrücken kann und nicht selten ausdrückt. Es müssten dann, wollten wir den grundlegenden Vorfragen nachgehen, die zwei Wurzeln der religiösen Erfahrung dargestellt werden, auf die man die Vielheit der Erfahrungsformen wohl zurückführen kann. Ihre eigentümliche Spannung hat der bekannte holländische Religionsphänomenologe van der Leeuw einmal in den paradoxen Satz gekleidet, in der Religionsgeschichte sei der Gott-Sohn vor Gott-Vater dagewesen[2]. Richtiger müsste man sagen, dass Gott der Heilbringer, der Erlöser früher sei als Gott der Schöpfer, und auch nach dieser Klärung bleibt zu beachten, dass man die Formel nicht im Sinn einer zeitlichen Abfolge auffassen darf, für die es keinerlei Beweise gibt. Soweit wir in der Religionsgeschichte zurückblicken können, tritt das Gottesthema immer in beiden Gestalten auf. Das Wörtchen »vor« kann also lediglich besagen, dass für die konkrete Religiosität, für das lebendige Existenz-Interesse der Heilbringer gegenüber dem Schöpfer im Vordergrund steht.

Hinter dieser doppelten Gestalt, in der die Menschheit ihren Gott gesehen hat, stehen die zwei Ausgangspunkte der religiösen Erfahrung, von denen eben die Rede war. Der eine ist die Erfahrung der eigenen Existenz, die immer wieder sich selbst überschreitet und in irgendeiner, wenn auch noch so chiffrierten Form auf das ganz Andere verweist. Auch dies ist wieder ein sehr vielschichtiger Vorgang – vielschichtig wie die menschliche Existenz selbst. Bonhoeffer hat bekanntlich gemeint, es sei Zeit, aufzuhören mit einem Gott, den wir als Lückenbüßer an den Grenzen unseres Könnens einsetzen und den wir da herbeirufen, wo wir selbst am Ende sind. Wir müssten Gott nicht gleichsam an der Stelle unserer Not und unseres Versagens, sondern inmitten der Fülle des Irdischen und des Lebendigen finden; nur so zeige sich, dass Gott nicht eine von der Not gezimmerte Ausflucht ist, die überflüssig wird in dem Maß, in dem sich die Grenzen unseres Könnens erweitern[3]. In der Geschichte des menschlichen Ringens um Gott gibt es beide Wege, und beide scheinen mir gleichermaßen legitim zu sein. Sowohl die Bedürftigkeit der menschlichen Existenz wie ihre Fülle verweist auf Gott. Wo die Menschen das Dasein in seiner Fülle, in seinem Reichtum, seiner Schönheit und Größe erfahren haben, da ist ihnen immer wieder bewusst geworden, dass dies Dasein verdanktes Dasein ist; dass es gerade in seinem Hellen und Großen das nicht selbst Gegebene, sondern das Geschenkte ist, das mir zuvorkommt, mit seiner Güte mich schon vor all meinem Tun empfängt und so von mir verlangt, dass ich solchem Reichtum Sinn *gebe* und dadurch Sinn *empfange*. Umgekehrt ist freilich auch die Bedürftigkeit dem Menschen immer wieder zum Verweis auf das ganz Andere geworden. Die Frage, die das Menschsein nicht bloß stellt, sondern ist, die Unabgeschlossenheit, die in ihm liegt, die Grenze, an die es stößt und die doch nach dem Unbegrenzten verlangt (etwa im Sinn von Nietzsches Wort, dass alle Lust Ewigkeit verlangt und sich doch als Augenblick erfährt), dieses Zugleich von Abgeschlossenheit und Verlangen nach dem Unbegrenzten und Offenen hat dem Menschen das Ruhen in sich selbst allezeit verwehrt, ihn spüren lassen, dass er sich selber nicht genügt, sondern nur zu sich kommt, indem er über sich hinauskommt und sich zubewegt auf das ganz Andere und unendlich Größere hin.

Das Gleiche ließe sich noch einmal zeigen an der Thematik von Einsamkeit und Geborgenheit. Die Einsamkeit ist ohne Zweifel eine der wesentlichen Wurzeln, aus denen die Begegnung des Menschen mit Gott aufgestiegen ist. Wo der Mensch sein Alleinsein erfährt, erfährt er zugleich, wie sehr seine ganze Existenz ein Schrei nach dem Du ist und wie wenig er dazu gemacht ist, nur ein Ich in sich selbst zu sein. Dabei kann die Einsamkeit sich dem Menschen in verschiedenen Tiefen zeigen. Fürs Erste kann sie gestillt werden durch das Finden eines menschlichen Du. Aber dann gibt es den paradoxen Vorgang, dass nach einem Wort von Claudel jedes Du, das der Mensch findet, sich zuletzt als eine unerfüllte und unerfüllbare Verheißung erweist[4]; dass jedes Du im Grunde doch auch wieder eine Enttäuschung ist und dass es einen Punkt gibt, wo keine Begegnung die letzte Einsamkeit übersteigen kann: Gerade auch das Finden und Gefundenhaben wird so wieder zum Rückverweis in die Einsamkeit, zu einem Ruf nach dem wirklich in die Tiefe des eigenen Ich hinabsteigenden, absoluten Du. Aber auch hier gilt, dass nicht bloß die Not der Einsamkeit, die Erfahrung, dass keine Gemeinschaft das Ganze unseres Verlangens erfüllt, zur Erfahrung Gottes führt – sie kann ebenso aus der Freude der Geborgenheit kommen. Gerade auch die Erfülltheit der Liebe, des Sich-Gefundenhabens kann dem Menschen das Geschenk dessen, was er nicht rufen noch erschaffen konnte, erfahren lassen und ihn erkennen machen, dass er darin mehr empfängt, als beide zu geben vermöchten. In der Helligkeit und Freude des Sichfindens kann die Nähe der absoluten Freude und des schlechthinnigen Gefundenseins aufsteigen, das hinter allem menschlichen Sichfinden steht.

Mit alledem sollte nur angedeutet werden, auf welche Weise menschliche Existenz der Ausgangspunkt der Erfahrung des Absoluten werden kann, das von diesem Ansatz her als »Gott

Sohn«, als Heilbringer, oder einfacher: als existenzbezogener Gott erfasst wird[5]. Die andere Quelle religiösen Erkennens ist die Konfrontation des Menschen mit der Welt, mit den Mächtigkeiten und Unheimlichkeiten, denen er da begegnet. Wiederum gilt, dass der Kosmos in seiner Schönheit und Fülle wie in seinem Ungenügen, seiner Furchtbarkeit und Abgründigkeit dem Menschen zur Erfahrung der alles übersteigenden, ihn selbst bedrohenden und zugleich tragenden Macht geworden ist, wobei sich hier das etwas unbestimmtere und fernere Bild ergibt, das sich in dem Bild Gottes des Schöpfers, des Vaters, niederschlägt.

Würde man den damit angedeuteten Fragen weiter nachgehen, so stieße man von selbst auf das vorhin angeschnittene Problem der drei Deklinationsformen des Gottesthemas in der Geschichte – Monotheismus, Polytheismus, Atheismus. Dann würde sich, wie mir scheint, die unterschwellige Einheit dieser drei Wege zeigen, eine Einheit, die freilich nicht Identität bedeuten und nicht besagen kann, dass, wenn man nur tief genug gräbt, schließlich alles eins wird und die vordergründigen Formen ihre Bedeutung verlieren. Solche Identitätsnachweise, zu denen sich vielleicht philosophisches Denken versucht fühlen könnte, in denen aber der Ernst menschlicher Entscheidungen missachtet wäre, könnten der Wirklichkeit gewiss nicht gerecht werden. Wenn also von Identität nicht die Rede sein kann, so würde ein tieferer Zublick doch erkennen können, dass die Unterschiedlichkeit der drei großen Wege anders liegt, als es die drei vordergründigen Formeln vermuten lassen, in denen sie sich aussagen: »Es gibt einen Gott«, »Es gibt viele Götter«, »Es gibt keinen Gott«. Zwischen diesen drei Formeln und dem in ihnen gemeinten Bekenntnis besteht ein nicht zu beseitigender Gegensatz, aber auch eine Beziehung, die ihr bloßer Wortlaut nicht ahnen lässt. Denn alle drei – das ließe sich zeigen – sind im Letzten von der Einheit und Einzigkeit des Absoluten überzeugt. Nicht nur der Monotheismus glaubt an diese Einheit und Einzigkeit; auch für den Polytheismus sind die vielen Götter, auf die er seine Andacht und seine Hoffnung richtet, nie das Absolute selbst gewesen; auch für ihn war klar, dass hinter den vielen Mächten letztlich irgendwo das eine Sein steht bzw. dass das Sein zuletzt nur eins oder allenfalls der ewige Widerstreit eines Urgegensatzes ist[6]. Andererseits ist für den Atheismus damit, dass er die Kennzeichnung der Einheit alles Seins durch den Gedanken Gott bestreitet, keineswegs die Einheit des Seins selbst aufgehoben. Ja, die wirkkräftigste Form des Atheismus, der Marxismus, behauptet diese Einheit des Seins in allem Seienden in strengster Form, indem er alles Sein als Materie deklariert; dabei wird zwar das eine, das das Sein selbst ist, als Materie gänzlich abgehoben von der früheren Vorstellung des Absoluten, die mit dem Gottesgedanken verknüpft ist, erhält aber zugleich Züge, die seine Absolutheit deutlich machen und so erneut an den Gottesgedanken erinnern.

Alle drei Wege sind also von der Einheit und Einzigkeit des Absoluten überzeugt; verschieden ist nur die Vorstellung von der Art und Weise, wie der Mensch mit ihm zu tun erhält bzw. wie das Absolute sich zu ihm verhält. Wenn – um sehr schematisch zu sprechen – der Monotheismus davon ausgeht, dass das Absolute Bewusstsein ist, das den Menschen kennt und ihn ansprechen kann, so ist für den Materialismus das Absolute als Materie aller personalen Prädikate entkleidet und auf keine Weise mit den Begriffen Ruf und Antwort in Beziehung zu bringen; allenfalls könnte man sagen, der Mensch selbst müsse, was göttlich ist, aus der Materie entbinden, sodass er Gott dann nicht mehr hinter sich hätte als das ihm Vorausgehende, sondern nur noch vor sich als das von ihm schöpferisch zu Wirkende, als seine eigene bessere Zukunft. Der Polytheismus endlich kann sowohl mit dem Monotheismus wie auch mit dem Atheismus in ein enges Verhältnis treten, weil die Mächte, von denen er spricht, die Einzigkeit einer tragenden Macht unterstellen, die sowohl auf die eine wie auf die andere Weise gedacht werden kann. So ließe sich unschwer zeigen, wie im Altertum der Polytheismus durchaus mit einem metaphysischen Atheismus zusammenging, aber auch mit philosophischem Monotheismus sich verband[7].

Alle diese Fragen sind wichtig, wenn man in unserer heutigen Situation dem Thema Gott nachgehen will. Sie sachgerecht zu behandeln würde freilich sehr viel Zeit und Geduld verlangen. So muss es genügen, sie hier wenigstens genannt zu haben; sie werden uns einschlussweise immer wieder begegnen, wenn wir im Folgenden das Schicksal des Gottesgedankens im biblischen Glauben bedenken, auf dessen Untersuchung uns unser Thema verweist. Indem wir so das Gottesproblem an einem ganz bestimmten Punkt weiterverfolgen, bleiben wir doch dem ganzen Ringen der Menschheit um ihren Gott gegenübergestellt und dem vollen Umfang der Frage ausgesetzt.

2. Das Bekenntnis zu dem einen Gott

Kehren wir also zurück an die Stelle, von der wir herkommen, an das Wort des Symbolums: Ich glaube an Gott, den Allherrscher, den Vater, den Schöpfer. Dieser Satz, mit dem Christen seit fast zweitausend Jahren ihren Glauben an Gott bekennen, kommt seinerseits aus einer noch älteren Geschichte hervor: Hinter ihm steht das tägliche Glaubensbekenntnis Israels, dessen christliche Umformung er darstellt: »Höre, Israel, Jahwe, Dein Gott, ist ein Einziger«[8]. Das christliche Credo greift mit seinen ersten Worten das Credo Israels auf und nimmt darin zugleich das Ringen Israels auf, seine Glaubenserfahrung und seinen Kampf um Gott, der so zu einer inneren Dimension des christlichen Glaubens wird, den es ohne dieses Ringen nicht gäbe. Ganz nebenher treffen wir damit auf eine wichtige Gesetzlichkeit der Religions- und der Glaubensgeschichte, die immer in Anknüpfungen, nie im Sinn einer völligen Diskontinuität verläuft. Der Glaube Israels ist zwar etwas Neues gegenüber dem Glauben der Völker rundum; dennoch ist er nicht etwas vom Himmel Gefallenes, sondern er ereignet sich in der Auseinandersetzung mit diesem Glauben der anderen, in der kämpferischen Auswahl und Uminterpretation, die Anknüpfung und Verwandlung in einem ist.

»Jahwe, dein Gott, ist ein einziger Gott« – dieses Grundbekenntnis, das ermöglichend im Hintergrund unseres Credo steht, ist von seinem Ursprungssinn her eine Absage an die Götter rundum. Es ist Bekenntnis in dem Vollsinn, den dieses Wort haben kann, das heißt, es ist nicht die Feststellung einer Meinung neben anderen, sondern eine Entscheidung der Existenz. Als Absage an die Götter bedeutet es Absage an die Vergöttlichung der politischen Mächte wie an die Vergöttlichung des kosmischen »Stirb und werde«. Wenn man behaupten darf, dass Hunger, Liebe und Macht die Kräfte sind, die die Menschheit bewegen, so kann man, dies verlängernd, feststellen, dass die drei Grundgestalten des Polytheismus die Anbetung des Brotes, die Anbetung des Eros und die Vergötzung der Macht sind. Alle diese drei Wege sind Verirrungen, Verabsolutierungen dessen, was nicht selbst das Absolute ist, und damit Verknechtungen des Menschen. Freilich sind es auch Verirrungen, in denen etwas geahnt wird von der Macht, die das Weltall trägt. Das Bekenntnis Israels aber ist, wie gesagt, eine Kampfansage an diese dreifache Anbetung und damit ein Vorgang von höchstem Gewicht in der Geschichte der Befreiung des Menschen. In der Kampfansage an diese dreifache Anbetung ist dieses Bekenntnis zugleich eine Kampfansage an die Vervielfachung des Göttlichen überhaupt. Es ist – das werden wir später näher zu bedenken haben – der Verzicht auf Eigengötter oder, anders ausgedrückt, auf die Vergöttlichung des Eigenen, die dem Polytheismus wesentlich ist. Darin ist es zugleich der Verzicht auf die Sicherung des Eigenen, die Absage an die Angst, die das Unheimliche besänftigen will, indem sie es verehrt, und die Zusage zu dem einen Gott des Himmels als der alles bergenden Macht; es bedeutet den Mut, ohne das Göttliche in die Hände zu nehmen, sich der waltenden Macht aller Welt anzuvertrauen.

Diese Ausgangssituation, die aus dem Glauben Israels stammt, ist im frühchristlichen Credo nicht grundsätzlich verändert. Auch hier bedeutet das Eintreten in die christliche Gemeinschaft und das Annehmen ihres »Symbols« eine Entscheidung der Existenz von schwerwiegenden Folgen. Denn wer in dieses Credo eintrat, vollzog damit zugleich eine Absage an die Gesetzlichkeit der Welt, der er zugehörte: eine Absage an die Anbetung der herrschenden politischen Macht, auf der das spätrömische Reich beruhte, eine Absage gegenüber der Anbetung der Lust, gegenüber dem Kult der Angst und des Aberglaubens, der die Welt beherrschte. Es ist kein Zufall, dass der christliche Kampf auf dem damit angegebenen Feld entbrannte und darin zum Kampf um die Grundform des öffentlichen Lebens der Antike überhaupt wurde.

Ich glaube, dass es für die heutige Aneignung des Credo von entscheidender Bedeutung ist, diese Zusammenhänge wieder zu sehen. Allzu leicht erscheint es uns als ein einer Frühzeit angehöriger und durch sie allenfalls zu entschuldigender, aber heute keinesfalls mehr nachvollziehbarer Fanatismus, dass die Christen sich unter Drangabe ihrer Existenz weigerten, in irgendeiner Form in den Kaiserkult einzutreten; dass sie selbst die harmlosesten Formen, wie das Eintragen in eine Opferliste, zurückwiesen und bereit waren, dafür ihr Leben aufs Spiel zu setzen. Heute würde man in einem solchen Fall zwischen der unumgänglichen staatsbürgerlichen Loyalität und dem wirklichen religiösen Akt unterscheiden, um einen vertretbaren Ausweg zu finden und zugleich der Tatsache Rechnung zu tragen, dass Heroismus vom Durchschnittsmenschen nicht erwartet werden kann. Vielleicht ist eine solche Trennung heute sogar in gewissen Fällen wirklich möglich zufolge der Entscheidung, die damals durchgetragen worden ist. In jedem Fall ist wichtig, dass jene Weigerung von damals weit entfernt war von engstirnigem Fanatismus und die Welt in einer Weise verändert hat, wie sie nur durch den Einsatz des Leidens verändert werden kann. In jenen Vorgängen zeigte sich, dass Glaube nicht Gedankenspiel, sondern Ernstfall ist: Er sagt nein und muss nein sagen zur Absolutheit der politischen Macht, zur Anbetung der Macht der Mächtigen überhaupt – »die Mächtigen hat er vom Throne gestürzt«! (Lk 1,52); er hat damit den Totalitätsanspruch des politischen Prinzips ein für allemal zerbrochen. Das Bekenntnis »Es gibt nur einen Gott« ist in diesem Sinn, gerade weil es selbst keine politischen Absichten ausdrückt, ein Programm von einschneidender politischer Bedeutung: Durch die Absolutheit, die es dem Einzelnen von seinem Gott her verleiht, und durch die Relativierung, in die es alle politischen Gemeinschaften von der Einheit des sie alle umspannenden Gottes rückt, ist es der einzige definitive Schutz gegen die Macht des Kollektivs und zugleich die grundsätzliche Aufhebung jedes Ausschließlichkeitsdenkens in der Menschheit überhaupt.

Ähnliches, wie es hier über den Glauben als Kampf gegen die Anbetung der Macht gesagt wurde, ließe sich auch im Bereich des Ringens um die wahre Gestalt menschlicher Liebe gegen die falsche Anbetung von Sexus und Eros zeigen, von der keine geringere Versklavung der Menschheit ausging und ausgeht als vom Missbrauch der Macht. Es ist mehr als ein Bild, wenn der Glaubensabfall Israels bei den Propheten immer wieder unter dem »Bild« des Ehebruchs dargestellt wird. Die Fremdkulte waren nicht nur tatsächlich fast immer mit kultischer Prostitution verbunden und so rein von ihrer Erscheinungsform her als Ehebruch zu beschreiben – sie gaben darin auch ihre innere Ausrichtung zu erkennen. Die Einheit, Endgültigkeit und Unteilbarkeit der Liebe zwischen Mann und Frau ist letztlich nur im Glauben an die Einheit und Unteilbarkeit der Liebe Gottes zu verwirklichen und zu verstehen. Wir begreifen heute immer mehr, wie wenig sie eine rein philosophisch abzuleitende, in sich stehende Aussage ist; wie sehr sie mit dem Zusammenhang des Glaubens an den einen Gott steht und fällt. Und wir begreifen immer mehr, wie sehr die scheinbare Befreiung der Liebe in die Be-liebigkeit des Triebs hinein die Auslieferung des Menschen an die verselbständigten Mächte von Sexus und Eros ist, deren erbarmungsloser Sklaverei er verfällt, wo er sich freizumachen wähnt. Wo er sich Gott entzieht, greifen die Götter nach ihm, und seine Befreiung geschieht nicht anders, als indem er sich befreien lässt und aufhört, sich auf sich selber stellen zu wollen.

Nicht weniger wichtig als die Klärung der Absage, die im Credo liegt, ist das Verständnis der Zusage, des Ja, das es meint. Dies einfach deshalb, weil das Nein nur vom Ja her bestehen kann, dann aber auch deshalb, weil sich die Absage der ersten christlichen Jahrhunderte in einem Maß als geschichtskräftig erwiesen hat, dass die Götter unwiderruflich verschwunden sind. Gewiss, die *Mächte* sind nicht verschwunden, die in ihnen ausgedrückt waren, und nicht verschwunden ist auch die Versuchung zur Verabsolutierung jener Mächte. Das eine wie das andere gehört zur bleibenden menschlichen Grundsituation und drückt sozusagen die ständige »Wahrheit« des Polytheismus aus: Die Verabsolutierung der Macht, des Brotes, des Eros bedroht uns nicht weniger als die Menschen des Altertums. Aber wenngleich die Götter von damals auch heute noch »Mächte« sind, die sich Absolutheit zuzulegen versuchen, so haben sie doch die Maske des Göttlichen unwiderruflich verloren und müssen nun unmaskiert in ihrer wahren Profanität sich zeigen. Darin gründet ein wesentlicher Unterschied zwischen vorchristlichem und nachchristlichem Heidentum, das von der geschichtsbildenden Kraft der christlichen Absage an die Götter geprägt bleibt. Umso mehr drängt sich in dem Leerraum, in dem wir heute in vieler Hinsicht stehen, die Frage auf: Welches ist der Inhalt der Zusage, die der christliche Glaube meint?

ZWEITES KAPITEL

Der biblische Gottesglaube

Wer den Gottesglauben der Bibel verstehen will, muss seiner geschichtlichen Entfaltung nachgehen, von den Ursprüngen bei den Vätern Israels bis herauf zu den letzten Schriften des Neuen Testaments. Das Alte Testament, von dem her wir folglich zu beginnen haben, gibt uns selbst einen Faden für unsere Bemühung an die Hand: Es hat seinen Gottesgedanken wesentlich in zwei Namen formuliert, Elohim und Jahwe. In diesen zwei Hauptbenennungen Gottes zeigt sich die Scheidung und die Auswahl, die Israel in seiner religiösen Welt vollzogen hat, und es wird zugleich die positive Option sichtbar, die in solcher Auswahl und in der voranschreitenden Umprägung des Ausgewählten sich vollzieht.

1. Das Problem der Geschichte vom brennenden Dornbusch

Als den zentralen Text alttestamentlichen Gottesverständnisses und Gottesbekenntnisses darf man wohl die Erzählung vom brennenden Dornbusch (Ex 3) bezeichnen, in der sich mit der Offenbarung des Gottesnamens an Moses die entscheidende Grundlegung des fortan in Israel waltenden Gottesgedankens vollzieht. Der Text schildert die Berufung des Moses zum Führer Israels durch den in der Dornbuschflamme verborgen-offenbaren Gott und das Zögern des Moses, der eine klare Kenntnis seines Auftraggebers und einen klaren Ausweis seiner Vollmacht verlangt. In diesem Zusammenhang trägt sich jener Dialog zu, an dem seither immer wieder herumgerätselt worden ist:

»Moses sprach zu Gott: ›Wenn ich nun zu den Kindern Israels komme und zu ihnen spreche: Der Gott eurer Väter hat mich zu euch gesandt, und wenn sie mich dann fragen werden: Wie heißt er? was soll ich ihnen dann antworten‹? Gott entgegnete dem Moses darauf: ›Ich bin der Ich bin‹. Er setzte dann fort: ›So sollst du zu den Israeliten sprechen: Der ‚Ich-bin' hat mich zu euch gesandt‹. Und weiter sagte Gott zu Moses: ›So sollst du zu den Kindern Israels sprechen: Der Herr, der Gott eurer Väter, der Gott Abrahams, der Gott Isaaks und der Gott Jakobs hat mich zu euch gesandt. Dies soll mein Name für immer sein und dies meine Anrufung von Geschlecht zu Geschlecht‹« (Ex 3,13–15).

Der Sinn des Textes ist es offensichtlich, den Namen »Jahwe« als den entscheidenden Gottesnamen in Israel zu begründen, einmal, indem er geschichtlich im Ursprung der Volkwerdung Israels und des Bundesgeschehens verankert wird, zum andern, indem eine inhaltliche Sinngebung geboten wird. Dies Letztere geschieht dadurch, dass das unverständliche Wort »Jahwe« auf die Wortwurzel Haja = Sein zurückgeführt wird. Vom hebräischen Konsonantenbestand her ist das möglich, ob es philologisch der wirklichen Herkunft des Namens Jahwe entspricht, ist mindestens fragwürdig: Es handelt sich – wie so oft im Alten Testament – um eine theologische, nicht um eine philologische Etymologie. Es geht nicht darum, sprachgeschichtlich einen Anfangssinn zu erforschen, sondern jetzt und hier eine Sinngebung zu vollziehen. Die Etymologie ist in Wirklichkeit Mittel eines sinnstiftenden Verhaltens. Dieser Erhellung des Namens »Jahwe« durch das Wörtchen »Sein« (Ich-bin) wird dann noch ein zweiter Erklärungsversuch angefügt, indem gesagt wird, Jahwe sei der Gott der Väter, der Gott Abrahams, Isaaks und Jakobs. Das will sagen:

Das Verständnis »Jahwes« soll dadurch erweitert und vertieft werden, dass der so bezeichnete Gott gleichgesetzt wird mit dem Gott der Väter Israels, der im Wesentlichen wohl unter den Namen El und Elohim angerufen worden war.

Versuchen wir uns klarzumachen, welches Gottesbild auf diese Weise entsteht! Zunächst – was heißt es, dass hier der Gedanke des Seins als Deutung Gottes ins Spiel gebracht wird? Für die von der griechischen Philosophie herkommenden Kirchenväter erschien das als eine unerwartete und kühne Bestätigung ihrer eigenen denkerischen Vergangenheit, denn die griechische Philosophie sah es als ihre entscheidende Entdeckung an, dass sie hinter all den vielen Einzeldingen, mit denen der Mensch täglich zu tun erhält, die umfassende Idee des Seins entdeckt hatte, die sie zugleich als den angemessensten Ausdruck des Göttlichen betrachtete. Genau dasselbe schien nun aber auch die Bibel in ihrem zentralen Text über das Gottesbild zu sagen. Musste das nicht als eine geradezu verblüffende Bestätigung für die Einheit von Glauben und Denken erscheinen? Die Kirchenväter sahen in der Tat hier die tiefste Einheit von Philosophie und Glaube, von Platon und Moses, von griechischem und biblischem Geist aufgedeckt. So vollständig empfanden sie die Identität zwischen dem Suchen des philosophischen Geistes und dem Empfangen, das im Glauben Israels geschehen war, dass sie der Meinung waren, zu solcher Erkenntnis habe Platon nicht aus eigenem vorstoßen können, sondern er habe das Alte Testament gekannt und seinen Gedanken daraus entlehnt, sodass damit indirekt der Kern der platonischen Philosophie auf Offenbarung zurückgeführt wurde – eine Einsicht von solch letzter Tiefe wagte man nicht aus der eigenen Macht des menschlichen Geistes herzuleiten.

Tatsächlich konnte der Text des griechischen Alten Testaments, den die Väter in Händen hatten, die Vorstellung einer solchen Identität zwischen Platon und Moses aufkommen lassen, wobei freilich die Abhängigkeit eher umgekehrt liegen dürfte:

Die Übersetzer, die die hebräische Bibel ins Griechische übertrugen, standen unter dem Einfluss griechisch-philosophischen Denkens und haben von ihm her den Text gelesen und verstanden; der Gedanke, dass hier der Geist der Hellenen und der Glaube der Bibel ineinander greifen, muss sie bereits beseelt haben; sie haben gleichsam schon die Brücke aus dem biblischen Gottesbegriff ins griechische Denken hinübergebaut, wenn sie in Vers 14 das »Ich bin, der Ich bin« übersetzten mit »Ich bin der Seiende«. Der biblische Gottesname wird hier identifiziert mit dem philosophischen Gottesbegriff. Der Skandal des Namens, des Gottes, der sich nennt, wird aufgelöst in die Weite des ontologischen Denkens hinein, Glaube mit Ontologie vermählt. Denn für das Denken ist es ein Skandal, dass der biblische Gott einen Namen trägt. Kann das mehr als eine Erinnerung an die polytheistische Welt sein, in der sich biblischer Glaube zuerst zutragen musste? In einer Welt, die von Göttern wimmelte, konnte Moses nicht sagen: Gott schickt mich. Nicht einmal: Der Gott der Väter schickt mich. Er wusste, dass das gar nichts besagte, dass man ihn fragen würde: Welcher Gott? Aber die Frage ist: Hätte man dem platonischen »Seienden« je einen Namen geben und es damit gleichsam als Individuum ausweisen können? Oder ist die Tatsache, dass man diesen Gott nennen kann, nicht Ausdruck einer fundamental anderen Vorstellung? Und wenn man hinzufügen wird, für den Text sei der Gedanke wichtig, dass man Gott nur nennen kann, weil er sich selbst genannt hat, so vertieft man den Graben zum Platonischen, zum schlechthin Seienden als der Endstufe ontologischen Denkens nur noch, das nicht benannt wird und noch viel weniger sich selber nennt.

Also beruhen die griechische Übersetzung des Alten Testaments und die darauf aufbauenden Schlussfolgerungen der Väter auf einem Missverständnis? Darüber sind sich heute nicht nur die Exegeten einig, auch die Systematiker betonen es mit großer Schärfe und mit der Grundsätzlichkeit, die dieser Frage über alle exegetischen Einzelprobleme hinaus zukommt. So hat Emil Brunner mit aller Entschiedenheit gesagt, dass das Gleichheitszeichen zwischen dem Gott des Glaubens und dem Gott der Philosophen, das hier gezogen wurde, die Verkehrung des biblischen Gottesgedankens in sein Gegenteil bedeute. An die Stelle des Namens werde hier der Begriff gesetzt, an die Stelle des Nicht-zu-Definierenden trete eine Definition[9]. Damit steht aber an dieser einen Stelle die ganze patristische Exegese, der Gottesglaube der Alten Kirche, das Gottesbekenntnis und das Gottesbild des Symbolums zur Diskussion. Ist es Abfall in die Hellenisierung hinein, Abfall von dem Gott, den das Neue Testament als den Vater Jesu Christi benennt, oder sagt es unter neuen Voraussetzungen neu, was immer zu sagen ist?

Vor allem andern müssen wir, wenn auch in möglichster Kürze, versuchen, dem tatsächlichen exegetischen Befund nachzugehen. Was besagt dieser Name Jahwe und was bedeutet seine Erklärung mit dem Wörtchen »Sein«? Die beiden Fragen hängen zusammen, sind aber, wie wir sahen, nicht identisch. Versuchen wir, zunächst der ersten etwas näher zu kommen! Können wir noch etwas darüber ausmachen, was der Name Jahwe ursprünglich, von seiner sprachlichen Herkunft aus, bedeutet? Das ist deswegen nahezu unmöglich, weil wir gerade über diese Herkunft durchaus im Dunkeln tappen. Eines kann freilich deutlich gesagt werden: Eine sichere Bezeugung des Namens Jahwe vor Moses bzw. außerhalb Israels fehlt; aber auch keiner der zahlreichen Versuche, die vorisraelitischen Wurzeln des Namens klarzustellen, kann wirklich überzeugen. Wohl sind Wortteile wie jah, jo, jahw schon vorher bekannt, die volle Ausprägung des Namens Jahwe hat sich aber, soweit wir heute sehen können, erst in Israel zugetragen; sie scheint ein Werk des Glaubens Israels zu sein, das nicht anknüpfungslos, aber doch schöpferisch umprägend sich hier seinen eigenen Gottesnamen und darin seine eigene Gottesgestalt gebildet hat[10].

Ja, heute spricht wieder vieles dafür, dass die Formung dieses Namens tatsächlich die Tat des Moses gewesen ist, der mit ihm seinen geknechteten Volksgenossen neue Hoffnung zugetragen hat: Die endgültige Ausbildung eines eigenen Gottesnamens und darin eines eigenen Gottesbildes scheint der Ausgangspunkt für die Volkwerdung Israels gewesen zu sein. Auch rein historisch kann man so sagen, dass Israel von Gott her Volk geworden ist, nur vom Anruf der Hoffnung her, den der Gottesname bedeutete, zu sich selber kam. Unter den vielfältigen Hinweisen auf vorisraelitische Anknüpfungspunkte des Namens Jahwe, die hier nicht diskutiert zu werden brauchen, scheint mir mit am besten begründet und zugleich sachlich besonders fruchtbar die Beobachtung von H. Cazelles, der darauf aufmerksam macht, dass im babylonischen Reich theophore Namen (das heißt Personennamen, die einen Hinweis auf Gott enthalten) auftreten, die mit dem Wort »yaun« gebildet wurden bzw. das Element »yau«, »ya« enthalten, das etwa die Bedeutung »der Meinige«, »mein Gott« hat. In dem Gewirr von Gottestypen, mit denen man zu tun hatte, verweist diese Wortbildung auf den persönlichen Gott, das heißt den Gott, der auf den Menschen hingewandt, selbst personhaft und personbezogen ist. Es ist der Gott, der als der persönlich Seiende mit dem Menschen als Menschen zu tun hat. Dieser Hinweis ist insofern bemerkenswert, als er sich mit einem zentralen Element des vormosaischen Gottesglaubens Israels trifft, mit jener Gottesgestalt, die wir im Anschluss an die Bibel als den Gott der Väter zu bezeichnen pflegen[11]. Die vorgeschlagene Etymologie würde sich damit genau begegnen mit dem, was die Dornbuschgeschichte selbst als die innere Voraussetzung des Jahwe-Glaubens bezeichnet: mit dem Glauben der Väter, dem Gott Abrahams, Isaaks und Jakobs. Wenden wir uns daher einen Augenblick dieser Gestalt zu, ohne die der Sinn der Jahwe-Botschaft nicht zu verstehen ist!

2.
Die innere Voraussetzung des Jahwe-Glaubens: Der Gott der Väter

In der sprachlichen und gedanklichen Wurzel des Jahwe-Namens, die wir im »persönlichen Gott«, den die Bildung yau andeutet, zu erkennen glaubten, wird sowohl die Wahl und die Scheidung sichtbar, die Israel in seiner religionsgeschichtlichen Umwelt getroffen hat, wie auch die Kontinuität mit Israels eigener Vorgeschichte von Abraham her. Der Gott der Väter hatte freilich nicht Jahwe geheißen, sondern tritt uns unter den Namen El und Elohim entgegen. Die Väter Israels konnten damit an die El-Religion ihrer Umwelt anknüpfen, die wesentlich durch den sozialen und personalen Charakter der mit »El« umschriebenen Gottheit gekennzeichnet ist. Der Gott, für den sie sich entschieden haben, ist religionstypologisch dadurch gekennzeichnet, dass er numen personale (Personengott), nicht numen locale (Ortsgott) ist. Was will das sagen? Versuchen wir, uns das von den Ausgangspunkten des jeweils Gemeinten her in Kürze deutlich zu machen! Dann könnten wir uns zunächst an Folgendes erinnern: Die religiöse Erfahrung der Menschheit entzündet sich immer wieder an heiligen Orten, an denen aus irgendeinem Grunde dem Menschen das ganz Andere, das Göttliche, besonders fühlbar wird; eine Quelle etwa, ein mächtiger Baum, ein geheimnisvoller Stein oder auch ein ungewöhnliches Widerfahrnis, das sich irgendwo zutrug, können in dieser Weise wirksam werden. Dann besteht aber alsbald die Gefahr, dass dem Menschen der Ort, an dem er das Göttliche erfuhr, und dieses selbst ineinander fließen, sodass er an eine besondere Anwesenheit des Göttlichen an jenem Orte glaubt, es anderswo nicht ebenso meint treffen zu können – der Ort wird zum heiligen Ort, zur Wohnstätte des Göttlichen. Die örtliche Bindung des Göttlichen, die sich auf diese Weise ergibt, führt aber dann mit einer Art innerer Notwendigkeit auch zu dessen Vervielfachung: Weil nicht nur an *einem* Ort, sondern an vielen sich Erfahrung des Heiligen zuträgt, dieses aber jeweils auf den betreffenden Ort beschränkt gedacht wird, kommt es zu einer Vielzahl von Ortsgottheiten, die damit zugleich zu Eigengottheiten der jeweiligen Räume werden. Einen gewissen Nachhall solcher Tendenzen kann man selbst noch im Christlichen feststellen, wenn für weniger erleuchtete Gläubige mitunter die Madonnen von Lourdes, Fatima oder Altötting geradezu verschiedene Wesen und keineswegs einfach dieselbe Person zu sein scheinen. Aber kehren wir zu unserem Thema zurück! Gegenüber der heidnischen Tendenz zum numen locale, zur örtlich bestimmten und begrenzten Gottheit, drückt der Gott der Väter eine gänzlich andere Entscheidung aus. Er ist nicht der Gott eines Ortes, sondern der Gott von Menschen: der Gott Abrahams, Isaaks und Jakobs, der deshalb auch nicht an einen Ort gebunden, sondern überall da anwesend und mächtig ist, wo der Mensch sich findet. Auf diese Weise kommt man zu einer gänzlich anderen Art des Denkens von Gott. Gott wird auf der Ebene von Ich und Du, nicht auf der Ebene des Räumlichen gesehen. Er entrückt so in die Transzendenz des nirgendwo Begrenzbaren und erweist sich gerade damit als der allenthalben (und nicht bloß an einem Punkt) Nahe, dessen Macht schrankenlos ist. Er ist nicht irgendwo, sondern er ist je da zu treffen, wo der Mensch ist und wo der Mensch sich treffen lässt von ihm. Indem die Väter Isra-els sich für El entschieden haben, haben sie so eine Wahl von größter Bedeutung getroffen: für das numen personale gegen das numen locale, für den personhaften und personbezogenen Gott, der auf der Ebene von Ich und Du zu denken und zu finden ist, nicht primär an heiligen Orten[12]. Dieser Grundzug von El ist das eine tragende Element nicht nur der Religion Israels, sondern auch des neutestamentlichen Glaubens geblieben: das Ausgehen vom Personsein Gottes, das Verstehen Gottes auf jener Ebene, die durch die Beziehung von Ich und Du bezeichnet ist.

Diesem Aspekt, mit dem der geistige Ort des El-Glaubens wesentlich bestimmt ist, muss noch ein zweiter hinzugefügt werden: El wird nicht nur als Träger eigener Personalität, als Vater, als Schöpfer der Geschöpfe, als der Weise und der König angesehen, er gilt vor allen Dingen auch als der allerhöchste Gott; als die allerhöchste Macht; als der, der über allem anderen steht. Man braucht wohl nicht eigens zu sagen, dass auch dies zweite Element prägend geblieben ist für die ganze biblische Gotteserfahrung. Nicht irgendeine irgendwo wirkende Macht wird gewählt, sondern allein jene Macht, die alle Macht in sich fasst und über allen Einzelmächten steht.

Endlich muss noch auf ein drittes Element verwiesen werden, das gleichfalls sich im ganzen biblischen Denken durchhält: Dieser Gott ist der Gott der Verheißung. Er ist nicht eine Naturmacht, in deren Epiphanie sich die ewige Mächtigkeit der Natur, das ewige »Stirb und Werde« zeigt; er ist nicht ein Gott, der den Menschen auf das ewig Gleiche des kosmischen Kreislaufs hinorientiert, sondern er verweist ihn auf das Kommende, auf das seine Geschichte zuschreitet, auf Sinn und Ziel, die endgültig sind – er gilt als Gott der Hoffnung auf das Künftige, eine Richtung, die unumkehrbar ist.

Schließlich ist noch zu sagen, dass der El-Glaube in Israel vor allem in der Ausweitung auf »Elohim« aufgenommen worden ist, in der sich zugleich der Prozess der Umwandlung andeutet, dessen auch die El-Gestalt bedurfte. Eigentümlich mag dabei berühren, dass man auf diese Weise die Einzahl El durch ein Wort ersetzte, das eigentlich eine Mehrzahl bedeutet (Elohim). Ohne dass wir die vielschichtigen Details dieses Vorgangs hier auseinander legen müssten, können wir doch dies sagen, dass Israel gerade so immer mehr die Einzigartigkeit Gottes auszusagen vermochte: Er ist einer, aber als der Übergroße, ganz andere, überschreitet er selbst die Grenzen von Singular und Plural, liegt jenseits von ihnen. Obwohl es im Alten Testament und zumal auf seinen Frühstufen sicher keinerlei Trinitätsoffenbarung gibt, liegt doch in diesem Vorgang eine Erfahrung verborgen, die sich auf die christliche Rede vom dreieinigen Gott hin öffnen lässt. Man weiß, wenn auch noch so unreflektiert, darum, dass einerseits Gott der radikal Eine ist und dass er doch nicht in unsere Kategorien von Einzahl und Mehrzahl gepresst werden kann, sondern oberhalb von ihnen liegt, sodass er schließlich auch nicht durch die Kategorie »eins«, sosehr er wahrhaft nur ein Gott ist, ganz zutreffend benannt werden kann. In der Frühgeschichte Israels (und auch späterhin, gerade auch für uns) bedeutet dies, dass so zugleich die legitime Frage, die im Polytheismus steckt, aufgenommen ist[13]. Der Plural, auf den einen Gott bezogen, sagt gleichsam: Alles Göttliche ist Er.

Wollte man angemessen über den Vätergott reden, dann müsste jetzt noch hinzugefügt werden, welche Verneinung in dem Ja liegt, das in El und in Elohim sich uns zunächst darbietet. Der Hinweis auf zwei Stichworte bzw. auf zwei in der Umgebung Israels dominierende Gottesnamen muss jedoch hier genügen. Ausgeschieden sind die Gottesvorstellungen, die sich in der Umwelt Israels unter den Namen Baal = der Herr und Melech (»Moloch« = der König) darboten. Abgewiesen ist so die Fruchtbarkeitsverehrung und die lokale Bindung des Göttlichen, die sie mit sich bringt; verneint ist aber mit dem Nein zum Königsgott Melech auch ein bestimmtes soziales Modell. Der Gott Israels wird nicht in die aristokratische Ferne eines Königs entrückt, er kennt nicht die schrankenlose Despotie, die sich damals mit dem Bild des Königs verband – er ist der nahe Gott, der grundsätzlich eines jeden Menschen Gott sein kann. Wieviel ließe sich von hier aus bedenken und erwägen! Verzichten wir darauf, um wieder zu unserem Ausgangspunkt, zur Frage nach dem Gott vom brennenden Dornbusch, zurückzukehren.

3.
Jahwe, der Gott der Väter und der Gott Jesu Christi

Indem Jahwe, wie wir sahen, als der Gott der Väter ausgelegt wird, treten in den Jahwe-Glauben alle Inhalte ein, die im Väterglauben gemeint waren, und erhalten freilich so zugleich einen neuen Zusammenhang und eine neue Gestalt. Was aber ist das Spezifische, das Neue, das mit »Jahwe« ausgedrückt wird? Die Antworten sind zahlreich; den genauen Sinn der Formeln von Ex 3 wird man nicht mehr mit Sicherheit ermitteln können. Immerhin treten zwei Aspekte deutlich hervor. Wir hatten festgestellt, für unser Denken sei allein schon die Tatsache, dass Gott einen Namen trägt und damit wie eine Art Individuum erscheint, ein Skandal. Aber wenn man den Text, um den wir kreisen, näher ins Auge fasst, stellt sich die Frage: Ist es eigentlich wirklich ein Name? So zu fragen scheint fürs Erste unsinnig, denn es ist unbestreitbar, dass Israel das Wort Jahwe als einen Gottesnamen gekannt hat. Dennoch zeigt ein sorgfältiges Lesen, dass die Dornbuschszene diesen Namen in einer Weise auslegt, dass er als Name geradezu aufgehoben scheint; auf jeden Fall rückt er aus der Reihe der Benennungen von Gottheiten heraus, in die er zunächst hineinzugehören scheint. Hören wir einmal genau zu! Moses fragt: Die Kinder Israels, zu denen du mich schickst, werden sagen: Wer ist der Gott, der dich sendet? Wie heißt er? Was soll ich ihnen dann antworten? Darauf wird berichtet, Gott habe dem Moses entgegnet: »Ich bin der Ich bin«; wir könnten auch übersetzen: »Ich bin, was ich bin«. Das erscheint doch eigentlich wie eine Abweisung; es sieht viel eher nach einer Namensverweigerung denn nach einer Namenskundgabe aus. In der ganzen Szene liegt etwas von Unmut ob solcher Zudringlichkeit: Ich bin eben, der ich bin. Der Gedanke, dass hier eigentlich kein Name gegeben, sondern die Frage zurückgewiesen werde, erhält zusätzliche Wahrscheinlichkeit durch den Vergleich mit den beiden Texten, die man am ehesten als Parallelen zu unserer Stelle anführen könnte: Richter 13,18 und Genesis 32,30. In Richter 13,18 fragt ein gewisser Manoach den Gott, der ihm begegnet, nach seinem Namen. Ihm wird geantwortet: »Was fragst du nach meinem Namen, wo er doch ein Geheimnis ist« (andere Übersetzungsmöglichkeit: »Wo er doch wunderbar ist«). Ein Name wird nicht gegeben. In Genesis 32,30 ist es Jakob, der nach seinem nächtlichen Ringen mit dem Unbekannten um dessen Namen fragt und nur die abweisende Antwort erhält: »Warum fragst du denn nach meinem Namen?« Beide Stellen sind sprachlich und dem ganzen Aufbau nach sehr eng mit unserem Text verwandt, sodass auch die gedankliche Berührung kaum zu bestreiten ist. Der Gestus der Zurückweisung liegt auch hier vor. Der Gott, mit dem Moses am Dornbusch zu tun bekommt, kann seinen Namen nicht auf gleiche Art bekanntgeben wie die Götter rundum, die Götter-Individuen neben anderen gleichartigen Göttern sind und deshalb eines Namens bedürfen. Der Gott vom Dornbusch stellt sich nicht in eine Reihe mit ihnen.

Im Gestus der Abweisung, auf den wir stießen, scheint etwas auf von dem ganz Anderen Gottes gegenüber den Göttern. Die Auslegung des Namens Jahwe durch das Wörtchen »Sein« dient so einer Art von negativer Theologie. Sie hebt den Namen als Namen auf, sie bewirkt gleichsam die Rückversetzung aus dem allzu Bekannten, das der Name zu sein scheint, ins Unbekannte, ins Verborgene. Sie löst den Namen auf ins Mysterium hinein, sodass in ihm Bekanntsein und Unbekanntsein Gottes, Verborgenheit und Offenbarung einander gleichzeitig werden. Der Name, Zeichen der Bekanntschaft, wird zur Chiffre für das bleibende Unbekanntsein und Unbenanntsein Gottes. Gegenüber der Meinung, hier Gott gleichsam greifen zu können, wird auf solche Weise das Bleiben der unendlichen Distanz verdeutlicht. Insofern war im Letzten jene Entwicklung legitim, kraft deren man in

Israel immer mehr dazu überging, diesen Namen nicht mehr auszusprechen, ihn zu umschreiben, sodass er in der griechischen Bibel gar nicht mehr auftaucht, sondern dort einfach durch das Wort »Herr« ersetzt wird. In dieser Entwicklung ist das Geheimnis der Dornbuschszene in vieler Hinsicht genauer begriffen worden als in allerlei gelehrten philologischen Erklärungen.

Mit alledem ist freilich nur die eine Hälfte des Sachverhalts gesehen; denn immerhin ist Moses ja ermächtigt worden, den Fragenden zu sagen: »Der Ich-bin hat mich zu euch gesandt« (Ex 3,14). Er hat eine Antwort in Händen, auch wenn sie ein Rätsel ist. Und kann, ja, muss man es nicht doch auch ein Stück weit positiv ent-rätseln? Die heutige Exegese sieht in dem Wort meist den Ausdruck hilfreicher Nähe; Gott enthülle darin zwar nicht – wie es philosophisches Denken versucht – sein Wesen, wie es in sich selber steht, aber er enthülle sich als ein Gott für Israel, als ein Gott für den Menschen. Das »Ich bin« bedeute so viel wie »Ich bin da«, »Ich bin für euch da«, es werde Gottes Anwesenheit für Israel betont, sein Sein nicht als ein Sein in sich, sondern als ein Sein-für ausgelegt[14]. Eißfeldt freilich hält nicht nur die Übersetzung »Er hilft«, sondern auch »Er ruft ins Dasein, er ist der Schöpfer«, ja, »Er ist« und sogar »der Seiende« für möglich. Der französische Exeget Edmond Jacob meint, der Name El drücke das Leben als Macht aus, Jahwe als Dauer und Gegenwart. Wenn Gott sich hier benennt als der »Ich bin«, so wäre er als der, der »ist«, ausgelegt, als das Sein gegenüber dem Werden, als das, was bleibt und besteht in allem Vergehen. »Alles Fleisch ist wie Gras, all seine Pracht wie die Blume des Feldes ... Das Gras verdorrt, die Blume welkt hin, doch unseres Gottes Wort besteht auf ewig« (Jes 40,6–8).

Mit dem Hinweis auf diesen Text wird ein Zusammenhang sichtbar, der bisher wohl allzuwenig bedacht worden ist. Für den zweiten Jesaja war es ein Grundgedanke seiner Verkündigung, dass die Dinge dieser Welt vergehen; dass die Menschen, wie mächtig sie sich auch gebärden, am Schluss wie die Blumen sind, die einen Tag blühen, am nächsten aber abgemäht werden und verdorren, während inmitten dieses gigantischen Schauspiels der Vergänglichkeit der Gott Israels »ist«, nicht »wird«. In allem Werden und Vergehen »ist« er. Freilich wird dieses »Ist« Gottes, der über der Unbeständigkeit des Werdens als der Beständige bleibt, nicht beziehungslos ausgesagt. Vielmehr ist er zugleich der sich Gewährende; er ist für uns da und gibt von seinem Stehen her uns in unserer Unbeständigkeit Stand. Der Gott, der »ist«, ist zugleich der, der mit *uns* ist; er ist nicht nur Gott in sich, sondern unser Gott, der Gott der Väter.

Damit sind wir nun wieder bei der Frage angelangt, die sich uns am Anfang unserer Überlegungen zur Dornbuschgeschichte gestellt hatte: Wie stehen der Gott des biblischen Gottesglaubens und der platonische Gottesgedanke eigentlich zueinander? Ist der Gott, der sich nennt und einen Namen hat, der Gott, der hilft und da ist, das radikal andere gegenüber dem esse subsistens, dem schlechthinnigen Sein, das in der schweigenden Einsamkeit des philosophischen Denkens gefunden wird, oder wie steht es eigentlich? Ich denke, man muss, um mit dieser Frage ins Reine zu kommen und den Sinn der christlichen Rede von Gott zu begreifen, sowohl noch etwas näher auf den biblischen Gottesgedanken wie auf die Meinung des philosophischen Denkens hinschauen. Was zunächst die Bibel angeht, so ist es wichtig, die Dornbuschgeschichte nicht zu isolieren. Wir haben bereits gesehen, dass sie zunächst auf dem Hintergrund einer götterdurchtränkten Welt zu verstehen ist, in der sie den Gottesglauben Israels anknüpfend und unterscheidend sichtbar macht und die Entwicklung zugleich vorwärtsführt, indem sie den in vielen Richtungen schillernden Gedanken des Seins als Denkelement aufnimmt. Der Deutungsvorgang, auf den wir mithin in unserer Erzählung stoßen, ist mit ihr nicht zu Ende, sondern ist im Verlauf des biblischen Ringens um Gott immer neu aufgegriffen und weitergeführt worden. Ezechiel und vor allem Deuterojesaja könnte man geradezu als die Theologen des Namens Jahwe bezeichnen, die ihre prophetische Predigt nicht zuletzt von hier aus entfaltet haben. Deuterojesaja spricht bekanntlich am Ende des babylonischen Exils, im Augenblick, da Israel mit neuer Hoffnung in die Zukunft blickt. Die scheinbar unbesiegbare babylonische Macht, die Israel geknechtet hatte, ist zerbrochen, Israel, das totgeglaubte, steht aus den Trümmern auf. So wird es für den Propheten ein zentraler Gedanke, den Göttern, die vergehen, den Gott gegenüberzustellen, der *ist.* »Ich, Jahwe, bin der Erste und bei den Letzten bin ich es« (41,4). Das letzte Buch des Neuen Testaments, die Geheime Offenbarung, wird in ähnlich bedrängter Lage diesen Satz wiederholen: Vor all diesen Mächten steht er schon, und nach ihnen steht er noch immer (Apk 1,4; 1,17; 2,8; 22,13). Aber hören wir noch einmal Deuterojesaja: »Ich bin der Erste, und nach diesem und außer mir gibt es keinen Gott« (44,6). »Ich bin es; ich bin der Erste, ich werde auch der Letzte sein« (48,12). Der Prophet hat in diesem Zusammenhang eine neue Formel geprägt, in welcher der Deutungsfaden der Dornbuschgeschichte aufgegriffen und mit neuen Akzenten versehen wird. Die Formel, die im Hebräischen geheimnisvoll einfach »Ich-Er« zu heißen scheint, ist im Griechischen, sachlich sicher richtig, wiedergegeben: »Ich bin es« (ἐγώ εἰμι)[15]. In diesem einfachen »Ich bin's« steht der Gott Israels den Göttern gegenüber und weist sich als derjenige aus, der *ist*, im Gegensatz zu denen, die gestürzt sind und vorübergehen. Das knappe Rätselwort »Ich bin's« wird so zur Achse der Verkündigung des Propheten, in der sich sein Kampf gegen die Götter, sein Kampf gegen die Verzweiflung Israels, seine Botschaft der Hoffnung und der Gewissheit ausdrücken. Gegenüber dem nichtigen Pantheon Babylons und gegenüber seinen gesunkenen Potentaten erhebt sich die Macht Jahwes einfach und kommentarlos in der Aussage »Ich bin es«, die seine schlechthinnige Überlegenheit gegenüber allen göttlichen und ungöttlichen Mächten dieser Welt bezeichnet. Der Jahwe-Name, dessen Sinn auf solche Weise vergegenwärtigt wird, öffnet sich damit einen Schritt weiter auf die Idee dessen, der »ist« inmitten aller Verfallenheit des Scheins, dem kein Bestand zukommt.

Tun wir einen letzten Schritt, der uns nun ins Neue Testament hinüberführt. Wir finden nämlich die Linie, die immer mehr den Gottesgedanken unter das Licht des Seinsgedankens stellt und Gott mit dem einfachen »Ich bin« auslegt, noch einmal im Johannesevangelium, das heißt bei dem letzten rückschauenden biblischen Interpreten des Jesusglaubens, der für uns Christen zugleich der letzte Schritt in der Selbstauslegung der biblischen Bewegung überhaupt ist. Johannes knüpft in seinem Denken gerade an die Weisheitsliteratur und an Deuterojesaja an und kann gar nicht anders, als auf diesem Hintergrund verstanden werden. Er erhebt das jesajanische »Ich bin's« zur Kernformel seines Gottesglaubens, aber er tut es dadurch, dass er es zur Zentralformel seiner Christologie macht: ein sowohl für den Gottesgedanken wie für das Christusbild entscheidender Vorgang. Jene Formel, die zunächst aus der Dornbuschszene sich erhebt, die am Ende des Exils zum Ausdruck der Hoffnung und der Gewissheit wird gegenüber den sinkenden Göttern und das Bleibende Jahwes über all diesen Mächten darstellt, findet sich nun auch hier im Zentrum des Gottesglaubens, aber dadurch, dass sie Zeugnis für Jesus von Nazareth wird.

Die Bedeutung dieses Vorgangs wird vollends sichtbar, wenn man hinzunimmt, dass Johannes in einer geradezu auffälligen Weise wie kein neutestamentlicher Autor vor ihm, das Kernstück der Dornbuscherzählung wieder aufgreift: die Idee des Gottesnamens. Der Gedanke, dass Gott sich benennt, dass Gott durch einen Namen anrufbar wird, rückt mit dem »Ich bin« in die Mitte seines Zeugnisses. Christus wird bei Johannes auch in dieser Hinsicht mit Moses parallelisiert; Johannes schildert ihn als denjenigen, in dem die Dornbuschgeschichte erst zu ihrem wahren Sinn kommt. Das ganze Kapitel 17 – das so genannte »Hohepriesterliche Gebet« und vielleicht das Herzstück des Evangeliums überhaupt – kreist um den Gedanken »Jesus der Offenbarer des Gottesnamens« und stellt sich so als das neutestamentliche Gegenstück zur Dornbuscherzählung dar. Leitmotivartig kehrt in den Versen 6, 11, 12, 26 das Motiv des Gottesnamens wieder. Greifen wir nur die beiden Hauptverse heraus: »Ich habe deinen *Namen* den Menschen kundgetan, die du mir aus der Welt gegeben hast« (Vers 6). »Ich habe ihnen deinen *Namen* kundgetan und werde ihn ihnen kundtun, damit die Liebe, mit der du mich geliebt hast, in ihnen sei und ich in ihnen« (Vers 26). Christus erscheint gleichsam selbst als der brennende Dornbusch, von dem aus der Name Gottes an die Menschen ergeht. Indem aber in der Sicht des vierten Evangeliums Jesus das »Ich bin's«, das Exodus 3 und Jesaja 43 in sich vereint, auf sich anwendet, wird zugleich deutlich, dass *er selbst* der Name, das heißt: die Anrufbarkeit Gottes ist. Die Namensidee tritt hier in ein entscheidendes neues Stadium. Name ist nun nicht mehr bloß ein Wort, sondern eine Person: Jesus selbst. Die Christologie bzw. der Glaube an Jesus wird als Ganzes zu einer Auslegung des Gottesnamens und des damit Gemeinten erhoben. Damit sind wir an einer Stelle angelangt, an der sich abschließend eine Frage aufdrängt, die den gesamten Zusammenhang des Redens vom Namen Gottes betrifft.

4.
Die Idee des Namens

Nach allem, was wir bedacht haben, müssen wir jetzt endlich ganz allgemein fragen: Was ist denn eigentlich ein Name? Und welchen Sinn hat es, von einem Namen Gottes zu sprechen? Ich möchte nicht eine ausführliche Analyse dieser Frage vornehmen, zu der hier nicht der Ort ist, sondern lediglich in ein paar Strichen anzudeuten versuchen, was mir wesentlich scheint. Zunächst können wir sagen, dass ein grundlegender Unterschied besteht zwischen der Absicht, die ein Begriff verfolgt, und derjenigen, die der Name hat. Der Begriff will das Wesen der Sache erkennen, so wie sie in sich selbst ist. Der Name hingegen fragt nicht nach dem Wesen der Dinge, wie es unabhängig von mir besteht, sondern ihm geht es darum, die Sache benennbar, das heißt anrufbar zu machen, eine Beziehung zu ihr herzustellen. Auch hier soll gewiss der Name die Sache selbst treffen, aber zu dem Ende, dass sie in Relation zu mir kommt und mir auf diese Weise zugänglich wird. Verdeutlichen wir es an einem Beispiel: Wenn ich von jemandem weiß, dass er unter den Begriff »Mensch« fällt, reicht das noch nicht, um eine Beziehung zu ihm herzustellen. Erst der Name macht ihn mir nennbar; durch den Namen ist der andere gleichsam in das Gefüge meiner Mitmenschlichkeit eingetreten, kann ich ihn rufen. So bedeutet und bewirkt der Name die soziale Einordnung, die Einbeziehung in das soziale Relationsgefüge. Wer nur noch als Nummer betrachtet wird, ist aus dem Gefüge der Mitmenschlichkeit verstoßen. Der Name aber stellt die Relation der Mitmenschlichkeit her. Er gibt einem Wesen die Anrufbarkeit, aus der die Mitexistenz mit dem Benennenden entsteht.

Von da aus dürfte sichtbar werden, was alttestamentlicher Glaube meint, wenn er von einem Namen Gottes spricht. Damit ist etwas anderes angezielt, als wenn der Philosoph den Begriff des höchsten Seins sucht. Der Begriff ist ein Ergebnis des Denkens, das wissen will, wie es mit jenem höchsten Sein in sich selber stehe. Nicht so der Name. Wenn Gott sich nach dem Selbstverständnis des Glaubens benennt, drückt er nicht so sehr sein inneres Wesen aus, sondern er macht sich nennbar, er gibt sich den Menschen so preis, dass er für sie rufbar wird. Und indem er dies tut, tritt er in die Mitexistenz mit ihnen ein, wird für sie erreichbar, ist für sie da.

Hier liegt aber auch der Ansatz, von dem aus deutlich werden dürfte, was es heißt, wenn Johannes den Herrn Jesus Christus als den wirklichen, lebendigen Gottesnamen vorstellt. In ihm ist das erfüllt, was ein bloßes Wort letztlich doch nicht erfüllen konnte. In ihm ist der Sinn der Rede vom Gottesnamen ans Ziel gekommen, und ans Ziel gekommen, was mit der Idee des Namens immer gemeint und gewollt war. In ihm – das will der Evangelist mit dieser Idee sagen – ist Gott wirklich der Rufbare geworden. In ihm ist Gott für immer in die Mitexistenz mit uns eingetreten: Der Name ist nicht mehr bloß Wort, an das wir uns klammern, er ist nun Fleisch von unserem Fleisch, Gebein von unserem Gebein. Gott ist einer der unsrigen. So erfüllt sich das, was seit der Dornbuschszene mit der Idee des Namens gemeint war, wirklich in dem, der als Gott Mensch und als Mensch Gott ist. Gott ist einer von uns und so der wahrhaft Nennbare, in der Mitexistenz mit uns Stehende geworden.

5.
Die zwei Seiten des biblischen Gottesbegriffs

Versucht man, das Ganze zu überblicken, so zeigt sich, dass sich ständig eine doppelte Komponente im biblischen Gottesbegriff durchhält. Auf der einen Seite steht das Element des Persönlichen, der Nähe, der Anrufbarkeit, des Sich-Gewährens, das sich in der Namengebung zusammenfassend verdichtet, sich im Gedanken »Gott der Väter, Abrahams, Isaaks und Jakobs« vorher schon ansagt und später wiederum in dem Gedanken »Der Gott Jesu Christi« konzentriert. Immer geht es um den Gott von Menschen, den Gott mit Angesicht, den personhaften Gott; auf ihn richtete sich die Anknüpfung, die Wahl und die Entscheidung des Väterglaubens, von dem aus ein zwar langer, doch gerader Weg zum Gott Jesu Christi führt.

Auf der anderen Seite steht die Tatsache, dass diese Nähe, diese Zugänglichkeit, freie Gewährung dessen ist, der über Raum und Zeit steht, an nichts gebunden und alles an sich bindend. Das Element der zeitüberlegenen Macht ist kennzeichnend für diesen Gott; es konzentriert sich immer nachdrücklicher im Gedanken des Seins, des ebenso rätselhaften wie tiefen »Ich bin«. Von diesem zweiten Element her hat Israel in der voranschreitenden Zeit zusehends versucht, den Völkern das Besondere, das andere seines Glaubens zu dolmetschen. Es hat das »Ist« Gottes dem Werden und Vergehen der Welt und ihrer Götter – der Götter der Erde, der Fruchtbarkeit, der Nation – gegenübergestellt. Es hat den Gott des Himmels, der über allem steht, dem alles gehört und der niemandem gehört, den partikulären Göttern entgegengesetzt. Es hat mit Nachdruck darauf bestanden, dass sein Gott nicht ein Nationalgott Israels sei in der Art, wie jedes Volk seine Gottheit besaß. Israel bestand darauf, keinen Eigengott zu haben, sondern nur den Gott aller und des Ganzen; es war überzeugt, dass es gerade so allein den wirklichen Gott anbete. Gott hat man erst und nur dann, wenn man keinen Eigengott mehr hat, sondern allein dem Gott traut, der genauso der Gott des andern wie mein Gott ist, weil wir beide ihm gehören.

Die Paradoxie des biblischen Gottesglaubens besteht in der Verbindung und Einheit der beiden damit bezeichneten Elemente, darin also, dass das Sein als Person und die Person als das Sein selbst geglaubt wird, dass nur das Verborgene als der ganz Nahe, dass nur das Unzugängliche als der Zugängliche, dass *das* Eine als *der* Eine, der für alles ist und für den alle sind, geglaubt wird. Brechen wir an dieser Stelle die Analyse des biblischen Gottesgedankens ab, um die Frage nach dem Verhältnis von Glaube und Philosophie, von Glauben und Verstehen, auf die wir am Anfang gestoßen waren und die sich uns jetzt am Ende wieder stellt, auf breiterer Basis neu aufzunehmen.

DRITTES KAPITEL

Der Gott des Glaubens und der Gott der Philosophen

1. Die Entscheidung der frühen Kirche für die Philosophie

Die Wahl, die im biblischen Gottesbild getroffen ist, musste im Aufgang des Christentums und der Kirche noch einmal wiederholt werden, sie muss es im Grunde in jeder geistigen Situation von neuem; sie bleibt immer ebenso Aufgabe wie Gabe. Die frühchristliche Verkündigung und der frühchristliche Glaube standen wiederum in einer göttergesättigten Umwelt und so noch einmal vor dem Problem, das Israel in seiner Ursprungssituation und in der Auseinandersetzung mit den Großmächten der exilischen und nachexilischen Zeit zugefallen war. Wieder galt es, auszusagen, welchen Gott der christliche Glaube eigentlich meinte. Die frühchristliche Entscheidung konnte freilich dabei an das ganze vorangegangene Ringen, besonders an dessen letztes Stück, an das Werk Deuterojesajas und der Weisheitsliteratur, an den Schritt, der in der griechischen Übersetzung des Alten Testaments geschehen war, und schließlich an die Schriften des Neuen Testamentes, besonders an das Johannesevangelium, sich anschließen. Im Gefolge dieser ganzen Geschichte hat die frühe Christenheit ihre Auswahl und ihre Reinigung entschlossen und kühn vollzogen, indem sie sich *für* den Gott der Philosophen, *gegen* die Götter der Religionen entschied. Wenn die Frage aufstand, welchem Gott der christliche Gott entspreche, dem Zeus vielleicht oder dem Hermes oder dem Dionysos oder sonst einem, so lautete die Antwort: Keinem von allen. Keinem von den Göttern, zu denen ihr betet, sondern einzig und allein dem, zu dem ihr nicht betet, jenem Höchsten, von dem eure Philosophen reden. Die frühe Kirche hat den ganzen Kosmos der antiken Religionen entschlossen beiseite geschoben, ihn insgesamt als Trugwerk und Blenderei betrachtet und ihren Glauben damit ausgelegt, dass sie sagte: Nichts von alledem verehren und meinen wir, wenn wir Gott sagen, sondern allein das Sein selbst, das, was die Philosophen als den Grund alles Seins, als den Gott über allen Mächten herausgestellt haben – nur das ist unser Gott. In diesem Vorgang liegt eine Wahl und eine Entscheidung vor, die nicht weniger schicksalhaft ist und prägend für das Kommende, als es seinerzeit die Wahl von El und »jah« gegen Moloch und Baal und die Entwicklung beider zu Elohim und auf Jahwe, auf den Seinsgedanken hin, gewesen war. Die Wahl, die so getroffen wurde, bedeutete die Option für den Logos gegen jede Art von Mythos, die definitive Entmythologisierung der Welt und der Religion.

War diese Entscheidung für den Logos gegen den Mythos der richtige Weg? Um darauf Antwort zu finden, müssen wir alles im Auge behalten, was wir bisher über die innere Entfaltung des biblischen Gottesbegriffes bedacht haben, durch deren letzte Schritte der Sache nach bereits die Standortbestimmung des Christlichen in der hellenistischen Welt in diesem Sinn festgelegt war. Auf der anderen Seite ist es nötig zu beachten, dass die antike Welt selbst in sehr ausgeprägter Form das Dilemma zwischen Gott des Glaubens und Gott der Philosophen kannte. Zwischen den mythischen Göttern der Religionen und der philosophischen

Gotteserkenntnis hatte sich im Lauf der Geschichte ein immer stärkeres Spannungsverhältnis entwickelt, das in der Mythenkritik der Philosophen von Xenophanes bis Platon in Erscheinung tritt, der geradezu mit dem Versuch umging, den klassischen homerischen Mythos abzuschaffen und ihn durch einen neuen, logosgemäßen Mythos zu ersetzen. Die heutige Forschung kommt dabei immer mehr zu der Einsicht, dass es eine ganz erstaunliche Parallele zeitlicher und sachlicher Art zwischen der philosophischen Mythenkritik in Griechenland und der prophetischen Götterkritik in Israel gibt. Beide gehen zwar von völlig verschiedenen Voraussetzungen aus und haben völlig verschiedene Ziele. Aber die Bewegung des Logos gegen den Mythos, wie sie sich im griechischen Geist in der philosophischen Aufklärung zugetragen hat, sodass sie schließlich auf den Sturz der Götter zutreiben musste, steht in einer inneren Parallelität zu der Aufklärung, die Propheten- und Weisheitsliteratur betrieben in ihrer Entmythologisierung der göttlichen Mächte zugunsten des alleinigen Gottes. Beide Bewegungen koinzidieren bei all ihrer Gegensätzlichkeit in dem Hinstreben auf den Logos. Die philosophische Aufklärung und ihre »physische« Betrachtung des Seins hat den mythischen Schein immer mehr verdrängt, freilich ohne die religiöse Form der Verehrung der Götter zu beseitigen. Die antike Religion ist denn auch an der Kluft zwischen Gott des Glaubens und Gott der Philosophen, an der totalen Diastase zwischen Vernunft und Frömmigkeit zerbrochen. Dass es nicht gelungen ist, beides in eins zu bringen, sondern dass in zunehmendem Maße Vernunft und Frömmigkeit auseinander getreten sind, Gott des Glaubens und Gott der Philosophen sich trennten, das bedeutete den inneren Zusammenbruch der antiken Religion. Die christliche hätte kein anderes Schicksal zu erwarten, wenn sie sich auf eine gleichartige Abschneidung von der Vernunft und auf einen entsprechenden Rückzug ins rein Religiöse einließe, wie ihn Schleiermacher gepredigt hat und wie er in gewissem Sinn paradoxerweise auch bei Schleiermachers großem Kritiker und Gegenspieler Karl Barth vorliegt.

Das gegensätzliche Schicksal von Mythos und Evangelium in der antiken Welt, das Ende des Mythos und der Sieg des Evangeliums sind, geistesgeschichtlich betrachtet, wesentlich zu erklären aus dem gegensätzlichen Verhältnis, das beide Male zwischen Religion und Philosophie, zwischen Glaube und Vernunft errichtet worden ist. Das Paradox der antiken Philosophie besteht, religionsgeschichtlich gesehen, darin, dass sie denkerisch den Mythos zerstört hat, aber gleichzeitig religiös ihn neu zu legitimieren versuchte – das heißt: dass sie religiös nicht revolutionär, sondern höchstens evolutionär war, Religion als Sache der Lebensordnung und nicht als Sache der Wahrheit behandelt hat. Paulus hat im Anschluss an die Weisheitsliteratur diesen Vorgang im Römerbrief (1,18–31) in der Sprache der prophetischen Predigt (bzw. der alttestamentlichen Weisheitsrede) völlig exakt beschrieben. Bereits im Weisheitsbuch, c 13–15, findet sich der Hinweis auf dieses tödliche Schicksal der antiken Religion und auf die Paradoxie, die in jener Auseinandertrennung von Wahrheit und Frömmigkeit liegt. Paulus greift das dort ausführlich Gesagte in wenigen Versen auf, in denen er das Geschick der antiken Religion aus diesem Zusammenhang der Trennung von Logos und Mythos schildert: »Es ist ja, was an Gott erkennbar ist, unter ihnen offenbar; denn Gott hat es ihnen offenbar gemacht ... Aber, obwohl sie Gott erkannten, haben sie ihm nicht als Gott Ehre und Dank erwiesen ... Sie vertauschten die Herrlichkeit des unvergänglichen Gottes mit der Nachbildung eines vergänglichen Menschen, fliegender, vierfüßiger und kriechender Tiere ...« (Röm 1,19–23).

Die Religion geht nicht den Weg des Logos, sondern verharrt bei dem als wirklichkeitslos durchschauten Mythos. Damit war ihr Untergang unvermeidlich; er folgte aus der Abtrennung von der Wahrheit, die dazu führte, dass sie als bloße »institutio vitae«, das heißt als bloße Lebenseinrichtung und Form der Lebensgestaltung, angesehen wurde. Dieser Situation gegenüber hat Tertullian in einem großartig kühnen Wort mit Nachdruck die christliche Position beschrieben, wenn er sagt: »Christus hat sich die Wahrheit genannt, nicht die Gewohnheit«[16]. Ich glaube, dass dies einer der wirklich großen Sätze der Väter-Theologie ist. Der Kampf der frühen Kirche und die bleibende Aufgabe, die dem christlichen Glauben gestellt ist, wenn er er selbst bleiben will, ist darin in einzigartiger Dichte zusammengefasst. Der Vergötzung der consuetudo Romana, des »Herkommens« der Stadt Rom, die ihre Gewohnheiten zum selbstgenügsamen Maßstab des Verhaltens machte, tritt der Alleinanspruch der Wahrheit entgegen. Das Christentum hat sich damit entschlossen auf die Seite der Wahrheit gestellt und sich so von einer Vorstellung von Religion abgewandt, die sich damit begnügt, zeremonielle Gestalt zu sein, der man schließlich auf dem Weg der Interpretation auch irgendeinen Sinn beilegen kann.

Noch ein Hinweis mag das Gesagte verdeutlichen. Die Antike hatte sich schließlich das Dilemma ihrer Religion, ihrer Abgeschiedenheit von der Wahrheit des philosophisch Erkannten, zurechtgelegt in der Idee dreier Theologien, die es gebe: physische, politische und mythische Theologie. Sie hatte das Auseinandertreten von Mythos und Logos gerechtfertigt mit der Rücksicht auf das Empfinden des Volkes und mit der Rücksicht auf den Nutzen des Staates, insofern mythische Theologie zugleich politische Theologie ermögliche. Anders ausgedrückt: Sie hatte in der Tat Wahrheit gegen Gewohnheit, Nützlichkeit gegen Wahrheit gestellt. Die Vertreter der neuplatonischen Philosophie gingen einen Schritt weiter, indem sie den Mythos ontologisch interpretierten, ihn als Symbol-Theologie auslegten und ihn damit auf dem Weg der Auslegung zur Wahrheit hin zu vermitteln versuchten. Aber was nur noch durch Interpretation bestehen kann, hat in Wirklichkeit aufgehört zu bestehen. Der menschliche Geist wendet sich mit Recht der Wahrheit selbst zu und nicht dem, was mit der Methode der Interpretation auf Umwegen als mit der Wahrheit noch vereinbar erklärt werden kann, selbst jedoch keine Wahrheit mehr hat.

Beide Vorgänge haben etwas bedrängend Gegenwärtiges an sich. In einer Situation, in der die Wahrheit des Christlichen zu entschwinden scheint, zeichnen sich im Kampf um das Christentum heute gerade die beiden Methoden wieder ab, mit denen einst der antike Polytheismus seinen Todeskampf bestritten und nicht bestanden hat. Auf der einen Seite steht der Rückzug aus der Wahrheit der Vernunft in einen Bereich bloßer Frömmigkeit, bloßen Glaubens, bloßer Offenbarung; ein Rückzug, der in Wirklichkeit, gewollt oder ungewollt, zugegeben oder nicht, in fataler Weise dem Rückzug der antiken Religion vor dem Logos, der Flucht vor der Wahrheit in die schöne Gewohnheit, vor der Physis in die Politik gleicht. Auf der anderen Seite steht ein Verfahren, das ich abkürzend als Interpretationschristentum bezeichnen möchte. Hier wird mit der Methode der Interpretation der Skandal des Christlichen aufgelöst und, indem es solchermaßen unanstößig gemacht wird, zugleich auch seine Sache selbst zur verzichtbaren Phrase gemacht, zu einem Umweg, der nicht nötig ist, um das Einfache zu sagen, das hier durch komplizierte Auslegungskünste zu seinem Sinn erklärt wird.

Die ursprünglich christliche Option ist demgegenüber eine durchaus andere. Der christliche Glaube hat – wir sahen es – gegen die Götter der Religionen für den Gott der Philosophen, das heißt gegen den Mythos der Gewohnheit allein für die Wahrheit des Seins selbst optiert. Von diesem Vorgang her rührte der Vorwurf gegen die frühe Kirche, dass ihre Anhänger Atheisten seien. Er ergab sich daraus, dass in der Tat die frühe Kirche die ganze Welt der antiken religio ablehnte, dass sie nichts davon als annehmbar erklärte, sondern dies Ganze als leere Gewohnheit, die gegen die Wahrheit steht, beiseite schob.

Der Gott der Philosophen, den man übrig ließ, galt aber der Antike nicht als religiös belangvoll, sondern als eine akademische, außerreligiöse Wirklichkeit. Nur ihn stehen zu lassen und einzig und allein zu ihm sich zu bekennen erschien als Religionslosigkeit, als Leugnung der religio und als Atheismus. In der Atheismus-Verdächtigung, mit der das frühe Christentum zu ringen hatte, wird seine geistige Orientierung, seine Option gegen die religio und ihre wahrheitslose Gewohnheit – einzig für die Wahrheit des Seins, deutlich erkennbar.

2. Die Verwandlung des Gottes der Philosophen

Freilich darf auch die andere Seite des Vorgangs nicht übersehen werden. Indem der christliche Glaube sich allein für den Gott der Philosophen entschied und diesen Gott folgerichtig als den Gott erklärte, zu dem man beten kann und der zum Menschen spricht, hat er diesem Gott der Philosophen eine völlig neue Bedeutung gegeben, ihn dem bloß Akademischen entrissen und ihn so zutiefst verwandelt. Dieser Gott, der vorher als ein Neutrum dasteht, als der oberste, abschließende Begriff; dieser Gott, der verstanden ist als das reine Sein oder als das reine Denken, das ewig geschlossen in sich selber kreist und nicht zum Menschen und seiner kleinen Welt hinüberreicht; dieser Gott der Philosophen, dessen reine Ewigkeit und Unveränderlichkeit jede Beziehung zum Veränderlichen und Werdenden ausschließt, erscheint nun für den Glauben als der Menschen Gott, der nicht nur Denken des Denkens, ewige Mathematik des Weltalls, sondern Agape, Macht schöpferischer Liebe ist. In diesem Sinn gibt es im christlichen Glauben dann doch das, was Pascal in jener Nacht erfahren hat, in der er auf einen Zettel, den er fortan eingenäht im Rockfutter seines Anzugs trug, die Worte schrieb: »Feuer. ›Gott Abrahams, Gott Isaaks, Gott Jakobs‹, nicht ›der Philosophen und Gelehrten‹«[17]. Er hatte gegenüber einem wieder ganz ins Mathematische zurücksinkenden Gott die Dornbusch-Erfahrung erlebt und begriffen, dass der Gott, der die ewige Geometrie des Weltalls ist, es nur sein kann, weil er schöpferische Liebe, weil er brennender Dornbusch ist, aus dem ein Name ergeht, durch den er in die Welt des Menschen eintritt. In diesem Sinne also gibt es die Erfahrung davon, dass der Gott der Philosophen ganz anders ist, als die Philosophen ihn gedacht hatten, ohne aufzuhören, das zu sein, was sie gefunden hatten; dass man ihn erst wirklich erkennt, wenn man begreift, dass er, die eigentliche Wahrheit und der Grund allen Seins, ungetrennt der Gott des Glaubens, der Gott der Menschen ist.

Um die Verwandlung zu sehen, die der philosophische Gottesbegriff durch seine Gleichsetzung mit dem Gott des Glaubens erfährt, braucht man nur irgendeinen biblischen Text heranzuziehen, der von Gott spricht. Wählen wir ganz beiläufig Lukas 15,1–10, das Gleichnis vom verlorenen Schaf und der verlorenen Drachme. Den Ausgangspunkt bildet das Ärgernis, das Schriftgelehrte und Pharisäer an der Tatsache nahmen, dass Jesus mit den Sündern zu Tische saß. Als Antwort darauf erfolgt der Hinweis auf den Menschen, der hundert Schafe besitzt, eins davon verliert und diesem nachgeht, es sucht und findet und sich mehr freut als über die Neunundneunzig, denen er nie nachzugehen brauchte. Die Geschichte von der verlorenen Drachme, die, wieder gefunden, mehr Freude auslöst als das nie Verlorene, tendiert in dieselbe Richtung: »Ebenso wird im Himmel mehr Freude sein über einen einzigen Sünder, der sich bekehrt, als über neunundneunzig Gerechte, die der Umkehr nicht bedürfen« (15,7). In diesem Gleichnis, in dem Jesus sein Wirken und seinen Auftrag als von Gott Gesandter rechtfertigt und darstellt, kommt zugleich mit der Geschichte zwischen Gott und Mensch auch die Frage, wer Gott selber ist, mit zur Sprache.

Wenn wir versuchen, das aus diesem Text herauszulösen, werden wir sagen müssen: Der Gott, der uns hier begegnet, erscheint uns, ähnlich wie in so vielen Texten des Alten Testaments, höchst anthropomorph, höchst unphilosophisch; er hat Leidenschaften wie ein Mensch, er freut sich, er sucht, er wartet, er geht entgegen. Er ist nicht die fühllose Geometrie des Weltalls, nicht die neutrale Gerechtigkeit, die ungetrübt von einem Herzen und seinen Affekten über den Dingen stünde, sondern er *hat* ein Herz, er steht da als ein Liebender, mit der ganzen Wunderlichkeit des Liebenden. So wird in diesem Text die Verwandlung des bloß philosophischen Denkens deutlich, und es wird sichtbar, wie weit wir im Grunde dann doch immer wieder *vor* dieser Identifikation von Gott des Glaubens und Gott der Philosophen bleiben, sie nicht einzuholen vermögen und wie sehr *daran* im Grunde unser Gottesbild und unser Verständnis der christlichen Wirklichkeit scheitern.

Der Großteil der Menschen von heute gesteht ja noch immer in irgendeiner Form zu, dass es so etwas wie »ein höchstes Wesen« wohl gebe. Aber man findet es absurd, dass dieses Wesen sich mit dem Menschen befassen solle; wir haben die Empfindung – auch dem, der zu glauben versucht, ergeht es immer wieder so –, dass so etwas Ausdruck eines naiven Anthropomorphismus, einer frühen Weise des menschlichen Denkens sei, verständlich aus einer Situation, in der der Mensch noch in einer kleinen Welt lebte, in der die Erdscheibe der Mittelpunkt aller Dinge war und Gott nichts anderes zu tun hatte, als auf sie herunterzublicken. Aber, so denken wir, in einer Zeit, in der wir wissen, wie unendlich anders sich das verhält, wie bedeutungslos die Erde im riesigen Weltall ist und wie bedeutungslos folglich auch das Staubkorn Mensch gegenüber den kosmischen Dimensionen dasteht, in einer solchen Zeit erscheint uns der Gedanke absurd, dass dies höchste Wesen sich mit dem Menschen, seiner kleinen, erbärmlichen Welt, seinen Sorgen, seinen Sünden und Nichtsünden befassen sollte. Indem wir aber so meinen, auf diese Weise recht göttlich von Gott zu reden, denken wir in Wirklichkeit gerade sehr klein und allzu menschlich von ihm, als müsste er, um nicht den Überblick zu verlieren, auswählen. Wir stellen ihn uns damit vor als ein Bewusstsein wie das unsere, das Grenzen hat, das irgendwo einen Halt setzen muss und nie das Ganze umfassen kann.

Solchen Verengungen gegenüber mag jener Sinnspruch, den Hölderlin seinem Hyperion vorangestellt hat, wieder an das christliche Bild der wahren Größe Gottes erinnern: »Non coerceri maximo, contineri tamen a minimo, divinum est – Nicht umschlossen werden vom Größten, sich umschließen lassen vom Kleinsten – das ist göttlich«. Jener unbegrenzte Geist, der die Totalität des Seins in sich trägt, reicht über das »Größte« hinaus, sodass es gering ist für ihn, und er reicht in das Geringste hinein, weil nichts zu gering ist für ihn. Gerade diese Überschreitung des Größten und das Hineinreichen ins Kleinste ist das wahre Wesen des absoluten Geistes. Zugleich aber zeigt sich hier eine Umwertung von Maximum und Minimum, von Größtem und Kleinstem, die für das christliche Verständnis des Wirklichen kennzeichnend ist. Für den, der als Geist das Weltall trägt und umspannt, ist ein Geist, ist das Herz eines Menschen, das zu lieben vermag, größer als alle Milchstraßensysteme. Die quantitativen Maßstäbe werden überholt; es zeigen sich andere Größenordnungen an, von denen her das unendlich Kleine das wahrhaft Umgreifende und wahrhaft Große ist[18].

Noch ein weiteres Vorurteil wird von hier aus als Vorurteil entlarvt. Uns scheint es im Letzten immer wieder selbstverständlich, dass das unendlich Große, der absolute Geist, nicht Fühlen und Leidenschaft, sondern nur reine Mathematik des Alls sein könne. Unreflektiert unterstellen wir damit, dass bloßes Denken größer sei als Lieben, während die Botschaft des Evangeliums und das christliche Gottesbild darin die Philosophie korrigiert und uns wissen lässt, dass höher als das bloße Denken die Liebe steht. Das absolute Denken ist ein Lieben, ist nicht fühlloser Gedanke, sondern schöpferisch, weil es Liebe ist.

Das Ganze zusammenfassend können wir sagen, dass sich bei der bewussten Anknüpfung an den Gott der Philosophen, die der Glaube vollzog, zwei fundamentale Überschreitungen des bloß philosophischen Denkens ergaben:

a) Der philosophische Gott ist wesentlich nur selbstbezogen, rein sich selbst beschauendes Denken. Der Gott des Glaubens ist fundamental durch die Kategorie der Relation (Beziehung) bestimmt. Er ist schöpferische Weite, die das Ganze umspannt. Damit ist ein völlig neues Weltbild und eine neue Weltordnung gesetzt: Als die höchste Möglichkeit des Seins erscheint nicht mehr die Losgelöstheit dessen, der nur sich selber braucht und in sich steht. Die höchste Weise des Seins schließt vielmehr das Element der Beziehung ein. Man braucht wohl nicht eigens zu sagen, welche Revolution es für die Existenzrichtung des Menschen bedeuten muss, wenn als das Höchste nicht mehr die absolute, in sich geschlossene Autarkie erscheint, sondern wenn das Höchste zugleich Bezogenheit ist, schöpferische Macht, die anderes schafft und trägt und liebt …

b) Der philosophische Gott ist reines Denken; ihm liegt die Vorstellung zugrunde: Denken und nur Denken ist göttlich. Der Gott des Glaubens ist als Denken Lieben. Der Vorstellung von ihm liegt die Überzeugung zugrunde: Lieben ist göttlich.

Der Logos aller Welt, der schöpferische Urgedanke, ist zugleich Liebe, ja, dieser Gedanke ist schöpferisch, weil er als Gedanke Liebe und als Liebe Gedanke ist. Es zeigt sich eine Uridentität von Wahrheit und Liebe, die da, wo sie voll verwirklicht sind, nicht zwei nebeneinander oder gar gegeneinander stehende Wirklichkeiten, sondern eins sind, das einzig Absolute. An dieser

Stelle wird zugleich der Ansatzpunkt des Bekenntnisses zum drei-einigen Gott sichtbar, auf den später zurückzukommen sein wird.

3.
Die Spiegelung der Frage im Text des Glaubensbekenntnisses

Im apostolischen Glaubensbekenntnis, an das sich unsere Überlegungen anschließen, wird die paradoxe Einheit von Gott des Glaubens und Gott der Philosophen, auf der das christliche Gottesbild beruht, zum Ausdruck gebracht in dem Nebeneinander der zwei Attribute »Vater« und »Allherrscher« (»Herr des Alls«). Der zweite Titel – Pantokrator im Griechischen – weist auf das alttestamentliche »Jahwe Zebaoth« (Sabaoth) zurück, dessen Bedeutung nicht mehr völlig aufzuhellen ist. Es bedeutet, wörtlich übersetzt, soviel wie »Gott der Scharen«, »Gott der Mächte«; »Herr der Mächte« wird es in der griechischen Bibel mitunter wiedergegeben. Bei allen Unsicherheiten über den Ursprung ist immerhin so viel auszumachen, dass dieses Wort Gott als den Herrn des Himmels und der Erde bezeichnen will; vor allen Dingen wollte es ihn wohl in polemischer Wendung gegen die babylonische Gestirnreligion als den Herrn hinstellen, dem auch die Gestirne gehören, neben dem die Gestirne nicht als selbständige göttliche Mächte bestehen können: Die Gestirne sind keine Götter, sondern *seine* Werkzeuge, ihm zu Händen wie einem Kriegsherrn seine Heerscharen. Das Wort Pantokrator hat von da aus zunächst einen kosmischen und später auch einen politischen Sinn; es bezeichnet Gott als den Herrn über allen Herren[19]. Indem das Credo Gott gleichzeitig »Vater« und »Allherrscher« nennt, hat es einen Familienbegriff und einen Begriff kosmischer Macht zusammengefügt als die Beschreibung des einen

Gottes. Es bringt damit genau das zum Ausdruck, worum es im christlichen Gottesbild geht: die Spannung von absoluter Macht und absoluter Liebe, absoluter Ferne und absoluter Nähe, von Sein schlechthin und von unmittelbarer Zugewandtheit zum Menschlichsten des Menschen, das Ineinander von Maximum und Minimum, von dem vorhin die Rede war.

Das Wort Vater, das hier hinsichtlich seines Beziehungspunktes noch ganz offen bleibt, verknüpft zugleich den ersten Glaubensartikel mit dem zweiten; es verweist auf die Christologie und verspannt damit die beiden Stücke so ineinander, dass, was von Gott zu sagen ist, vollends erst deutlich wird, wenn man zugleich zum Sohn hinüberblickt. Was zum Beispiel »Allmacht«, »Allherrschertum« heißt, wird christlich erst an der Krippe und am Kreuz deutlich. Hier, wo der Gott, der als der Herr des Alls bekannt wird, in die letzte Ohnmacht der Ausgeliefertheit an sein geringstes Geschöpf eingetreten ist, kann in Wahrheit erst der christliche Begriff des Allherrentums Gottes formuliert werden. An dieser Stelle wird zugleich ein neuer Begriff von Macht geboren und ein neuer Begriff von Herrschaft und Herrentum. Die höchste Macht erweist sich darin, dass sie gelassen genug sein kann, sich gänzlich aller Macht zu begeben; dass sie mächtig ist nicht durch Gewalt, sondern allein durch die Freiheit der Liebe, die noch im Zurückgewiesenwerden stärker ist als die auftrumpfenden Mächte der irdischen Gewalten. Hier erst kommt endgültig jene Korrektur der Maßstäbe und der Dimensionen zu ihrem Ziel, die vorhin im Gegeneinander von Maximum und Minimum angeklungen ist.

VIERTES KAPITEL

Bekenntnis zu Gott heute

Was bedeutet es nach allem Gesagten heute, wenn ein Mensch mit dem Credo der Kirche sagt: »Ich glaube an Gott«? Wer so spricht, vollzieht zu allererst eine Entscheidung über die Werte und Gewichte in der Welt, die zwar durchaus als Wahrheit einsehbar ist (ja, in einem qualifizierten Sinn als Entscheidung für die Wahrheit gelten muss), aber dabei doch nur in der Entscheidung und als Entscheidung letztlich eingeholt werden kann. Eine Entscheidung ist, was so geschieht, auch in dem Sinn, dass eine Scheidung vollzogen wird zwischen verschiedenen Möglichkeiten. Was Israel in der Frühe seiner Geschichte und die Kirche wiederum am Anfang ihres Weges zu vollbringen hatten, das muss in jedem Menschenleben neu getan werden. Wie damals die Entscheidung gegen die Möglichkeiten Moloch und Baal gefällt werden musste, gegen die Gewohnheit für die Wahrheit, so ist christliches Sagen »Ich glaube an Gott« immer ein Prozess der Scheidung, der Aufnahme, der Reinigung und der Verwandlung: Nur so kann das christliche Bekenntnis zu dem einen Gott in den vorübergehenden Zeiten durchgehalten werden. Aber in welche Richtungen weist dieser Prozess heute?

1. Der Primat des Logos

Christlicher Glaube an Gott bedeutet zunächst die Entscheidung für den Primat des Logos gegenüber der bloßen Materie. Zu sagen: »Ich glaube daran, dass Gott ist«, schließt die Option ein, dass der Logos, das heißt der Gedanke, die Freiheit, die Liebe nicht bloß am Ende, sondern auch am Anfang steht; dass er die Ursprung gebende und umgreifende Macht allen Seins ist. Anders ausgedrückt: Der Glaube bedeutet eine Entscheidung dafür, dass Gedanke und Sinn nicht nur ein zufälliges Nebenprodukt des Seins bilden, sondern dass alles Sein Produkt des Gedankens, ja selbst in seiner innersten Struktur Gedanke ist.

Insofern bedeutet der Glaube in einem spezifischen Sinn Entscheidung zur Wahrheit, da für ihn das Sein selbst Wahrheit, Verstehbarkeit, Sinn ist und dies alles nicht bloß ein sekundäres Produkt des Seins darstellt, das irgendwo aufstand, aber dann keine strukturierende, maßgebende Bedeutung für das Ganze des Wirklichen haben könnte.

In dieser Entscheidung zur gedanklichen Struktur des Seins, das aus Sinn und aus Verstehen kommt, ist zugleich der Schöpfungsglaube mit gesetzt. Er bedeutet ja nichts anderes als die Überzeugung, dass der objektive Geist, den wir in allen Dingen vorfinden, ja, als den wir die Dinge in zunehmendem Maß verstehen lernen, Abdruck und Ausdruck ist von subjektivem Geist und dass die gedankliche Struktur, die das Sein hat und die wir *nach*denken können, Ausdruck eines schöpferischen *Vor*denkens ist, durch das sie sind.

Sagen wir es genauer: In dem alten pythagoreischen Wort von dem Gott, der Geometrie treibt, drückt sich die Einsicht in die mathematische Struktur des Seins aus, die das Sein als Gedachtsein, als gedanklich strukturiert begreifen lernt; es drückt sich die Erkenntnis aus, dass auch die Materie nicht einfach

Un-sinn ist, der sich dem Verstehen entzieht, sondern dass auch sie Wahrheit und Verstehbarkeit in sich trägt, die gedankliches Erfassen möglich macht. Diese Einsicht hat in unserer Zeit durch die Erforschung des mathematischen Aufbaus der Materie, ihrer mathematischen Denkbarkeit und Verwertbarkeit, eine unerhörte Dichte gewonnen. Einstein sagt darüber einmal, dass in der Naturgesetzlichkeit »sich eine so überlegene Vernunft offenbart, dass alles Sinnvolle menschlichen Denkens und Anordnens dagegen ein gänzlich nichtiger Abglanz ist«[20]. Das will doch wohl sagen: All unser Denken ist in der Tat nur ein Nachdenken des in der Wirklichkeit schon Vorgedachten. Es kann nur auf eine armselige Art versuchen, jenes Gedachtsein, das die Dinge sind, nachzuvollziehen und darin Wahrheit zu finden. Das mathematische Weltverständnis hat hier gleichsam durch die Mathematik des Weltalls hindurch den »Gott der Philosophen« gefunden – mit all seiner Problematik übrigens, wie sich zeigt, wenn Einstein den persönlichen Gottesbegriff immer wieder als »anthropomorph« zurückweist, ihn der »Furchtreligion« und der »moralischen Religion« zuordnet, denen er als das allein Angemessene die »kosmische Religiosität« gegenüberstellt, die für ihn »im verzückten Staunen über die Harmonie der Naturgesetzlichkeit«, in einem »tiefen Glauben an die Vernunft des Weltenbaues« und in der »Sehnsucht nach dem Begreifen, wenn auch nur eines geringen Abglanzes der in dieser Welt geoffenbarten Vernunft« sich auswirkt[21].

Hier steht das ganze Problem des Gottesglaubens vor uns: Einerseits wird die Durchsichtigkeit des Seins, das als Gedachtsein auf ein Denken verweist, gesehen, zugleich aber finden wir die Unmöglichkeit, dieses Denken des Seins mit dem Menschen in Beziehung zu bringen. Die Sperre wird sichtbar, die ein verengter und nicht genügend reflektierter Personbegriff für die Gleichsetzung von »Gott des Glaubens« und »Gott der Philosophen« bietet.

Bevor wir versuchen, hier vorwärtszukommen, füge ich noch ein zweites, ähnliches Wort eines Naturwissenschaftlers an. James Jeans sagt einmal: »Wir entdecken, dass das Weltall Spuren einer planenden und kontrollierenden Macht zeigt, die etwas Gemeinsames mit unserem eigenen, individuellen Geist hat, nicht, soweit wir bis jetzt entdeckt haben, Gefühl, Moral oder ästhetisches Vermögen, sondern die Tendenz, auf eine Art zu denken, die wir in Ermangelung eines besseren Wortes Geometrie genannt haben«[22]. Wieder finden wir dasselbe: Der Mathematiker entdeckt die Mathematik des Kosmos, das Gedachtsein der Dinge. Aber nicht mehr. Er entdeckt nur den Gott der Philosophen.

Aber ist das eigentlich verwunderlich? Kann denn der Mathematiker, der die Welt mathematisch betrachtet, etwas anderes als Mathematik im Weltall finden? Müsste man ihn nicht viel eher fragen, ob er nicht selbst auch schon einmal auf andere als auf mathematische Weise die Welt angesehen hat? Ob er zum Beispiel nie einen blühenden Apfelbaum gesehen und sich nie gewundert hat, dass der Vorgang der Befruchtung im Zusammenspiel von Biene und Baum nicht anders als über den Umweg der Blüte geht und so das höchst überflüssige Wunder des Schönen einschließt, das freilich nur wiederum im Mitvollzug, im Sicheinlassen auf das, was schon ohne uns schön ist, begriffen werden kann? Wenn Jeans meint, derlei sei bis jetzt nicht entdeckt worden an jenem Geist, so kann man ihm getrost sagen: Es wird auch von der Physik niemals entdeckt werden und kann es nicht, weil sie bei ihrer Fragestellung wesensmäßig vom ästhetischen Gefühl und von der moralischen Attitüde abstrahiert, die Natur in rein mathematischer Gesinnung befragt und folglich auch nur die mathematische Seite der Natur zu Gesicht bekommen kann. Die Antwort hängt nun einmal von der Frage ab. Der Mensch aber, der eine Anschauung des Ganzen sucht, wird viel eher sagen müssen: In der Welt finden wir objektivierte Mathematik vor, ohne Zweifel; in der Welt finden wir aber nicht weniger das unerhörte und unerklärte Wunder des Schönen vor, oder richtiger: In ihr gibt es Vorgänge, die dem vernehmenden Geist des Menschen in der Gestalt des Schönen erscheinen, sodass er sagen muss, der Mathematiker, der diese Vorgänge konstruiert hat, habe ein unerhörtes Maß an schöpferischer Fantasie entfaltet.

Fassen wir die Beobachtungen zusammen, die wir skizzenhaft und fragmentarisch aneinander gereiht haben, so können wir sagen: Welt ist objektiver Geist; sie begegnet uns in einer geistigen Struktur, das heißt, sie bietet sich unserm Geist als nachdenkbar und verstehbar an. Von da aus ergibt sich der nächste Schritt. Zu sagen »Credo in Deum – Ich glaube an Gott« drückt die Überzeugung aus, dass objektiver Geist Ergebnis subjektiven Geistes ist und überhaupt nur als dessen Deklinationsform bestehen kann, dass – anders ausgedrückt – Gedachtsein (wie wir es als Struktur der Welt vorfinden) nicht ohne Denken möglich ist.

Vielleicht ist es nützlich, diese Aussage dadurch noch etwas zu klären und zugleich abzusichern, dass wir sie – wiederum nur in großen Strichen – in eine Art von Selbstkritik der historischen Vernunft einfügen. Nach zweieinhalbtausend Jahren philosophischen Denkens ist es uns ja gar nicht mehr möglich, einfach frisch-fröhlich von der Sache selbst zu reden, als ob nicht so viele andere vor uns das gleiche versucht hätten und daran gescheitert wären. Wenn wir obendrein auf das Trümmerfeld von Hypothesen, vergeblich aufgewendetem Scharfsinn und leergelaufener Logik hinsehen, das die Geschichte uns vorweist, möchte uns vollends der Mut vergehen, etwas von der das Handgreifliche überschreitenden, eigentlichen, verborgenen Wahrheit zu finden. Dennoch ist die Ausweglosigkeit nicht so endlos, wie es dem ersten Hinblick erscheinen muss. Denn trotz der kaum zu zählenden Vielfalt gegeneinander stehender philosophischer Wege, auf denen der Mensch dem Sein nachzudenken versucht hat, bieten sich im Letzten nur ein paar Grundmöglichkeiten an, das Geheimnis des Seins zu erklären. Die Frage, auf die sich schließlich alles zusammenzieht, ließe sich formulieren: Was ist in der Vielheit der Einzeldinge sozusagen der gemeinsame Stoff des Seins – was ist das eine Sein, das hinter den vielen seienden Dingen steht, die doch alle »sind«? Die vielen Antworten, die die Geschichte hervorgebracht hat, lassen sich letztlich auf zwei Grundmöglichkeiten zurückführen. Die erste, nächstliegende, würde etwa so lauten: Alles, was wir antreffen, ist im Letzten Stoff, Materie; *sie* ist das Einzige, was als nachweisliche Realität immer wieder übrig bleibt; sie stellt folglich das eigentliche Sein des Seienden dar – der materialistische Weg. Die andere Möglichkeit weist in die entgegengesetzte Richtung. Sie sagt: Wer die Materie zu Ende betrachtet, wird entdecken, dass sie Gedachtsein, objektivierter Gedanke ist. So kann sie nicht das Letzte sein. Vor ihr steht vielmehr das Denken, die Idee; alles Sein ist letzten Endes Gedachtsein und ist auf Geist als Urwirklichkeit zurückzuführen – wir stehen vor dem »idealistischen« Weg.

Um ein Urteil zu gewinnen, müssen wir noch genauer fragen: Was ist das eigentlich, Materie? Und was ist das: der Geist? Sehr abkürzend könnten wir sagen: Materie nennen wir ein Sein, das nicht selbst seinsverstehend ist, das also zwar »ist«, aber nicht sich selbst versteht. Die Reduktion allen Seins auf Materie als die primäre Form von Wirklichkeit behauptet folglich, dass den Anfang und den Grund allen Seins jene Form von Sein bildet, das nicht selber seinsverstehend ist; das heißt dann weiterhin, dass das Verstehen von Sein nur als ein sekundäres Zufallsprodukt im Lauf der Entwicklung sich einstellt. Damit ist zugleich auch die Definition von »Geist« gewonnen – er ist als das sich selbst verstehende Sein zu beschreiben, als Sein, das bei sich selber ist. Die idealistische Lösung der Seinsproblematik besagt demgemäß die Vorstellung, dass alles Sein Gedachtsein eines einzigen Bewusst-

seins ist. Die Einheit des Seins besteht in der Identität des einen Bewusstseins, dessen Momente die vielen Seienden sind.

Christlicher Gottesglaube fällt weder mit der einen noch mit der anderen Lösung einfach zusammen. Gewiss, auch er wird sagen: Sein ist Gedachtsein. Die Materie verweist selbst über sich hinaus auf das Denken als das Vorgängige und Ursprünglichere. Aber entgegen dem Idealismus, der alles Sein zu Momenten eines umfassenden Bewusstseins werden lässt, wird der christliche Gottesglaube sagen: Das Sein ist Gedachtsein – aber doch nicht so, dass es nur Gedanke bliebe und dass der Schein der Selbständigkeit sich dem näher Zusehenden als bloßer Schein erwiese. Christlicher Glaube an Gott bedeutet vielmehr, dass die Dinge Gedachtsein von einem schöpferischen Bewusstsein, von einer schöpferischen Freiheit her sind und dass jenes schöpferische Bewusstsein, das alle Dinge trägt, das Gedachte in die Freiheit eigenen, selbständigen Seins entlassen hat. Darin überschreitet er jeden bloßen Idealismus. Während dieser, wie wir eben festgestellt haben, alles Wirkliche als Inhalte eines einzigen Bewusstseins erklärt, ist für die christliche Ansicht das Tragende eine schöpferische Freiheit, die das Gedachte wiederum in die Freiheit eigenen Seins setzt, sodass es einerseits Gedachtsein eines Bewusstseins und andererseits doch wahres Selbersein ist.

Damit klärt sich zugleich der Kern des Schöpfungsbegriffs: Das Modell, von dem aus Schöpfung verstanden werden muss, ist nicht der Handwerker, sondern der schöpferische Geist, das schöpferische Denken. Zugleich wird sichtbar, dass die Freiheitsidee das Kennzeichen des christlichen Gottesglaubens gegenüber jeder Art von Monismus ist. An den Anfang allen Seins stellt er nicht irgendein Bewusstsein, sondern eine schöpferische Freiheit, die wiederum Freiheiten schafft. Insofern könnte man in einem höchsten Maße christlichen Glauben als eine Philosophie der Freiheit bezeichnen. Für ihn bedeutet nicht ein allumfassendes Bewusstsein oder eine einzige Materialität die Erklärung des Wirklichen insgesamt; an der Spitze steht vielmehr eine Freiheit, die denkt und denkend Freiheiten schafft und so die Freiheit zur Strukturform allen Seins werden lässt

2. Der persönliche Gott

Wenn christlicher Glaube an Gott zunächst einmal Option für den Primat des Logos, Glaube an die vorausgehende und die Welt tragende Realität des schöpferischen Sinnes ist, so ist er als Glaube an die Personhaftigkeit jenes Sinnes zugleich Glaube daran, dass der Urgedanke, dessen Gedachtsein die Welt darstellt, nicht ein anonymes, neutrales Bewusstsein, sondern Freiheit, schöpferische Liebe, Person ist. Wenn demgemäß die christliche Option für den Logos Option für einen personhaften, schöpferischen Sinn bedeutet, dann ist sie darin zugleich Option für den Primat des Besonderen gegenüber dem Allgemeinen. Das Höchste ist nicht das Allgemeinste, sondern gerade das Besondere, und der christliche Glaube ist so vor allem auch Option für den Menschen als das unreduzierbare, auf Unendlichkeit bezogene Wesen. Und darin ist er noch einmal Option für den Primat der Freiheit gegenüber einem Primat kosmisch-naturgesetzlicher Notwendigkeit. Auf diese Weise tritt nun das Spezifische des christlichen Glaubens gegenüber anderen Entscheidungsformen des menschlichen Geistes in aller Schärfe hervor. Der Ort, den ein Mensch mit dem christlichen Credo bezieht, wird unmissverständlich klar.

Dabei lässt sich zeigen, dass die erste Option – die für den Primat des Logos gegenüber der bloßen Materie – ohne die zweite und dritte nicht möglich ist, oder genauer: Die erste bliebe, für sich allein genommen, bloßer Idealismus; erst die Hinzufügung der zweiten und dritten Option – Primat des Besonderen, Primat der Freiheit – bedeutet die Wasserscheide zwischen Idealismus und christlichem Glauben, der nun einmal etwas anderes als bloßen Idealismus darstellt.

Darüber wäre sehr viel zu sagen. Begnügen wir uns mit den unumgänglichen Klarstellungen, indem wir zunächst fragen:

Was heißt eigentlich das: dieser Logos, dessen Gedanke die Welt ist, sei Person und deshalb sei Glaube Option für den Primat dem Besonderen vor dem Allgemeinen? Man kann die Antwort im Letzten ganz einfach geben; denn schließlich bedeutet es nichts anderes, als dass jenes schöpferische Denken, das wir als Voraussetzung und Grund allen Seins fanden, wahrhaft seiner selbst bewusstes Denken ist und dass es nicht nur sich selber weiß, sondern seinen ganzen Gedanken weiß. Es bedeutet weiterhin, dass dies Denken nicht nur weiß, sondern liebt; dass es schöpferisch ist, weil es Liebe ist; dass es seinen Gedanken, weil es nicht nur denken, sondern lieben kann, in die Freiheit eigenen Seins gesetzt, ihn objektiviert, ins Selbersein entlassen hat. So bedeutet dies Ganze, dass jenes Denken seinen Gedanken in seinem Selbersein weiß und liebt und liebend trägt. Womit wir wiederum bei dem Wort sind, auf das unsere Überlegungen immer wieder zusteuern: Nicht umschlossen werden vom Größten, sich umschließen lassen vom Kleinsten, das ist göttlich.

Wenn aber so der Logos allen Seins, das Sein, das alles trägt und umschließt, Bewusstsein, Freiheit und Liebe ist, dann ergibt sich von selbst, dass das Oberste der Welt nicht die kosmische Notwendigkeit, sondern die Freiheit ist. Die Folgen sind sehr weit tragend. Denn das führt ja dazu, dass die Freiheit gleichsam als die notwendige Struktur der Welt erscheint, und dies wieder heißt, dass man die Welt nur als unbegreifliche begreifen kann, dass sie Unbegreiflichkeit sein muss. Denn wenn der oberste Konstruktionspunkt der Welt eine Freiheit ist, welche die ganze Welt als Freiheit trägt, will, kennt und liebt, dann bedeutet dies, dass mit der Freiheit die Unberechenbarkeit, die ihr innewohnt, wesentlich zur Welt gehört. Die Unberechenbarkeit ist ein Implikat der Freiheit; Welt kann – wenn es so steht – nie vollends auf mathematische Logik zurückgeführt werden. Mit dem Kühnen und Großen einer Welt, die von der Struktur der Freiheit gezeichnet ist, ist so aber auch das dunkle Geheimnis des Dämonischen gegeben, das uns aus ihr entgegentritt. Eine Welt, die unter dem Risiko der Freiheit und der Liebe geschaffen und gewollt ist, ist nun einmal nicht bloß Mathematik. Sie ist als Raum der Liebe Spielraum der Freiheiten und geht das Risiko des Bösen mit ein. Sie wagt das Geheimnis des Dunkels um des größeren Lichtes willen, das Freiheit und Liebe sind.

Noch einmal wird hier sichtbar, wie die Kategorien von Minimum und Maximum, von Kleinstem und Größtem, in einer solchen Optik sich wandeln. In einer Welt, die letztlich nicht Mathematik, sondern Liebe ist, ist gerade das Minimum ein Maximum; ist jenes Geringste, das lieben kann, ein Größtes; ist das Besondere mehr als das Allgemeine; ist die Person, das Einmalige, Unwiederholbare, zugleich das Endgültige und Höchste. Die Person ist in einer solchen Weitsicht nicht bloß Individuum, ein durch die Zerteilung der Idee in die Materie entstandenes Vervielfältigungsexemplar, sondern eben »Person«. Das griechische Denken hat die vielen Einzelwesen, auch die vielen Einzelmenschen, stets nur als Individuen gedeutet. Sie entstehen infolge der Brechung der Idee durch die Materie. Das Vervielfältigte ist so immer das Sekundäre; das Eigentliche wäre das Eine und das Allgemeine. Der Christ sieht im Menschen nicht ein Individuum, sondern eine Person – mir scheint, dass in diesem Überschritt von Individuum zu Person die ganze Spanne des Übergangs von Antike zu Christentum, von Platonismus zu Glaube liegt. Dieses bestimmte Wesen ist durchaus nichts Sekundäres, das uns nur bruchstückweise das Allgemeine als das Eigentliche ahnen ließe. Als das Minimum ist es ein Maximum; als das Einmalige und Unwiederholbare ist es ein Höchstes und Eigentliches.

Damit ergibt sich ein letzter Schritt. Wenn es so steht, dass die Person mehr ist als das Individuum, dass das Viele ein Eigentliches und nicht nur ein Sekundäres ist, dass es einen Primat des Besonderen vor dem Allgemeinen gibt, dann ist die Einheit nicht das einzige und letzte, sondern dann hat auch die Vielheit ihr eigenes und definitives Recht. Diese Aussage, die sich aus der christlichen Option mit einer inneren Notwendigkeit ergibt, führt von selbst auch zur Überschreitung der Vorstellung von einem Gott, der bloß Einheit ist. Die innere Logik des christlichen Gottesglaubens zwingt zur Überschreitung eines bloßen Monotheismus und führt zum Glauben an den dreieinigen Gott, von dem jetzt noch abschließend die Rede sein muss.

FÜNFTES KAPITEL

Glaube an den dreieinigen Gott

Mit dem bis jetzt Bedachten haben wir einen Punkt erreicht, an dem das christliche Bekenntnis zu dem einen Gott mit einer Art von innerer Notwendigkeit in das Bekenntnis zum drei-einigen Gott übergeht. Auf der anderen Seite können wir nicht übersehen, dass wir damit einen Bereich berühren, wo christliche Theologie sich ihrer Grenzen mehr bewusst sein muss, als sie es bisher oft gewesen ist; einen Bereich, in dem jede falsche Direktheit allzu genauen Bescheidwissenwollens zur verhängnisvollen Torheit werden muss; einen Bereich, in dem nur das demütige Geständnis des Nichtwissens wahres Wissen und nur das staunende Verbleiben vor dem unfaßbaren Geheimnis rechtes Bekenntnis zu Gott sein kann. Liebe ist immer »Mysterium«: mehr als man berechnen und nachrechnend begreifen kann. Die Liebe selbst – der ungeschaffene, ewige Gott – *muss* daher im höchsten Maß Geheimnis: *das* Mysterium selber sein.

Dennoch – trotz der notwendigen Bescheidung der Vernunft, die hier die einzige Weise ist, wie das Denken sich selber und seinem Auftrag treu bleiben kann, muss die Frage gestellt werden, was eigentlich mit dem Bekenntnis zum dreieinigen Gott gemeint sei. Es kann hier nicht versucht werden – wie es eigentlich für eine zulängliche Antwort nötig wäre –, die einzelnen Schritte nachzugehen, in denen es sich entwickelt hat, noch auch die einzelnen Formeln auszufalten, in denen der Glaube es vor Missdeutung zu schützen sich mühte. Ein paar Hinweise müssen genügen.

1.
Zum Ansatz des Verstehens

a) Der Ausgangspunkt des Glaubens an den dreieinigen Gott. Die Trinitätslehre ist nicht aus einer Spekulation über Gott entstanden, aus einem Versuch des philosophischen Denkens, sich zurechtzulegen, wie der Ursprung allen Seins beschaffen sei, sondern sie hat sich aus dem Mühen um eine Verarbeitung geschichtlicher Erfahrungen ergeben. Der biblische Glaube hatte es zunächst – im Alten Bund – mit Gott zu tun, der als der Vater Israels, als der Vater der Völker, als der Schöpfer der Welt und ihr Herr begegnete. In der Grundlegungszeit des Neuen Testaments kommt ein völlig unerwarteter Vorgang hinzu, durch den sich Gott von einer bislang unbekannten Seite zeigt: In Jesus Christus trifft man auf einen Menschen, der sich zugleich als Sohn Gottes weiß und bekennt. Man findet Gott in der Gestalt des Gesandten, der ganz Gott und nicht irgendein Mittelwesen ist und der dennoch mit uns zu Gott »Vater« sagt. Damit ergibt sich eine eigentümliche Paradoxie: Einerseits nennt dieser Mensch Gott seinen Vater, spricht zu ihm als einem Du, das ihm gegenübersteht; wenn das nicht leeres Theater sein soll, sondern Wahrheit, wie sie allein Gottes würdig ist, muss er also ein anderer sein als dieser Vater, zu dem *er* spricht und zu dem *wir* sprechen. Andererseits aber ist er selbst die wirkliche, uns begegnende Nähe Gottes; die Vermittlung Gottes an uns und dies gerade dadurch, dass er selbst Gott als Mensch, in Menschengestalt und -wesen: der Gott-mit-uns (»Emmanuel«) ist. Seine Vermittlung würde ja im Grunde sich selbst aufheben und statt einer Vermittlung eine Abtrennung werden, wenn er ein anderer als Gott, wenn er ein Zwischenwesen wäre. Dann würde er uns nicht zu Gott hin, sondern von ihm weg vermitteln. So ergibt sich, dass er als der Vermittelnde Gott selber und »Mensch selber« – beides gleich wirklich und total – ist. Das aber bedeutet, dass Gott mir hier nicht als Vater, sondern als Sohn und als mein Bruder begegnet, womit – unbegreiflich und höchst begreiflich in einem – eine Zweiheit in Gott, Gott als Ich und Du in einem, in Erscheinung tritt. Dieser neuen Erfahrung Gottes folgt schließlich als Drittes das Widerfahrnis des Geistes, der Anwesenheit Gottes in uns, in unserer Innerlichkeit. Und wiederum ergibt sich, dass dieser »Geist« weder mit dem Vater noch mit dem Sohn einfach identisch ist und doch auch nicht ein Drittes zwischen Gott und uns aufrichtet, sondern die Weise ist, wie Gott selbst sich uns gibt, wie er in uns eintritt, sodass er *im* Menschen und mitten im »Insein« doch unendlich *über* ihm ist.

Wir stellen also fest, dass der christliche Glaube im Hergang seiner geschichtlichen Entfaltung es zunächst rein tatsächlich mit Gott in dieser Dreigestalt zu tun bekommt. Es ist klar, dass er alsbald beginnen musste, sich zu überlegen, wie diese verschiedenen Gegebenheiten miteinander zu verbinden seien. Er musste sich fragen, wie sich diese drei Formen geschichtlicher Begegnung mit Gott zur Eigenwirklichkeit Gottes selbst verhalten. Ist die Dreiheit der Erfahrungsformen Gottes vielleicht nur seine geschichtliche Maske, in der er in verschiedenen Rollen dennoch immer nur als der Eine auf den Menschen zugeht? Sagt diese Dreiheit uns nur etwas über den Menschen und seine verschiedenen Weisen der Gottesbeziehung aus, oder bringt sie etwas darüber zum Vorschein, wie Gott in sich selber ist? Wenn wir heute schnell geneigt sein möchten, allein das Erste für denkbar und damit alle Probleme für gelöst zu halten, so sollten wir vor der Zuflucht in einen solchen Ausweg uns die Reichweite der Frage bewusst machen. Hier geht es doch darum, ob der Mensch in seiner Gottesbeziehung nur mit den Spiegelungen seines eigenen Bewusstseins zu tun hat oder ob ihm gegeben ist, wirklich über sich hinauszugreifen und mit Gott selbst zusammenzutreffen. Die Folgen sind in beiden Fällen weitreichend: Wenn das Erstere zutrifft, ist auch das Gebet nur eine Beschäftigung des Menschen mit sich selbst, die Wurzel für eigentliche Anbetung ist ebenso abgeschnitten wie für das Bittgebet – diese Konsequenz wird denn auch in zunehmendem Maß gezogen. Um so dringender ist die Frage, ob sie nicht schließlich auf einer Bequemlichkeit des Denkens beruht, das sich ohne viel Fragen auf den Weg des geringeren Widerstandes begibt. Wenn nämlich die andere Antwort die richtige ist, sind Anbetung und Bitte nicht nur möglich, sondern geboten, das heißt ein Postulat des auf Gott hin offenen Wesens Mensch.

Wer diesen Tiefgang der Frage einsieht, wird zugleich die Leidenschaft des Ringens verstehen, das in der alten Kirche um sie ausgetragen worden ist; er wird begreifen, dass alles andere als Begriffsklauberei und Formelkult dabei am Werke war, wie es dem oberflächlichen Betrachter leicht erscheinen kann. Ja, er wird innewerden, dass der Streit von damals heute neu entbrannt und ganz der gleiche – das allzeit eine Ringen des Menschen um Gott und um sich selber – ist und dass wir christlich nicht bestehen können, wenn wir vermeinen, es uns heute leichter machen zu dürfen, als es damals geschah. Nehmen wir die Antwort vorweg, in der damals die Scheidung zwischen dem Weg des Glaubens und einem Weg, der zum bloßen Glaubensschein führen müsste, gefunden wurde: Gott *ist* so, wie er sich *zeigt*; Gott zeigt sich nicht auf eine Weise, wie er nicht ist. Auf dieser Aussage gründet die christliche Gottesbeziehung; in ihr ist die Trinitätslehre gesetzt, ja, sie *ist* diese Lehre.

b) Die leitenden Motive. Wie kam es zu dieser Entscheidung? Auf dem Weg zu ihr waren drei Grundeinstellungen maßgebend. Die erste ließe sich als der Glaube an die Gottunmittelbarkeit des

Menschen benennen. Es geht darum, dass der Mensch, der mit Christus zu tun bekommt, in seinem Mitmenschen Jesus, der ihm als Mitmensch erreichbar und zugänglich ist, auf Gott selbst trifft, nicht auf ein Mischwesen, das sich dazwischenschöbe. Die Sorge um das wahre Gottsein Jesu hat in der frühen Kirche die gleiche Wurzel wie die Sorge um sein wahres Menschsein. Nur wenn er wirklich Mensch war wie wir, kann er *unser* Mittler sein, und nur wenn er wirklich Gott ist wie Gott, erreicht die Vermittlung ihr Ziel. Es ist wohl nicht schwer zu sehen, dass hier einfach die Grundentscheidung des Monotheismus, die vorhin beschriebene Gleichsetzung von Gott des Glaubens und Gott der Philosophen, zur Frage steht und ihre äußerste Schärfe erhält: Nur der Gott, der einerseits der wirkliche Grund der Welt und andererseits ganz der uns Nahe ist, kann Ziel einer der Wahrheit verpflichteten Frömmigkeit sein. So ist aber auch die zweite Grundeinstellung schon benannt: das unabweichliche Stehen zu einer streng monotheistischen Entscheidung, zu dem Bekenntnis: Es gibt nur *einen* Gott. Es musste auf jeden Fall verhütet werden, auf dem Umweg über den Mittler schließlich wieder eine ganze Region von Mittelwesen und damit eine Region von wahrheitslosen Göttern zu errichten, in der der Mensch anbetet, was nicht Gott ist.

Die dritte Grundeinstellung ließe sich bezeichnen als das Bemühen, der Geschichte Gottes mit dem Menschen ihren Ernst zu lassen. Das bedeutet: Wenn Gott als Sohn auftritt, der zum Vater Du sagt, ist es kein für den Menschen aufgeführtes Theater, kein Maskenball auf der Bühne der menschlichen Geschichte, sondern Ausdruck von Wirklichkeit. Der Gedanke eines göttlichen Schauspiels war in der alten Kirche von den Monarchianern geäußert worden. Die drei Personen seien drei »Rollen«, in denen Gott sich uns im Laufe der Geschichte zeigt. Hier muss erwähnt werden, dass das Wort »Persona« und seine griechische Entsprechung »Prosopon« der Sprache des Theaters zugehören. Man benannte damit die Maske, die den Schauspieler zur Verkörperung eines anderen werden ließ. Das Wort wurde zunächst von solchen Erwägungen her in die Sprache des Glaubens eingebracht und erst von ihm selbst in einem schweren Ringen so umgeprägt, dass daraus die der Antike fremde Idee der Person entstand.

Andere – die so genannten Modalisten – meinten, die drei Gestalten Gottes seien drei »Modi«, Weisen, wie unser Bewusstsein Gott wahrnimmt und sich selbst auslegt. Obwohl es zutrifft, dass wir Gott nur in der Spiegelung des menschlichen Denkens erkennen, hat der christliche Glaube daran festgehalten, dass wir in dieser Spiegelung doch eben *ihn* erkennen. Wenn wir schon nicht aus der Enge unseres Bewusstseins *aus*zubrechen vermögen, so kann doch Gott in dies Bewusstsein *ein*brechen und in ihm sich selber zeigen. Dabei braucht gar nicht geleugnet zu werden, dass in den Bemühungen der Monarchianer und Modalisten ein bemerkenswerter Anlauf auf das rechte Denken von Gott sich vollzog: Die Sprache des Glaubens hat schließlich die von ihnen vorbereitete Terminologie angenommen, in dem Bekenntnis zu den drei *Personen* in Gott ist sie bis heute wirksam. Dass das Wort Prosopon-Persona nicht sogleich den ganzen Umfang dessen auszusagen vermochte, was hier auszusagen ist, war schließlich nicht ihre Schuld. Die Ausweitung der Grenzen des menschlichen Denkens, die notwendig war, um die christliche Gotteserfahrung geistig zu verarbeiten, stellte sich nicht von selber ein. Sie verlangte einen Kampf, für den auch der Irrtum fruchtbar war; damit folgte sie dem Grundgesetz, dem der menschliche Geist in seinem Voranschreiten allenthalben unterliegt.

c) Die Ausweglosigkeit der Auswege. Das ganze, viel verästelte Ringen der ersten Jahrhunderte lässt sich im Licht des bisher Bedachten auf die Aporetik zweier Wege zurückführen, die mehr und mehr als Nicht-Wege erkannt werden mussten: Subordinatianismus und Monarchianismus. Beide Lösungen *scheinen* logisch, und beide zerstören mit ihrer verführerischen Vereinfachung doch das Ganze. Die kirchliche Lehre, wie sie uns in dem Wort vom drei-einigen Gott gegeben ist, bedeutet im Grunde den Verzicht auf den Ausweg und das Stehenbleiben im Geheimnis, das dem Menschen nicht errechenbar ist: In Wahrheit ist dieses Bekenntnis der einzig wirkliche Verzicht auf die Anmaßung des Bescheidwissens, das die glatten Lösungen mit ihrer falschen Bescheidenheit so verführerisch macht.

Der so genannte Subordinatianismus entflieht dem Dilemma dadurch, dass er sagt: Gott selbst ist nur ein einziger; Christus ist nicht Gott, sondern nur ein Gott besonders nahes Wesen. Damit ist der Anstoß behoben, aber die Folge ist – wie wir vorhin ausgiebig bedachten –, dass der Mensch von Gott selbst abgeschnitten und ins Vorläufige versperrt wird. Gott wird gleichsam zum konstitutionellen Monarchen; der Glaube hat nicht mit ihm, sondern nur mit seinen Ministern zu tun[23]. Wer das nicht will, wer wirklich an die Herrschaft Gottes, an das »Größte« im Kleinsten glaubt, wird daran festhalten müssen, dass Gott Mensch *ist*, dass das Sein Gottes und des Menschen ineinander treten, und wird so mit dem Glauben an Christus den Ausgangspunkt der Trinitätslehre annehmen.

Der Monarchianismus, dessen Lösung wir vorhin bereits berührt haben, löst das Dilemma in der umgekehrten Richtung auf. Auch er hält streng die Einheit Gottes fest, nimmt aber zugleich den begegnenden Gott ernst, der als Schöpfer und Vater zuerst, als Sohn und Erlöser in Christus dann und endlich als Heiliger Geist auf uns zukommt. Doch werden diese drei Gestalten nur als Masken Gottes betrachtet, die etwas über uns, aber nichts über Gott selbst aussagen. So verlockend ein solcher Weg scheint, so führt er am Ende doch wieder dazu, dass der Mensch nur in sich kreist und nicht bis zum Eigenen Gottes vordringt. Die Nachgeschichte des Monarchianismus im neuzeitlichen Denken hat das nur noch einmal bestätigt. Hegel und Schelling haben bei ihrem Versuch, das Christentum philosophisch zu deuten und Philosophie vom Christlichen her zu denken, an diesen altchristlichen Versuch einer Philosophie des Christentums angeknüpft und gehofft, von hier aus Trinitätslehre rational durchschaubar und brauchbar zu machen, sie in ihrem vermeintlich reinen philosophischen Sinn zum wahren Schlüssel alles Verstehens des Seins zu erheben. Selbstverständlich soll hier nicht der Versuch gemacht werden, diese bisher erregendsten Versuche denkerischer Anverwandlung des christlichen Glaubens in ihrer Gänze zu würdigen. Es sei nur angedeutet, wieso die Ausweglosigkeit, die wir für den Monarchianismus (Modalismus) typisch fanden, sachlich auch hier wiederkehrt.

Ausgangspunkt des Ganzen bleibt der Gedanke, Trinitätslehre sei Ausdruck der geschichtlichen Seite Gottes, dafür also, wie Gott geschichtlich erscheint. Indem Hegel – und auf andere Weise auch Schelling – diesen Gedanken radikal durchführen, kommen sie bis zu der Konsequenz, dass sie diesen Prozess der geschichtlichen Selbstdarstellung Gottes nicht mehr von einem dahinter ruhend in sich bleibenden Gott unterscheiden, sondern nunmehr den Prozess der Geschichte als den Prozess Gottes selbst verstehen. Die geschichtliche Gestalt Gottes ist dann die allmähliche Selbstwerdung des Göttlichen, Geschichte somit zwar Prozess des Logos, aber auch der Logos nur als Prozess der Geschichte wirklich. Anders ausgedrückt bedeutet das, dass der Logos – der Sinn allen Seins – erst in der Geschichte sich stufenweise zu sich selber gebiert. Die Vergeschichtlichung der Trinitätslehre, wie sie der Monarchianismus einschließt, wird so zur Vergeschichtlichung Gottes. Das wiederum heißt, dass Sinn nicht mehr einfach der Schöpfer der Geschichte ist, sondern dass die Geschichte zum Schöpfer des Sinnes und dieser zu ihrem Geschöpf wird. Karl Marx hat an dieser Stelle lediglich entschlossen weitergedacht: wenn der Sinn nicht dem Menschen vorausgeht, dann liegt er in der Zukunft, die der Mensch kämpferisch selbst herbeizuführen hat.

So zeigt sich aber, dass in der Konsequenz des monarchianischen Gedankens der Weg des Glaubens nicht weniger verloren geht als im Subordinatianismus. Denn in einer solchen Ansicht wird das dem Glauben so wesentliche Gegenüber der Freiheiten aufgehoben, aufgehoben wird aber auch der Dialog der Liebe und seine Unberechenbarkeit, aufgehoben die personalistische Struktur des Sinnes mit ihrem Ineinander von Größtem und Geringstem, von weltumgreifendem Sinn und sinnfragendem Geschöpf. Dies alles – das Personale, das Dialogische, die Freiheit und die Liebe – wird hier eingeschmolzen in die Notwendigkeit des einzigen Prozesses der Vernunft. Aber noch ein Weiteres wird hier sichtbar: es zeigt sich, dass das radikale Durchschauenwollen der Trinitätslehre, die radikale Logisierung, die zur Vergeschichtlichung des Logos selbst wird und mit dem Begreifen Gottes auch die Geschichte Gottes geheimnislos begreifen, in ihrer strengen Logik selbst konstruieren will – dass gerade dieser grandiose Versuch, die Logik des Logos selbst ganz in die Hand zu nehmen, zurückführt in eine Geschichtsmythologie, in den Mythos des geschichtlich sich gebärenden Gottes. Der Versuch einer totalen Logik endet in Unlogik, in der Selbstaufhebung der Logik in den Mythos hinein.

Die Geschichte des Monarchianismus weist übrigens noch einen anderen Aspekt auf, der hier wenigstens kurz genannt werden soll: Schon in seiner altchristlichen Form und dann von neuem in seiner Wiederaufnahme durch Hegel und Marx enthält er eine ausgesprochen politische Note: Er ist »politische Theologie«. In der alten Kirche dient er dem Versuch, die kaiserliche Monarchie theologisch zu unterbauen; bei Hegel wird er zur Apotheose des preußischen Staatswesens, bei Marx zum Aktionsprogramm für eine heile Zukunft der Menschheit. Umgekehrt ließe sich zeigen, wie in der alten Kirche der Sieg des Trinitätsglaubens über den Monarchianismus einen Sieg über den politischen Missbrauch der Theologie bedeutete: Der kirchliche

Trinitätsglaube hat die politisch brauchbaren Modelle gesprengt und damit Theologie als politischen Mythos aufgehoben, den Missbrauch der Verkündigung zur Rechtfertigung einer politischen Situation verneint[24].

d) Trinitätslehre als negative Theologie. Wenn man das Ganze überblickt, wird man feststellen können, dass sich die kirchliche Form der Trinitätslehre zunächst und zuerst einmal negativ rechtfertigen lässt als Erweis der Weglosigkeit aller anderen Wege. Vielleicht ist das sogar das Einzige, was wir hier wirklich können. Trinitätslehre wäre dann wesentlich negativ, als die einzig bleibende Form der Abweisung alles Durchschauenwollens zu verstehen, als die Chiffre für die Unauflösbarkeit des Geheimnisses Gott. Sie würde fragwürdig, wo sie ihrerseits in ein einfaches positives Wissenwollen überginge. Wenn die mühsame Geschichte des menschlichen und des christlichen Ringens um Gott *etwas* beweist, dann doch dies, dass jeder Versuch, Gott in den Be-griff unseres Be-greifens zu nehmen, ins Absurde hineinführt. Recht können wir von ihm nur reden, wenn wir aufs Begreifenwollen verzichten und ihn als den Unbegriffenen stehen lassen. Trinitätslehre kann also nicht ein Begriffenhaben Gottes sein wollen. Sie ist eine Grenzaussage, eine verweisende Geste, die ins Unnennbare hinüberzeigt; nicht eine Definition, die eine Sache in die Fächer menschlichen Wissens eingrenzt; nicht ein Begriff, der die Sache ins Zugreifen des menschlichen Geistes geben würde.

Dieser Charakter der Andeutung, in der Begriff zum bloßen Hindeuten, das Begreifen zum bloßen Ausgreifen nach dem Ungreifbaren wird, ließe sich exakt anhand der kirchlichen Formeln selbst und ihrer Vorgeschichte darstellen. Jeder der großen Grundbegriffe der Trinitätslehre ist einmal verurteilt worden; sie alle sind nur durch diese Durchkreuzung einer Verurteilung hindurch angenommen; sie gelten nur, indem sie gleichzeitig als unbrauchbar gekennzeichnet sind, um so als armseliges Gestammel – aber auch nichts mehr – zugelassen zu werden[25]. Der Begriff »Persona« (Prosopon) ist, wie wir hörten, einmal verurteilt worden; das zentrale Wort, das im 4. Jahrhundert zum Feldzeichen der Orthodoxie wurde, das Homousios (= eines Wesens mit dem Vater), war im 3. Jahrhundert verurteilt worden; der Begriff des Hervorgangs hat eine Verurteilung hinter sich, und so könnte man fortfahren. Ich denke, man müsse sagen, dass diese Verurteilungen der späteren Formeln des Glaubens innerlich zu ihnen gehören: Nur durch die Negation hindurch und nur in der unendlichen Indirektheit, die damit gegeben ist, sind sie brauchbar: Nur als durchkreuzte Theologie ist die Trinitätslehre möglich.

Eine weitere Beobachtung wäre hinzuzufügen. Wenn man die Dogmengeschichte der Trinitätslehre im Spiegel eines heutigen Handbuchs der Theologie betrachtet, erscheint sie wie ein Friedhof von Häresien, deren Zeichen die Theologie noch immer wie Siegestrophäen überstandener Schlachten mit sich herumträgt. Aber mit einem solchen Anblick ist die Sache nicht gut verstanden, denn all die Versuche, die im Lauf eines langen Ringens schließlich als Aporien und so als Häresien ausgeschieden wurden, sind doch nicht bloß Totenmonumente vergeblichen menschlichen Suchens, Grabmäler, an denen wir feststellen können, wie oft das Denken gescheitert ist, und die wir nun mit einer bloß rückwärts gewendeten Neugier – fruchtlos letztlich – beschauen würden. Jede Häresie ist vielmehr zugleich Chiffre für eine bleibende Wahrheit, die wir nur zusammenhalten müssen mit anderen gleichzeitig geltenden Aussagen, von denen losgetrennt sie einen falschen Anblick ergibt. Anders gesagt: Alle diese Aussagen sind weniger Grabmonumente als Bausteine einer Kathedrale, die aber freilich nur dann nützen, wenn sie nicht allein bleiben, sondern hineingestellt werden ins Größere, so wie ja auch die positiv übernommenen Formeln nur gelten, wenn sie sich gleichzeitig in ihrem Ungenügen wissen.

Der Jansenist Saint-Cyran hat einmal das denkwürdige Wort gesagt, der Glaube bestehe in einer Reihe von Gegensätzen, welche durch die Gnade zusammengehalten werden[26]. Er hat damit im Bereich der Theologie eine Erkenntnis ausgesprochen, die heute in der Physik als Gesetz der Komplementarität zum naturwissenschaftlichen Denken gehört[27]. Dem Physiker wird heute zunehmend bewusst, dass wir die gegebenen Realitäten, etwa die Struktur des Lichts oder die der Materie überhaupt, nicht in *einer* Form von Experiment und so nicht in *einer* Form von Aussage umgreifen können, dass wir vielmehr von verschiedenen Seiten her je *einen* Aspekt zu Gesicht bekommen, den wir nicht auf den anderen zurückführen können. Beides zusammen – etwa die Struktur von Korpuskel und Welle – müssen wir, ohne ein Umgreifendes finden zu können, als Vorgriff auf das Ganze betrachten, das uns als Ganzes in seiner Einheit ob der Beschränkung unseres Blickpunkts nicht zugänglich ist. Was hier im physikalischen Bereich als Folge der Begrenzung unseres Sehvermögens zutrifft, gilt in noch ungleich höherem Maß von den geistigen Wirklichkeiten und von Gott. Auch hier können wir immer nur von *einer* Seite her hinschauen und so je einen bestimmten Aspekt erfassen, der dem anderen zu widersprechen scheint und der doch nur zusammengehalten mit ihm ein Verweis auf das Ganze ist, das wir nicht zu sagen und zu umgreifen vermögen. Nur im Umkreisen, im Sehen und Sagen von verschiedenen, scheinbar gegensätzlichen Aspekten her gelingt uns das Hinüberweisen auf die Wahrheit, die uns doch nie in ihrer Gänze sichtbar wird.

Vielleicht wird uns hier der Denkansatz der heutigen Physik eine bessere Hilfe bieten, als die aristotelische Philosophie sie zu geben vermochte. Physik weiß heute, dass über die Struktur der Materie nur in Annäherungen von verschiedenen Ansätzen her gesprochen werden kann. Sie weiß, dass vom jeweiligen Standort des Betrachters das Ergebnis seiner Befragung der Natur abhängt. Warum sollten wir von hier aus nicht auch ganz neu verstehen können, dass wir in der Frage nach Gott nicht aristotelisch nach einem letzten Begriff suchen dürfen, der das Ganze um-greift, sondern gefasst sein müssen auf eine Mehrheit von Aspekten, die vom Standort des Beobachters abhängen und die wir nicht mehr letztlich zusammenschauen, sondern nur miteinander hinnehmen können, ohne das Letzte zur Aussage zu bringen? Wir begegnen hier der verborgenen Wechselwirkung von Glaube und modernem Denken. Dass heutige Physik über das Gefüge der aristotelischen Logik hinausgehend in dieser Weise denkt, ist doch wohl auch schon Auswirkung der neuen Dimension, die die christliche Theologie eröffnet hat, ihres notwendigen Denkenmüssens in Komplementaritäten.

Noch auf zwei physikalische Denkhilfen möchte ich in diesem Zusammenhang kurz hinweisen. E. Schrödinger hat die Struktur der Materie als »Wellenpakete« definiert und damit den Gedanken eines nicht substantiösen, sondern rein aktualen Seins gefasst, dessen scheinbare »Substantialität« in Wahrheit allein aus dem Bewegungsgefüge sich überlagernder Wellen resultiert. Im Bereich der Materie dürfte ein solcher Vorschlag physikalisch und auf jeden Fall philosophisch höchst anfechtbar sein. Aber er bleibt ein erregendes Gleichnis für die actualitas divina, für das schlechthinnige Akt-sein Gottes, und dafür, dass das dichteste Sein – Gott – allein in einer Mehrheit von Beziehungen, die nicht Substanzen, sondern nichts als »Wellen« sind, bestehen und darin ganz eines, ganz die Fülle des Seins bilden kann. Wir werden später diesen Gedanken, der sachlich bereits bei Augustinus formuliert ist, wenn er den Gedanken der reinen Akt-Existenz (des »Wellenpaketes«) entwickelt, ausführlicher bedenken müssen.

Hier zunächst noch der zweite Hinweis auf eine Verstehenshilfe von der Naturwissenschaft her: Wir wissen heute, dass im physikalischen Experiment der Beobachter selbst in das Experiment eingeht und nur so zu physikalischer Erfahrung kommen kann. Das bedeutet, dass es die reine Objektivität selbst in der Physik nicht gibt, dass auch hier der Ausgang des Experiments, die Antwort der Natur, abhängt von der Frage, die an sie gerichtet wird. In der Antwort ist immer ein Stück der Frage und des Fragenden selbst anwesend, sie spiegelt nicht nur die Natur in ihrem In-sich-Sein, in ihrer reinen Objektivität, sondern gibt auch etwas vom Menschen, von unserem Eigenen wieder, ein Stück menschlichen Subjektes. Auch dies gilt entsprechend abgewandelt von der Gottesfrage wieder. Den bloßen Beschauer gibt es nicht. Die reine Objektivität gibt es nicht. Man wird sogar sagen können: Je höher ein Gegenstand menschlich steht, je mehr er ins Zentrum des Eigenen hineintrifft und das Eigene des Beschauers mitengagiert, desto weniger ist die bloße Distanziertheit der reinen Objektivität möglich. Wo immer sich also eine Antwort als leidenschaftslos objektiv gibt, als die Aussage, die endlich über die Voreingenommenheiten der Frommen hinausgeht und bloß sachlich wissenschaftlich aufklärt, muss man sagen, dass hier der Redende einem Selbstbetrug verfallen ist. Diese Art von Objektivität ist nun einmal dem Menschen versagt. Er kann gar nicht als bloßer Beschauer fragen und existieren. Wer versucht, bloßer Beschauer zu sein, erfährt nichts. Auch die Wirklichkeit »Gott« kann nur in den Blick kommen für den, der in das Experiment mit Gott eintritt – in das Experiment, das wir Glaube nennen. Nur indem man eintritt, erfährt man; nur indem man das Experiment mitmacht, fragt man überhaupt, und nur wer fragt, erhält Antwort.

Pascal hat das in seinem berühmten Argument von der Wette mit einer fast unheimlichen Klarheit und in einer an die Grenze des Erträglichen gehenden Zuspitzung ausgesagt. Das Streitgespräch mit dem ungläubigen Partner ist schließlich dort an einem Punkt angelangt, wo dieser zugesteht, dass er sich in Sachen Gott entscheiden muss. Aber er möchte den Sprung umgehen, eine rechnerische Klarheit besitzen: »Gibt es denn kein Mittel, das Dunkel aufzuhellen und die Ungewissheit des Spieles aufzuheben?« »Ja, es gibt ein Mittel und mehr als eines: Die Heilige Schrift und all die anderen Zeugnisse der Religion«. »Aber meine Hände sind gebunden, mein Mund ist stumm ... Ich bin nun einmal so geschaffen, dass ich nicht glauben kann. Was soll ich also tun?« »Sie gestehen also, dass die Unmöglichkeit Ihres Glaubens nicht aus der Vernunft kommt; im Gegenteil: die Vernunft führt Sie zum Glauben; Ihre Weigerung hat also sonstwo ihren Grund. Es hat darum auch keinen Wert, Sie noch weiter durch Häufung der Beweise für das Dasein Gottes zu überzeugen; Sie müssen vor allem Ihre Leidenschaften bekämpfen. Sie wollen zum Glauben gelangen und kennen nicht den Weg dazu? Sie wollen vom Unglauben geheilt werden und kennen nicht das Heilmittel? Lernen Sie von denen, die früher, wie Sie, von Zweifeln gepeinigt wurden ... Ahmen Sie deren Handlungsweise nach, tun Sie alles, was der Glaube verlangt, als wenn Sie schon gläubig wären. Besuchen Sie die Messe, gebrauchen Weihwasser usw., das wird Sie zweifellos einfältig machen und zum Glauben führen«[28].

An diesem eigentümlichen Text ist so viel auf jeden Fall richtig: Die bloße neutrale Neugier des Geistes, der sich selbst aus dem Spiel halten will, kann niemals sehend machen – schon einem Menschen gegenüber nicht und noch viel weniger Gott gegenüber. Das Experiment mit Gott findet nicht ohne den Menschen statt.

Freilich gilt auch hier – wie in der Physik und mehr noch als dort –, dass der, der in das Experiment des Glaubens eintritt, eine Antwort erhält, die nicht nur Gott spiegelt, sondern das eigene Fragen mit und durch die Brechung des Eigenen hindurch uns etwas von Gott wissen lässt. Auch die dogmatischen Formeln – »ein Wesen in drei Personen« etwa – schließen diese Brechung des Menschlichen ein; sie spiegeln in unserem Fall den Menschen der Spätantike, der mit den Kategorien der spätantiken Philosophie fragt und experimentiert, in ihnen seinen Frageort empfängt. Ja, wir müssen noch einen Schritt weitergehen: Dass wir hier überhaupt fragen, überhaupt experimentieren können, kommt für uns davon her, dass Gott seinerseits sich auf das Experiment eingelassen hat, selbst in es eingetreten ist als Mensch. Durch die menschliche Brechung dieses einen Menschen hindurch können wir so doch mehr erfahren als den bloßen Menschen; in ihm, der Mensch und Gott ist, hat Gott sich menschlich erwiesen und im Menschen sich selbst erfahren lassen.

2.
Zur positiven Sinngebung

Die innere Begrenzung der Trinitätslehre im Sinn einer negativen Theologie, die mit dem Bisherigen klargestellt sein dürfte, kann doch nicht bedeuten, dass ihre Formeln als undurchdringliche, leere Wortgebilde stehen bleiben. Sie können und müssen als sinnvolle Aussage verstanden werden, die freilich Hinweise auf das Unsagbare und nicht dessen Einfügung in unsere Begriffswelt darstellen. Dieser Hinweis-Charakter der Glaubensformeln soll nun noch, unsere Überlegungen zur Trinitätslehre abschließend, in drei Thesen erläutert werden.

1. THESE:
Das Paradox »Una essentia tres personae – ein Wesen in drei Personen« ist der Frage nach dem Ursinn von Einheit und Vielheit zugeordnet.

Was damit gemeint ist, wird am ehesten durch einen Blick auf den Hintergrund des vorchristlich-griechischen Denkens deutlich, von dem sich der Glaube an den dreieinigen Gott abhebt. Dem antiken Denken ist nur die Einheit göttlich; die Vielheit erscheint demgegenüber als das Sekundäre, als der Zerfall der Einheit. Sie kommt aus dem Zerfall und tendiert zu ihm hin. Christliches Bekenntnis zu Gott als dem Dreieinigen, als dem, der gleichzeitig die »Monas« und die »Trias« ist, die schlechthinnige Einheit und die Fülle, bedeutet die Überzeugung, dass die Gottheit jenseits unserer Kategorien von Vielheit und Einheit liegt. Sosehr sie für uns, für das Nichtgöttliche, eins und eine einzige ist, das allein Göttliche gegenüber allem Nichtgöttlichen, so sehr ist sie in sich selbst doch wahrhaft Fülle und Vielfalt, sodass kreatürliche Einheit und Vielheit beide gleichermaßen Abbild und Anteilhabe am Göttlichen sind. Nicht nur die Einheit ist göttlich, auch die Vielheit ist etwas Ursprüngliches und hat in Gott selbst ihren inneren Grund. Vielheit ist nicht bloß Zerfall, der außerhalb der Gottheit einsetzt; sie entsteht nicht bloß durch das Dazwischentreten der »Dyas«, der Zerspaltung; sie ist nicht Ergebnis des Dualismus zweier gegeneinander stehender Mächte, sondern entspricht der schöpferischen Fülle des Gottes, der selbst über Vielheit und Einheit stehend beides umgreift[29]. So ist im Grunde erst der Trinitätsglaube, der den Plural in der Einheit Gottes erkennt, die endgültige Ausschaltung des Dualismus als Prinzip der Erklärung für die Vielheit neben der Einheit; erst durch ihn ist die positive Wertung des Vielen definitiv verankert. Gott steht über Singular und Plural. Er sprengt beides.

Das hat eine weitere wichtige Folge. Die höchste Einheit ist für den, der Gott als drei-einigen glaubt, nicht die Einheit des starren Einerlei. Das Modell der Einheit, auf das hinzustreben ist, ist folglich nicht die Unteilbarkeit des Atomon, der in sich nicht mehr teilbaren kleinsten Einheit, sondern die maßgebende Höchstform von Einheit ist jene Einheit, welche die Liebe schafft. Die Vieleinheit, die in der Liebe wächst, ist radikalere, wahrere Einheit als die Einheit des »Atoms«.

2. THESE:
Das Paradox »Una essentia tres personae« steht in Funktion zum Begriff der Person und ist als innere Implikation des Personbegriffs zu verstehen.

Indem christlicher Glaube Gott, den schöpferischen Sinn, als Person bekennt, bekennt er ihn als Erkenntnis, Wort und Liebe. Das Bekenntnis zu Gott als Person schließt aber demnach das Bekenntnis zu Gott als Bezogenheit, als Sprachlichkeit, als Fruchtbarkeit notwendig mit ein. Das schlechthin Einige, Beziehungslose und Unbeziehbare könnte Person nicht sein. Person in der absoluten Einzahl gibt es nicht. Das kommt schon in den Worten, in denen der Personbegriff gewachsen ist, zum Vorschein: Das griechische Wort Prosopon heißt wörtlich »Hinblick«, mit der Partikel »pros = zu – hin« schließt es die Bezogenheit als etwas Konstitutives ein. Ähnlich steht es mit dem lateinischen persona: das »Tönen hindurch«; wieder drückt das »per = hindurch – zu« Bezogenheit, diesmal als Sprachlichkeit, aus. Anders gesagt: Wenn das Absolute Person ist, ist es nicht absolute Einzahl. Insofern ist die Überschreitung der Einzahl im Personbegriff notwendig eingeschlossen. Gleichzeitig werden wir allerdings sagen müssen, dass das Bekenntnis, Gott sei Person in der Weise der Dreipersönlichkeit, einen naiven, anthropomorphischen Personbegriff sprengt. In chiffrierter Weise sagt es aus, dass die Personhaftigkeit Gottes das menschliche Personsein unendlich übersteigt, sodass der Begriff Person, so viel er erhellt, doch auch wieder als unzulängliches Gleichnis sich enthüllt.

3. THESE:
Das Paradox »Una essentia tres personae« ist dem Problem von Absolut und Relativ zugeordnet und stellt die Absolutheit des Relativen, des Beziehentlichen, heraus.

a) Dogma als Sprachregelung. Versuchen wir, uns mit folgender Überlegung an das Gemeinte heranzutasten. Wenn der Glaube die Drei-einheit Gottes seit dem vierten Jahrhundert in der Formel »Ein Wesen – drei Personen« aussagt, so ist eine solche Verteilung der Begriffe zunächst weithin einfach »Sprachregelung«[30]. Feststand zunächst nur, dass das Element des Einen wie das der Dreiheit und die völlige Gleichzeitigkeit beider in der umgreifenden Dominanz der Einheit zum Ausdruck gebracht werden mussten. Dass man beides, so wie es geschehen ist, auf die Begriffe Substanz und Person verteilte, ist in gewissem Sinn zufällig; es geht letztlich nur darum, dass beides ins Wort kommt und dass beides nicht der Willkür des Einzelnen überlassen bleibt, die im Grunde mit dem Wort jederzeit auch die Sache selbst wieder verflüchtigen und zerstören könnte. Angesichts dieses Befundes darf man nicht zu weit darin gehen, diese Wörter etwa als die einzig möglichen zu konstruieren, denkerisch abzuleiten, dass es nur so und nicht anders gesagt werden könne: Damit würde man den negativen Charakter der Sprache der Gotteslehre, das bloß Versuchsweise ihres Redens, verkennen.

b) Der Begriff der Person. Auf der anderen Seite gilt aber doch, dass diese Sprachregelung mehr als das schließliche Sich-Festfahren bei irgendeinem Buchstaben bedeutet: In dem Ringen um die Sprache des Bekenntnisses vollzog sich das Ringen um die Sache selber, sodass in dieser Sprache, wie inadäquat sie auch sein mag, doch Berührung der Wirklichkeit stattfindet. Von der Geistesgeschichte her dürfen wir sagen, dass hier die Realität »Person« erstmals in vollem Sinne gesichtet worden ist; Begriff und Gedanke »Person« sind dem menschlichen Geist nicht anders als im Kampf um das christliche Gottesbild und um die Deutung der Gestalt Jesu von Nazareth aufgegangen. Wenn wir mit diesen Vorbehalten unsere Formel in ihrer inneren Angemessenheit zu deuten versuchen, so können wir feststellen, dass sie sich von zwei Ansätzen her aufdrängte. Zunächst war klar, dass Gott absolut gesehen nur Einer ist, dass es nicht eine Mehrzahl göttlicher Prinzipien gibt. Steht dies fest, dann ist weiterhin klar, dass die Einheit auf der Substanzebene liegt; folglich kann die Dreiheit, von der auch gesprochen werden muss, hier nicht zu suchen sein. Sie muss dann auf einer anderen Ebene, auf derjenigen der Relation, des »Relativen« angesiedelt sein.

Zu diesem Ergebnis drängte vor allem auch der Umgang mit der Bibel. Hier stieß man auf die Tatsache, dass Gott im Gespräch mit sich selbst zu stehen scheint. Es gibt ein Wir in Gott – die Väter fanden es schon auf dem ersten Blatt der Bibel mit seinem Wort »Lasst uns den Menschen machen« (Gn 1,26); es gibt ein Ich und ein Du in ihm – die Väter fanden es ebenso in den Psalmen (»Es sprach der Herr zu meinem Herrn«: Ps 110,1) wie im Reden Jesu mit dem Vater. Die Entdeckung des Dialogs im Innern Gottes führte dazu, in Gott ein Ich und ein Du anzunehmen, ein Element der Bezogenheit, der Unterschiedenheit und der Zugewandtheit aufeinander hin, für das sich der Begriff »Persona« förmlich aufdrängte, der damit über seine theatralische und literarische Bedeutung hinaus ein neues Maß an Wirklichkeitstiefe gewann, ohne das Schwebende zu verlieren, das ihn zu solcher Verwendung geeignet machte[31].

Mit der Einsicht, dass Gott substantial gesehen Einer ist, dass es aber in ihm das Phänomen des Dialogischen, der Unterschiedenheit und Bezogenheit des Gesprächs gibt, erhielt für das christliche Denken die Kategorie der Relatio eine völlig neue Bedeutung. Für Aristoteles stand sie unter den »Akzidentien«, den zufälligen Zuständlichkeiten des Seins, die sich von der Substanz als der allein tragenden Form des Wirklichen abheben. Die Erfahrung des dialogisierenden Gottes, des Gottes, der nicht nur Logos, sondern Dia-logos ist, nicht nur Gedanke und Sinn, sondern Gespräch und Wort im Zueinander der Redenden – diese Erfahrung sprengt die antike Aufteilung der Wirklichkeit in die Substanz als das Eigentliche und die Akzidentien als das bloß Zufällige. Nun wird klar, dass neben der Substanz der Dialog, die Relatio, als eine gleichermaßen ursprüngliche Form des Seins steht.

Damit war im Grunde die Sprache des Dogmas gegeben. Sie drückt die Erkenntnis aus, dass Gott als Substanz, als »Wesen«, schlechthin eins ist. Wenn wir dennoch von ihm auch in der Kategorie der Dreiheit reden müssen, so ist damit nicht eine Vervielfachung der Substanzen gemeint, sondern gesagt, dass es in dem einen und unteilbaren Gott das Phänomen des Dialogs, des Zueinander von Wort und Liebe gibt. Dies wiederum bedeutet, dass die »drei Personen«, die in Gott bestehen, die Wirklichkeit von Wort und Liebe in ihrer inneren Zugewandtheit aufeinander hin sind. Sie sind nicht Substanzen, Persönlichkeiten im modernen Sinn, sondern das Bezogensein, dessen reine Aktualität (»Wellenpaket«!) die Einheit des höchsten Wesens nicht aufhebt, sondern ausmacht. Augustinus hat diesen Gedanken einmal in folgende Formel gegossen: »Vater wird er nicht in Bezug auf sich, sondern nur in der Beziehung zum Sohn hin genannt, auf sich hin gesehen ist er einfach Gott«[32]. Hier kommt das Entscheidende schön zum Vorschein. »Vater« ist ein reiner Beziehungsbegriff. Nur im Hin-sein zu dem anderen ist er Vater, im In-sein seiner selbst ist er einfach Gott. Person ist die reine Relation der Bezogenheit, nichts sonst. Die Beziehung ist nicht etwas zur Person Hinzukommendes wie bei uns, nur als Beziehentlichkeit besteht sie überhaupt.

Mit den Bildern der christlichen Überlieferung ausgedrückt, heißt das: Die erste Person zeugt nicht in dem Sinn den Sohn, als ob zur fertigen Person der Akt des Zeugens hinzukäme, sondern sie *ist* die Tat des Zeugens, des Sich-Hingebens und Ausströmens. Sie ist mit dem Akt der Hingabe identisch. Nur als dieser Akt ist sie Person, also nicht der Hingebende, sondern der Akt der Hingabe, »Welle«, nicht »Korpuskel« ... Mit diesem Gedanken der Beziehentlichkeit in Wort und Liebe, unabhängig vom Substanzbegriff und nicht einzuordnen in die »Akzidentien«, hat das christliche Denken den Kern des Personbegriffs gefunden, der etwas anderes und unendlich mehr als die bloße Idee des »Individuums« besagt. Hören wir noch einmal Augustinus: »In Gott gibt es keine Akzidentien, nur Substanz und Relation (Beziehung)«[33]. Darin verbirgt sich eine Revolution des Weltbildes: Die Alleinherrschaft des Substanzdenkens wird gebrochen, Relation als eine gleichrangige Urweise des Wirklichen entdeckt. Die Überwindung dessen wird möglich, was wir heute das »objektivierende Denken« nennen, eine neue Ebene des Seins tritt in Erscheinung. Wahrscheinlich wird man sagen müssen, dass der Auftrag an das philosophische Denken, der von diesen Tatbeständen ausgeht, noch lange nicht vollstreckt ist, sosehr das neuzeitliche Denken von den hier eröffneten Möglichkeiten abhängt und ohne sie nicht vorstellbar wäre.

c) Die Rückverbindung zum Biblischen und die Frage der christlichen Existenz. Aber kehren wir zu unserer Frage zurück. Bei den eben ermittelten Gedanken kann man leicht den Eindruck gewinnen, dass man hier am äußersten Punkt spekulativer Theologie angelangt ist, die sich in der Verarbeitung des Schriftbefundes weit von der Schrift entfernt und ins rein philosophische Denken hineinverloren hat. Um so überraschender muss es sein, dass der nähere Zublick finden kann, dass hier die äußerste Spekulation wieder unmittelbar zum biblischen Denken zurückführt. Denn im Grunde ist das eben Dargestellte, wenn auch mit anderen Begriffen und in etwas anderer Abzielung, weitgehend schon im johanneischen Denken anwesend. Nur eine kurze Andeutung sei darüber versucht. Im Johannesevangelium sagt Christus von sich: »Der Sohn kann von sich aus nichts tun« (Jo 5,19.30). Das scheint die äußerste Entmächtigung des Sohnes zu sein; er hat nichts Eigenes, sondern da er eben Sohn ist, kann er nur von dem her *wirken*, von dem aus er überhaupt *ist*. Damit wird zunächst sichtbar, dass der Begriff »Sohn« ein Relationsbegriff ist. Indem Johannes den Herrn »Sohn« nennt, benennt er ihn auf eine Weise, die immer von ihm weg und über ihn hinaus verweist; er verwendet so eine Aussage, die wesentlich eine Beziehentlichkeit meint. Damit stellt er seine ganze Christologie in den Zusammenhang des Relationsgedankens. Formeln wie die eben erwähnte unterstreichen das nur; sie ziehen gleichsam nur aus, was in dem Wort Sohn liegt, die Relativität, die es beinhaltet. Scheinbar steht es im Widerspruch dazu, wenn der gleiche Christus bei Johannes von sich sagt: »Ich und der Vater sind eins« (Jo 10,30). Wer aber näher zusieht, kann sofort erkennen, dass in Wirklichkeit die beiden Aussagen sich gegenseitig setzen und fordern. Indem Jesus Sohn benannt und damit »relativ« gemacht wird auf den Vater hin, indem Christologie als eine Relationsaussage vollzogen wird, ergibt sich von selbst die totale Rückbezogenheit Christi auf den Vater. Gerade weil er nicht in *sich* steht, steht er in *ihm*, ständig eins damit.

Welche Bedeutung das über die Christologie hinaus für die Erhellung von Sinn und Meinung des Christseins überhaupt besitzt, kommt zum Vorschein, wenn Johannes diese Gedanken auf die Christen ausdehnt, die von Christus herkommen. Dann zeigt sich, dass er mit der Christologie auslegt, was es eigentlich um den Christen ist. Wir finden hier genau das gleiche Ineinanderspielen der beiden Aussagereihen wie vorhin. Parallel zu der Formel »Der Sohn kann von sich aus nichts tun«, die die Christologie als Relativitätslehre vom Sohnbegriff her erhellt, wird von den Christus-Zugehörigen, von den Jüngern, gesagt: »Ohne mich könnt Ihr nichts tun« (Jo 15,5). So wird christliche Existenz mit

Christus unter die Kategorie der Beziehung gestellt. Und parallel zu der Konsequenz, die Christus sagen lässt, »Ich und der Vater sind eins«, entspringt hier die Bitte, »damit sie eins werden, wie wir eins sind« (17,11.22). Der bedeutsame Unterschied zur Christologie tritt darin zutage, dass das Einssein der Christen nicht im Indikativ, sondern in der Gebetsform ausgesprochen wird.

Versuchen wir nur ganz kurz, die Linienführung, die damit sichtbar geworden ist, in ihrer Bedeutung zu bedenken. Der Sohn ist als Sohn und insoweit er Sohn ist, ganz und gar nicht aus sich und so eben ganz eins mit dem Vater; da er nichts neben ihm ist, nichts Eigenes behauptet, das nur Er wäre, nichts nur ihm Gehörendes dem Vater entgegenstellt, keinen Vorbehaltsraum des bloß Eigenen behält, darum ist er ganz dem Vater gleich. Die Logik ist zwingend: Wenn es nichts gibt, worin er bloß Er ist, keinerlei abgegrenztes Privatim, dann fällt er mit Jenem zusammen, ist »eins« mit ihm. Gerade diese Totalität des Ineinander will das Wort »Sohn« ausdrücken. »Sohn« bedeutet für Johannes das Sein-vom-andern-her; mit diesem Wort definiert er also das Sein dieses Menschen als ein Sein vom andern her und auf die andern hin, als ein Sein, das ganz und gar nach beiden Seiten geöffnet ist, keinen Vorbehaltsraum des bloßen Ich kennt. Wenn so deutlich wird, dass das Sein Jesu als des Christus ein gänzlich offenes Sein ist, ein Sein »von-her« und »auf-zu«, das nirgendwo an sich selber festhält und nirgendwo nur auf sich selber steht, dann ist zugleich deutlich, dass dieses Sein reine Beziehung ist (nicht Substantialität) und als reine Beziehung reine Einheit. Was damit grundlegend von Christus gesagt wird, wird, wie wir sahen, zugleich zur Auslegung der christlichen Existenz. Christsein heißt für Johannes: Sein wie der Sohn, Sohn werden, also nicht auf sich und nicht in sich stehen, sondern ganz geöffnet leben im »Von-her« und »Auf-zu«. Soweit der Christ »Christ« ist, gilt das für ihn. Und freilich wird ihm an solchen Aussagen bewusst werden, wie wenig er Christ ist.

Mir scheint, dass damit der ökumenische Charakter des Textes von einer ganz unerwarteten Seite her deutlich wird. Gewiss, jedermann weiß, dass das »hohepriesterliche Gebet« Jesu (Jo 17), von dem wir reden, die Grundurkunde allen Ringens um die Einheit der Kirche ist. Aber bleiben wir dabei nicht oft doch allzusehr an der Oberfläche? Von unserer Überlegung her zeigt sich, dass christliche Einheit zuerst Einheit mit Christus ist, die möglich wird, wo das Pochen auf das Eigene aufhört und an seine Stelle das vorbehaltlose reine Sein »Von-her« und »Auf-hin« tritt. Aus einem solchen Sein mit Christus, das ganz in die Offenheit dessen eingeht, der nichts Eigenes festhalten wollte (vgl. auch Phil 2,6 f), folgt das völlige Einssein – »damit sie eins sind, wie wir eins sind«. Alles Nicht-Einssein, alles Getrenntsein beruht auf einem verborgenen Mangel an wirklichem Christsein, auf einem Festhalten an dem Eigenen, wodurch der Zusammenfall der Einheit aufgehoben wird.

Ich denke, es sei nicht unwichtig, zu bemerken, wie hier Trinitätslehre in Existenzaussage übergeht, wie die Behauptung, dass Relation zugleich reine Einheit ist, durchsichtig wird auf uns hin. Das Wesen der trinitarischen Personalität ist es, reine Relation und so absoluteste Einheit zu sein. Dass das kein Widerspruch ist, kann man von hier aus doch wohl erkennen. Und deutlicher als vorhin kann man nunmehr verstehen, dass nicht das »Atom«, das unteilbare kleinste Stück[34], die höchste Einheit besitzt, sondern dass das reine Einssein sich erst im Geiste zutragen kann und die Beziehentlichkeit der Liebe einschließt. Das Bekenntnis zur Einzigkeit Gottes gilt so im Christentum nicht weniger radikal als in irgendeiner anderen monotheistischen Religion, ja, es wird darin erst zu seiner vollen Größe gebracht. Das Wesen christlicher Existenz aber ist es, das Dasein als Beziehentlichkeit zu empfangen und zu leben und so in jene Einheit einzutreten, die der tragende Grund des Wirklichen ist. Damit dürfte hier sichtbar werden, wie recht verstandene Trinitätslehre zum Konstruktionspunkt der Theologie und des christlichen Denkens überhaupt werden kann, von dem alle weiteren Linien ausgehen.

Wenden wir uns hier noch einmal dem Johannesevangelium zu, das dafür die entscheidende Hilfe bietet. Man darf wohl sagen, dass die angedeutete Linie die eigentliche Dominante seiner Theologie bildet. Sie zeigt sich neben der Sohnesidee vor allem noch in zwei weiteren christologischen Begriffen an, auf die zur Rundung des Ganzen hier wenigstens noch kurz verwiesen werden soll: im Gedanken der »Sendung« und in der Benennung Jesu als »Wort« (Logos) Gottes. Wiederum ist Sendungstheologie Theologie des Seins als Relation und der Relation als Weise der Einheit. Bekannt ist das spätjüdische Wort: »Der Gesandte eines Menschen ist wie dieser selbst«[35]. Jesus erscheint bei Johannes als der Gesandte des Vaters, in dem sich wirklich erfüllt, was alle sonstigen Gesandten nur asymptotisch anzielen können: Er geht wirklich ganz darin auf, Gesandter zu sein; er allein ist Gesandter, der den anderen vertritt, ohne sein Eigenes dazwischenzuschieben. Und so ist er als der wahre Gesandte eins mit ihm, der ihn sendet. Wieder wird durch den Begriff der Sendung das Sein gedeutet als Sein »Von-her« und als Sein »Auf-zu«; wieder wird das Sein begriffen als schlechthinniges Geöffnetsein ohne Vorbehalt. Und wieder erfolgt die Ausweitung auf die christliche Existenz, wenn gesagt wird: »Wie mich der Vater gesandt hat, so sende ich euch« (13,20; 17,18; 20,21). Im Unterstellen dieser Existenz unter die Kategorie der Sendung wird auch sie erneut als Sein »Von-her« und »Auf-hin« ausgelegt, als Beziehentlichkeit und damit als Einheit. Am Ende dürfte noch eine Bemerkung zum Logosbegriff angebracht sein. Wenn Johannes den Herrn als Logos charakterisiert, greift er ein in der griechischen wie jüdischen Geisteswelt weit verbreitetes Wort auf und übernimmt damit eine Reihe der darin liegenden Vorstellungszusammenhänge, die solchermaßen auf Christus übertragen werden. Vielleicht aber kann man sagen, dass das Neue, das Johannes dem Logosbegriff eingezeichnet hat, nicht zuletzt darin liegt, dass für ihn »Logos« nicht einfach die Idee einer ewigen Rationalität des Seins bedeutet, wie es grundsätzlich im griechischen Denken verstanden wurde. Durch die Anwendung des Begriffs »Logos« auf Jesus von Nazareth erhält dieser Begriff eine neue Dimension. Er besagt nicht mehr bloß die Durchwirktheit alles Seins mit Sinn, sondern er kennzeichnet diesen Menschen: Der, der hier ist, ist »Wort«. Der Begriff »Logos«, der für die Griechen »Sinn« (ratio) bedeutet, wandelt sich hier wirklich zu »Wort« (verbum). Der, der hier ist, ist Wort; er ist folglich Gesprochensein und damit die reine Beziehung vom Sprechenden her auf die Angesprochenen zu. So ist Logos-Christologie als Wort-Theologie abermals Eröffnung des Seins auf den Gedanken der Beziehung hin. Denn wiederum gilt: Wort ist wesentlich »von jemand anders her« und »auf jemand anders hin«, ist Existenz, die gänzlich Weg und Offenheit ist.

Beschließen wir das Ganze mit einem Augustinus-Text, der das Gemeinte großartig ans Licht bringt. Er findet sich im Johanneskommentar und schließt an den Satz des Evangeliums an »Mea doctrina non est mea. – Meine Lehre ist nicht meine Lehre, sondern die des Vaters, der mich gesandt hat« (7,16). Augustinus hat am Paradox dieses Satzes die Paradoxie des christlichen Gottesbildes und der christlichen Existenz erhellt. Er fragt sich zunächst, ob es nicht glatter Widersinn, Verstoß gegen die elementaren Regeln der Logik sei, so etwas zu sagen: Das Meine ist nicht das Meine. Aber, so bohrt er weiter, was ist nun eigentlich die »Lehre« Jesu, die zugleich sein und nicht sein ist? Jesus ist »Wort«, und so zeigt sich, dass seine Lehre er selber ist. Wenn man von dieser Einsicht her den Satz noch einmal liest, dann sagt er: Ich bin gar nicht bloß Ich; ich bin gar nicht mein, sondern mein Ich ist eines anderen. Und damit sind wir über die Christologie hinaus bei uns selbst angelangt: »Quid tam tuum quam tu, quid tam non tuum quam tu – was ist so sehr dein wie du selbst und was ist so wenig dein wie du selbst?«[36]. Das Allereigenste – was uns letztlich wirklich allein gehört: das eigene Ich, ist zugleich das am allerwenigsten Eigene, denn gerade unser Ich haben wir nicht von uns und nicht für uns. Das Ich ist zugleich das, was ich ganz habe und was am wenigsten mir gehört. So wird hier noch einmal der Begriff der bloßen Substanz (= des in sich Stehenden!) durchbrochen und sichtbar gemacht, wie ein sich wahrhaft verstehendes Sein zugleich begreift, dass es *im* Selbersein sich nicht selbst gehört; dass es nur zu sich selbst kommt, indem es von sich selbst weggeht und als Beziehentlichkeit in seine wahre Ursprünglichkeit zurückfindet.

Trinitätslehre wird durch solche Gedanken nicht ins geheimnislose Begreifen gebracht, aber es wird doch sichtbar, wie durch sie ein neues Verständnis des Wirklichen sich auftut, dessen, was der Mensch ist, und dessen, was Gott ist. Am Punkt scheinbar äußerster Theorie tritt das äußerst Praktische zutage; im Reden von Gott wird sichtbar, was der Mensch ist; das Paradoxeste ist zugleich das Hellste und das Helfendste.

ZWEITER HAUPTTEIL

JESUS CHRISTUS

ERSTES KAPITEL

»Ich glaube an Christus Jesus, seinen eingeborenen Sohn, unsern Herrn«

I. DAS PROBLEM DES BEKENNTNISSES ZU JESUS HEUTE

Mit dem zweiten Hauptstück des Credo geraten wir erst vor den eigentlichen – in den Einleitungsüberlegungen schon kurz bedachten – Anstoß des Christlichen: das Bekenntnis dazu, dass der Mensch Jesus, ein Einzelner, der um das Jahr 30 in Palästina hingerichtet worden ist, der »Christus« (Gesalbte, Erwählte) Gottes, ja, Gottes eigener Sohn, die Mitte und die Entscheidung aller menschlichen Geschichte sei. Es erscheint Anmaßung und Torheit in einem, eine einzelne Gestalt, die mit wachsender Entfernung immer mehr in den Nebel der Vergangenheit entschwinden muss, zur maßgebenden Mitte aller Geschichte zu erklären. Wenn der Glaube an den »Logos«, an die Sinnhaftigkeit des Seins, durchaus einer Tendenz der menschlichen Vernunft entspricht, so geschieht in diesem zweiten Artikel des Credo die geradezu ungeheuerliche Verknüpfung von Logos und Sarx, von Sinn und Einzelgestalt der Geschichte. Der Sinn, der alles Sein trägt, ist Fleisch geworden, das heißt: er ist in die Geschichte eingetreten und einer in ihr geworden; er ist nicht mehr bloß das, was sie umgreift und trägt, sondern ein Punkt in ihr selbst. Der Sinn alles Seins wäre demnach von nun an zuhöchst nicht mehr in der Schau des Geistes zu finden, der sich über das Einzelne und Begrenzte erhebt ins Allgemeine; er wäre nicht mehr einfach gegeben in der Welt der Ideen, die das Einzelne überschreitet und nur bruchstückhaft in ihm sich spiegelt; er wäre zu finden inmitten der Zeit, im Angesicht eines Menschen. Man fühlt sich erinnert an den bewegenden Schluss von Dantes Göttlicher Komödie, wo er im Hinschauen auf das Geheimnis Gottes, inmitten jener »Liebesallgewalt, die still und einig im Kreis die Sonne führt und alle Sterne« mit seligem Erstaunen sein Ebenbild, ein Menschenangesicht entdeckt[1]. Die Verwandlung des Weges vom Sein zum Sinn, die daraus resultiert, werden wir später bedenken müssen. Einstweilen stellen wir fest, dass neben die Vereinigung von Gott des Glaubens und Gott der Philosophen, die wir im ersten Artikel als die Grundvoraussetzung und Strukturform des christlichen Glaubens erkannten, damit eine zweite, nicht weniger entscheidende Verbindung tritt, nämlich die von Logos und Sarx, von Wort und Fleisch, von Glaube und Geschichte. Der geschichtliche Mensch Jesus ist der Sohn Gottes, und der Sohn Gottes ist der Mensch Jesus. Gott ereignet sich für den Menschen durch die Menschen hindurch, ja, noch konkreter: durch *den* Menschen, in welchem das Definitive des Menschseins in Erscheinung tritt und der eben darin zugleich Gott selber ist.

Vielleicht zeichnet sich hier schon ab, dass auch in der Paradoxie von Wort und Fleisch Sinnvolles, Logosgemäßes in Erscheinung tritt. Dennoch stellt dieses Bekenntnis fürs Erste einen Skandal für das menschliche Denken dar: Sind wir damit nicht einem geradezu ungeheuerlichen Positivismus verfallen? Dürfen wir uns überhaupt an den Strohhalm einer einzelnen geschichtlichen Begebenheit klammern? Können wir gar es wagen, auf diesen Strohhalm irgendeines Ereignisses im großen Meer der Geschichte unsere ganze Existenz, ja, die ganze Geschichte zu gründen? Eine solche Vorstellung, die in sich schon abenteuerlich wirkt und die der Antike wie dem asiatischen Denken gleich unzumutbar erschien, ist unter den Denkvoraussetzungen der Neuzeit wohl noch weiter oder mindestens auf andere Weise als früher erschwert durch die Form, in der das Geschichtliche nunmehr wissenschaftlich vermittelt erscheint: die historisch-kritische Methode. Sie bedeutet, dass sich nun auf der Ebene der Begegnung mit der Geschichte ein ähnliches Problem auftut, wie es sich für das Suchen nach dem Sein und dem Grunde des Seins durch die physikalische Methode und die naturwissenschaftliche Form der Befragung der Natur ergeben hat. Bei unseren entsprechenden Überlegungen hatten wir ja gesehen, dass die Physik auf die Entdeckung des Seins selbst verzichtet und sich auf das »Positive«, das Nachprüfbare beschränkt; den eindrucksvollen Gewinn an Exaktheit, den sie auf diese Weise erreicht, muss sie mit einem Verzicht an Wahrheit bezahlen, der schließlich so weit gehen kann, dass uns hinter dem Gitter des Positiven das Sein, die Wahrheit selbst entschwindet, dass Ontologie zusehends unmöglicher wird und auch Philosophie sich weithin auf Phänomenologie, auf die bloße Frage nach dem Erscheinenden, zurückzieht.

Etwas ganz Ähnliches droht auch im Bereich der Begegnung mit der Geschichte. Die Verähnlichung mit der Methode der Physik wird so weit wie irgendmöglich vorangetrieben, wenn sie auch ihre innere Grenze darin findet, dass Historie die Nachprüfbarkeit, die den Kern der modernen Wissenschaftlichkeit ausmacht, nicht zur Wiederholbarkeit steigern kann, auf der die einzigartige Gewissheit der naturwissenschaftlichen Aussagen beruht. Dem Historiker ist solches versagt, die vergangene Geschichte bleibt unwiederholbar, und die Nachprüfbarkeit muss sich mit der Ausweisbarkeit der Belege begnügen, auf die der Geschichtsschreiber seine Ansicht gründet. Diese methodische Einstellung hat zur Folge, dass – ähnlich wie in der Naturwissenschaft – auch hier nur noch die phänomenale Außenseite des Geschehenen ins Blickfeld tritt. Aber diese phänomenale, das heißt in Belegen verifizierbare Außenseite ist in doppelter Hinsicht fragwürdiger als der Positivismus der Physik. Sie ist fragwürdiger zunächst, weil sie sich auf den Zufall der Urkunden verlassen muss, das heißt auf zufällige Äußerungen, wo Physik immerhin die notwendige Äußerlichkeit aller materiellen Wirklichkeiten vor Augen hat. Fragwürdiger ist sie sodann auch, weil die Äußerung des Menschlichen in der Urkunde unangemessener ist als die Selbstäußerung der Natur: Sie spiegelt die Tiefe des Menschlichen nur unzulänglich, verdeckt sie oft geradezu; ihre Deutung bringt den Menschen und seine persönliche Weise des Denkens viel stärker mit ins Spiel als die Deutung der physikalischen Phänomene. Wenn man dementsprechend sagen muss, dass die Nachahmung der naturwissenschaftlichen Methode im Bereich der Geschichte zwar wiederum die Gewissheit der Aussagen unverkennbar steigert, so ist gleichzeitig unübersehbar, dass das auch hier einen bedrängenden Wahrheitsverlust mit sich bringt, der noch weiter geht, als es in der Physik der Fall ist. Wie in dieser das Sein hinter der Erscheinung zurücktritt, so gilt hier als geschichtlich weithin nur noch, was als »historisch«, das heißt: durch historische Methoden vermittelt, dargeboten wird. Nicht selten vergisst man, dass sich die volle Wahrheit der Geschichte der Nachprüfbarkeit der Belege nicht weniger entzieht, als die Wahrheit des Seins der Experimentierbarkeit entnommen ist. So wird man sagen müssen, dass die Historie im engsten Sinn des Wortes die Geschichte nicht nur entbirgt, sondern sie auch verdeckt. Damit ergibt sich von selber, dass sie zwar den Menschen Jesus sehen, schwerlich aber sein Christus-Sein finden kann, das sich als Wahrheit der Geschichte der Belegbarkeit des bloß Richtigen nicht einfügen lässt.

II. JESUS DER CHRISTUS: DIE GRUNDFORM DES CHRISTOLOGISCHEN BEKENNTNISSES

1. Das Dilemma der neuzeitlichen Theologie: Jesus oder Christus?

Kann es uns nach allem Gesagten wundern, dass die Theologie auf die eine oder andere Weise dem Dilemma der Gleichzeitigkeit von Glaube und Geschichte zu entrinnen versucht, je mehr zwischen beide die Sperrwand des Historischen tritt? So begegnen wir heute da und dort dem Versuch, Christologie auf der Ebene des Historischen zu beweisen, sie trotz allem doch mit dieser Methode des »Richtigen« und Belegbaren sichtbar zu machen[2], oder aber dem sehr viel einfacheren Entschluss, sie schlicht auf das Belegbare zu reduzieren[3]. Das Erste kann nicht gelingen, weil, wie wir sahen, das »Historische« im strengen Sinn des Wortes eine Denkform besagt, die eine Beschränkung auf das Phainomenon (das Belegbare) meint und daher den Glauben so wenig hervorbringen kann, wie die Physik das Bekenntnis zu Gott hervorzubringen vermag. Das Zweite aber kann nicht befriedigen, weil auf solche Weise nun doch nicht das Ganze des damals Geschehenen zu erfassen ist und, was man als Aussage anbietet, in Wirklichkeit Ausdruck privater Weltanschauung und gerade nicht reines Ergebnis geschichtlicher Forschung ist[4]. So gesellt sich diesem Bemühen immer mehr der dritte Versuch hinzu, dem Dilemma des Historischen ganz zu entfliehen und es als überflüssig hinter sich zu lassen. Das geschieht auf großgeartete Weise bereits bei Hegel; sosehr sich Bultmanns Werk von demjenigen Hegels auch unterscheidet, so hat er diese Richtung mit ihm doch gemeinsam. Ob man sich auf die Idee oder auf das Kerygma zurückzieht, bedeutet zwar nicht dasselbe, doch ist der Unterschied nicht so total, wie die Vertreter der Kerygma-Theologie selbst anzunehmen scheinen[5].

Das Dilemma der beiden Wege – Christologie auf Historie zu transponieren oder zu reduzieren einerseits, der Historie ganz zu entfliehen und sie als überflüssig für den Glauben hinter sich zu lassen andererseits –, dieses Dilemma ließe sich präzis in die Alternative zusammenfassen, von der die moderne Theologie umgetrieben wird: Jesus oder Christus? Die moderne Theologie beginnt zunächst damit, dass sie sich von Christus abwendet und zu Jesus als dem historisch Greifbaren flieht, um dann, am Höhepunkt dieser Bewegung, bei Bultmann, umzuschlagen in die entgegengesetzte Flucht von Jesus zurück zu Christus – eine Flucht, die jedoch im gegenwärtigen Augenblick bereits wieder sich zu wandeln beginnt in die neuerliche Flucht von Christus zu Jesus.

Versuchen wir, diese Zickzackbewegung der neueren Theologie noch etwas genauer zu verfolgen, weil wir durch sie der Sache selbst näher kommen. Von der ersten Tendenz her – Flucht von Christus zu Jesus – hat Harnack am Beginn des Jahrhunderts sein »Wesen des Christentums« entworfen: jenes Buch, das eine von Vernunftstolz und -optimismus gesättigte Form des Christentums anbietet, auf die hin der Liberalismus das ursprüngliche Credo gereinigt hatte. Ein tragender Satz dieses Werkes lautet: »Nicht der Sohn, sondern allein der Vater gehört in das Evangelium, wie es Jesus verkündigt hat, hinein«[6]. Wie einfach, wie erlösend erscheint das doch! Wo das Bekenntnis zum Sohn getrennt hatte – Christen und Nichtchristen und Christen verschiedener Richtungen untereinander –, da kann das Wissen um den Vater einen. Wo der Sohn nur wenigen gehört, gehört der Vater allen und alle ihm. Wo der Glaube gespalten hat, da mag die Liebe verbinden. Jesus gegen Christus, das bedeutet: fort vom Dogma, hin zur Liebe. Dass man aus dem predigenden Jesus, der allen Menschen ihren gemeinsamen Vater verkündigte und so sie zu Brüdern machte, den gepredigten Christus werden ließ, der nun Glauben heischte und zum Dogma wurde, das hat nach Harnack den entscheidenden Bruch gebracht: Jesus hatte die undoktrinelle Botschaft von der Liebe ausgerufen, und darin lag die große Revolution, mit der er den Panzer der pharisäischen Orthodoxie sprengte, anstelle der unduldsamen Rechtgläubigkeit die Einfachheit des Vertrauens auf den Vater, des Bruderseins der Menschen und des Berufenseins zur einen Liebe setzte. An deren Stelle habe man die Doktrin vom Gottmenschen, vom »Sohn«, gesetzt und so an die Stelle der Duldsamkeit und Brüderlichkeit, die das Heil ist, eine heilbringende Lehre, die nur Unheil bedeuten kann und Kämpfe über Kämpfe, Spaltungen über Spaltungen ausgelöst hat. Daraus ergibt sich von selbst die Parole: Zurück hinter den gepredigten Christus, den Gegenstand des trennenden Glaubens, zum predigenden Jesus, dem Ruf zur einenden Macht der Liebe unter dem einen Vater mit den vielen Brüdern. Man kann wohl nicht leugnen, dass dies eindrucksvolle und bewegende Aussagen sind, an denen nicht leichthin vorbeigegangen werden darf. Und trotzdem – während noch Harnack seine optimistische Jesusbotschaft verkündigte, standen die Füße derer, die sein Werk zu Grabe trugen, bereits vor der Tür. Zur selben Zeit schon wurde der Nachweis erbracht, dass der bloße Jesus, von dem er sprach, ein romantischer Traum war, eine Fata Morgana des Historikers, Spiegelung seines Durstes und seiner Sehnsucht, die sich auflöst, je mehr er auf sie zugeht.

So hat Bultmann entschlossen den anderen Weg gewählt: An Jesus ist überhaupt nur das Dass seines Existierthabens wichtig, im Übrigen bezieht sich der Glaube nicht auf solch ungewisse Hypothesen, von denen keine historische Sicherheit zu erlangen ist, sondern allein auf das Wortereignis der Verkündigung, durch welches die verschlossene menschliche Existenz eröffnet wird zu ihrer Eigentlichkeit hin. Aber ist denn ein leeres Dass leichter zu ertragen als ein inhaltlich gefülltes? Ist etwas gewonnen, wenn die Frage, wer und was und wie dieser Jesus war, ins Bedeutungslose abgeschoben und dafür der Mensch an ein bloßes Wortereignis gebunden wird? Dies Letztere findet zwar sicher statt, denn es *wird* gepredigt; aber seine Legitimation und sein Wirklichkeitsgehalt bleiben auf diesem Weg recht fragwürdig.

Von solchen Fragen aus wird man es verstehen, dass die Zahl derer wieder wächst, die vom reinen Kerygma und von dem gleichsam auf das Gespenst des bloßen Dass abgemagerten historischen Jesus zurückfliehen zu dem menschlichsten aller Menschen, dessen Menschlichkeit in einer entgöttlichten Welt ihnen als der letzte Schimmer des Göttlichen erscheint, der nach dem »Tod Gottes« geblieben ist. So geschieht es heute in der »Tod-Gottes«-Theologie, die uns sagt, dass wir zwar Gott nicht mehr haben, aber dass uns doch Jesus geblieben sei als das Zeichen des Vertrauens, das uns ermutige, weiterzugehen[7]. Inmitten einer gottleer gewordenen Welt soll seine Humanität so etwas wie die Stellvertretung für den nicht mehr aufzufindenden Gott werden. Aber wie unkritisch sind hier diejenigen, die sich vorher so kritisch gebärdeten, dass sie Theologie nur noch ohne Gott gestatten wollten, um vor den Augen ihrer fortschrittlichen Zeitgenossen nur ja nicht etwa als rückständig zu erscheinen! Vielleicht müsste man allerdings die Frage schon ein Stück früher stellen und überlegen, ob nicht eine bedenkliche Kritiklosigkeit sich bereits in dem Vorhaben zeige, Theologie – Rede von Gott – ohne Gott treiben zu wollen. Wir brauchen uns damit hier nicht auseinander zu setzen; was unsere Frage angeht, so steht jedenfalls fest, dass wir die letzten vierzig Jahre nicht ungeschehen machen können und dass uns der Rückweg zu einem bloßen Jesus unwiderruflich versperrt ist. Der Versuch, unter Umgehung des geschichtlichen Christentums aus der Retorte des Historikers einen reinen Jesus zu konstruieren, von dem man dann sollte leben können, ist innerlich absurd. Die bloße Historie schafft keine Gegenwart, sondern stellt das Gewesensein fest. Die Jesus-Romantik ist deshalb im Letzten genauso zukunftslos und so gegenwartsleer, wie es die Flucht ins reine Wortereignis sein musste.

Dennoch war das Hin und Her des modernen Geistes zwischen Jesus und Christus, dessen Hauptetappen in unserem Jahrhundert ich eben nachzuzeichnen versuchte, nicht einfach umsonst. Ich denke, dass es sogar recht eigentlich zu einer Wegweisung werden kann, dahin nämlich, dass es das eine (Jesus) ohne das andere (Christus) nicht gibt, dass man vielmehr notwendig immer wieder vom einen aufs andere verwiesen wird, weil in Wahrheit Jesus nur als der Christus und der Christus nicht anders als in Jesus besteht. Wir müssen einen Schritt weitergehen und *vor* allem Rekonstruieren, das dann doch immer nur Rekonstruktionen, das heißt nachträgliche Kunstgebilde, ergeben kann, einfach versuchen, zu verstehen, was denn der Glaube sagt, der nicht Rekonstruktion, sondern Gegenwart ist, nicht Theorie, sondern eine Wirklichkeit lebendigen Existierens. Vielleicht sollten wir doch der die Jahrhunderte durchwaltenden Gegenwart des Glaubens, der seinem Wesen nach nichts anderes als ein Verstehen sein wollte, – Verstehen dessen, wer und was dieser Jesus eigentlich war –, vielleicht sollten wir ihr mehr trauen als der Rekonstruktion, die sich abseits der Wirklichkeit ihren eigenen Weg sucht; zumindest aber muss man einmal versuchen, zur Kenntnis zu nehmen, was dieser Glaube eigentlich sagt.

2.
Das Christusbild des Glaubensbekenntnisses

Das Symbolum, dem wir als repräsentativer Zusammenfassung des Glaubens in diesem Buch folgen, formuliert sein Bekenntnis zu Jesus in dem ganz einfachen Wort ... und (ich glaube) an

Christus Jesus«. Auffällig daran ist für uns höchstens, dass ähnlich wie in dem vom Apostel Paulus bevorzugten Sprachgebrauch das Wort Christus, das ursprünglich nicht einen Namen, sondern einen Titel (»Messias«) bedeutete, vorangestellt ist. Nun lässt sich zeigen, dass der römischen Christengemeinde, die unser Bekenntnis formuliert hat, das Wort Christus durchaus noch in seiner inhaltlichen Bedeutung bewusst war. Die Umprägung in einen reinen Eigennamen, als den wir heute das Wort empfinden, hat sich zwar schon in allerfrühester Zeit vollzogen; hier jedoch wird »Christus« noch eingesetzt als die Bezeichnung dessen, was dieser Jesus ist. Die Verschmelzung mit dem Namen Jesus ist allerdings schon weit vorangeschritten, wir stehen gleichsam an der letzten Etappe im Bedeutungswandel des Wortes Christus.

Ferdinand Kattenbusch, der große Erforscher des Apostolischen Symbols, hat den Tatbestand mit einem Beispiel aus seiner Zeit (1897) treffend erläutert: Er weist zum Vergleich auf die Rede vom »Kaiser Wilhelm« hin: Der Titel Kaiser ist schon beinahe zu einem Stück des Namens selbst geworden, so untrennbar gehören »Kaiser« und »Wilhelm« zusammen; dennoch ist noch jedem bewusst, dass mit diesem Wort nicht bloß ein Name, sondern eine Funktion ausgesagt wird[8]. Etwas ganz Ähnliches finden wir hier in der Wortverbindung »Christus Jesus« vor, die ganz dieselbe Bildung zeigt: Christus ist Titel und doch auch schon ein Stück des einmaligen Namens für den Mann aus Nazareth. In diesem Vorgang der Verschmelzung des Namens mit dem Titel, des Titels zum Namen, spielt sich etwas weitaus anderes ab als eine der vielen Vergesslichkeiten der Geschichte, für die wir hier ein Beispiel mehr erhielten. Darin kommt vielmehr der tiefste Kern jenes Verstehens zum Vorschein, das der Glaube hinsichtlich der Gestalt Jesu von Nazareth vollzogen hat. Die eigentliche Aussage des Glaubens ist nämlich eben diese, dass es bei jenem Jesus nicht möglich ist, Amt und Person zu unterscheiden; diese Differenz wird ihm gegenüber einfach gegenstandslos.

Die Person *ist* das Amt, das Amt *ist* die Person. Beides ist nicht mehr trennbar: Hier ist kein Vorbehaltsraum des Privaten, des Ich, das schließlich hinter seinen Handlungen und Taten verbleibt und deshalb irgendwann auch »außer Dienst« sein kann; hier ist kein von seinem Werk abgetrenntes Ich – das Ich ist das Werk, und das Werk *ist* das Ich.

Jesus hat (immer nach dem Selbstverständnis des im Symbol sich ausdrückenden Glaubens) nicht eine Lehre hinterlassen, die von seinem Ich abzulösen wäre, wie man die Ideen großer Denker sammeln und würdigen kann, ohne auf die Person des Urhebers einzugehen. Das Symbolum bietet keine Lehre Jesu; man kam offenbar nicht einmal auf den uns so selbstverständlich scheinenden Gedanken, so etwas zu versuchen, weil das wirkende Grundverständnis in eine völlig andere Richtung wies. Desgleichen hat nach dem Selbstverständnis des Glaubens Jesus nicht ein Werk getan, das von seinem Ich unterscheidbar und davon abgetrennt darzustellen wäre. Ihn als den Christus verstehen bedeutet vielmehr, überzeugt zu sein, dass er sich selbst in sein Wort hineingegeben hat: Hier ist nicht (wie bei uns allen) ein Ich, das Worte macht – er hat sich so mit seinem Wort identifiziert, dass Ich und Wort ununterscheidbar sind: Er *ist* Wort. Ebenso ist für den Glauben sein Werk nichts anderes als die Vorbehaltlosigkeit des Sich-selber-Einschmelzens in eben dieses Werk; er tut *sich* und gibt *sich*; sein Werk ist das Geben seiner selbst.

Karl Barth hat diese Wahrnehmung des Glaubens einmal folgendermaßen ausgedrückt: »Jesus ist schlechterdings Träger eines Amtes. Er ist also nicht Mensch und dann auch noch Träger dieses Amtes ... Es gibt keine neutrale Menschlichkeit Jesu ... Das merkwürdige Wort des Paulus 2 Kor 5,16: ›Wenn wir auch Christus nach dem Fleische erkannt haben, so kennen wir ihn doch jetzt nicht mehr‹, könnte doch auch im Namen aller vier Evangelisten gesprochen sein. Diese waren gänzlich uninteressiert an allem, was dieser Mensch außerhalb seines Christusamtes und also abgesehen von dessen Vollstreckung gewesen sein und getan haben mochte ... Auch wenn sie von ihm berichten, dass er gehungert und gedürstet, dass er gegessen und getrunken, dass er müde geworden sei und geruht und geschlafen habe, dass er geliebt, getrauert, gezürnt und sogar geweint habe, berühren sie Begleitumstände, in denen doch nirgends so etwas wie eine ihrem Werk gegenüber selbständige Persönlichkeit mit gewissen ihr eigentümlichen Anliegen, Neigungen und Affekten sichtbar wurde ... Sein Sein als Mensch ist sein Werk«[9]. Anders gesagt: Die entscheidende Aussage des Glaubens über Jesus liegt in der untrennbaren Einheit der zwei Worte »Jesus Christus«, in der sich die Erfahrung der Identität von Existenz und Sendung verbirgt. In diesem Sinn darf man in der Tat von einer »funktionalen Christologie« sprechen: Das ganze Sein Jesu ist Funktion des »Für uns«, aber auch die Funktion ist – ebendarum – ganz Sein[10].

So verstanden könnte man zu guter Letzt tatsächlich behaupten, dass nicht die Lehre und die Taten des historischen Jesus als solche wichtig sind, sondern dass das bloße Dass genügt – dann nämlich, wenn man dabei begreift, dass dieses Dass die ganze Realität der Person meint, die als solche ihre Lehre ist, die als solche mit ihrer Tat zusammenfällt und darin ihre unwiederholte Eigentümlichkeit und Einmaligkeit hat. Die Person Jesu *ist* seine Lehre, und seine Lehre ist er selbst. Christlicher Glaube, das heißt Glaube an Jesus als den Christus, ist deshalb wahrhaft »personaler Glaube«. Was das heißt, kann man wohl erst von hier aus wirklich verstehen. Solcher Glaube ist nicht das Annehmen eines Systems, sondern das Annehmen dieser Person, die ihr Wort ist; des Wortes als Person und der Person als Wort.

3.
Der Ausgangspunkt des Bekenntnisses: Das Kreuz

Das bisher Gesagte verdeutlicht sich, wenn wir einen Schritt weiter hinter das Apostolische Symbol auf den Ursprung des christlichen Bekenntnisses überhaupt zurückgehen. Heute können wir mit einiger Sicherheit feststellen, dass der Ursprungsort des Glaubens an Jesus als den Christus, das heißt der Ursprungsort »christ«-lichen Glaubens überhaupt, das Kreuz ist Jesus selbst hatte sich nicht direkt als den Christus (»Messias«) proklamiert. Diese uns gewiss einigermaßen ungewohnte Behauptung schält sich aus dem oft genug verwirrenden Streit der Historiker nunmehr mit einiger Deutlichkeit heraus; man wird ihr auch und gerade dann nicht ausweichen können, wenn man dem eilfertigen Subtraktionsverfahren, das sich in der gegenwärtigen Jesusforschung breitmacht, mit der gebührenden Kritik gegenübersteht. Jesus also hat sich nicht eindeutig als Messias (Christus) verkündigt – wer es tat, war Pilatus, der sich seinerseits der Anklage der Juden anschloss, indem er, dieser Anklage nachgebend, durch den in allen Weltsprachen von damals verfassten Hinrichtungstitel Jesus vom Kreuz herab als den hingerichteten König (= Messias, Christus) der Juden proklamierte. Dieser Hinrichtungstitel, das Todesurteil der Geschichte, wurde in paradoxer Einheit zum »Bekenntnis«, zum eigentlichen Ausgangs- und Wurzelpunkt des christlichen Glaubens, der Jesus für den Christus hält: Als der Gekreuzigte ist dieser Jesus der Christus, der König. Sein Gekreuzigtsein ist sein Königsein; sein Königsein ist das Weggegebenhaben seiner Selbst an die Menschen, ist das Identischwerden von Wort, Sendung und Existenz in der Drangabe eben dieser Existenz. Seine Existenz ist so sein Wort. Er *ist* Wort, weil er Liebe ist. Vom Kreuz her versteht der Glaube in zunehmendem Maße, dass dieser Jesus nicht nur *etwas* getan und gesagt hat, sondern dass in ihm Botschaft und Person identisch sind, ja, dass er immer schon das ist, was er sagt. Johannes brauchte daraus nur schlicht die letzte Konsequenz zu ziehen: Wenn es so steht – das ist der christologische Grundgedanke seines Evangeliums –, dann ist also dieser Jesus Christus »Wort«; eine Person aber, die nicht nur Worte hat, sondern ihr Wort und ihr Werk ist, die ist der Logos (»das Wort«, der Sinn) selbst; die ist von immer und für immer; die ist der Grund, worauf die Welt steht – wenn wir irgendwo eine solche Person antreffen, dann ist sie jener Sinn, der uns alle hält und von dem wir alle gehalten sind.

Die Entfaltung des Verstehens, das wir Glauben nennen, geschieht dabei so, dass die Christen zuerst vom Kreuz her auf die Identifizierung von Person, Wort und Werk stoßen. Daran erkannten sie das eigentlich und letztlich Entscheidende, vor dem alles andere zweitrangig wird. Deshalb konnte sich ihr Bekenntnis auf die schlichte Ineinanderfügung der Worte Jesus und Christus beschränken – in dieser Verbindung war alles gesagt. Jesus wird vom Kreuz her gesehen, das lauter redet als alle Worte: Er *ist* der Christus – mehr braucht es nicht. Das gekreuzigte Ich des Herrn ist eine so gefüllte Wirklichkeit, dass alles andere zurücktreten kann. In einem zweiten Schritt wurde dann von dem so gewonnenen Verstehen Jesu her auf seine Worte zurückreflektiert. Zu ihrem Erstaunen musste die erinnernde Gemeinde nun feststellen, dass in Jesu Wort schon dieselbe Zentrierung auf sein Ich vorliegt; dass seine Botschaft selber, von rückwärts gelesen, so ist, dass sie immer in dieses Ich, in die Identität von Wort und Person hineinläuft, auf sie zuführt. In einem letzten Schritt konnte endlich Johannes die beiden Bewegungen verbinden. Sein Evangelium ist gleichsam die durchgeführte Lektüre der Worte Jesu von der Person und der Person von ihren Worten her. Dass er »Christologie«, Bezeugung des Glaubens an den Christus, als Botschaft von der Geschichte Jesu und umgekehrt Jesusgeschichte als Christologie betreibt, das zeigt die vollendete Einheit von Christus und Jesus an, die für die ganze weitere Geschichte des Glaubens konstitutiv ist und bleibt[11].

4. Jesus der Christus

Mit allem Gesagten dürfte deutlich geworden sein, in welchem Sinn und bis zu welchem Punkt hin man der Bewegung Bultmanns folgen kann. Es gibt so etwas wie eine Konzentration auf das Dass der Existenz Jesu, eine Einschmelzung der Jesustatsache in den Christusglauben – sein eigentlichstes Wort ist in der Tat er selbst, Aber haben wir uns damit nicht zu schnell über die Frage hinweggesetzt, die Harnack vorhin für uns aufgerichtet hatte? Was ist es denn nun mit der der Christologie entgegengesetzten Botschaft vom Vatergott, von der die Grenzen des Glaubens überschreitenden und überwindenden Liebe aller Menschen? Ist sie aufgesogen in einen christologischen Dogmatismus? Ist in diesem Versuch, den Glauben der frühen Christenheit und der Kirche aller Zeiten nachzuzeichnen, nicht doch das Wichtige, das in der liberalen Theologie zur Sprache gebracht wurde, zurückgenommen und verdeckt durch einen Glauben, der die Liebe vergessen macht? Dass es tatsächlich dahin kommen kann und in der Geschichte mehr als einmal gekommen ist, wissen wir. Dass das aber dem Sinn jener Aussage entspräche, muss aufs entschiedenste verneint werden.

Denn wer den Christus in Jesus, und nur in ihm, den Jesus aber als den Christus erkennt, wer das totale Einssein von Person und Werk als das Entscheidende erfasst, der hat die Exklusivität des Glaubens und seine Antithese zur Liebe verlassen, der hat sie beide in eins gesetzt und ihre gegenseitige Trennung undenkbar gemacht. Der Bindestrich zwischen Jesus und Christus, die Trennungslosigkeit von Person und Werk, die Identität eines Menschen mit dem Akt der Hingabe – sie bedeuten auch den Bindestrich zwischen Liebe und Glauben. Denn das Ich Jesu, seine Person, die nun allerdings ganz in den Mittelpunkt rückt, hat doch seine Eigentümlichkeit darin, dass dieses Ich in keiner verselbständigten Abschließung steht, sondern gänzlich Sein vom Du des Vaters her und Sein für das Ihr der Menschen ist. Es ist Identität von Logos (Wahrheit) und Liebe und macht so die Liebe zum Logos, zur Wahrheit des menschlichen Seins. Der Glaube, der von einer so verstandenen Christologie gefordert wird, hat folglich sein Wesen darin, Eingehen in die universale Offenheit bedingungsloser Liebe zu sein. Denn an einen so verstandenen Christus glauben bedeutet einfach, die Liebe zum Inhalt des Glaubens zu machen, sodass man von da aus geradezu wird sagen dürfen: Liebe ist Glaube.

Das entspricht dem Gemälde, das Jesus in seinem großen Gleichnis vom letzten Gericht (Mt 25,31–46) entworfen hat: Als das Christusbekenntnis, das der richtende Herr fordert, wird das Finden Christi in den letzten Menschen, in denen, die meiner Hilfe bedürfen, erklärt. Christus bekennen heißt von hier aus: den Menschen, der meiner bedarf, als den Christus anzuerkennen, wie er mir hier und heute entgegentritt; den Anruf der Liebe als Anspruch des Glaubens verstehen. Die scheinbare Umdeutung des christologischen Bekenntnisses in die Bedingungslosigkeit des menschlichen Dienens und Füreinanderseins, die hier – in Mt 25 – geschieht, ist nach dem Gesagten nicht als das Ausbrechen aus einer sonst vorhandenen Dogmatik anzusehen; sie ist in Wahrheit die Konsequenz, die sich aus dem Bindestrich zwischen Jesus und Christus, also aus dem Kern der Christologie selbst, ergibt. Denn dieser Bindestrich – sagen wir es noch einmal – ist zugleich der Bindestrich zwischen Glaube und Liebe. Deshalb gilt nun auch, dass Glaube, der nicht Liebe ist, kein wirklich *christlicher* Glaube ist, sondern nur als solcher erscheint – ein Tatbestand, der ebenso gegen ein doktrinalistisches Missverständnis des katholischen Glaubensbegriffs wie gegen die Säkularisierung der Liebe angemeldet werden muss, die bei Luther aus der Exklusivität der Glaubensrechtfertigung hervorkommt[12].

III. JESUS CHRISTUS – WAHRER GOTT UND WAHRER MENSCH

1. Der Ansatz der Frage

Kehren wir noch einmal zur christologischen Frage im engeren Sinn zurück, damit das Gesagte nicht als bloße Behauptung oder gar als Ausflucht ins Zeitgemäße stehen bleibt. Wir hatten festgestellt, das christliche Ja zu Jesus bejahe ihn als den Christus, das heißt: als denjenigen, in dem Person und Werk identisch sind; von da aus stießen wir dann auf die Einheit von Glaube und Liebe vor. Indem christlicher Glaube zunächst von allen bloßen Ideen, von jedem selbständigen Lehrgehalt fort und auf das Ich Jesu hinführt, führt er auf ein Ich zu, das völlige Offenheit ist, ganz »Wort«, ganz »Sohn«. Wir hatten auch bereits bedacht, dass mit den Begriffen »Wort« und »Sohn« der dynamische Charakter dieser Existenz, ihre reine »actualitas« ausgedrückt werden soll. Wort steht nie in sich selbst, sondern kommt von jemand her und ist da, um gehört zu werden, also auf andere hin. Nur in dieser Totalität des Von und Für besteht es. Das gleiche hatten wir als den Sinn des Begriffes Sohn entdeckt, der eine ähnliche Ausgespanntheit zwischen Von und Für meint. Das Ganze könnten wir demnach zusammenfassen in die Formel: Christlicher Glaube ist nicht auf Ideen, sondern auf eine Person, ein Ich bezogen, und zwar auf ein solches, das als Wort und Sohn, das heißt als totale Offenheit, definiert ist. Das führt nun aber zu einer doppelten

Konsequenz, in der die Dramatik des Christusglaubens (im Sinn eines Glaubens an Jesus als *Christus*, das heißt als Messias) und seine notwendige geschichtliche Selbstüberschreitung auf das volle Skandalum des Sohnesglaubens (als Glaube an das wahre Gottsein Jesu) zutage treten. Wenn es nämlich so ist, wenn dieses Ich geglaubt wird als reine Offenheit, als totales Sein vom Vater her; wenn es mit seiner ganzen Existenz »Sohn« – actualitas des reinen Dienens – ist; wenn – anders ausgedrückt – diese Existenz Liebe nicht nur *hat*, sondern *ist* – muss sie dann nicht identisch sein mit Gott, der *allein* die Liebe *ist*? Ist Jesus, der Sohn Gottes, dann nicht selber Gott? Gilt dann nicht: »Das Wort war auf Gott hin, und es *war* Gott« (Jo 1,1)? Aber auch die umgekehrte Frage entsteht, sodass wir sagen müssen: Wenn dieser Mensch ganz ist, was er tut, wenn er ganz hinter dem steht, was er sagt, wenn er ganz für die andern und in solchem Sichverlieren doch ganz bei sich selber ist; wenn er der ist, der sich im Verlieren gefunden hat (vgl. Mk 8,35), ist er dann nicht der menschlichste der Menschen, die Erfüllung des Humanen schlechthin? Dürfen wir dann überhaupt Christologie (= Rede von Christus) in Theologie (= Rede von Gott) auflösen; müssen wir dann nicht viel eher Jesus leidenschaftlich als *Menschen* reklamieren, Christologie als Humanismus und als Anthropologie betreiben? Oder sollte der eigentliche Mensch gerade dadurch, dass er es ganz und eigentlich ist, Gott sein und Gott eben der eigentliche Mensch sein? Sollte es sein können, dass radikalster Humanismus und Glaube an den offenbarenden Gott hier aufeinandertreffen, ja ineinander übergehen?

Ich glaube, es zeigt sich, dass diese Fragen, von deren Wucht die Kirche der ersten fünf Jahrhunderte erschüttert wurde, einfach aus dem christologischen Bekenntnis selbst aufsteigen; das dramatische Ringen jener Periode um diese Fragen hat in den ökumenischen Konzilien von damals zur Bejahung aller *drei Fragen* geführt. Eben dieses dreifache Ja macht den Inhalt und die Endgestalt des klassischen christologischen Dogmas aus, das damit nur dem schlichten Anfangsbekenntnis zu Jesus als dem »Christus« die volle Treue zu halten versuchte. Anders gesagt: Das entfaltete christologische Dogma bekennt sich dazu, dass das radikale Christussein Jesu das Sohnsein postuliert und dass das Sohnsein das Gottsein einschließt; nur wenn es so verstanden wird, bleibt es »logoshafte«, verständige Aussage, während man ohne diese Konsequenz in Mythos absinkt. Es bekennt sich aber nicht minder entschieden dazu, dass Jesus in der Radikalität seines Dienens der menschlichste der Menschen ist, der wahre Mensch, und es steht so zu dem Ineinsfall von Theologie und Anthropologie, in dem seither das wahrhaft Erregende christ-lichen Glaubens besteht.

Aber noch einmal erhebt sich eine Frage. Wenn man die Unausweichlichkeit der eben entwickelten Logik und damit die innere Konsequenz des Dogmas einfach anerkennen muss, bleibt doch alles entscheidend der Blick auf die Tatsachen: Haben wir uns nicht vielleicht mit einem schönen System in die Lüfte erhoben, aber die Wirklichkeit hinter uns gelassen, sodass uns die unbestreitbare Schlüssigkeit des Systems nichts nützt, weil die Basis fehlt? Wir müssen – mit anderen Worten – fragen, ob uns der biblische Befund und das, was seine kritische Durchleuchtung der Tatsachen freigibt, dazu ermächtigt, das Sohnsein Jesu so zu fassen, wie wir es eben getan haben und wie das christologische Dogma es tut. Darauf wird heute immer entschiedener und immer selbstverständlicher mit Nein geantwortet; das Ja scheint vielen zu einer kaum noch der Beachtung bedürftigen vorkritischen Position abgesunken zu sein. Ich möchte demgegenüber zu zeigen versuchen, dass man nicht nur mit Ja antworten kann, sondern sogar muss, wenn man nicht entweder in rationalistische Belanglosigkeiten oder in mythologische Sohnesideen abgleiten will, die vom biblischen Sohnesglauben und von seiner altkirchlichen Auslegung überholt und überwunden worden sind[13].

2.
Ein modernes Klischee des »historischen Jesus«

Wir müssen langsam vorgehen. Wer war eigentlich Jesus von Nazareth? Wie verstand er sich? Wenn man dem Klischee glauben dürfte, das sich als Vulgarisierungsform moderner Theologie heute weithin auszubreiten beginnt[14], wären die Dinge etwa so verlaufen: Den historischen Jesus müsste man sich als eine Art von prophetischem Lehrer vorstellen, der in der eschatologisch erhitzten Atmosphäre des Spätjudentums seiner Zeit auftrat und darin, entsprechend jener eschatologisch angereicherten Situation, die Nähe des Gottesreiches verkündete. Das sei zunächst eine durchaus zeitlich zu verstehende Aussage gewesen: Jetzt kommt baldigst das Reich Gottes, das Ende der Welt. Andererseits sei aber doch das Jetzt bei Jesus so sehr betont, dass das Zeitlich-Zukünftige für den tiefer Blickenden nicht mehr als das Eigentliche gelten könne. Dieses könne man vielmehr – auch wenn Jesus selbst an eine Zukunft, an ein Reich Gottes dachte – nur in dem Ruf zur Entscheidung sehen: Der Mensch werde ganz auf das jeweils andrängende Jetzt verpflichtet.

Halten wir uns nicht dabei auf, dass eine so inhaltslose Botschaft, mit der man vorgibt, Jesus besser zu verstehen, als er sich selbst verstand, schwerlich jemandem etwas hätte bedeuten können. Hören wir lieber einfach zu, wie es weitergegangen sein soll. Aus Gründen, die nicht mehr recht zu rekonstruieren seien, sei Jesus hingerichtet worden und als ein Scheiternder gestorben. Danach sei auf eine auch nicht mehr recht erkennbare Weise der Auferstehungsglaube entstanden, die Vorstellung, er lebe wieder oder bedeute jedenfalls weiterhin etwas. Allmählich habe dieser Glaube sich weiter gesteigert und die auch anderwärts in ähnlicher Weise belegbare Vorstellung ausgebildet, Jesus werde in Zukunft als Menschensohn oder als Messias wiederkehren. In einem nächsten Schritt habe man diese Hoffnung schließlich auf den historischen Jesus zurückprojiziert, sie ihm selbst in den Mund gelegt und ihn entsprechend umgedeutet. Nun habe man es so hingestellt, als hätte er sich selber als den kommenden Menschensohn oder Messias angekündigt. Alsbald – so sieht es unser Klischee – sei aber dann die Botschaft aus der semitischen Welt in die hellenistische übergegangen. Das habe bedeutende Folgen gehabt. In der jüdischen Welt hatte man Jesus mit jüdischen Kategorien ausgelegt (Menschensohn, Messias). Im hellenistischen Bereich waren diese Kategorien unverständlich; man habe folglich dort zu hellenistischen Vorstellungsmodellen gegriffen. An die Stelle der semitischen Schemata vom Menschensohn und vom Messias sei die hellenistische Kategorie des »göttlichen Menschen« oder »Gottmenschen« (ϑεῖος ἀνήϱ) getreten, mit der man sich nun die Gestalt Jesu begreiflich gemacht habe.

Der »Gottmensch« im Sinn des Hellenismus sei aber hauptsächlich durch zwei Eigenschaften gekennzeichnet: Er sei Wundertäter, und er sei göttlicher Herkunft. Letzteres will sagen, dass er in irgendeiner Form von Gott als Vater abstammt; seine halb göttliche, halb menschliche Herkunft eben ist es, die ihn zum Gott-menschen, zum göttlichen Menschen macht. Die Übertragung der Kategorie des göttlichen Menschen habe zur Folge gehabt, dass nun auch seine beiden eben geschilderten Bestimmtheiten auf Jesus übertragen werden mussten. So habe man nun begonnen, ihn als Wundertäter zu schildern, und der »Mythos« der Jungfrauengeburt sei aus dem gleichen Grunde geschaffen worden. Dieser habe dann seinerseits von neuem dazu geführt, Jesus als Sohn Gottes zu bezeichnen, weil nun Gott auf mythische Weise als sein Vater erschien. Auf diese Weise habe die hellenistische Deutung Jesu als eines »göttlichen Menschen« zusammen mit ihren notwendigen Folgeerscheinungen schließlich das Ereignis der Nähe zu Gott, das für Jesus kennzeichnend gewesen sei, umgewandelt in die »ontologische« Idee der Abstammung von Gott. Auf dieser mythischen Spur sei dann der altkirchliche Glaube fortgeschritten bis zur endgültigen Verfestigung des Ganzen im Dogma von Chalcedon mit seinem Begriff der ontologischen Gottessohnschaft Jesu. Von diesem Konzil sei mit dem Gedanken der ontologischen Herkunft Jesu von Gott jener Mythos dogmatisiert und mit einer abstrusen Gelehrsamkeit umgeben worden bis dahin, dass diese mythische Aussage schließlich zum Schibboleth der Rechtgläubigkeit erhoben und so der Ausgangspunkt endgültig auf den Kopf gestellt worden sei.

Das Ganze ist für den historisch Denkenden ein absurdes Gemälde, auch wenn es heute scharenweise seine Gläubigen findet; für meinen Teil gestehe ich freilich, dass ich, auch vom christlichen Glauben abgesehen, rein von meinem Umgang mit der Geschichte her, lieber und leichter zu glauben imstande bin, dass Gott Mensch wird, als dass ein solches Hypothesen-Konglomerat zutrifft. Nun können wir in dem hier gesetzten Rahmen leider nicht in die Details der historischen Problematik eintreten; das würde eine sehr umfassende und langwierige Untersuchung erfordern. Wir müssen uns vielmehr (und dürfen es auch) auf den entscheidenden Punkt beschränken, um den sich das Ganze dreht: die Rede von der Gottessohnschaft Jesu. Wenn man sprachlich sorgfältig zu Werke geht und nicht alles untereinander vermischt, was man gern zusammenhängen sehen möchte, lässt sich in dieser Sache das Folgende feststellen.

3.
Das Recht des christologischen Dogmas

a) Zur Frage des »göttlichen Menschen«. Der Begriff des göttlichen Menschen bzw. Gottmenschen (θεῖος ἀνήρ) kommt im Neuen Testament *nirgends* vor. Umgekehrt kommt in der Antike für die »göttlichen Menschen« *nirgends* die Bezeichnung »Sohn Gottes« vor. Das sind zwei wichtige Sachverhalte. Die beiden Begriffe hängen geschichtlich in keiner Weise zusammen, sie haben sprachlich und sachlich nichts miteinander zu tun. Weder kennt die Bibel den göttlichen Menschen, noch kennt die Antike im Bereich der göttlichen Menschen die Idee der Gottessohnschaft. Neuere Untersuchungen zeigen darüber hinaus sogar, dass selbst der Begriff des »göttlichen Menschen« in vorchristlicher Zeit kaum belegbar ist, sondern erst später auftaucht[15]. Aber auch wenn wir von dieser Feststellung absehen, bleibt bestehen, dass der Titel Gottessohn und die mit ihm ausgesprochenen Sachzusammenhänge aus dem Zusammenhang von Titel und Gedanke des göttlichen Menschen nicht erklärt werden können: die beiden Vorstellungsschemata sind, geschichtlich gesehen, einander vollständig fremd und haben sich gegenseitig nicht berührt.

b) Die biblische Terminologie und ihre Beziehung zum Dogma. Innerhalb der Sprache des Neuen Testaments ist streng zu unterscheiden zwischen der Bezeichnung »Sohn Gottes« und der einfachen Bezeichnung »der Sohn«. Für den, der sprachlich nicht exakt vorgeht, scheint beides zwar durchaus dasselbe zu sagen; tatsächlich haben beide Bezeichnungen in gewissem Sinn miteinander zu tun und bewegen sich immer mehr aufeinander zu. Ursprünglich gehören sie jedoch durchaus verschiedenen Zusammenhängen an, haben verschiedene Ursprünge und sagen Verschiedenes aus.

α) »Sohn Gottes«. Der Ausdruck »Sohn Gottes« entstammt der Königstheologie des Alten Testaments, die ihrerseits auf einer Entmythologisierung der orientalischen Königstheologie beruht und deren Umdeutung in die Erwählungstheologie Israels ausdrückt. Das klassische Beispiel für diesen Vorgang (das heißt für die Übernahme der altorientalischen Königstheologie und ihre biblische Entmythologisierung auf den Erwählungsgedanken hin) bietet Psalm 2,7, also jener Text, der zugleich zu einem der entscheidenden Ausgangspunkte für das christologische Denken wurde. In diesem Vers wird dem König Israels folgender Orakelspruch zugerufen: »Künden will ich die Setzung Jahwes: Er sprach zu mir: ›Mein Sohn bist du, heute habe ich dich gezeugt. Verlange von mir, ich gebe dir Völker zum Erbe und die Welt zum Besitztum‹«. Dieses Wort, das in den Zusammenhang der Inthronisation der Könige Israels hineingehört, entstammt, wie gesagt, altorientalischen Krönungsriten, in denen der König als der von Gott gezeugte Sohn deklariert wird, wobei allerdings der volle Umfang der Zeugungsvorstellung nur in Ägypten festgehalten worden zu sein scheint: Hier galt der König als mythisch von Gott gezeugtes Wesen, während man in Babylon dasselbe Ritual bereits weitgehend entmythologisierte und den Gedanken, der König sei Sohn Gottes, schon wesentlich im Sinn eines Rechtsaktes fasste[16].

In der Übernahme der Formel durch den davidischen Hof ist der mythologische Sinn sicher völlig beiseite geschoben. Der Gedanke einer physischen Zeugung des Königs durch die Gottheit ist ersetzt durch die Vorstellung, der König werde hier und heute Sohn; der Zeugungsakt besteht im Akt der Erwählung durch Gott. Der König ist Sohn, nicht weil er von Gott gezeugt, sondern weil er von Gott erwählt ist. Nicht ein physischer Vorgang ist angesprochen, sondern die Macht des göttlichen Wollens, das neues Sein schafft. In dem so verstandenen Sohnschaftsgedanken konzentriert sich nun zugleich die Theologie des Erwählungsvolkes überhaupt. In älteren Texten war Israel insgesamt als Jahwes erstgeborener, geliebter Sohn benannt worden (etwa Ex 4,22). Wenn in der Königszeit diese Rede auf den Herrscher übertragen wird, heißt das, dass in ihm, im Davidsnachfolger, die Berufung Israels sich zusammenfasst; dass er stellvertretend für Israel steht und das Geheimnis der Verheißung, der Berufung, der Liebe in sich vereint, das über Israel liegt.

Dazu kommt ein Weiteres. Die Anwendung des orientalischen Königsrituals auf den König Israels, wie sie im Psalm geschieht, musste angesichts der wirklichen Lage Israels wie ein grausamer Spott erscheinen. Es hatte einen Sinn, wenn dem Pharao oder dem König von Babylon bei seiner Thronbesteigung zugerufen wurde: »Die Völker gehören dir zum Erbe, die Welt ist dein, du magst sie zerschmettern und sie zertrümmern wie Töpfergeschirr«. Solche Rede entsprach dem Weltmachtsanspruch dieser Könige. Wenn aber, was bei den Großmächten Babylon und Ägypten sinnvoll war, für den König auf dem Zionsberg angewandt wird, schlägt es in die pure Ironie um, denn die Erdenkönige zittern nicht vor ihm, viel eher zittert er vor ihnen. Und die Weltherrschaft musste, von einem armseligen Duodezfürsten, wie er es war, ausgesagt, beinahe lächerlich wirken. Anders gewendet: Der Mantel des Psalms, dem orientalischen Königsritual entnommen, war viel zu groß für die Schultern des wirklichen Königs auf dem Zionsberg. So war es eine Notwendigkeit der Geschichte, dass dieser Psalm, der von der Gegenwart her gesehen fast unerträglich wirken musste, immer mehr zu einem Bekenntnis der Hoffnung wurde auf den hin, von dem er einmal wirklich gelten würde. Das bedeutet: Die Königstheologie, die in einer ersten Stufe aus einer Zeugungs- zu einer Erwählungstheologie umgewandelt worden war, wurde in einem weiteren Schritt aus einer Erwählungstheologie zu einer Theologie der Hoffnung auf den kommenden König; das Thronorakel wurde immer mehr zu einem Spruch der Verheißung, dass eines Tages der König kommen werde, von dem zu Recht gesagt werden konnte: »Mein Sohn bist du, heute habe ich dich gezeugt. Verlange von mir, und ich gebe dir die Völker zum Erbe«.

An diesem Punkt setzt die Neuverwendung des Textes durch die christliche Urgemeinde an. Wahrscheinlich im Rahmen des Auferstehungsglaubens ist dieses Psalmwort zuerst auf Jesus angewendet worden. Das Geschehen der Auferweckung Jesu von den Toten, an das diese Gemeinde glaubt, wird von den ersten Christen als jener Augenblick begriffen, in dem der Vorgang von Psalm 2 tatsächlich Wirklichkeit geworden ist. Das Paradox ist hier freilich nicht geringer. Denn glauben, dass der, der auf Golgotha gestorben ist, zugleich derjenige sei, zu dem *diese* Worte gesagt sind, scheint ein unerhörter Widerspruch. Was bedeutet diese Anwendung des Wortes? Sie besagt, dass man die Königshoffnung Israels in dem am Kreuz Gestorbenen und für das Auge des Glaubens Auferweckten erfüllt weiß. Sie bedeutet die Überzeugung, dass zu dem, der am Kreuze starb; zu dem, der aller Macht der Welt entsagte (– und hören wir als Hintergrund dabei die Rede vom Zittern der Weltkönige, vom Zerschmettern mit eisernem Stab!); zu dem, der alle Schwerter beiseite legen ließ und nicht, wie es die Könige der Welt tun, andere für sich in den Tod schickte, sondern selbst in den Tod für andere ging; zu dem, der den Sinn des Menschseins nicht in der Macht und in deren Selbstbehauptung, sondern im radikalen Sein für die andern sah, ja, der das Sein für die andern war, wie das Kreuz es zeigt – dass zu ihm und zu ihm allein Gott gesagt hat: »Mein Sohn bist du, heute habe ich dich gezeugt«. Im Gekreuzigten wird für die Glaubenden sichtbar, was der Sinn jenes Orakels, was der Sinn von Erwählung ist: nicht Privileg und Macht für *sich*, sondern Dienst für die andern. In ihm wird sichtbar, was der Sinn der Erwählungsgeschichte, was der wahre Sinn von Königtum ist, das immer schon Stellvertretung, »Repräsentation« sein wollte. Dass »Repräsentieren« bedeutet: für die anderen, sie vertretend, stehen – das gewinnt nun einen verwandelten Sinn. Ihm, dem völlig Gescheiterten, der am Galgen hängend kein Stück Boden mehr unter den Füßen hat, um dessen Gewänder gelost wird und der selbst von Gott preisgegeben scheint, ihm, gerade ihm gilt das Orakel: »Mein Sohn bist du, heute – an *dieser* Stelle – habe ich dich gezeugt. Fordere von mir und ich gebe dir Völker zum Erbe und die Welt zum Besitztum«.

Die Sohn-Gottes-Idee, die auf diese Weise und in dieser Form, in der Auslegung von Auferstehung und Kreuz durch Psalm 2, in das Bekenntnis zu Jesus von Nazareth eingegangen ist, hat wahrhaftig nichts mit der hellenistischen Idee des göttlichen Menschen zu tun und ist von ihr her auf keine Weise zu erklären. Sie ist vielmehr die zweite Entmythologisierungsstufe der alttestamentlich schon vorentmythologisierten orientalischen Königsidee. Sie bezeichnet Jesus als den wahren Erben des Alls, als den Erben der Verheißung, in dem sich der Sinn der Davidstheologie erfüllt. Zugleich wird sichtbar, dass die Königsidee, die solchermaßen im Sohnestitel auf Jesus übertragen wird, sich mit der Knechtsidee verschränkt. Als König ist er Knecht, und als Knecht Gottes ist er König. Dieses für den Christusglauben so grundlegende Ineinander ist im Alten Testament sachlich, in dessen griechischer Übersetzung auch sprachlich vorbereitet. Das Wort »Pais«, mit dem es den Knecht Gottes benennt, kann auch Kind bedeuten; im Licht des Christusereignisses musste diese Doppelsinnigkeit zum Hinweis werden auf die innere Identität, in der sich beides bei Jesus verbindet[17].

Die Übergänglichkeit von Sohn und Knecht, von Herrlichkeit und Dienst, die so sich ergab und die eine völlig neue Auslegung des Königsgedankens wie des Sohnesgedankens bedeutete, hat im Philipperbrief (2,5–11) ihre wohl großartigste Formulierung gefunden, in einem Text also, der noch ganz auf dem Boden des palästinensischen Christentums gewachsen ist. Hier wird auf das grundlegende Beispiel der Gesinnung Jesu Christi verwiesen, der das Gleichsein mit Gott, das ihm eignet, nicht eifersüchtig festhielt, sondern in die Niedrigkeit des Knechtes bis zur völligen Selbstentleerung hinabstieg; das Wort »exinanire«, das der lateinische Text hier verwendet, verweist uns auf diese Übersetzung, auf die Aussage, er habe sich »ausgeleert«, sei, das Sein-für-sich aufgebend, in die reine Bewegung des Für eingetreten. Aber eben darin, so sagt der Text weiter, ist er der Herr des Alls, des ganzen Kosmos geworden, vor dem dieser die Proskynese, das heißt den Ritus und den Akt der Unterwerfung, vollzieht, der allein dem wirklichen König gebührt. Der freiwillig Gehorchende erscheint so als der wahrhaft Herrschende; der in die letzte Niedrigkeit des Sich-Entleerens Abgestiegene ist gerade dadurch der Herrscher der Welt. Was wir bei unseren Überlegungen über den dreieinigen Gott bereits fanden, ergibt sich von einem anderen Ausgangspunkt her wieder: Derjenige, der gar nicht an sich festhält, sondern reine Beziehung ist, fällt darin mit dem Absoluten zusammen und wird so zum Herrn. Der Herr, vor dem das All sich beugt, ist das geschlachtete Lamm als Darstellung für die Existenz, die reiner Akt, reines Für ist. Die kosmische Liturgie, die anbetende Huldigung des Alls, kreist um dieses Lamm (Apk 5).

Aber kehren wir noch einmal zur Frage der Sohn-Gottes-Titulatur mit ihrer Stellung in der antiken Welt zurück. Wir müssen nämlich nun doch noch anmerken, dass es *eine* sprachliche und sachliche Parallele dazu im hellenistisch-römischen Raum tatsächlich gibt. Bloß besteht sie nicht in der Idee des »göttlichen Menschen«, die damit einfach nichts zu tun hat. Die einzige wirkliche antike Parallele zur Benennung Jesu als Sohn Gottes (die Ausdruck für ein neues Verständnis von Macht, Königtum, Erwählung, ja Menschsein ist), findet sich in der Benennung des Kaisers Augustus als »Sohn Gottes« (Θεοῦ υἱός = Divi [Caesaris] filius)[18]. Hier begegnen wir in der Tat exakt dem Wort, mit dem das Neue Testament die Bedeutung Jesu von Nazareth beschreibt. Im römischen Kaiserkult, und erst in ihm, kehrt im Raum der Spätantike mit der orientalischen Königsideologie der Titel »Sohn Gottes« wieder, den es sonst nicht gibt und schon wegen der Vieldeutigkeit des Wortes »Gott« nicht geben kann[19]. Er tritt erst wieder auf, wo die orientalische Königsideologie wiederkehrt, aus der diese Bezeichnung stammt. Anders gesagt: Der Titel »Sohn Gottes« gehört der politischen Theologie Roms zu und verweist damit auf denselben Grundzusammenhang, aus dem, wie wir sahen, auch das neutestamentliche »Sohn Gottes« hervorgewachsen ist. Beides kommt in der Tat, wenngleich unabhängig voneinander und auf verschiedenen Wegen, aus demselben Mutterboden hervor und verweist auf ein und dieselbe Quelle zurück. Im alten Orient und wieder im kaiserlichen Rom ist also – halten wir das fest – »Sohn Gottes« ein Stück politischer Theologie; im Neuen Testament ist das Wort durch die in Israel erfolgte erwählungs- und hoffnungstheologische Umdeutung hindurch in eine andere Dimension des Denkens hineinverwandelt worden. So ist aus derselben Wurzel hier völlig Verschiedenes gewachsen: In der Auseinandersetzung zwischen dem Bekenntnis zu *Jesus* als dem Sohn Gottes und dem Bekenntnis zum *Kaiser* als dem Sohn Gottes, die bald unvermeidlich werden musste, traten sich praktisch der entmythisierte und der Mythos gebliebene Mythos gegenüber. Der All-Anspruch des römischen Gott-Kaisers konnte freilich die verwandelte Königs- und Kaisertheologie unmöglich neben sich zulassen, die im Bekenntnis zu Jesus als Sohn Gottes lebt. Insofern musste aus der »Martyria« (Zeugnis) das »Martyrium« werden, die Provokation gegen die Selbstvergottung der politischen Macht[20].

β) »Der Sohn«. Von dem somit beschriebenen Begriff »Sohn Gottes« ist als etwas durchaus anderes abgehoben die Selbstbezeichnung Jesu als »der Sohn«. Dieses Wort kommt aus einer anderen Sprachgeschichte und gehört einem anderen Sprachfeld zu, nämlich der verschlüsselten Gleichnissprache, die Jesus im Gefolge der Propheten und der Weisheitslehrer Israels verwendete. Hier wiederum ist das Wort nicht der Verkündigung nach außen zuzuweisen, sondern im engsten Kreis der Jünger Jesu anzusiedeln. Sein eigentlicher Ursprungsort dürfte wohl im Gebetsleben Jesu zu suchen sein; es bildet die innere Entsprechung zu seiner neuen Gottesanrede »Abba«[21]. Joachim Jeremias hat durch sorgfältige Analysen gezeigt, dass jene wenigen Worte, die uns im griechischen Neuen Testament in der aramäischen Muttersprache Jesu überliefert worden sind, in besonderem Maße den Zugang zu seiner ursprünglichen Sprechweise eröffnen. Sie wirkten auf die Hörer so überraschend neu, bezeichneten so sehr das Besondere des Herrn, sein Einzigartiges, dass sie im Wortklang festgehalten wurden, wir können ihn gleichsam darin noch immer mit seiner eigenen Stimme sprechen hören.

Zu den wenigen kleinen Kostbarkeiten, in denen uns die Urgemeinde unübersetzt das aramäische Reden Jesu festgehalten hat, weil sie besonders auffallend darin ihn selbst vernahm, gehört die Anrede »Abba – Vater«. Von der auch im Alten Testament möglichen Vateranrede unterscheidet sie sich insofern, als »Abba« eine Formel des intimen Zueinander darstellt (dem Wort »Papa« vergleichbar, wenn auch gehobener als dieses[22]); die Intimität, die ihm eignete, schloss im Judentum die Möglichkeit aus, das Wort auf Gott zu beziehen; solche Annäherung kam dem Menschen nicht zu. Dass Jesus so betete, dass er in diesem Wort mit Gott verkehrte und darin eine neue, nur ihm persönlich eignende Form der Intimität mit Gott ausdrückte, das war es, was die frühe Christenheit festhielt, wenn sie dieses Wort in seinem Urklang aufbewahrte.

Diese Gebetsanrede aber findet, wie schon angedeutet, die ihr innerlich angemessene Entsprechung in der Selbstbenennung Jesu als Sohn. Beides zusammen drückt die eigentümliche Weise von Jesu Beten aus, sein Gottesbewusstsein, in das er, wenn auch noch so verhalten, seinen engsten Freundeskreis mit hineinblicken ließ. Wenn, wie wir hörten, der Titel »Sohn Gottes« der jüdischen Messianologie entnommen ist und so ein geschichtlich und theologisch reich befrachtetes Wortgebilde bedeutet, so stehen wir hier vor etwas gänzlich anderem, unendlich viel Einfacherem und zugleich unendlich viel Persönlicherem und Tieferem. Wir blicken hinein in die Gebetserfahrung Jesu, in jene Nähe zu Gott, die seine Gottesbeziehung von der aller anderen Menschen unterscheidet, die aber dennoch keine Exklusivität will, sondern darauf ausgerichtet ist, die anderen mit aufzunehmen in das eigene Gottesverhältnis. Sie will sie gleichsam in die eigene Weise des Stehens zu Gott hineinnehmen, sodass sie mit Jesus und in ihm ebenso wie er »Abba« zu Gott sagen können: Keine Grenze der Ferne soll sie mehr scheiden, sondern jene Intimität soll sie mit umgreifen, die in Jesus Wirklichkeit ist.

Das Johannesevangelium hat diese Selbstbezeichnung Jesu, die uns bei den ersten drei Evangelien nur an wenigen Stellen (im Rahmen der Jüngerbelehrung) begegnet, in den Mittelpunkt seines Jesusbildes gestellt; das entspricht dem Grundzug dieses Textes, der den Schwerpunkt viel mehr nach innen verlagert. Die Selbstbezeichnung Jesu als »der Sohn« wird nun zum Leitfaden der Darstellung des Herrn; zugleich wird der Sinn dieses Wortes durch den Duktus des Evangeliums in seiner Tragweite entfaltet. Da das Wichtigste darüber schon im Rahmen der Überlegungen zur Trinitätslehre gesagt wurde, kann hier eine Andeutung genügen, die das dort Bedachte ins Gedächtnis zurückruft.

Die Benennung Jesu als Sohn ist für Johannes nicht Ausdruck einer Eigenmacht, die Jesus sich zulegen würde, sondern Ausdruck der totalen Relativität seiner Existenz. Wenn Jesus ganz unter diese Kategorie gestellt wird, so bedeutet dies, dass seine Existenz als gänzlich relative ausgelegt wird, die nichts anderes als »Sein von« und »Sein für« ist, aber eben in dieser Totalrelativität mit dem Absoluten ineinsfällt. Darin deckt sich der Titel »Sohn« mit den Bezeichnungen »das Wort« und »der Gesandte«. Und wenn Johannes den Herrn durch den jesajanischen Gottesspruch »Ich bin es« beschreibt, ist wieder dasselbe gemeint, die totale Einheit mit dem »Ich bin«, die aus der völligen Hingegebenheit resultiert. Der Kern dieser Sohneschristologie des Johannes, deren Basis in den synoptischen Evangelien und durch sie hindurch im historischen Jesus (»Abba!«) vorhin klargestellt wurde, liegt demnach genau in dem, was uns eingangs als Ausgangspunkt aller Christologie deutlich geworden ist: in der Identität von Werk und Sein, von Tat und Person, im totalen Aufgehen der Person in ihrem Werk und im totalen Gedecktsein des Tuns mit der Person selber, die sich nichts dahinter vorbehält, sondern sich in ihrem Werke ganz gibt.

Insofern kann man in der Tat behaupten, bei Johannes liege eine »Ontologisierung« vor, ein Rückgriff auf das Sein hinter die Phänomenalität des bloßen Geschehens. Es wird nicht mehr bloß vom Wirken, vom Tun, vom Reden und vom Lehren Jesu gesprochen, sondern vielmehr wird nun festgestellt, dass seine Lehre im Grund er selber ist. Er als Ganzer ist Sohn, Wort, Sendung; sein Tun reicht bis in den Grund des Seins hinab, ist eins mit ihm. Und eben in dieser Einheit von Sein und Tun liegt sein Besonderes. In dieser Radikalisierung der Aussage, in der Einbeziehung des Ontologischen, liegt für den, der die Zusammenhänge und Hintergründe zu sehen vermag, keinerlei Preisgabe des Früheren, vor allem keinerlei triumphalistische Verherrlichungschristologie anstelle der Dienstchristologie, die etwa mit dem gekreuzigten und dienenden Menschen nichts anfangen könnte und stattdessen sich wieder einen ontologischen Gottmythos erfinden würde. Im Gegenteil – wer den Vorgang richtig begriffen hat, muss sehen, dass das Frühere jetzt erst in seiner vollen Tiefe erfasst wird. Das Knechtsein wird nicht mehr als eine Tat erklärt, hinter der die Person Jesu in sich stehen bleibt, es wird in die ganze Existenz

Jesu eingelassen, sodass sein *Sein* selber Dienst ist. Und gerade darin, dass dieses Sein als Ganzes nichts als Dienst ist, ist es Sohnsein. Insofern ist die christliche Umwertung der Werte hier erst am Ziel angelangt, hier erst wird vollends deutlich, dass der, der sich ganz in den Dienst für die anderen, in die volle Selbstlosigkeit und Selbstentleerung hineingibt, sie förmlich *wird* – dass eben dieser der wahre Mensch, der Mensch der Zukunft, der Ineinanderfall von Mensch und Gott ist.

Damit eröffnet sich der nächste Schritt: Der Sinn der Dogmen von Nizäa und Chalcedon wird deutlich, die nichts anderes als diese Identität von Dienst und Sein aussagen wollten, in der der ganze Gehalt der Gebetsbeziehung »Abba-Sohn« zutage tritt. Jene dogmatischen Formulierungen mit ihrer so genannten ontologischen Christologie liegen nicht in der Verlängerung mythischer Zeugungsideen. Wer das annimmt, beweist nur, dass er weder eine Ahnung von Chalcedon noch von der wirklichen Bedeutung von Ontologie noch auch von den mythischen Aussagen hat, die dagegenstehen. Nicht aus mythischen Zeugungsideen sind jene Aussagen entwickelt worden, sondern aus dem johanneischen Zeugnis, das seinerseits einfach die Verlängerung von Jesu Reden mit dem Vater und von Jesu Sein für die Menschen bis in die Preisgabe am Kreuze hinein darstellt.

Geht man diesen Zusammenhängen weiter nach, so ist unschwer zu sehen, dass die »Ontologie« des vierten Evangeliums und der alten Bekenntnisse einen viel radikaleren Aktualismus einschließt als alles, was heute unter dem Etikett Aktualismus in Erscheinung tritt. Ich begnüge mich mit einem Beispiel, einer Formulierung Bultmanns zur Frage der Gottessohnschaft Jesu: »Ebenso wie die ἐκκλησία, die eschatologische Gemeinde, nur als Ereignis je wirklich ἐκκλησία ist, so ist auch Christi Herr-Sein, seine Gottheit, immer nur je Ereignis«[23]. Bei dieser Form von Aktualismus bleibt das wirkliche *Sein* des Menschen Jesus statisch hinter dem Ereignis des Gottseins und des Herrseins stehen als das Sein irgendeines Menschen, im Grunde unberührt davon und nur der zufällige Entzündungspunkt, an dem es sich zuträgt, dass für jemanden im Hören des Worts je aktual Begegnung mit Gott selbst Wirklichkeit wird. Und so wie das Sein Jesu statisch hinter dem Ereignis bleibt, so kann auch das Sein des Menschen nur immer in der Zone des Ereignishaften »je und je« vom Göttlichen betroffen werden. Auch hier kommt die Begegnung mit Gott nur im jeweiligen Ereignisblitz zustande, das Sein bleibt davon ausgespart. In solcher Theologie scheint mir eine Art von Verzweiflung gegenüber dem Seienden vorzuliegen, die nicht hoffen lässt, dass das Sein selbst je Akt werden könnte.

Die Christologie des Johannes und der kirchlichen Bekenntnisse geht demgegenüber in ihrem Radikalismus viel weiter, indem sie das Sein selbst als Akt bekennt und sagt: Jesus ist sein Werk. Dahinter steht dann nicht doch noch ein Mensch Jesus, an dem eigentlich nichts geschehen ist. Sein Sein ist reine actualitas des »Von« und »Für«. Eben darin aber, dass dieses Sein nicht mehr trennbar ist von seiner actualitas, fällt er mit Gott zusammen und ist zugleich der exemplarische Mensch, der Mensch der Zukunft, durch den hindurch sichtbar wird, wie sehr der Mensch noch das zukünftige, das ausstehende Wesen ist; wie wenig der Mensch noch begonnen hat, er selbst zu sein. Wenn man dies begriffen hat, hat man auch eingesehen, weshalb Phänomenologie und Existentialanalysen, so hilfreich sie sind, nicht genügen können für die Christologie. Sie reichen nicht tief genug, weil sie den Bereich des eigentlichen Seins unberührt stehen lassen.

IV. WEGE DER CHRISTOLOGIE

1.
Inkarnationstheologie und Kreuzestheologie

Von den bisher gewonnenen Einsichten aus öffnet sich auch der Zugang zu den noch verbleibenden Grundaussagen der Christologie. In der Geschichte des christlichen Glaubens haben sich bei der Betrachtung Jesu zwei Linien immer wieder auseinander entwickelt: die Theologie der Inkarnation, die vom griechischen Denken aufstieg und in der katholischen Tradition des Ostens und Westens herrschend wurde, und die Theologie des Kreuzes, die im Anschluss an Paulus und die frühesten Formen christlichen Glaubens im reformatorischen Denken entscheidend zum Durchbruch kam. Die Erstere redet vom Sein und kreist um die Tatsache, dass da ein Mensch Gott *ist* und dass damit zugleich Gott Mensch ist; dies Ungeheuerliche wird ihr das alles Entscheidende. Vor diesem Geschehnis des Einsseins von Mensch und Gott, der Mensch-werdung Gottes, verblassen alle Einzelgeschehnisse, die noch folgten. Sie können demgegenüber nur noch sekundär sein; das Ineinandertreffen von Gott und Mensch erscheint als das wahrhaft Entscheidende, Erlösende, als die wirkliche Zukunft des Menschen, auf die schließlich alle Linien zugehen müssen.

Die Theologie des Kreuzes dagegen will sich auf solche Ontologie nicht einlassen; sie spricht stattdessen vom Ereignis; sie folgt dem Zeugnis des Anfangs, der noch nicht nach dem Sein fragte, sondern nach dem *Handeln* Gottes in Kreuz und Auferstehung, das den Tod besiegte und Jesus als den Herrn und als die Hoffnung der Menschheit erwies. Vom jeweiligen Ansatz ergibt sich die unterschiedliche Tendenz: Inkarnationstheologie tendiert zu einher statischen und zu einer optimistischen Sicht. Die Sünde des Menschen erscheint leicht als ein Durchgangsstadium von ziemlich untergeordneter Bedeutung. Das Entscheidende ist dann nicht, dass der Mensch in der Sünde ist und geheilt werden muss, es geht weit über eine solche Reparation des Vergangenen hinaus und liegt im Zugehen auf den Ineinanderfall von Mensch und Gott. Die Kreuzestheologie führt demgegenüber eher zu einer dynamisch-aktualen, weltkritischen Auffassung des Christentums, das dieses gleichsam nur als den diskontinuierlich je neu auftretenden Bruch in der Selbstsicherheit und Selbstgewissheit des Menschen und seiner Institutionen, einschließlich der Kirche, versteht.

Wer diese beiden großen geschichtlichen Formen des christlichen Selbstverständnisses einigermaßen vor Augen hat, wird gewiss nicht zu vereinfachenden Synthesen versucht sein. In den beiden grundlegenden Strukturformen von Inkarnations- und Kreuzestheologie sind Polaritäten aufgerissen, die man nicht in eine reinliche Synthese hinein übersteigen kann, ohne das Entscheidende von beiden zu verlieren; sie müssen als Polaritäten gegenwärtig bleiben, die sich selbst gegenseitig korrigieren und nur in ihrem Zueinander auf das Ganze verweisen. Dennoch dürfte durch unsere Überlegungen hindurch so etwas wie die letzte Einheit beider Ansätze sichtbar werden, jene Einheit, die beides als Polarität ermöglicht und hindert, dass es als Widerspruch auseinanderfällt. Denn wir haben ja gefunden, dass das *Sein* Christi (Inkarnationstheologie!) actualitas ist, Überschritt von sich weg, der Exodus des Herausgehens aus sich; es ist nicht ein in sich ruhendes Sein, sondern der Akt des Gesandtseins, des Sohnseins, des Dienens. Umgekehrt: Dies Tun ist nicht bloß Tun, sondern Sein, es reicht in die tiefe des Seins hinab und fällt mit ihm zusammen. Dies Sein ist Exodus, Verwandlung. So aber muss an dieser Stelle eine sich recht verstehende Seins- und Inkarnationschristologie übergehen in die Kreuzestheologie, mit ihr eins werden; umgekehrt muss eine ihr ganzes Maß ausmessende Kreuzestheologie zur Sohneschristologie und zur Seinschristologie werden.

2.
Christologie und Erlösungslehre

Von dem so gewonnenen Ansatz her wird endlich auch das Ineinandergreifen einer weiteren Antithese deutlich, die die Geschichte aufgerichtet hat; sie ist übrigens mit der eben bedachten nahe verwandt. Im Lauf der historischen Entwicklung des Christusglaubens ist zusehends auseinander gefallen, was man »Christologie« und »Soteriologie« zu nennen sich gewöhnte. Unter Ersterer verstand man die Lehre vom Sein Jesu, das man immer mehr als eine ontologische Ausnahme in sich abkapselte und so zum Spekulationsobjekt über etwas Sonderbares, Unverständliches, allein auf Jesus Begrenztes umwandelte. Unter Soteriologie wurde dann die Lehre von der Erlösung verstanden: Nachdem man das ontologische Kreuzworträtsel, wie Mensch und Gott in Jesus eins sein konnten, behandelt hatte, fragte man ganz getrennt davon, was Jesus eigentlich getan habe und wie die Wirkung seiner Tat uns zukomme. Dass die beiden Fragen auseinander fielen, dass man die Person und ihr Werk zum Inhalt getrennter Überlegungen und Traktate machte, hat dazu geführt, dass *beides* unverständlich und unvollziehbar wurde. Man braucht nur ein wenig in die Dogmatiklehrbücher hineinzuschauen, um festzustellen, wie kompliziert die Theorien für beides wurden, weil man vergessen hatte, dass man sie nur ineinander verstehen kann. Ich erinnere bloß an die Form, in der die Erlösungslehre meist im christlichen Bewusstsein steht. Sie gründet auf der so genannten Satisfaktionstheorie, die Anselm von Canterbury an der Schwelle des Mittelalters entwickelt hatte und die im Abendland immer ausschließlicher das Bewusstsein bestimmte. Schon in ihrer klassischen Gestalt enträt sie nicht der Einseitigkeit. Wenn man sie aber gar in der Vergröberung betrachtet, die sich das allgemeine Bewusstsein weithin geschaffen hat, erscheint sie als grausamer Mechanismus, der uns immer unvollziehbarer wird.

Anselm von Canterbury (ca. 1033–1109) war es darum gegangen, das Werk Christi mit notwendigen Gründen (rationibus necessariis) abzuleiten und so unwiderleglich zu zeigen, dass dies Werk gerade so geschehen *musste*, wie es tatsächlich geschah. In großen Linien ließe sich sein Gedanke so wiedergeben: Durch die Sünde des Menschen, die sich gegen Gott richtete, wurde die Ordnung der Gerechtigkeit unendlich verletzt, Gott unendlich beleidigt. Dahinter steht die Vorstellung, dass sich das Ausmaß der Beleidigung nach dem Beleidigten richtet; es hat andere Folgen, wenn ich einen Bettler als wenn ich den Staatspräsidenten beleidige. Je nach dem Adressaten hat die Beleidigung ein anderes Gewicht. Da Gott der Unendliche ist, hat auch die Beleidigung, die ihm von der Menschheit in der Sünde zugefügt wurde, unendliches Gewicht. Das solchermaßen verletzte Recht muss wiederhergestellt werden, weil Gott ein Gott der Ordnung und der Gerechtigkeit, ja, die Gerechtigkeit selber ist. Entsprechend dem Maß der Beleidigung ist aber eine unendliche Wiedergutmachung nötig. Dazu ist der Mensch jedoch nicht imstande. Er kann unendlich beleidigen, dazu reicht sein Vermögen, aber er kann nicht unendliche Gutmachung erbringen: was er, der Endliche, gibt, wird immer nur endlich sein. Seine Kraft des Zerstörens reicht weiter als seine Fähigkeit, aufzubauen. So aber muss zwischen allen Wiedergutmachungen, die der Mensch versuchen wird, und der Größe seiner Schuld ein unendlicher Abstand bleiben, den er nie überbrücken kann: Jede Geste der Sühne kann ihm nur die Ohnmacht beweisen, den unendlichen Abgrund zu schließen, den er selbst aufgerissen hat.

Soll also die Ordnung für immer zerstört, der Mensch ewig in den Abgrund seiner Schuld eingeschlossen bleiben? An dieser Stelle stößt Anselm auf die Gestalt Christi vor. Seine Antwort lautet: Gott selber bereinigt das Unrecht, aber nicht (wie er es könnte) in einer einfachen Amnestie, die das Geschehene doch nicht von innen her überwinden kann, sondern dadurch, dass der

Unendliche selbst Mensch wird und dann als Mensch, der dem Geschlecht der Beleidiger zugehört und der dennoch die dem bloßen Menschen versagte Kraft unendlicher Wiedergutmachung besitzt, die erforderte Sühne leistet. So geschieht die Erlösung ganz aus Gnade und zugleich ganz als Herstellung des Rechts. Anselm glaubte damit die schwere Frage des »Cur Deus homo?«, die Frage nach dem Warum der Menschwerdung und des Kreuzes, zwingend beantwortet zu haben; seine Anschauung hat das zweite Jahrtausend der abendländischen Christenheit entscheidend geprägt; für sie galt, dass Christus am Kreuze sterben musste, um die unendliche Beleidigung gutzumachen, die geschehen war, und solchermaßen die verletzte Ordnung wiederherzustellen.

Nun soll man nicht leugnen, dass in dieser Theorie entscheidende biblische und menschliche Einsichten eingefangen sind; wer sie einigermaßen geduldig mitvollzieht, wird das unschwer sehen können. Insofern kann sie als ein Versuch, die Einzelelemente der biblischen Aussage in einem großen, durchgreifenden Systemzusammenhang zusammenzudenken, jederzeit Beachtung erheischen. Ist es schwer, zu sehen, dass trotz aller philosophischen und juristischen Denkmittel, die hier eingesetzt werden, jene Wahrheit leitend bleibt, welche die Bibel in dem kleinen Wörtchen »Für« ausdrückt, mit dem sie deutlich macht, dass wir als Menschen nicht nur unmittelbar von Gott, sondern voneinander und letztlich von dem Einen leben, der für alle gelebt hat? Und wer sähe nicht, dass so in der Schematik der Satisfaktionstheorie der Atem des biblischen Erwählungsgedankens deutlich bleibt, für den Erwählung nicht eine Privilegierung des Erwählten ist, sondern die Berufung zum Sein für die anderen? Sie ist Berufung in jenes »Für«, in dem der Mensch getrost sich fallen lässt, aufhört, sich festzuhalten, und den Sprung von sich fort ins Unendliche wagt, durch den allein er zu sich selber kommen kann. Aber wenn man das alles zugibt, wird man auf der anderen

Seite doch nicht leugnen können, dass das perfekt logisierte göttlich-menschliche Rechtssystem, das Anselm aufgerichtet hat, die Perspektiven verzerrt und mit seiner ehernen Logik das Gottesbild in ein unheimliches Licht tauchen kann. Wir werden darauf noch ausführlich zurückkommen müssen, wenn über den Sinn des Kreuzes zu sprechen sein wird. Einstweilen mag der Hinweis genügen, dass sich die Dinge sogleich ganz anders darstellen, wenn statt der Zertrennung in Werk und Person Jesu sichtbar wird, dass es bei Jesus Christus nicht um ein von ihm selbst losgetrenntes Werk, nicht um eine Leistung geht, die Gott einfordern muss, weil er selbst auf die Ordnung verpflichtet ist; dass es bei ihm nicht – mit Gabriel Marcel zu sprechen – um das *Haben* der Menschheit geht, sondern um ihr *Sein*. Und wie anders sehen die Dinge des Weiteren aus, wenn man den paulinischen Schlüssel ergreift, der uns Christus verstehen lehrt als den »letzten Menschen« (ἔσχατος Ἀδάμ: 1 Kor 15,45) – als den endgültigen Menschen, der den Menschen in seine Zukunft bringt, die darin besteht, dass er nicht bloß Mensch, sondern eins mit Gott ist.

3.
Christus, »der letzte Mensch«

Nunmehr sind wir an dem Punkt angelangt, an dem wir versuchen können, zusammenfassend zu sagen, was gemeint ist, wenn wir bekennen: »Ich glaube an Christus Jesus, Gottes eingeborenen Sohn, unsern Herrn«. Nach allem Bisherigen werden wir zunächst sagen dürfen: Christlicher Glaube glaubt Jesus von Nazareth als den exemplarischen Menschen – so kann man wohl am ehesten den vorhin erwähnten paulinischen Begriff des »letzten Adam« sachgemäß übertragen. Aber gerade als der exemplarische, als der maßgebende Mensch überschreitet er die Grenze des Menschseins; nur so und nur dadurch ist er der wahrhaft exemplarische Mensch. Denn der Mensch ist um so mehr bei sich, je mehr er beim andern ist. Er kommt nur dadurch *zu* sich, dass er *von* sich wegkommt. Er kommt nur durch den anderen und durch das Sein beim anderen zu sich selbst.

Das gilt schließlich in einer letzten Tiefe. Wenn der andere bloß irgend-jemand ist, kann er auch zur Selbstverlierung des Menschen werden. Der Mensch ist zuletzt auf *den* anderen, auf den wahrhaft anderen, auf Gott hin bestimmt; er ist um so mehr bei sich, je mehr er bei dem *ganz* anderen, bei Gott ist. Er ist demnach ganz er selbst, wenn er aufgehört hat, in sich zu stehen, sich in sich abzuschließen und zu behaupten, wenn er die reine Eröffnetheit auf Gott hin ist. Noch einmal anders gesagt: Der Mensch kommt zu sich, indem er über sich hinauskommt. Jesus Christus aber ist der ganz über sich hinausgekommene und so der wahrhaft zu sich gekommene Mensch.

Der Rubikon der Menschwerdung wird zunächst überschritten durch den Schritt vom Animal auf den Logos hin, vom bloßen Leben zum Geist. Aus dem »Lehm« war in dem Augenblick der Mensch geworden, in dem ein Wesen nicht mehr bloß »da war«, sondern über das Da-Sein und die Erfüllung seiner Bedürftigkeit hinaus eröffnet war auf das Ganze. Aber dieser Schritt, durch den erstmals »Logos«, Verstehen, Geist eintrat in diese Welt, ist erst dann erfüllt, wenn der Logos selbst, der ganze schöpferische Sinn, und der Mensch ineinandertauchen. Die volle Menschwerdung des Menschen setzt die Menschwerdung Gottes voraus; erst in ihr ist der Rubikon vom »Animalischen« zum »Logischen« definitiv überschritten und jener Anfang zu seiner höchsten Möglichkeit geführt, der begann, als erstmals ein Wesen aus Staub und Erde über sich und seine Umwelt hinausblickend Du zu Gott zu sagen vermochte. Die Eröffnetheit auf das Ganze, aufs Unendliche hin macht den Menschen aus. Der Mensch ist dadurch Mensch, dass er unendlich hinausreicht über sich, und er ist folglich um so mehr Mensch, je weniger er in sich verschlossen, »beschränkt« ist. Dann ist aber – sagen wir es noch einmal – der am meisten Mensch, ja *der* wahre Mensch, der am meisten ent-schränkt ist, der das Unendliche – den Unendlichen! – nicht nur berührt, sondern eins mit ihm ist: Jesus Christus. In ihm ist der Schritt der Menschwerdung wahrhaft an sein Ziel gekommen[24].

Nun ist aber noch ein Zweites zu bedenken. Wir hatten bisher aus dem Gedanken des »exemplarischen Menschen« jene erste grundlegende Überschreitung des Eigenen zu verstehen versucht, die der Glaube für die Gestalt Jesu bestimmend weiß: diejenigen die in ihm Menschsein und Gottsein zur Einheit verbindet. Darin klang aber immer schon eine weitere Grenzaufhebung mit an. Wenn Jesus der exemplarische Mensch ist, in dem die wahre Gestalt des Menschen, die Idee Gottes mit ihm, vollends ans Licht tritt, dann kann er nicht dazu bestimmt sein, nur eine absolute Ausnahme zu sein, eine Kuriosität, in der Gott uns demonstriert, was alles möglich ist. Dann geht seine Existenz die ganze Menschheit an. Das Neue Testament macht das erkennbar, indem es ihn einen »Adam« nennt; dies Wort drückt in der Bibel die Einheit des ganzen Wesens Mensch aus, sodass man von der biblischen Idee einer »Korporativpersönlichkeit« spricht[25]. Wenn nun Jesus »Adam« genannt wird, sagt dies, dass er bestimmt ist, das ganze Wesen »Adam« in sich zu versammeln. Das aber bedeutet: Jene Realität, die Paulus, heute weithin für uns unverständlich, »Leib Christi« nennt, ist eine innere Forderung dieser Existenz, die nicht Ausnahme bleiben darf, sondern die ganze Menschheit »an sich ziehen« muss (vgl. Jo 12,32).

Es muss als ein bedeutendes Verdienst von Teilhard de Chardin gewertet werden, dass er diese Zusammenhänge vom heutigen Weltbild her neu gedacht und trotz einer nicht ganz unbedenklichen Tendenz aufs Biologistische hin sie im Ganzen doch wohl richtig begriffen und auf jeden Fall neu zugänglich gemacht hat. Hören wir ihn selbst! Die menschliche Monade »kann nur ganz sie selbst werden, wenn sie aufhört, allein zu sein«[26]. Im Hintergrund ist dabei der Gedanke mitzuhören, dass es im Kosmos neben den beiden Ordnungen des unendlich Kleinen und des unendlich Großen eine dritte Ordnung gibt, die die eigentliche Drift der Evolution bestimmt: die Ordnung des unendlich Komplexen. Sie ist das eigentliche Ziel des aufsteigenden Werdeprozesses; sie erreicht einen ersten Höhepunkt in der Entstehung des Lebendigen, um dann immer weiter voranzuschreiten zu jenen hochkomplexen Gebilden, die dem Kosmos eine neue Mitte geben: »So winzig und zufällig der Platz auch ist, den die Planeten in der Geschichte der Sternkörper einnehmen, so bilden sie letzten Endes doch die Lebenspunkte des Universums. Durch sie läuft jetzt die Achse, auf sie konzentriert sich von nun an das Streben einer hauptsächlich auf die Erzeugung von großen Molekülen gerichteten Evolution«[27]. Die Betrachtung der Welt nach dem dynamischen Maßstab der Komplexität bedeutet so »eine völlige Umkehrung der Werte. Eine Wendung der Perspektive«[28].

Aber kehren wir zum Menschen zurück. Er ist das bisherige Maximum an Komplexität. Aber auch er kann als bloße Mensch-Monade noch kein Ende darstellen; sein Werden selbst fordert eine weiter gehende Komplexionsbewegung: »Stellt der Mensch nicht gleichzeitig ein in Bezug auf sich zentriertes Individuum (d. h. eine ›Person‹) dar und in Bezug auf irgendeine neue und höhere Synthese ein Element«[29]? Das will sagen: Der Mensch ist zwar einerseits schon ein Ende, das nicht mehr rückgängig gemacht, nicht mehr eingeschmolzen werden darf, und doch ist er im Nebeneinander der einzelnen Menschen noch nicht am Ziel, sondern erweist sich gleichsam als ein Element, das nach einer Ganzheit verlangt, die es umgreift, ohne es zu zerstören. Nehmen wir einen weiteren Text dazu, um zu sehen, in welche Richtung solche Gedanken führen: »Im Gegensatz zu den Annahmen, die in der Physik noch immer Geltung haben, findet sich das Beständige nicht zutiefst – im Infraelementaren –, sondern zuhöchst – im Ultrasynthetischen«[30]. So muss entdeckt werden, »dass nichts anderes den Dingen Halt und Zusammenhang gibt als ihre Verflechtung von oben her«[31]. Ich glaube, dass man hier vor einer sehr zentralen Aussage steht; das dynamische Weltbild zerstört an dieser Stelle die uns allen so nahe liegende positivistische Vorstellung, die das Beständige allein in der »Masse«, im harten Stoff sieht. Dass die Welt schließlich doch »von oben« her konstruiert und gehalten ist, wird hier auf eine Weise sichtbar, die deswegen so eindrücklich ist, weil wir sie so wenig gewöhnt sind.

Von da aus eröffnet sich der Zugang zu einem weiteren Text, um hier wenigstens durch das Zusammenlegen von ein paar Fragmenten die Gesamtsicht Teilhards anzudeuten. »Die universale Energie muss eine denkende Energie sein, soll sie nicht in der Entwicklung weniger weit sein als die Ziele, die von ihrer Wirkung beseelt werden. Und folglich ... heben die kosmischen Wertattribute, mit denen sie sich in unseren modernen Augen umgibt, keineswegs die Notwendigkeit auf, dass wir ihr eine transzendente Form von Persönlichkeit zuerkennen«[32]. Von da aus kann nun auch der Zielpunkt der ganzen Bewegung verstanden werden, wie Teilhard ihn sieht: Die kosmische Drift bewegt sich »in Richtung auf einen unglaublichen, quasi ›monomolekularen‹ Zustand ..., wo jedes Ego ... dazu bestimmt ist, seinen Höhepunkt in irgendeinem geheimnisvollen Super-Ego zu erreichen«[33]. Der Mensch ist als ein Ich zwar ein Ende, aber die Richtung der Seinsbewegung und seiner eigenen Existenz erweist ihn zugleich als ein Gebilde, das in ein »Über-Ich« hineingehört, welches ihn nicht auslöscht, aber umgreift; erst in solcher Vereinigung kann die Form des zukünftigen Menschen erscheinen, in der das Menschsein ganz am Ziel seiner selbst sein wird.

Man wird wohl sagen dürfen, dass hier von der heutigen Weltsicht her und gewiss in einem manchmal gar zu biologistischen Vokabular in der Sache doch die Richtung der paulinischen Christologie erfasst ist und neu verstehbar wird: Der Glaube sieht in Jesus den Menschen, in dem – vom biologischen Schema her gesprochen – gleichsam der nächste Evolutionssprung getan ist; den Menschen, in dem der Durchbruch aus der beschränkten Art unseres Menschseins, aus seiner monadischen Verschließung, geschehen ist; jenen Menschen, in dem Personalisation und Sozialisation sich nicht mehr ausschließen, sondern bestätigen; jenen Menschen, in dem höchste Einheit – »Leib Christi«, sagt Paulus, ja noch schärfer: »Ihr seid ein Einziger in Christus« (Gal 3,28) – und höchste Individualität eins sind; jenen Menschen, in dem die Menschheit ihre Zukunft berührt und in höchstem Maße sie selbst wird, weil sie durch ihn Gott selber berührt, an ihm teilnimmt und so in ihre eigentlichste Möglichkeit gelangt. Von da aus wird der Glaube in Christus den Beginn einer Bewegung sehen, in der die zerteilte Menschheit immer mehr eingeholt wird in das Sein eines einzigen Adam, eines einzigen »Leibes« – des kommenden Menschen. Er wird in ihm die Bewegung sehen auf jene Zukunft des Menschen hin, in der er gänzlich »sozialisiert«, einverleibt in einen Einzigen ist, aber so, dass darin der Einzelne nicht ausgelöscht, sondern ganz zu sich gebracht wird.

Es wäre nicht schwer zu zeigen, dass die johanneische Theologie in die gleiche Richtung weist. Erinnern wir uns nur an das vorhin schon kurz berührte Wort: »Wenn ich von der Erde erhöht sein werde, werde ich alle an mich ziehen« (Jo 12,32). Dieser Satz will den Sinn des Kreuzestodes Jesu auslegen; er drückt so, da das Kreuz die Mitte der johanneischen Theologie bildet, die Richtung aus, in die das ganze Evangelium weisen will. Der Vorgang der Kreuzigung erscheint darin als ein Vorgang der Öffnung, in der die verstreuten Mensch-Monaden in die Umarmung Jesu Christi, in den weiten Raum seiner ausgespannten Hände einbezogen werden, um in solcher Vereinigung an ihrem Ziel, am Ziel der Menschheit, anzukommen. Wenn es aber so ist, dann ist

Christus als der kommende Mensch nicht der Mensch für sich, sondern wesentlich der Mensch für die anderen; der Mensch der Zukunft ist er gerade als der ganz offene. Der Mensch für sich, der nur in sich stehen will, ist dann der Mensch der Vergangenheit, den wir hinter uns lassen müssen, um vorwärts zu schreiten. Das bedeutet anders ausgedrückt: Die Zukunft des Menschen liegt im »Sein-für«. Es bestätigt sich im Grunde hier noch einmal, was wir als den Sinn der Rede von der Sohnschaft und zuvor schon als den Sinn der Lehre von den drei Personen im einen Gott erkannt haben – der Verweis auf die dynamisch-aktuale Existenz, die wesentlich Offenheit in der Bewegung zwischen Von und Für ist. Und noch einmal zeigt sich, dass Christus der ganz offene Mensch ist, bei dem die Wände der Existenz abgerissen sind, der ganz »Übergang« (»Pascha«) ist.

Damit stehen wir unvermittelt wieder beim Kreuzes- und Ostergeheimnis, das ja von der Bibel als ein Geheimnis des Übergangs begriffen wird. Johannes, der diese Gedanken vor allem reflektiert hat, schließt seine Darstellung des irdischen Jesus mit dem Bild der Existenz, deren Wände aufgerissen sind, die keine festen Grenzen mehr kennt, sondern wesentlich Offensein ist. »Einer von den Soldaten stieß mit der Lanze in seine Seite, und sogleich kam Blut und Wasser heraus« (Jo 19, 34). Im Bild der durchbohrten Seite gipfelt für Johannes nicht nur die Kreuzesszene, sondern die ganze Geschichte Jesu. Nun, nach dem Lanzenstich, der sein irdisches Leben beendet, ist seine Existenz ganz offen; nun ist er gänzlich »Für«, nun ist er wahrhaft nicht mehr ein Einzelner, sondern »Adam«, aus dessen Seite Eva, eine neue Menschheit, gebildet wird. Jene tiefe Darstellung des Alten Testaments, wonach die Frau aus der Seite des Mannes genommen ist (Gn 2,21 ff), womit ihrer beider immerwährende Verwiesenheit aufeinander und ihre Einheit im einen Menschsein unnachahmlich groß ausgesagt wird – jene Geschichte also scheint hier in der Wiederaufnahme des Wortes »Seite« (πλευϱά, zu Unrecht meist mit »Rippe« übersetzt) anzuklingen. Die offene Seite des neuen Adam wiederholt das Schöpfungsgeheimnis der »offenen Seite« des Mannes: Sie ist der Anfang einer neuen, definitiven Gemeinschaft der Menschen miteinander; als ihre Symbole stehen hier Blut und Wasser, womit Johannes auf die christlichen Grundsakramente Taufe und Eucharistie und durch sie hindurch auf die Kirche als das Zeichen der neuen Gemeinschaft der Menschen verweist[34]. Der ganz Eröffnete, der das Sein ganz als Empfangen und Weitergeben vollzieht, ist damit sichtbar als das, was er im Tiefsten immer war: als »Sohn«. So ist Jesus am Kreuz wahrhaft in *seine* Stunde eingetreten, wie wiederum Johannes sagt. Diese rätselhafte Redeweise dürfte von hier aus einigermaßen verständlich werden.

Dies Ganze aber zeigt auch, welcher Anspruch über dem Reden vom kommenden Menschen liegt – wie wenig das in Wahrheit mit fröhlicher Fortschrittsromantik zu tun hat. Denn der Mensch für die andern, der offene und damit einen neuen Anfang eröffnende Mensch zu sein, das heißt: der Mensch im Opfer, der geopferte Mensch sein. Die Zukunft des Menschen hängt am Kreuz – die Erlösung des Menschen ist das Kreuz. Und nicht anders kommt er zu sich selbst, als indem er die Wände seiner Existenz abbrechen lässt, zum Durchbohrten blickt (Jo 19,37), dem nachfolgt, der als der Durchbohrte, Geöffnete, den Weg in die Zukunft eröffnet hat. Das bedeutet dann endlich, dass das Christentum, das als Glaube an die Schöpfung den Primat des Logos, den schöpferischen Sinn als Anfang und Ursprung glaubt, ihn doch in einer spezifischen Weise als das Ende, als die Zukunft, als den Kommenden glaubt. In diesem Zublick auf den Kommenden hin liegt sogar die eigentliche Geschichtsdynamik des Christlichen, das im Alten und Neuen Testament Glauben als Hoffnung auf die Verheißung vollzieht.

Christlicher Glaube ist nicht bloß Rückblick auf das Geschehene, Verankerung in einem zeitlich hinter uns liegenden Ursprung; das zu denken würde letztlich auf Romantik und bloße Restauration hinauslaufen. Er ist auch nicht bloß Ausblick auf das Ewige; das wäre Platonismus und Metaphysik. Er ist vor allen Dingen auch Blick nach vorn, Ausgriff der Hoffnung. Gewiss nicht nur das: Die Hoffnung würde zur Utopie, wo ihr Ziel nur des Menschen eigenes Produkt wäre. Sie ist wahre Hoffnung eben dadurch, dass sie im Koordinatensystem aller drei Größen steht: der Vergangenheit, das heißt des schon geschehenen Durchbruchs – der Gegenwart des Ewigen, die die zertrennte Zeit als Einheit sein lässt – des Kommenden, in dem Gott und Welt einander berühren werden und so wahrhaft Gott in Welt, Welt in Gott als das Omega der Geschichte sein wird.

Vom christlichen Glauben her wird man sagen dürfen: Für die *Geschichte* steht Gott am Ende, der für das *Sein* am Anfang steht. Darin deutet sich der umfassende Horizont des Christlichen an, durch den es sowohl von der bloßen Metaphysik wie von der Zukunftsideologie des Marxismus abgehoben ist. Seit Abraham und bis zur Wiederkunft des Herrn geht der Glaube dem Kommenden entgegen. Aber in Christus ist ihm das Antlitz des Kommenden jetzt schon kundgeworden: Es wird der Mensch sein, der die Menschheit umgreifen kann, weil er sich und sie an Gott verloren hat. – Deshalb muss das Zeichen des Kommenden das Kreuz und sein Gesicht in dieser Weltenzeit das Antlitz voller Blut und Wunden sein: Der »letzte Mensch«, das heißt der eigentliche, der zukünftige Mensch, offenbart sich in dieser Zeit in *den* letzten Menschen; wer auf *seiner* Seite stehen will, muss daher auf *ihrer* Seite stehen (vgl. Mt 25,31–46).

Exkurs: Strukturen des Christlichen

Bevor wir daran gehen, die einzelnen christologischen Aussagen des Glaubensbekenntnisses durchzuarbeiten, die dort dem Grundbekenntnis zu Jesus als dem Christus folgen, wird es gut sein, noch einen Augenblick innezuhalten. Über den Einzelfragen geht zu leicht der Blick für das Ganze verloren; dabei spüren wir gerade heute, zumal wo das Gespräch mit dem Ungläubigen versucht wird, wie notwendig uns dieser Blick wäre. Mitunter kann man ja angesichts der Lage der heutigen Theologie den Eindruck gewinnen, diese sei ihrer – gewiss höchst begrüßenswerten – ökumenischen Fortschritte so froh und sie sei so zufrieden darüber, dass es ihr gelingt, alte Grenzsteine wegzunehmen (um sie freilich meist an anderer Stelle wieder einzugraben), dass sie die unmittelbaren Fragen der Menschen von heute nicht genügend bemerkt, die mit den traditionellen Streitpunkten der Konfessionen oft recht wenig zu tun haben. Wer kann schon einem Fragenden fassbar in einiger Kürze sagen, was das eigentlich ist: »Christ-sein«? Wer kann verständlich dem andern verdeutlichen, warum er glaubt und welches die einfache Richtung, der Kern der Entscheidung des Glaubens ist?

Wo man aber in letzter Zeit doch beginnt, sich in breiter Front solchen Fragen zu stellen, da geht man gleichzeitig nicht selten dazu über, das Christliche in wohlklingende Allgemeinheiten aufzulösen, die zwar den Ohren der Zeitgenossen schmeicheln (vgl. 2 Tim 4,3), ihnen aber die kraftvolle Nahrung des Glaubens vorenthalten, auf die sie Anspruch haben. Die Theologie genügt ihrer Aufgabe dann nicht, wenn sie nur zufrieden in sich und in ihrer eigenen Gelehrsamkeit kreist; sie verfehlt sie aber noch gründlicher dann, wenn sie »Lehren nach eigenem Geschmack« erfindet (2 Tim 4,3) und damit Steine anbietet statt Brot: ihr eigenes Gerede statt Gottes Wort. Die Aufgabe, die sich damit – zwischen Skylla und Charybdis – stellt, ist unermesslich groß. Versuchen wir trotzdem, oder vielmehr gerade darum, in dieser Richtung nachzudenken und die Grundform des Christlichen in einigen wenigen, überschaubaren Aussagen zusammenzufassen. Wenn das so Gewonnene einigermaßen ungenügend bleibt, mag es vielleicht doch den Vorteil haben, andere zum Weiterfragen herauszufordern und auf diese Weise vorwärts zu helfen[35].

1. Der Einzelne und das Ganze. Für uns Menschen von heute besteht der grundlegende Anstoß des Christlichen zunächst einfach in der Äußerlichkeit, in die das Religiöse dabei getreten scheint. Es ärgert uns, dass Gott durch äußere Apparaturen vermittelt werden soll: durch Kirche, Sakrament, Dogma oder auch nur durch die Verkündigung (Kerygma), auf die man sich zur Verminderung des Ärgernisses gern zurückzieht und die doch auch etwas Äußerliches ist. All dem gegenüber steht die Frage auf: Wohnt Gott denn in Institutionen, Ereignissen oder Worten? Berührt er nicht als der Ewige jeden von uns von innen her? Nun, darauf ist zunächst schlicht jazusagen und fortzufahren: Wenn es nur Gott und eine Summe von Einzelnen gäbe, wäre das Christentum nicht nötig. Das Heil des Einzelnen *als* Einzelnen kann und könnte Gott je direkt und unmittelbar besorgen, und das geschieht ja auch immer wieder. Er bedarf keiner Zwischenschaltungen, um in die Seele des Einzelnen einzutreten, dem er innerlicher ist als er sich selbst; nichts kann näher und tiefer in den Menschen hineinreichen als Er, der dieses Geschöpf im innersten Punkt seiner Innerlichkeit berührt. Zur Rettung des bloß Einzelnen bedürfte es weder einer Kirche noch einer Heilsgeschichte, noch einer Menschwerdung und Passion Gottes in der Welt. Aber gerade an dieser Stelle ist auch die weiterführende Aussage anzusetzen: Christlicher Glaube geht nicht vom atomisierten Einzelnen aus, sondern kommt von dem Wissen, dass es den bloß einzelnen nicht gibt, dass der Mensch vielmehr er selbst ist allein in der Verspannung ins Ganze: in die Menschheit, in die Geschichte, in den Kosmos, wie es ihm als »Geist in Leib« geziemt und wesentlich ist.

Das Prinzip »Leib« und »Leiblichkeit«, unter dem der Mensch steht, bedeutet ja ein Zweifaches: Einerseits trennt der Leib die Menschen voneinander, macht sie undurchdringlich füreinander. Der Leib als raumerfüllende und abschließende Gestalt macht es unmöglich, dass der eine ganz im anderen sei; er richtet eine Trennungslinie auf, die Distanz und Grenze bedeutet, er bannt uns in die Ferne voneinander hinein und ist insofern ein dissoziierendes Prinzip. Zugleich aber schließt das Sein in Leiblichkeit notwendig auch Geschichte und Gemeinschaft ein, denn wenn der reine Geist streng für sich seiend gedacht werden kann, so besagt Leibhaftigkeit das Abstammen voneinander: Die Menschen leben in einem sehr wirklichen und zugleich in einem sehr vielschichtigen Sinn einer vom andern. Denn wenn das Voneinander zunächst physisch gemeint ist (und hier schon von der Abstammung bis zu den vielfältigen Verflechtungen der gegenseitigen Lebensbesorgung reicht), so bedeutet es für den, der Geist nur im Leib und als Leib ist, dass auch der Geist – einfach der eine, ganze Mensch – zutiefst von seinem Zugehören zum Ganzen der Menschheit – des einen »Adam« – gezeichnet ist.

Der Mensch wird so sichtbar als jenes Wesen, das nur sein kann, indem es vom anderen her ist. Oder sagen wir es mit einem Wort des großen Tübinger Theologen Möhler: »Der Mensch als ein durchgängig in Relation gesetztes Wesen kommt nicht durch sich selbst, obschon auch nicht ohne sich selbst zu sich selbst«[36]. Noch schärfer hat das Gleiche Möhlers Zeitgenosse, der Münchner Philosoph Franz von Baader, ausgedrückt, wenn er feststellt, es sei ebenso widersinnig, »die Erkenntnis Gottes und die Erkenntnis aller übrigen Intelligenzen und Nichtintelligenzen von der Selbsterkenntnis (dem Selbstbewusstsein) abzuleiten als alle Liebe von der Selbstliebe«[37]. Hier wird mit Schärfe der Denkansatz Descartes' abgelehnt, dessen Gründung der Philosophie im Selbstbewusstsein (Cogito, ergo sum: ich denke, also bin ich) bis in die gegenwärtigen Formen der Transzendentalphilosophie das Schicksal des neuzeitlichen Geistes entscheidend bestimmt hat. So wie die Selbstliebe nicht die Urgestalt der Liebe, sondern höchstens eine abgeleitete Weise davon ist; so wie an das Eigentliche der Liebe nur heranzukommen ist, wenn man sie als Beziehung, das heißt vom anderen her, begreift, so ist auch menschliches Erkennen nur als Erkannt*werden*, als zum Erkennen-gebracht-Werden und so wiederum »vom anderen her« Wirklichkeit. Der wirkliche Mensch kommt gar nicht in den Blick, wenn ich nur in die Einsamkeit des Ich, der Selbsterkenntnis, hinablote, denn dann klammere ich von vornherein den Ausgangspunkt seines Zu-Sich-kommen-Könnens und so sein Eigentliches aus. Deshalb hat Baader bewusst und doch wohl zu Recht das cartesische »Cogito, ergo sum« umgewandelt in ein »Cogitor, ergo sum«: Nicht »Ich denke, also bin ich«, sondern »Ich werde gedacht, darum bin ich«; nur vom Erkanntwerden des Menschen her kann sein Erkennen und er selbst begriffen werden.

Gehen wir einen Schritt weiter: Mensch-Sein ist Mit-Sein in allen Erstreckungen, nicht nur in der jeweiligen Gegenwart, sondern so, dass in jedem Menschen auch Vergangenheit und Zukunft der Menschheit mit anwesend sind, die sich ja, je mehr man zusieht, desto mehr wirklich als ein einziger »Adam« erweist. Wir können dem hier nicht im Einzelnen nachgehen. So müssen ein paar Hinweise genügen. Man braucht sich nur bewusst zu machen, dass unser geistiges Leben gänzlich am Medium der Sprache hängt, und dann hinzuzufügen, dass die Sprache nicht von heute ist: Sie kommt von weit her, die ganze Geschichte hat an ihr gewoben und tritt durch sie in uns ein als die unumgängliche Voraussetzung unserer Gegenwart, ja, als ein beständiger Teil davon. Und umgekehrt: Der Mensch ist das Wesen, das auf Zukunft hin lebt, das in der Sorge sich fortwährend über seinen Augenblick hinaus entwirft und nicht mehr existieren könnte, wenn es sich plötzlich zukunftslos vorfände[38]. Wir müssen also sagen, dass es das bloße Individuum, die Mensch-Monade der Renaissance, das bloße Cogito-ergo-sum-Wesen nicht gibt. Menschsein kommt dem Menschen nur zu in jenem Gesamtgeflecht von Geschichte, das durch die Sprache und die soziale Kommunikation auf den Einzelnen zutritt, der seinerseits seine Existenz an jenem kollektiven Muster realisiert, in das er vorgängig immer schon einbezogen ist und das den Raum seiner Selbstverwirklichung bildet. Es ist gar nicht so, dass jeder Mensch vom Nullpunkt seiner Freiheit aus sich ganz neu entwirft, wie es im deutschen Idealismus erschien. Er ist nicht ein Wesen, das immer wieder am Nullpunkt beginnt, sein Eigenes und Neues kann er nur auswirken in der Verspannung in das ihm vorgegebene, ihn rundum prägende und gestaltende Ganze des Menschenwesens.

Damit kommen wir nun zur Ausgangsfrage zurück und können jetzt sagen: Kirche und Christsein haben es mit dem so verstandenen Menschen zu tun. Sie würden funktionslos, wenn es nur die Mensch-Monade, das Wesen des »Cogito, ergo sum« gäbe. Sie sind bezogen auf den Menschen, der Mitsein ist und nur in den kollektiven Verflechtungen besteht, die aus dem Prinzip der Leibhaftigkeit folgen. Kirche und Christentum überhaupt sind um der Geschichte willen da, der kollektiven Verstrickungen wegen, die den Menschen prägen; sie sind auf dieser Ebene zu verstehen. Ihr Sinn ist es, Dienst für die Geschichte als Geschichte zu tun und das kollektive Gitter aufzubrechen oder zu verwandeln, das den Ort menschlicher Existenz bildet. Nach der Darstellung des Epheserbriefes bestand das Heilswerk Christi gerade darin, dass er die Mächte und Gewalten in die Knie zwang, in denen Origenes in weiterführender Deutung dieses Textes die kollektiven Mächtigkeiten sah, die den Menschen umklammern: die Macht des Milieus, der nationalen Tradition; jenes »Man«, das den Menschen niederhält und zerstört[39]. Kategorien wie Erbsünde, Auferstehung des Fleisches, Weltgericht usw. sind überhaupt nur von hier aus zu verstehen, denn der Sitz der Erbsünde ist eben in diesem kollektiven Netz zu suchen, das als geistige Vorgegebenheit der einzelnen Existenz vorausgeht, nicht in irgendeiner biologischen Vererbung zwischen lauter sonst völlig getrennten Einzelnen. Von ihr zu reden besagt eben dies, dass kein Mensch mehr am Punkt Null, in einem »status integritatis« (= von der Geschichte völlig unversehrt), anfangen kann. Keiner steht in jenem unversehrten Anfangszustand, in dem er nur frei sich auszuwirken und sein Gutes zu entwerfen brauchte; jeder lebt in einer Verstrickung, die ein Teil seiner Existenz selber ist. Weltgericht wiederum ist die Antwort auf diese kollektiven Verflechtungen. Auferstehung drückt den Gedanken aus, dass Unsterblichkeit des Menschen nur im Miteinander der Menschen, im Menschen als dem Wesen des Miteinander bestehen und gedacht werden kann, wie später noch näher zu bedenken sein wird. Schließlich hat auch der Begriff Erlösung, wie schon vorhin gesagt wurde, nur auf dieser Ebene seinen Sinn; er bezieht sich nicht auf ein losgelöstes monadisches Geschick des Einzelnen. Wenn also die Wirklichkeitsebene des Christentums hier zu suchen ist, in einem Bereich, den wir mangels eines besseren Wortes zusammenfassend als den der Geschichtlichkeit kennzeichnen können, so können wir nun weiter verdeutlichend sagen: Christsein ist seiner ersten Zielrichtung nach nicht ein individuelles, sondern ein soziales Charisma. Man ist nicht Christ, weil nur Christen ins Heil kommen, sondern man ist Christ, weil für die Geschichte die christliche Diakonie Sinn hat und vonnöten ist.

An dieser Stelle ergibt sich nun aber ein sehr entscheidender weiterer Schritt, der zunächst geradezu den Umschlag ins Gegenteil darzustellen scheint, in Wahrheit aber notwendige Konsequenz des bisher Bedachten ist. Wenn man nämlich Christ ist, um an einer Diakonie für das Ganze teilzuhaben, dann bedeutet das zugleich, dass gerade ob dieser Beziehung zum Ganzen das Christentum vom *Einzelnen* her und auf den Einzelnen hin lebt, weil nur je vom Einzelnen aus die Verwandlung der Geschichte, das Aufbrechen der Diktatur des Milieus geschehen kann. Mir scheint, dass hier das für die übrigen Weltreligionen und für den Menschen von heute immer wieder völlig Unbegreifliche begründet liegt, dass im Christentum letztlich *alles* an einem *Einzelnen*, an dem Menschen Jesus von Nazareth, hängt, den das Milieu – die öffentliche Meinung – gekreuzigt hat und der an seinem Kreuz eben diese Macht des Man, die Macht der Anonymität, gebrochen hat, die den Menschen gefangen hält. Ihr entgegen steht nun der Name dieses Einzelnen: Jesus Christus, der den Menschen ruft, ihm nachzufolgen, das heißt: wie er das Kreuz zu nehmen, gekreuzigt die Welt zu überwinden und zur Erneuerung der Geschichte beizutragen. Gerade weil Christentum die Geschichte als ganze will, ist sein Anruf radikal an den Einzelnen gerichtet; gerade darum hängt es als Ganzes an *dem* Einzelnen und Einzigen, in dem der Durchbruch durch die Verfallenheit an die Mächte und Gewalten geschehen ist. Noch einmal anders gesagt: Weil das Christentum auf das Ganze bezogen ist und nur von der Gemeinschaft her und auf sie hin verstanden werden kann, weil es nicht Heil des isolierten Einzelnen, sondern Indienstnahme für das Ganze ist, dem er weder entfliehen kann noch darf, eben darum kennt es in letzter Radikalität ein Prinzip »Einzelner«. Der unerhörte Skandal, dass ein Einzelner, Einziger: Jesus Christus, als das Heil der Welt geglaubt wird, hat *hier* den Punkt seiner inneren Notwendigkeit. Der Einzelne ist das Heil des Ganzen, und das Ganze empfängt sein Heil allein vom Einzelnen, der es *wahrhaft* ist und der eben darin aufhört, für sich allein zu sein. Ich glaube, von hier aus ist auch zu verstehen, dass es einen gleichen Rekurs auf den Einzelnen in anderen Religionen nicht gibt. Der Hinduismus sucht im Letzten nicht das Ganze, sondern den sich rettenden Einzelnen, der aus der Welt, dem Rad der Maja, entflieht. Gerade weil er seiner tiefsten Absicht nach nicht das Ganze will, sondern allein den Einzelnen herausnehmen möchte aus der Heillosigkeit, kann er keinen *anderen* Einzelnen je als letztlich für *mich* bedeutsam und heilsentscheidend anerkennen. Seine Entwertung des Ganzen wird auf diese Weise zu einer Entwertung auch des Einzelnen, indem das »Für« als Kategorie dahinfällt[40].

Fassen wir zusammen, so können wir als Ertrag unserer bisherigen Überlegungen feststellen, dass das Christentum aus dem Prinzip »Leibhaftigkeit« (Geschichtlichkeit) hervorgeht, auf der Ebene des Ganzen zu denken ist und nur auf ihr einen Sinn hat, dass es aber eben darum ein Prinzip »Einzelner« setzt und setzen muss, das sein Skandal ist und hier doch in seiner inneren Notwendigkeit und Vernunfthaftigkeit sichtbar wird.

2. Das Prinzip »Für«. Weil christlicher Glaube den Einzelnen fordert, ihn aber für das Ganze will und nicht für sich selbst, darum ist in dem Stichwort »Für« das eigentliche Grundgesetz der christlichen Existenz ausgedrückt: Das ist die Schlussfolgerung, die sich aus dem Bisherigen zwingend ergibt. Deshalb wird im christlichen Hauptsakrament, welches das Zentrum des christlichen Gottesdienstes bildet, die Existenz Jesu Christi als Existenz »für die vielen« – »für euch« erläutert[41], als die offene Existenz, die die Kommunikation aller untereinander durch die Kommunikation in Ihm ermöglicht und schafft. Deshalb vollendet und erfüllt sich, wie wir gesehen haben, die Existenz Christi als exemplarische Existenz in seinem Geöffnetsein am Kreuz. Deshalb kann er, seinen Tod ankündigend und auslegend, sagen: »Ich gehe und ich komme zu euch« (Jo 14,28): Indem ich weggehe, wird die Wand meiner Existenz, die mich jetzt eingrenzt, aufgebrochen, und so ist dieses Geschehen mein wirkliches Kommen, in dem ich das realisiere, was ich eigentlich bin, der alle in die Einheit seines neuen Seins Einbeziehende, der nicht Grenze, sondern Einheit ist.

Die Kirchenväter haben von da her die am Kreuz ausgespannten Arme des Herrn gedeutet. Sie sehen in ihnen zunächst die Urgestalt der christlichen Gebetsgeste, der Orantenhaltung, wie sie uns in den Katakombenbildern so bewegend entgegentritt. Die Arme des Gekreuzigten weisen ihn so als den Anbetenden aus, aber sie geben zugleich der Anbetung eine neue Dimension, die das Spezifische christlicher Verherrlichung Gottes ausmacht: Diese geöffneten Arme sind Ausdruck von Anbetung auch und gerade dadurch, dass sie die völlige Hingabe an die Menschen ausdrücken, dass sie die Geste der Umarmung, der vollen und ungeteilten Brüderlichkeit sind. Vom Kreuz aus fand die Theologie der Väter symbolhaft in der christlichen Gebetsgeste den Ineinsfall von Anbetung und Brüderlichkeit, die Untrennbarkeit des Dienstes für den Menschen und der Verherrlichung Gottes dargestellt.

Christsein bedeutet wesentlich den Übergang vom Sein für sich selbst in das Sein füreinander. Damit erklärt sich auch, was in Wahrheit mit dem uns oft so befremdlich scheinenden Begriff der Erwählung (»Auserwählung«) gemeint ist. Sie meint nicht eine den Einzelnen in sich belassende, ihn von den anderen trennende Bevorzugung, sondern das Eintreten in den gemeinsamen Auftrag, von dem vorhin die Rede war. Demgemäß bedeutet die christliche Grundentscheidung, das Annehmen des Christseins, die Trennung von der Zentrierung auf das Ich und den Anschluss an die dem Ganzen zugewandte Existenz Jesu Christi. Das Gleiche meint das Wort von der Kreuzesnachfolge, das ganz und gar nicht eine private Devotion ausdrückt, sondern dem Grundgedanken zugeordnet ist, dass der Mensch, die Abgeschlossenheit und Beruhigtheit seines Ich zurücklassend, von sich weggeht, um in solcher Durchkreuzung seines Ich dem Gekreuzigten zu folgen und für die anderen da zu sein. Überhaupt sind die großen Bilder der Heilsgeschichte, die zugleich die großen Grundgestalten des christlichen Kultes darstellen, Ausdrucksformen dieses Prinzips

»Für«. Denken wir etwa an das Bild des Exodus (»Auszug«), das von Abraham an und weit über den klassischen Exodus der Heilsgeschichte, den Auszug aus Ägypten, hinaus der Grundgedanke bleibt, unter dem die Existenz des Gottesvolkes und dessen, der ihm zugehört, steht: Er ist zum fortwährenden Exodus der Selbstüberschreitung gerufen. Das Gleiche klingt in dem Bild des Pascha an, in dem der christliche Glaube die Verknüpfung des Kreuzes- und Auferstehungsgeheimnisses Jesu mit dem Auszugsgedanken des Alten Bundes formuliert hat.

Johannes hat das Ganze in einem dem Naturgeschehen entnommenen Bild wiedergegeben. Damit weitet sich der Horizont über das Anthropologische und Heilsgeschichtliche ins Kosmische: Was hier als Grundstruktur christlichen Lebens genannt wird, stellt im Grunde schon das Prägezeichen der Schöpfung selber dar. »Wahrlich, wahrlich, ich sage euch: Wenn das Weizenkorn nicht in die Erde fällt und stirbt, bleibt es allein; wenn es aber stirbt, bringt es viele Frucht« (Jo 12,24). Schon im Kosmischen gilt das Gesetz, dass nur durch den Tod, durch den Selbstverlust hindurch, das Leben kommt. Was so in der Schöpfung sich andeutet, vollendet sich im Menschen und schließlich in *dem* exemplarischen Menschen Jesus Christus: Im Eingehen ins Schicksal des Weizenkorns, im Durchgehen durch das Geopfertwerden, im Sichaufbrechenlassen und Sichverlieren eröffnet er das wahre Leben. Von den Erfahrungen der Religionsgeschichte her, die sich gerade an diesem Punkt besonders eng mit dem Zeugnis der Bibel berühren, könnte man auch sagen: Welt lebt vom Opfer. Jene großen Mythen, die davon wissen wollen, dass aus einem Uropfer heraus der Kosmos aufgebaut worden sei und dass der Kosmos immer nur vom Sichopfern lebe, auf das Opfer gestellt sei[42], erhalten hier ihre Wahrheit und ihre Gültigkeit. Durch diese mythischen Bilder hindurch wird das christliche Exodus-Prinzip sichtbar: »Wer sein Leben liebt, verliert es, und wer sein Leben in dieser Welt hasst, wird es auf ewiges Leben hin bewahren« (Jo 12,25; vgl. Mk 8,35 par). Dabei muss abschließend gesagt werden, dass alle eigenen Selbstüberschreitungen des Menschen nie genügen können. Wer nur geben will und nicht bereit ist zu empfangen, wer nur für die andern sein will und nicht anerkennen will, dass er auch seinerseits von dem unerwartbaren, unprovozierbaren Geschenk des Für der anderen lebt, verkennt die Grundweise des Menschseins und muss so gerade auch den wahren Sinn des Füreinander zerstören. Alle Selbstüberschreitungen bedürfen, um fruchtbar zu sein, des Empfangens von den anderen her und letztlich von *dem* Anderen, der der wahrhaft Andere der ganzen Menschheit und zugleich der ganz mit ihr Einige ist: der Gott-Mensch Jesus Christus.

3. Das Gesetz des Inkognito. Die Tatsache, dass das »Für« als das entscheidende Prinzip menschlicher Existenz anzusprechen ist und im Ineinanderfallen mit dem Prinzip Liebe zur eigentlichen Erscheinungsstätte des Göttlichen in der Welt wird, zieht eine weitere Konsequenz nach sich. Sie hat zur Folge, dass das Ganz-anders-Sein Gottes, das der Mensch von sich aus schon vermuten kann, zur totalen Andersheit, zur völligen Unerkennbarkeit Gottes wird. Sie bedeutet, dass die Verborgenheit Gottes, mit der der Mensch rechnet, die skandalöse Gestalt seiner Betastbarkeit und seiner Anschaubarkeit als Gekreuzigter annimmt. Anders gewendet: Sie hat zur Folge, dass Gott, der Erste, das Alpha der Welt, als das Omega, als der letzte Buchstabe im Alphabet der Schöpfung, erscheint, als das geringste Geschöpf in ihr. Luther spricht in diesem Zusammenhang von der Verborgenheit Gottes »sub contrario«, das heißt in dem, was das Gegenteil Gottes zu sein scheint. Er hebt damit die Eigentümlichkeit der vom Kreuz her bestimmten christlichen Form negativer Theologie gegenüber der negativen Theologie des philosophischen Denkens hervor. Schon die Philosophie, das eigene Nachdenken des Menschen über Gott, führt zu der Einsicht, dass Gott der ganz Andere ist, der schlechthin Verborgene und Unvergleichbare. »Blöde wie die Augen von Nachtvögeln sind unsere Augen vor dem, was an sich das Allerhellste ist«, hatte schon Aristoteles gesagt[43]. In der Tat werden wir vom Glauben an Jesus Christus her antworten: Gott ist der ganz Andere, Unsichtbare, Unerkennbare. Aber als er nun wirklich so ganz anders, so unsichtbar hinsichtlich seiner Göttlichkeit, so unerkennbar auftrat, war es nicht die von uns vorgesehene und vorberechnete Art von Andersheit und Fremdheit, und er blieb in der Tat unerkannt. Indes – sollte nicht gerade das ihn als den *wirklich* ganz Anderen ausweisen, der unsere Berechnungen von Andersheit über den Haufen wirft und sich darin als der einzig echte Ganz-Andere zeigt?

Demgemäß kann man die ganze Bibel hindurch immer wieder der Vorstellung von der doppelten Erscheinungsweise Gottes in der Welt begegnen[44]. Gott bezeugt sich zunächst gewiss in der kosmischen Macht. Die Größe, der all unser Sinnen überschreitende und es dennoch umfassende Logos der Welt, verweist auf ihn, dessen Gedanke diese Welt ist; auf ihn, vor dem die Völker sind »wie Tropfen am Eimer«, »wie Stäubchen an der Waagschale« (Jes 40,15). Es gibt wirklich den Verweis des Alls auf seinen Schöpfer. Wie sehr wir uns auch gegen Gottesbeweise sträuben, wie viel auch philosophische Reflexion berechtigterweise gegen ihre einzelnen Schritte einwenden mag, es bleibt dabei, dass durch die Welt und ihre geistige Struktur der schöpferische Urgedanke und seine gründende Macht hindurchschimmern.

Aber dies ist nur die eine Weise, wie Gott in der Welt erscheint. Das andere Zeichen, das er sich gesetzt hat und das ihn, indem es ihn mehr verhüllt, wahrer in seinem Eigentlichsten zeigt, ist das Zeichen des Niedrigen, das kosmisch-quantitativ gemessen völlig unbedeutend, geradezu ein reines Nichts ist. Es wäre dabei die Reihe Erde – Israel – Nazareth – Kreuz – Kirche zu nennen, in der Gott immer mehr im Geringen zu verschwinden scheint und gerade so immer mehr als er selber offenbar wird. Da ist zunächst die Erde, ein Nichts im Kosmos, welches der Punkt göttlichen Handelns am Kosmos sein soll. Da ist Israel, ein Nichts unter den Mächten, das der Punkt seines Erscheinens in der Welt sein soll. Da ist Nazareth, noch einmal ein Nichts innerhalb Israels, das der Punkt seines definitiven Gekommenseins sein soll. Da ist endlich das Kreuz, an dem einer aufgehängt ist – eine gescheiterte Existenz, und es soll der Punkt sein, an dem man Gott geradezu betasten kann. Da ist endlich die Kirche, das fragwürdige Gebilde unserer Geschichte, die der bleibende Ort seiner Offenbarung zu sein beansprucht. Wir wissen heute nur allzusehr, wie wenig auch in ihr die Verborgenheit der göttlichen Nähe aufgehoben ist. Gerade da, wo im Prunk des Renaissancefürstentums die Kirche glaubte, diese Verborgenheit abstreifen und unvermittelt »Himmelstür « und »Gotteshaus« sein zu können, ist sie noch einmal und beinah noch mehr als zuvor zum Inkognito Gottes geworden, der dahinter kaum noch zu finden war. Das kosmisch und weltlich Geringe stellt so das eigentliche Zeichen Gottes dar, in dem sich das ganz Andere anzeigt, das auch gegenüber unseren Erwartungen noch einmal das völlig Unerkennbare ist. Das kosmische Nichts ist das wahre Alles, weil das »Für« das eigentlich Göttliche ist …

4. Das Gesetz des Überflusses. In den ethischen Aussagen des Neuen Testaments gibt es eine Spannung, die unüberbrückbar scheint: Zwischen Gnade und Ethos, zwischen totaler Vergebung und ebenso totalem Beanspruchtsein, zwischen gänzlichem Beschenktsein des Menschen, der alles nachgeworfen bekommt, weil er nichts leisten kann, und gleichzeitig völligem Sich-Schenken-Müssen bis hin zu der unerhörten Forderung: »Seid also vollkommen, wie euer Vater im Himmel vollkommen ist« (Mt 5,48). Wenn man in dieser aufregenden Polarität dennoch nach einer verbindenden Mitte sucht, wird man vor allem in der paulinischen Theologie, aber auch in den drei ersten Evangelien immer wieder auf das Wort »Überfluss« (περίσσευμα) stoßen, in dem die Rede von der Gnade und diejenige vom Anspruch ineinander gebunden sind und ineinander übergehen.

Greifen wir, um das Prinzip vor den Blick zu bekommen, jene zentrale Stelle in der Bergpredigt heraus, die dort gleichsam als Überschrift und als zusammenfassende Kennzeichnung über den sechs großen Antithesen steht (»Den Alten ist gesagt worden ... Ich aber sage euch ...«), in denen Jesus die Neufassung der zweiten Gesetzestafel vollzieht. Der Text lautet: »Ich sage euch: Wenn es in eurer Gerechtigkeit nicht mehr Überfluss geben wird als bei den Schriftgelehrten und Pharisäern, werdet ihr das Himmelreich nicht betreten« (Mt 5,20). Diese Aussage bedeutet zunächst, dass alle menschliche Gerechtigkeit als ungenügend überführt wird. Wer könnte sich schon ehrlicherweise rühmen, wirklich und vorbehaltlos bis in den Grund seiner Seele hinab den Sinn der einzelnen Forderungen in seine Gesinnung aufgenommen und sie ganz von ihrer innersten Tiefe her erfüllt, ausgefüllt zu haben, geschweige denn Überfluss hervorgebracht zu haben? Zwar gibt es in der Kirche einen »Stand der Vollkommenheit«, in dem man sich zum Hinausgehen über das Gebotene, zum Überfluss verpflichtet. Aber die ihm zugehören, werden die Letzten sein zu leugnen, dass sie gerade so immer wieder am Anfang stehen und voller Ungenügen sind. Der »Stand der Vollkommenheit« ist in Wahrheit die dramatischste Darstellung der bleibenden Unvollkommenheit des Menschen.

Wem dieser allgemeine Hinweis nicht genügt, der braucht nur die folgenden Verse der Bergpredigt (5,21–48) zu lesen, um sich einer bestürzenden Gewissenserforschung ausgesetzt zu finden. In diesen Sätzen wird sichtbar, was es bedeutet, wenn man die zunächst so einfach erscheinenden Sätze der zweiten Dekalogtafel ganz ernst nimmt, von denen drei hier entfaltet werden: »Du sollst nicht töten. Du sollst nicht ehebrechen. Du sollst nicht falsch schwören«. Auf den ersten Blick scheint es recht leicht zu sein, sich hier gerecht zu fühlen. Man hat schließlich niemanden umgebracht, man hat die Ehe nicht gebrochen, man hat keinen Meineid auf sich lasten. Aber indem Jesus in die Tiefe dieser Forderungen hineinleuchtet, wird sichtbar, wie der Mensch im Zürnen, Hassen, Nichtvergeben, im Neid und im Begehren Anteil an den dort genannten Vorgängen hat. Es wird deutlich, wie sehr der Mensch in seiner scheinbaren Gerechtigkeit verfilzt ist mit dem, was die Ungerechtigkeit der Welt ausmacht. Wenn man die Worte der Bergpredigt ernsthaft liest, widerfährt einem das, was einem Menschen geschieht, der von der Apologetik einer Partei zur Wirklichkeit übergeht. Das schöne Schwarz-Weiß, in das man die Menschen einzuteilen gewohnt ist, verwandelt sich in das Grau einer allgemeinen Zwielichtigkeit. Es wird klar, dass es kein Schwarz-Weiß unter den Menschen gibt und dass trotz aller Abstufungen, die wahrlich eine weite Skala umschließen, doch alle irgendwie im Zwielicht stehen. Mit einem anderen Bild könnte man sagen: Wenn man die moralischen Unterschiede der Menschen im »makroskopischen« Bereich total finden kann, so bietet doch auch hier eine quasi-mikrophysikalische, mikromoralische Betrachtung ein differenziertes Bild, in dem die Unterschiede anfangen fragwürdig zu werden: Von Überfluss an Gerechtigkeit ist da jedenfalls keine Rede mehr.

So könnte, wenn es auf den Menschen ankommt, keiner das Himmelreich, das heißt die Region der wirklichen, vollen Gerechtigkeit, betreten. Das Himmelreich müsste leere Utopie bleiben. In der Tat, es *muss* leere Utopie bleiben, solange es nur auf den guten Willen der Menschen ankommt. Wie oft sagt man uns: Ein bisschen guter Wille würde schon genügen, und alles wäre schön und gut auf der Welt. Das ist wahr, das bisschen guter Wille würde wirklich genügen, aber die Tragödie der Menschheit besteht darin, dass sie gerade dazu die Kraft nicht hat. Hat also Camus Recht, wenn er als Symbol der Menschheit den Sisyphus ansieht, der immer neu den Stein den Berg hinaufrollen will und ihn immer wieder entgleiten sehen muss? Die Bibel ist, was das menschliche Können angeht, so nüchtern wie Camus, aber sie bleibt nicht bei seiner Skepsis stehen. Für sie wird die Grenze der menschlichen Gerechtigkeit, des menschlichen Vermögens überhaupt, zum Ausdruck für das Verwiesensein des Menschen auf das fraglose Geschenk der Liebe, das unberechnet sich ihm und darin ihn selbst auftut und ohne das er in all seiner »Gerechtigkeit« verschlossen und ungerecht bliebe. Nur der Mensch, der sich beschenken lässt, kann zu sich selber kommen. So wird aber das Durchschauen der »Gerechtigkeit« des Menschen zugleich zum Hinweis auf die Gerechtigkeit Gottes, deren Überfluss Jesus Christus heißt. Er ist die weit über das Seinmüssende hinausgehende, nicht rechnende, sondern wahrhaft überfließende Gerechtigkeit Gottes, das Dennoch seiner größeren Liebe, mit der er das Versagen des Menschen unendlich überholt.

Trotzdem würde man das Ganze völlig missverstehen, wenn man daraus eine Entwertung des Menschen ableiten und sagen wollte: Dann also ist ohnedies alles gleich und jedes Suchen nach Gerechtigkeit und Gutsein vor Gott gegenstandslos. Ganz und gar nicht, müssen wir darauf antworten: Trotz allem und gerade angesichts des Bedachten steht und bleibt die Aufforderung, Überfluss zu haben, wenn man schon nicht die volle Gerechtigkeit verwirklichen kann. Aber was soll das heißen? Ist das nicht ein Widerspruch? Nun, es bedeutet, kurz gesagt, dass derjenige noch kein Christ ist, der immer nur rechnet, wieviel er tun muss, damit es gerade noch ausreicht und damit er mit einigen kasuistischen Kniffen sich als Mann mit weißer Weste ansehen kann. Und auch wer ausrechnen will, wo die Pflicht endet und wo man sich durch ein »opus supererogatorium« (Werk der Übergebühr) überschüssige Verdienste verschaffen kann, ist Pharisäer, nicht Christ. Christsein bedeutet nicht, einen bestimmten Pflichtbeitrag einzuhalten und vielleicht als besonders Vollkommener sogar noch über die Pflichtversicherungsgrenze hinauszugehen.

Christ ist vielmehr, wer weiß, dass er ohnedies und in jedem Falle zuerst vom Beschenktsein lebt; dass folglich alle Gerechtigkeit nur darin bestehen kann, selbst ein Schenkender zu sein, dem Bettler gleich, der dankbar für das Empfangene seinerseits großzügig weiterverteilt. Der nur Gerechte, rechnend Berechnende, der glaubt, selbst die weiße Weste erschaffen und darin ganz sich selbst aufbauen zu können, ist der Ungerechte. Menschliche Gerechtigkeit kann nur im Lassen des eigenen Anspruchs und in der Großzügigkeit Mensch und Gott gegenüber sich erfüllen. Es ist die Gerechtigkeit des »Vergib, wie wir vergeben haben« – diese Bitte erweist sich als die eigentliche Formel christlich begriffener menschlicher Gerechtigkeit: Sie besteht im Weitervergeben, da man selbst wesentlich von der empfangenen Vergebung lebt[45].

Das Thema Überfluss führt aber, neutestamentlich betrachtet, noch auf eine andere Spur, in der sein Sinn erst vollends deutlich wird. Man findet das Wort wieder im Zusammenhang des Brotvermehrungswunders, wo von einem »Überfluss« von sieben Körben gesprochen wird (Mk 8,8 par). Es gehört zum Kern des Brotvermehrungsberichts, auf den Gedanken und die Wirklichkeit des Überflüssigen, des Mehr-als-nötig hinzuführen. Dabei drängt sich sofort die Erinnerung an ein verwandtes Wunder der johanneischen Überlieferung auf: die Verwandlung von Wasser in Wein auf der Hochzeit zu Kana (Jo 2,1–11). Das *Wort* Überfluss kommt hier zwar nicht vor, um so mehr aber die Sache: Der verwandelte Wein umfasst nach den Angaben des Evangeliums die für ein Privatfest recht ungewöhnliche Menge von 480–700 Litern! Beide Berichte aber haben in der Absicht der Evangelisten mit der Zentralgestalt des christlichen Kultes, der Eucharistie, zu tun. Sie weisen diese als den göttlichen Überfluss aus, der unendlich alles Bedürfen und alles rechtmäßig zu Verlangende übersteigt.

Beide haben aber auf diese Weise durch ihren eucharistischen Bezug mit Christus selbst zu tun und verweisen letztlich auf ihn zurück: Christus ist die unendliche Selbstverschwendung Gottes. Und beide verweisen, ähnlich wie wir es beim Prinzip »Für« fanden, auf das Strukturgesetz der Schöpfung zurück, in der das Leben Millionen Keime verschwendet, um ein Lebendiges zu retten; in der ein ganzes Weltall verschwendet wird, um an einer Stelle dem Geist, dem Menschen einen Platz zu bereiten. Überfluss ist das Prägezeichen Gottes in seiner Schöpfung; denn »nicht nach Maß berechnet Gott seine Gaben«, wie die Väter sagen. Überfluss ist aber zugleich der eigentliche Grund und die Form der Heilsgeschichte, die letztlich nichts anderes ist als der wahrhaft atemberaubende Vorgang, dass Gott in unbegreiflicher Selbstverschwendung nicht nur ein Weltall, sondern sich selbst verausgabt, um das Staubkorn Mensch zum Heil zu führen. So ist – wiederholen wir es – Überfluss die eigentliche Definition der Heilsgeschichte. Der Verstand des bloß Rechnenden wird es ewig absurd finden müssen, dass für den Menschen Gott selbst aufgewendet werden soll. Nur der Liebende kann die Torheit einer Liebe begreifen, für die Verschwendung Gesetz, der Überfluss das allein Genügende ist. Und doch: Wenn es wahr ist, dass die Schöpfung vom Überfluss lebt; dass der Mensch jenes Wesen ist, für welches das Überflüssige das Notwendige ist, wie kann es uns dann wundern, dass Offenbarung das Überflüssige und eben darin das Notwendige, das Göttliche, die Liebe ist, in der sich der Sinn des Weltalls erfüllt?

5. Endgültigkeit und Hoffnung. Christlicher Glaube sagt, dass in Christus das Heil der Menschen verwirklicht ist, dass in ihm die wahre Zukunft des Menschen unwiderruflich begonnen hat und so, obgleich Zukunft bleibend, doch auch schon Perfekt, Teil unserer Gegenwart ist. Diese Aussage schließt ein Prinzip Endgültigkeit ein, das für die Form der christlichen Existenz bzw. für die Weise der Existenzentscheidung, die das Christsein meint, von höchster Bedeutung ist. Versuchen wir, das genauer zu erarbeiten! Wir hatten eben festgestellt, dass Christus die begonnene Zukunft, die schon eröffnete Endgültigkeit des Wesens Mensch ist. In der Sprache der Schultheologie hatte man diesen Gedanken ausgedrückt, indem man sagte, mit Christus sei die Offenbarung abgeschlossen. Das kann natürlich nicht bedeuten, dass nun eine bestimmte Anzahl von Wahrheiten mitgeteilt sei und Gott sich entschlossen habe, keine weiteren Mitteilungen mehr hinzuzufügen. Es besagt vielmehr, dass der Dialog Gottes mit dem Menschen, das Sicheinlassen Gottes auf die Menschheit in Jesus, dem Menschen, der Gott ist, sein Ziel erreicht hat. In diesem Dialog ging und geht es ja nicht darum, *etwas* und vielerlei zu sagen, sondern darum, im Wort sich selbst zu sagen. So ist seine Absicht nicht dann erfüllt, wenn eine größtmögliche Summe von Erkenntnissen übermittelt ist, sondern dann, wenn durch das Wort hindurch die Liebe sichtbar wird, wenn im Wort sich Du und Du berühren. Sein Sinn liegt nicht in einem Dritten, in einem Sachwissen, sondern in den Partnern selbst. Er heißt: Vereinigung. In dem Menschen Jesus aber hat Gott endgültig sich selbst gesagt: Er *ist* sein Wort und als sein Wort er selbst. Offenbarung endet hier nicht, weil Gott sie positivistisch abschließt, sondern weil sie am Ziel ist oder, wie Karl Rahner es ausdrückt: »Es wird nichts Neues mehr gesagt, nicht obwohl noch viel zu sagen wäre, sondern weil alles gesagt, ja, alles gegeben ist im Sohn der Liebe, in dem Gott und die Welt eins geworden sind«[46].

Betrachtet man das so Bedachte genauer, so zeigt sich ein Weiteres. Dass in Christus das Ziel der Offenbarung und in ihm das Ziel der Menschheit erreicht ist, weil Gottsein und Menschsein in ihm sich berühren und vereinen, bedeutet zugleich, dass das erreichte Ziel nicht eine starre Grenze, sondern ein offener Raum ist. Denn die Vereinigung, die an dem einen Punkte Jesus von Nazareth geschehen ist, muss die ganze Menschheit, den ganzen einen »Adam«, erreichen und ihn zum »Leib Christi« umwandeln. Solange diese Totalität nicht gewonnen ist, solange sie auf einen Punkt beschränkt dasteht, bleibt das in Christus Geschehene Ende und Anfang zugleich. Die Menschheit kann nicht weiter und höher kommen, als er ist, denn Gott ist das Weiteste und Höchste; jeder scheinbare Fortschritt über ihn hinaus ist ein Sturz ins Leere. Sie kann nicht über ihn hinauskommen – insofern ist Christus das Ende; aber sie muss in ihn hineinkommen – insofern ist er erst der wirkliche Anfang.

Wir brauchen hier nicht über die Verschränkung von Vergangenheit und Zukunft nachzudenken, die sich für das christliche Bewusstsein daraus ergibt; nicht zu reflektieren, dass demnach der christliche Glaube in der Rückwendung auf den geschichtlichen Jesus vorwärtsgewendet ist auf den neuen Adam – auf die Zukunft, die Welt und Mensch von Gott her zukommt. Das alles haben wir bereits früher bedacht. Hier geht es um etwas anderes. Die Tatsache, dass die endgültige Entscheidung Gottes für den Menschen schon gefallen ist, bedeutet, dass es das Endgültige in der Geschichte – nach der Überzeugung des Glaubens – gibt, auch wenn dies Endgültige so besteht, dass es Zukunft nicht ausschließt, sondern eröffnet. Dies wiederum hat zur Folge, dass es das Endgültige, das Unwiderrufliche auch im Leben des Menschen gibt und geben muss, da vor allem, wo er dem Göttlich-Endgültigen, von dem wir eben sprachen, begegnet. Die Zuversicht, dass es das Endgültige schon gibt und dass gerade darin die Zukunft des Menschen als offene gewährt wird, ist kennzeichnend für das Ganze des christlichen Stehens zur Wirklichkeit: Für den Christen kann nicht das Kreisen des Aktualismus gelten, der dem bloß jeweiligen Jetzt sich stellt und nie das Endgültige findet. Er ist vielmehr gewiss, dass die Geschichte vorwärtsschreitet; Fortschritt aber verlangt Endgültigkeit der Richtung – gerade das hebt ihn von der Kreisbewegung ab, die an kein Ende führt. Der Kampf um die Unwiderruflichkeit des Christlichen ist im Mittelalter bestanden worden als Kampf gegen die Idee des »dritten Reiches«: Das bisherige Christentum stelle nach dem Alten Testament, dem »Reich des Vaters«, das zweite Reich, dasjenige des Sohnes, dar, das zwar schon besser sei, aber durch das dritte Reich: die Zeit des Geistes, abgelöst werden müsse[47]. Der Glaube an die Menschwerdung Gottes in Jesus Christus kann kein »drittes Reich« zulassen; er glaubt an die Endgültigkeit des Geschehenen und weiß sich gerade darum auf die Zukunft hin offen.

Dass das entscheidende Konsequenzen auch für das Leben des Einzelnen einschließt, haben wir vorhin schon berührt. Es bedeutet, dass der Glaube den Menschen definitiv beansprucht und nicht nach dem Reich des Vaters in der Kinderzeit und dem des Sohnes in der Jugend eines Tages von einem aufgeklärten Geistzeitalter abgelöst werden kann, das nur noch der eigenen Vernunft gehorchen und sie unter der Hand für den Heiligen Geist ausgeben würde. Gewiss, der Glaube hat seine Gezeiten und seine Stufen, aber gerade so stellt er den bleibenden Grund der Existenz des Menschen dar, der nur einer ist. Von hierher kommt es auch, dass der Glaube endgültige Aussagen kennt – Dogma und Symbolum –, worin sich seine innere Endgültigkeit artikuliert. Wiederum heißt das nicht, dass jene Formeln nicht in der Geschichte sich weiter eröffnen und so neu und neu verstanden werden können, wie der einzelne Mensch von den Widerfahrnissen seines Lebens her den Glauben immer neu verstehen lernen muss. Aber wiederum bedeutet es, dass in solchem Verstehen und Reifen die Einheit des Verstandenen nicht aufgehoben werden kann und darf.

Endlich ließe sich zeigen, dass die Endgültigkeit der Bindung zweier Menschen aneinander, die der christliche Glaube mit dem Ja der Liebe gesetzt weiß, auf dem die Ehe gründet – dass auch diese Endgültigkeit hier verwurzelt ist. Unscheidbare Ehe ist in der Tat nur vom Glauben an die durch nichts mehr zu zerstörende Entscheidung Gottes in Christus zur »Ehe« mit der Menschheit verstehbar und vollziehbar (vgl. Eph 5,22–33). Sie steht und fällt mit diesem Glauben; außerhalb davon ist sie auf die Dauer so unmöglich, wie sie in ihm nötig ist. Und abermals wäre zu sagen, dass gerade diese scheinbare Fixierung auf den Entscheid eines Lebensaugenblickes dem Menschen ermöglicht voranzuschreiten, sich Stufe um Stufe anzunehmen, während das fortwährende Annullieren solcher Entscheide ihn immer wieder auf den Anfang zurückwirft und ihn zu einem Kreisen verurteilt, das sich in die Fiktion der ewigen Jugend verschließt und so dem Ganzen des Menschseins verweigert.

6. Der Primat des Empfangens und die christliche Positivität. Der Mensch wird durch das Kreuz erlöst; der Gekreuzigte als der ganz Geöffnete ist die wahre Erlösung des Menschen – diesen zentralen Satz christlichen Glaubens hatten wir bereits in anderem Zusammenhang für unser heutiges Verstehen zu erschließen uns bemüht. Betrachten wir ihn jetzt nicht von seinem Inhalt, sondern von seiner Struktur her, so drückt er einen Vorrang des Empfangens vor dem Tun, vor der eigenen Leistung aus, wo es um das Letzte des Menschen geht. Darin liegt vielleicht der tiefste Trennungspunkt zwischen dem christlichen Prinzip Hoffnung und seiner marxistischen Umwandlung. Zwar ruht auch das marxistische Prinzip auf einer Passivitätsidee, insofern nach ihm das leidende Proletariat der Erlöser der Welt ist. Aber dieses Leiden des Proletariats, das schließlich den Umschlag zur klassenlosen Gesellschaft herbeiführen soll, muss sich konkret vollziehen in der aktiven Form des Klassenkampfes. Nur so kann es »erlösend« werden, zur Entmachtung der herrschenden Klasse und zur Gleichheit aller Menschen führen. Wenn das Kreuz Christi ein Leiden-für ist, so findet die Passion des Proletariats, marxistisch gesehen, als ein Kampf-gegen statt; wenn das Kreuz wesentlich Werk eines Einzelnen für das Ganze ist, so ist diese Passion wesentlich Sache einer als Partei organisierten Masse für sich selber. So verlaufen trotz einer nahen Berührung im Ansatzpunkt die Wege beide Male in entgegengesetzter Richtung.

Vom christlichen Glauben her gilt demnach: Der Mensch kommt zutiefst nicht zu sich selbst durch das, was er tut, sondern durch das, was er empfängt. Er muss auf das Geschenk der Liebe warten, und Liebe kann man nicht anders denn als Geschenk erhalten. Man kann sie nicht selber, ohne den anderen, »machen«; man muss auf sie warten, sie sich geben lassen. Und man kann nicht anders *ganz* Mensch werden, als indem man geliebt *wird*, sich lieben lässt. Dass die Liebe des Menschen höchste Möglichkeit und tiefste Notwendigkeit in einem darstellt und dass dies Nötigste zugleich das Freieste und Unerzwingbarste ist, das bedeutet eben, dass der Mensch zu seinem »Heil« auf ein Empfangen angewiesen ist. Lehnt er es ab, sich solchermaßen beschenken zu lassen, zerstört er sich selbst. Eine sich selbst absolut setzende Aktivität, die das Menschsein allein aus Eigenem leisten will, ist ein Widerspruch zu seinem Wesen. Louis Evely hat diese Einsicht einmal großartig formuliert:

»Die ganze Geschichte der Menschheit wurde irregeführt, bekam einen Bruch wegen Adams falscher Gottesvorstellung. Er wollte wie Gott werden. Ich hoffe, dass ihr niemals die Sünde Adams hierin saht ... Hatte Gott ihn nicht dazu eingeladen? Adam hat sich nur im Vorbild getäuscht. Er glaubte, Gott sei ein unabhängiges, autonomes, sich selbst genügendes Wesen; und um wie er zu werden, hat er sich aufgelehnt und Ungehorsam gezeigt.

Aber als Gott sich offenbarte, als Gott erweisen wollte, wer er war, erschien er als Liebe, Zärtlichkeit, als Ausströmen seiner selbst, unendliches Wohlgefallen in einem anderen. Zuneigung, Abhängigkeit. Gott zeigte sich gehorsam, gehorsam bis zum Tode.

Im Glauben, Gott zu werden, wich Adam völlig von ihm ab. Er zog sich in die Einsamkeit zurück, und Gott war doch Gemeinschaft«[48].

Dies Ganze bedeutet ohne Zweifel eine Relativierung der Werke, des Tuns; der Kampf des heiligen Paulus gegen die

»Werkgerechtigkeit« ist von hier aus zu verstehen. Aber man muss hinzufügen, dass in dieser Einordnung des menschlichen Wirkens als einer nur vorletzten Größe zugleich dessen innere Befreiung liegt: Die Aktivität des Menschen kann sich nun vollziehen in der Gelassenheit, Gelöstheit und Freiheit, die dem Vorletzten ziemt. Der Primat des Empfangens will den Menschen keineswegs in die Passivität verbannen; er besagt nicht, dass der Mensch nun die Hände in den Schoß legen könne, wie der Marxismus uns vorwirft. Im Gegenteil: Er ermöglicht erst, im Geist der Verantwortung und zugleich unverkrampft, heiter und frei, die Dinge dieser Welt zu tun und sie in den Dienst der erlösenden Liebe zu stellen.

Noch ein anderes ergibt sich von diesem Ausgangspunkt her. Der Primat des Empfangens schließt die christliche Positivität ein und erweist ihre innere Notwendigkeit. Wir hatten festgestellt, dass der Mensch das Eigentliche nicht aus sich heraus setzt; es muss ihm zukommen als das nicht von ihm Gemachte, nicht sein Produkt, sondern freies Gegenüber, das sich ihm schenkt. Wenn es aber so steht, dann heißt das auch, dass unsere Gottesbeziehung letztlich nicht auf unserem eigenen Entwurf, auf einer spekulativen Erkenntnis beruhen kann, sondern die Positivität dessen verlangt, was uns gegenübersteht, auf uns zukommt als ein Positives, zu Empfangendes. Mir scheint, von hier aus lasse sich sozusagen die Quadratur des Zirkels der Theologie vollziehen, nämlich die innere Notwendigkeit der scheinbaren geschichtlichen Zufälligkeit des Christlichen zeigen, das Muss seiner uns anstößigen Positivität als von außen zukommendes Ereignis. Der von Lessing so nachdrücklich betonte Gegensatz von vérité de fait (zufällige Tatsachenwahrheit) und vérité de raison (notwendige Vernunftwahrheit) wird hier überwindbar. Das Zufällige, Äußerliche ist das dem Menschen Notwendige; nur im Zukommen von außen eröffnet sich sein Innen. Das Inkognito Gottes als Mensch in der Geschichte »muss« sein – mit der Notwendigkeit der Freiheit.

7. Zusammenfassung: Das »Wesen des Christentums«. Das Ganze zusammenfassend werden wir sagen dürfen, dass die sechs Prinzipien, die wir skizzenhaft zu erfassen versuchten, so etwas wie die Bauformel der christlichen Existenz genannt werden dürfen und zugleich die Formel für die Essenz des Christlichen, das »Wesen des Christentums«. In ihnen dürfte wohl auch das verdolmetscht sein, was wir mit einem reichlich missverständlichen Begriff den christlichen Absolutheitsanspruch nennen. Was damit wirklich gemeint ist, kommt wohl vor allem im Prinzip Einzelner, im Prinzip Für, im Prinzip Endgültigkeit und im Prinzip Positivität zum Vorschein. In diesen Grundaussagen wird die besondere Weise des Anspruchs deutlich, den der christliche Glaube der Religionsgeschichte gegenüber erhebt und erheben muss, wenn er sich selber treu bleiben will.

Aber es bleibt noch eine Frage stehen: Wenn man die sechs Prinzipien, wie wir sie bedacht haben, vor Augen hat, wird es einem vermutlich leicht ergehen wie den Physikern, die nach dem Urstoff des Seins suchten und ihn zunächst in den so genannten Elementen gefunden zu haben glaubten. Aber je mehr man weiterforschte, desto mehr solcher Elemente wurden bekannt; heute sind es schon über hundert geworden. So konnten sie nicht das Letzte sein, das man nun in den Atomen meinte entdeckt zu haben. Aber auch sie erwiesen sich zusammengesetzt aus Elementarteilchen, deren wir jetzt auch schon wieder so viele wissen, dass man nicht bei ihnen stehen bleiben kann, sondern von neuem einen Anlauf machen muss, um dem Urstoff vielleicht doch noch zu begegnen. Wir haben in den sechs Prinzipien gleichsam die Elementarteilchen des Christlichen erkannt, aber muss es nicht dahinter eine einzige, einfache Mitte des Christlichen geben? Es gibt sie, und ich denke, wir können jetzt nach allem Gesagten, ohne in die Gefahr einer bloßen sentimentalen Phrase zu verfallen, sagen, dass die sechs Prinzipien sich zuletzt in das eine Prinzip Liebe zusammenziehen. Sagen wir es grob, vielleicht sogar missverständlich: Nicht der konfessionelle Parteigenosse ist der wahre Christ, sondern derjenige, der durch sein Christsein wahrhaft menschlich geworden ist. Nicht derjenige, der ein Normsystem sklavisch und einzig auf sich selbst bedacht einhält, sondern derjenige, der frei geworden ist zur einfachen, menschlichen Güte. Das Prinzip Liebe schließt freilich, wenn es wahr sein soll, den Glauben ein. Nur so bleibt es, was es ist. Denn ohne den Glauben, den wir als Ausdruck für ein letztes Empfangenmüssen des Menschen, für das Ungenügen aller eigenen Leistung verstehen gelernt haben, wird Liebe zur eigenmächtigen Tat. Sie hebt sich auf und wird zur Selbstgerechtigkeit: Glaube und Liebe bedingen und fordern sich gegenseitig. Ebenso ist zu sagen, dass im Prinzip Liebe das Prinzip Hoffnung mit anwesend ist, die den Augenblick und seine Vereinzelung überschreitend das Ganze sucht. So führt unsere Betrachtung am Schluss von selbst auf die Worte, mit denen Paulus die tragenden Pfeiler des Christlichen benannte: »Jetzt bleiben Glaube, Hoffnung, Liebe, diese drei; das Größte unter ihnen ist die Liebe« (1 Kor 13,13).

ZWEITES KAPITEL

Die Entfaltung des Christusbekenntnisses in den christologischen Glaubensartikeln

1. »Empfangen vom Heiligen Geist, geboren aus Maria der Jungfrau«

Die Herkunft Jesu steht im Geheimnis. Zwar wenden die Jerusalemer im Johannesevangelium gegen seine Messianität ein, von ihm wisse man, »woher er ist; wenn aber der Christus kommt, weiß niemand um sein Woher« (Jo 7,27). Aber gleich die folgende Rede Jesu enthüllt, wie unzulänglich dieses ihr vermeintliches Wissen um Jesu Herkunft ist: »Ich komme nicht von mir selber her, sondern der Wahrhafte ist es, der mich gesandt hat, und ihn kennt ihr nicht« (7,28). Gewiss, Jesus stammt aus Nazareth. Aber was weiß man schon um sein wahres Woher, wenn man den geographischen Ort angeben kann, von dem er kommt? Das Johannesevangelium betont immer wieder, dass die wirkliche Herkunft Jesu »der Vater« ist, dass er totaler und anders von ihm herkommt als jeder Gottesgesandte zuvor.

Dieses Herkommen Jesu aus dem Geheimnis Gottes, »das niemand weiß«, schildern die so genannten Kindheitsgeschichten des Matthäus- und des Lukasevangeliums, nicht um es aufzuheben, sondern um es gerade als Geheimnis zu bestätigen. Beide Evangelisten, besonders aber Lukas, erzählen den Anfang der Geschichte Jesu fast ganz in Worten des Alten Testaments, um so von innen her das, was sich hier zuträgt, als Erfüllung der Hoffnung Israels auszuweisen und es einzuordnen in den Zusammenhang der ganzen Bundesgeschichte Gottes mit den Menschen. Das Wort, mit dem der Engel bei Lukas die Jungfrau anspricht, lehnt sich eng an den Gruß an, mit dem der Prophet Sophonias das gerettete Jerusalem der Endzeit grüßt (Soph 3,14 ff), und es nimmt zugleich die Segensworte auf, mit denen man die großen Frauen Israels gepriesen hatte (Ri 5,24; Jdt 13,18 f). So wird Maria als der heilige Rest Israels, als das wahre Sion gekennzeichnet, auf das sich in den Verwüstungen der Geschichte die Hoffnungen gerichtet hatten. Mit ihr beginnt nach dem Text des Lukas das neue Israel, nein: es beginnt nicht bloß mit ihr, sie *ist* es, die heile »Tochter Sion«, in der Gott den neuen Beginn setzt[49].

Nicht weniger gefüllt ist das zentrale Verheißungswort: »Heiliger Geist wird auf dich herabkommen und Kraft des Höchsten dich überschatten. Darum wird, was aus dir geboren wird, heilig genannt werden: Sohn Gottes« (Lk 1,35). Über die Bundesgeschichte Israels hinaus wird hier der Blick auf die Schöpfung geweitet: Der Geist Gottes ist im Alten Testament Gottes Schöpfungsmacht; er ist es, der am Beginn über den Wassern schwebte und Chaos zu Kosmos gestaltete (Gn 1,2); wenn er gesandt wird, werden die lebendigen Wesen geschaffen (Ps 104 [103],30). So ist, was hier an Maria geschehen soll, neue Schöpfung: Der Gott, der aus dem Nichts das Sein rief, setzt inmitten der Menschheit einen neuen Anfang; sein Wort wird Fleisch. Das andere Bild unseres Textes – die »Überschattung mit der Kraft des Höchsten« – verweist auf den Tempel Israels und auf das heilige Zelt in der Wüste, wo sich Gottes Gegenwart in der Wolke anzeigte, die seine Herrlichkeit ebenso verbirgt wie offenbart (Ex

40,34; 3 Kg 8,11). Wie Maria vorher als das neue Israel, als die wahre »Tochter Sion« geschildert worden war, so erscheint sie nun als der Tempel, auf den sich die Wolke herabsenkt, in der Gott mitten in die Geschichte eintritt. Wer sich Gott zur Verfügung stellt, verschwindet mit ihm in der Wolke, in der Vergessenheit und Unansehnlichkeit, und wird gerade so seiner Herrlichkeit teilhaftig.

Die Geburt Jesu aus der Jungfrau, von der solchermaßen in den Evangelien berichtet wird, ist den Aufklärern aller Art nicht erst seit gestern ein Dorn im Auge. Quellenscheidungen sollen das neutestamentliche Zeugnis minimalisieren, der Hinweis auf das unhistorische Denken der Alten soll es ins Symbolische abschieben und die Einordnung in die Religionsgeschichte es als Variante eines Mythos ausweisen. Der Mythos von der wunderbaren Geburt des Retterkindes ist in der Tat weltweit verbreitet. Eine Menschheitssehnsucht spricht sich in ihm aus: die Sehnsucht nach dem Herben und Reinen, das die unberührte Jungfrau verkörpert; die Sehnsucht nach dem wahrhaft Mütterlichen, Bergenden, Reifen und Gütigen und endlich die Hoffnung, die immer wieder aufsteht, wo ein Mensch geboren wird – die Hoffnung und Freude, die ein Kind bedeutet. Man wird es als wahrscheinlich ansehen dürfen, dass auch Israel Mythen dieser Art gekannt hat; Jes 7,14 (»Siehe, die Jungfrau wird empfangen ...«) könnte durchaus sich als Aufgreifen einer solchen Erwartung erklären, auch wenn aus dem Wortlaut dieses Textes nicht ohne weiteres hervorgeht, dass dabei an eine Jungfrau im strengen Sinne gedacht ist[50]. Wenn der Text von solchen Ursprüngen her zu verstehen wäre, würde das heißen, dass auf diesem Umweg das Neue Testament die verworrenen Hoffnungen der Menschheit auf die Jungfrau-Mutter aufgenommen hätte; einfach bedeutungslos ist ein solches Urmotiv der menschlichen Geschichte sicher nicht.

Gleichzeitig ist aber völlig klar, dass die unmittelbaren Anknüpfungspunkte der neutestamentlichen Berichte von der Geburt Jesu aus der Jungfrau Maria nicht im religionsgeschichtlichen Raum, sondern in der alttestamentlichen Bibel liegen. Die außerbiblischen Erzählungen dieser Art sind tief gehend durch ihr Vokabular und durch ihre Anschauungsformen von der Geburtsgeschichte Jesu unterschieden; der zentrale Gegensatz besteht darin, dass in den heidnischen Texten fast immer die Gottheit als befruchtende, zeugende Macht, also unter einem mehr oder weniger geschlechtlichen Aspekt und von da aus in einem physischen Sinne als der »Vater« des Retterkindes erscheint. Nichts davon ist, wie wir sahen, im Neuen Testament der Fall:

Die Empfängnis Jesu ist Neuschöpfung, nicht Zeugung durch Gott. Gott wird dadurch nicht etwa zum biologischen Vater Jesu, und das Neue Testament wie die kirchliche Theologie haben grundsätzlich nie in diesem Bericht bzw. in dem darin mitgeteilten Ereignis den Grund für das wahre Gottsein Jesu, für seine »Gottessohnschaft«, gesehen. Denn diese bedeutet ja nun gerade nicht, dass Jesus halb Gott, halb Mensch wäre, sondern für den Glauben war es immer grundlegend, dass Jesus *ganz* Gott und *ganz* Mensch ist. Sein Gottsein bedeutet nicht eine Subtraktion am Menschsein: dies war der Weg, den Arius und Apollinaris, die großen Irrlehrer der alten Kirche, verfolgten. Gegen sie wurde mit allem Nachdruck die ungebrochene Ganzheit des Menschseins Jesu verteidigt und damit die Umschmelzung des biblischen Berichts in den heidnischen Mythos des göttergezeugten Halbgotts gebannt. Die Gottessohnschaft Jesu beruht nach dem kirchlichen Glauben nicht darauf, dass Jesus keinen menschlichen Vater hatte; die Lehre vom Gottsein Jesu würde nicht angetastet, wenn Jesus aus einer normalen menschlichen Ehe hervorgegangen wäre. Denn die Gottessohnschaft, von der der Glaube spricht, ist kein biologisches, sondern ein ontologisches Faktum; kein Vorgang in der Zeit, sondern in Gottes Ewigkeit: Gott ist immer Vater, Sohn und Geist; die Empfängnis Jesu bedeutet nicht, dass ein neuer Gott-Sohn entsteht, sondern dass Gott als Sohn in dem Menschen Jesus das Geschöpf Mensch an sich zieht, sodass er selber Mensch »ist«.

An alledem ändern auch zwei Ausdrücke nichts, die den Unkundigen allerdings leicht irreführen können. Wird denn nicht im lukanischen Bericht im Zusammenhang mit der Verheißung der wunderbaren Empfängnis gesagt, das Geborene werde »heilig geheißen werden, Sohn Gottes« (Lk 1,35)? Wird hier also nicht doch Gottessohnschaft und Jungfrauengeburt verkoppelt und damit der Weg des Mythos beschritten? Und was die kirchliche Theologie angeht: Spricht sie nicht andauernd von der »physischen« Gottessohnschaft Jesu, und enthüllt sie nicht damit doch ihren mythischen Hintergrund? Beginnen wir vom Letzteren her. Ohne Zweifel: die Formel von der »physischen« Gottessohnschaft Jesu ist höchst unglücklich und missverständlich; sie zeigt, dass es der Theologie in fast zweitausend Jahren noch immer nicht gelungen ist, ihre Begriffssprache von den Eierschalen ihrer hellenistischen Herkunft zu befreien. »Physisch« ist hier im Sinne des antiken Begriffs der Physis, also der Natur, besser: des Wesens, gemeint. Es besagt das dem Wesen Zugehörige. »Physische Sohnschaft« bedeutet also, dass Jesus dem Sein und nicht bloß dem Bewusstsein nach von Gott ist; das Wort drückt mithin den Gegensatz zur Vorstellung der bloßen Adoption Jesu durch Gott aus. Selbstverständlich ist das Sein-von-Gott, das mit dem Wort »physisch« angedeutet werden soll, nicht biologisch-generativ, sondern auf der Ebene des göttlichen Seins und seiner Ewigkeit gemeint. Es will sagen, dass in Jesus derjenige Menschennatur angenommen hat, der von Ewigkeit her der dreifach-einen Relation der göttlichen Liebe »physisch« (= wirklich, dem Sein nach) zugehört.

Was soll man aber sagen, wenn ein so verdienstvoller Forscher wie E. Schweizer sich zu unserer Frage folgendermaßen äußert: »Da Lukas an der biologischen Frage nicht interessiert ist, ist die Grenze zu einem metaphysischen Verständnis hin auch bei ihm nicht überschritten«[51]? An diesem Satz ist so ziemlich alles falsch.

Das Verblüffendste daran ist die stillschweigende Gleichsetzung von Biologie und Metaphysik, die darin vorgenommen wird. Die metaphysische (seinsmäßige) Gottessohnschaft wird allem Anschein nach als biologische Abstammung missdeutet und damit in ihrem Sinn völlig auf den Kopf gestellt: Sie ist, wie wir sahen, gerade die nachdrückliche Abwehr einer biologischen Auffassung der Herkunft Jesu von Gott. Es kann einen freilich etwas betrübt stimmen, dass man eigens sagen muss, dass die Ebene der Metaphysik nicht diejenige der Biologie ist. Die kirchliche Lehre von der Gottessohnschaft Jesu liegt nicht in der Verlängerung der Geschichte der Jungfrauengeburt, sondern in der Verlängerung des Dialogs Abba-Sohn und der Relation des Wortes und der Liebe, die wir darin eröffnet fanden. Ihr Seinsgedanke gehört nicht der biologischen Ebene zu, sondern dem »Ich-bin's« des Johannesevangeliums, das darin, wie wir sahen, bereits die ganze Radikalität des Sohnesgedankens entfaltet hat – eine Radikalität, die viel umfassender und weitreichender ist als die biologischen Gottmensch-Ideen des Mythos. All dies haben wir schon früher ausgiebig bedacht; es sollte hier nochmals in Erinnerung gerufen werden, weil sich der Eindruck aufdrängt, dass die heutige Aversion gegen die Botschaft von der Jungfrauengeburt wie gegen das volle Bekenntnis zur Gottessohnschaft Jesu auf einem gründlichen Missverständnis beider beruht und auf der falschen Verknüpfung miteinander, in der man sie weithin zu sehen scheint.

Eine Frage ist noch offen: die nach dem Sohnesbegriff in der lukanischen Verkündigungsgeschichte. Ihre Beantwortung führt uns zugleich zu der eigentlichen Frage, die sich aus den bisherigen Überlegungen ergibt. Wenn die Empfängnis Jesu aus der Jungfrau durch Gottes schöpferische Macht zumindest unmittelbar nichts mit seiner Gottessohnschaft zu tun hat, was für einen Sinn hat sie dann überhaupt? Was das Wort »Sohn Gottes« im Verkündigungstext meint, lässt sich von unseren früheren Überlegungen her leicht beantworten: Im Gegensatz zu dem einfachen

Ausdruck »der Sohn« gehört es, wie wir hörten, der Erwählungs- und Hoffnungstheologie des Alten Bundes zu und kennzeichnet Jesus als den wahren Erben der Verheißungen, den König Israels und der Welt. Damit wird aber nun der geistige Zusammenhang deutlich sichtbar, aus dem heraus unser Bericht zu verstehen ist: der Hoffnungsglaube Israels, der, wie gesagt, von den heidnischen Hoffnungen auf wunderbare Geburten kaum völlig unberührt geblieben ist, ihnen aber eine völlig neue Gestalt und einen gänzlich verwandelten Sinn gegeben hat.

Das Alte Testament kennt eine Reihe von wunderbaren Geburten, jeweils an entscheidenden Wendepunkten der Heilsgeschichte: Sara, die Mutter Isaaks (Gn 18), die Mutter Samuels (1 Sam 1–3) und die anonyme Mutter Samsons (Ri 13) sind unfruchtbar, und jede menschliche Hoffnung auf Kindersegen ist sinnlos geworden. Bei allen dreien kommt die Geburt des Kindes, das zum Heilsträger für Israel wird, zustande als eine Tat der gnädigen Erbarmung Gottes, der das Unmögliche möglich macht (Gn 18,14; Lk 1,37), der die Niedrigen erhöht (1 Sam 2,7; 1,11; Lk 1,52; 1,48) und die Stolzen vom Throne stößt (Lk 1,52). Bei Elisabeth, der Mutter Johannes' des Täufers, wird diese Linie fortgeführt (Lk 1,7–25.36), die bei Maria an ihrem Höhepunkt und Ziel ankommt. Der Sinn des Geschehens ist allemal derselbe: Das Heil der Welt kommt nicht vom Menschen und von dessen eigener Macht; der Mensch muss es sich schenken lassen, und nur als reines Geschenk kann er es empfangen. Die Jungfrauengeburt bedeutet weder ein Kapitel Askese noch gehört sie unmittelbar der Lehre von der Gottessohnschaft Jesu zu; sie ist zuerst und zuletzt Gnadentheologie, Botschaft davon, wie *uns* das Heil zukommt: in der Einfalt des Empfangens, als unerzwingbares Geschenk der Liebe, die die Welt erlöst. Im Buch Jesaja ist dieser Gedanke des Heils allein aus Gottes Macht großartig formuliert, wenn es heißt: »Frohlocke, Unfruchtbare, die nicht gebar; brich los und juble, die keinen Geburtsschmerz kannte!

Denn zahlreicher werden sein der Vereinsamten Kinder als die der Vermählten, spricht der Herr« (Jes 54,1; vgl. Gal 4,27; Röm 4,17–22). In Jesus hat Gott inmitten der unfruchtbaren und hoffnungslosen Menschheit einen neuen Anfang gesetzt, der nicht Ergebnis ihrer eigenen Geschichte, sondern Geschenk von oben ist. Wenn schon jeder Mensch etwas unaussprechbar Neues, mehr als die Summe von Chromosomen und das Produkt einer bestimmten Umwelt darstellt: ein einmaliges Geschöpf Gottes, so ist Jesus der wahrhaft Neue, nicht aus dem Eigenen der Menschheit kommend, sondern aus Gottes Geist. Deshalb ist er Adam, zum zweiten Male (1 Kor 15,47) – eine neue Menschwerdung beginnt mit ihm. Im Gegensatz zu allen Erwählten vor ihm *empfängt* er nicht nur Gottes Geist, sondern auch in seiner irdischen Existenz *ist* er allein durch den Geist und darum die Erfüllung aller Propheten: der wahre Prophet.

Es sollte eigentlich keiner eigenen Erwähnung bedürfen, dass all diese Aussagen Bedeutung nur haben unter der Voraussetzung, dass das Geschehnis sich wirklich zugetragen hat, dessen Sinn ans Licht zu heben sie sich mühen. Sie sind Deutung eines Ereignisses; nimmt man dies weg, so werden sie zu leerem Gerede, das man dann nicht nur als unernst, sondern auch als unehrlich bezeichnen müsste. Im Übrigen liegt über solchen Versuchen, so gut sie mitunter gemeint sein mögen, eine Widersprüchlichkeit, die man beinahe als tragisch bezeichnen möchte:

In einem Augenblick, in dem wir die Leibhaftigkeit des Menschen mit allen Fasern unserer Existenz entdeckt haben und seinen Geist nur noch als inkarnierten, als Leib-*Sein*, nicht als Leib-*Haben* zu verstehen vermögen, versucht man den Glauben dadurch zu retten, dass man ihn gänzlich entleiblicht, in eine Region des bloßen »Sinnes«, der puren, sich selbst genügenden Deutung flüchtet, die nur durch ihre Wirklichkeitslosigkeit der Kritik entzogen zu sein scheint. Christlicher Glaube bedeutet aber in Wahrheit gerade das Bekenntnis dazu, dass Gott nicht der

Gefangene seiner Ewigkeit und nicht begrenzt aufs nur Geistige ist, sondern dass er hier und heute, mitten in meiner Welt zu wirken vermag und dass er in ihr gewirkt hat in Jesus, dem neuen Adam, der geboren ist aus Maria der Jungfrau durch die schöpferische Macht des Gottes, dessen Geist am Anbeginn über den Wassern schwebte, der aus dem Nichts das Sein erschuf[52].

Noch eine Bemerkung drängt sich auf. Der rechtverstandene Sinn des Gotteszeichens der Jungfrauengeburt zeigt zugleich an, welches der theologische Ort einer Marienfrömmigkeit ist, die sich vom Glauben des Neuen Testaments her leiten lässt. Sie kann nicht auf einer Mariologie beruhen, die eine Art von verkleinerter Zweitausgabe der Christologie darstellt – zu einer solchen Verdoppelung gibt es weder Recht noch Grund. Wenn man einen theologischen Traktat angeben will, dem die Mariologie als dessen Konkretisierung zugehört, wäre es wohl am ehesten die Gnadenlehre, die freilich mit der Ekklesiologie und mit der Anthropologie ein Ganzes bildet. Als die wahre »Tochter Sion« ist Maria Bild der Kirche, Bild des gläubigen Menschen, der nicht anders als durch das Geschenk der Liebe – durch Gnade – ins Heil und zu sich selbst kommen kann. Jenes Wort, mit dem Bernanos das Tagebuch eines Landpfarrers schließen lässt – »Alles ist Gnade« –, jenes Wort, in dem dort ein Leben, das nur Schwachheit und Vergeblichkeit zu sein schien, sich als voller Reichtum und Erfüllung erkennen darf: dieses Wort ist in Maria, der »Gnadenvollen« (Lk 1,28), wahrhaft Ereignis geworden. Sie ist nicht die Bestreitung oder Gefährdung der Ausschließlichkeit des Christusheils, sondern der Verweis darauf. Darstellung der Menschheit, die als ganze Erwartung ist und die dieses Bild um so nötiger braucht, je mehr sie in Gefahr ist, das Warten abzulegen und sich dem Machen anzuvertrauen, das – so unerlässlich es ist – die Leere niemals ausfüllen kann, die den Menschen bedroht, wenn er jene absolute Liebe nicht findet, die ihm Sinn, Heil, das wahrhaft Lebensnotwendige gibt.

2.
»Gelitten unter Pontius Pilatus, gekreuzigt, gestorben und begraben«

a) Gerechtigkeit und Gnade. Welche Stellung nimmt eigentlich das Kreuz innerhalb des Glaubens an Jesus als den Christus ein? Das ist die Frage, mit der uns dieser Glaubensartikel noch einmal konfrontiert. Wir haben in unseren bisherigen Überlegungen die wesentlichen Elemente einer Antwort bereits gesammelt und müssen nun versuchen, sie zusammen vor den Blick zu bekommen. Das christliche Allgemeinbewusstsein ist in dieser Sache, wie wir gleichfalls früher schon feststellten, weithin von einer reichlich vergröberten Vorstellung der Sühnetheologie Anselms von Canterbury bestimmt, deren Grundlinien wir in anderem Zusammenhang bedacht haben. Für sehr viele Christen und besonders für jene, die den Glauben nur ziemlich von weitem kennen, sieht es so aus, als wäre das Kreuz zu verstehen innerhalb eines Mechanismus des beleidigten und wiederhergestellten Rechtes. Es wäre die Form, wie die unendlich beleidigte Gerechtigkeit Gottes mit einer unendlichen Sühne wieder versöhnt würde. So erscheint es den Menschen als Ausdruck einer Haltung, die auf einem genauen Ausgleich zwischen Soll und Haben besteht; zugleich behält man das Gefühl, dass dieser Ausgleich dennoch auf einer Fiktion beruht. Man gibt zuerst im Geheimen mit der linken Hand, was man feierlich mit der rechten wieder entgegennimmt. Die »unendliche Sühne«, auf der Gott zu bestehen scheint, rückt so in ein doppelt unheimliches Licht. Von manchen Andachtstexten her drängt sich dem Bewusstsein dann geradezu die Vorstellung auf, der christliche Glaube an das Kreuz stelle sich einen Gott vor, dessen unnachsichtige Gerechtigkeit ein Menschenopfer, das Opfer seines eigenen Sohnes, verlangt habe. Und man wendet sich mit Schrecken von einer Gerechtigkeit ab, deren finsterer Zorn die Botschaft von der Liebe unglaubwürdig macht.

So verbreitet dieses Bild ist, so falsch ist es. In der Bibel erscheint das Kreuz nicht als Vorgang in einem Mechanismus des beleidigten Rechtes; in ihr steht das Kreuz vielmehr ganz umgekehrt da als Ausdruck für die Radikalität der Liebe, die sich gänzlich gibt, als der Vorgang, in dem einer das ist, was er tut, und das tut, was er ist; als Ausdruck für ein Leben, das ganz Sein für die anderen ist. Für den, der genauer zusieht, drückt sich in der Kreuzestheologie der Schrift wahrhaft eine Revolution aus gegenüber den Sühne- und Erlösungsvorstellungen der außerchristlichen Religionsgeschichte, wobei freilich nicht zu leugnen ist, dass im späteren christlichen Bewusstsein diese Revolution weitgehend wieder neutralisiert und selten in ihrer ganzen Tragweite erkannt worden ist. In den Weltreligionen bedeutet Sühne gewöhnlich die Wiederherstellung des gestörten Gottesverhältnisses mittels sühnender Handlungen der Menschen. Fast alle Religionen kreisen um das Problem der Sühne; sie steigen auf aus dem Wissen des Menschen um seine Schuld vor Gott und bedeuten den Versuch, dieses Schuldgefühl zu beheben, die Schuld zu überwinden durch Sühneleistungen, die man Gott anbietet. Das sühnende Werk, mit dem Menschen die Gottheit versöhnen und gnädig stimmen wollen, steht im Mittelpunkt der Religionsgeschichte.

Im Neuen Testament sieht die Sache fast genau umgekehrt aus. Nicht der Mensch ist es, der zu Gott geht und ihm eine ausgleichende Gabe bringt, sondern Gott kommt zum Menschen, um ihm zu geben. Aus der Initiative seiner Liebesmacht heraus stellt er das gestörte Recht wieder her, indem er durch sein schöpferisches Erbarmen den ungerechten Menschen gerecht macht, den Toten lebendig. Seine Gerechtigkeit ist Gnade; sie ist aktive Gerechtigkeit, die den verkrümmten Menschen richtet, das heißt zurechtbiegt, richtig macht. Hier stehen wir vor der Wende, die das Christentum in die Religionsgeschichte getragen hat: Das Neue Testament sagt nicht, dass die Menschen Gott versöhnen, wie wir es eigentlich erwarten müssten, da ja sie gefehlt haben, nicht

Gott. Es sagt vielmehr, dass »Gott in Christus die Welt mit sich versöhnt hat« (2 Kor 5,19). Das ist etwas wahrhaft Unerhörtes, Neues – der Ausgangspunkt der christlichen Existenz und die Mitte neutestamentlicher Kreuzestheologie: Gott wartet nicht, bis die Schuldigen kommen und sich versöhnen, er geht ihnen zuerst entgegen und versöhnt sie. Darin zeigt sich die wahre Bewegungsrichtung der Menschwerdung, des Kreuzes.

Demgemäß erscheint im Neuen Testament das Kreuz primär als eine Bewegung von oben nach unten. Es steht nicht da als die Versöhnungsleistung, die die Menschheit dem zürnenden Gott anbietet, sondern als Ausdruck jener törichten Liebe Gottes, die sich weggibt, in die Erniedrigung hinein, um so den Menschen zu retten; es ist *sein* Zugehen auf uns, nicht umgekehrt. Mit dieser Wende in der Sühne-Idee, also in der Achse des Religiösen überhaupt, erhält im Christlichen auch der Kult, die ganze Existenz, eine neue Richtung. Anbetung erfolgt im Christlichen *zunächst* im dankenden Empfangen der göttlichen Heilstat. Die wesentliche Form des christlichen Kultes heißt daher mit Recht Eucharistia, Danksagung. In diesem Kult werden nicht menschliche Leistungen vor Gott gebracht; er besteht vielmehr darin, dass der Mensch sich beschenken lässt; wir verherrlichen Gott nicht, indem wir ihm vermeintlich aus dem Eigenen geben – als ob es nicht immer schon das Seinige wäre! –, sondern indem wir uns das Seinige schenken lassen und ihn dadurch als den einzigen Herrn anerkennen. Wir beten ihn an, indem wir die Fiktion eines Bereichs fallen lassen, mit dem wir uns wie selbständige Geschäftspartner ihm gegenüberstellen könnten, während wir doch in Wahrheit nur in ihm und von ihm her überhaupt sein können. Christliches Opfern besteht nicht in einem Geben dessen, was Gott ohne uns nicht hätte, sondern darin, dass wir ganz Empfangende werden und uns ganz nehmen lassen von ihm. Das Handelnlassen Gottes an uns – das ist das christliche Opfer.

b) Das Kreuz als Anbetung und Opfer. Damit ist freilich noch nicht das Ganze gesagt. Wenn man das Neue Testament von Anfang bis Ende liest, wird man die Frage nicht unterdrücken können, ob es nicht doch die Sühnetat Jesu als Opferdarbringung an den Vater schildert, das Kreuz als das Opfer darstellt, das Christus im Gehorsam dem Vater übergibt. In einer Reihe von Texten erscheint es dennoch als die aufsteigende Bewegung von der Menschheit zu Gott, sodass alles wieder aufzutauchen scheint, was wir eben abgewiesen hatten. In der Tat, mit der absteigenden Linie allein kann man den Befund des Neuen Testaments nicht erfassen. Wie aber sollen wir uns dann das Verhältnis der beiden Linien erklären? Müssen wir etwa eine zugunsten der anderen ausschließen? Und wenn wir es tun wollten, welcher Maßstab berechtigte uns dazu? Es ist klar, dass wir nicht so vorgehen können: Damit würden wir schließlich die Willkür unserer eigenen Meinung zum Maßstab des Glaubens erheben.

Um vorwärts zu kommen, müssen wir unsere Frage ausweiten und uns klarzumachen versuchen, wo der Ausgangspunkt der neutestamentlichen Sinndeutung des Kreuzes liegt. Man muss sich zunächst bewusst werden, dass das Kreuz Jesu den Jüngern fürs Erste als das Ende, als das Scheitern seines Beginnens erschien. Sie hatten geglaubt, in ihm den König gefunden zu haben, der nie mehr gestürzt werden könne, und waren unversehens zu Gefährten eines Hingerichteten geworden. Die Auferstehung gab ihnen zwar die Gewissheit, dass Jesus dennoch König war, aber wozu das Kreuz diente, mussten sie erst langsam verstehen lernen. Das Mittel des Verstehens bot ihnen die Schrift, das heißt das Alte Testament, mit dessen Bildern und Begriffen sie das Geschehene auszulegen sich mühten. So zogen sie auch dessen liturgische Texte und Vorschriften heran, in der Überzeugung, dass alles dort Gemeinte in Jesus erfüllt sei, ja, dass man von ihm her nun umgekehrt erst eigentlich begreifen könne, um was es dort in Wahrheit ging. Auf diese Weise finden wir im Neuen Testament das Kreuz unter anderem auch mit den Gedanken der alttestamentlichen Kulttheologie erklärt.

Die konsequenteste Durchführung dieses Bemühens begegnet uns im Brief an die Hebräer, der den Tod Jesu am Kreuz mit Ritus und Theologie des jüdischen Versöhnungsfestes in Beziehung setzt und ihn als das wahre kosmische Versöhnungsfest auslegt. Der Gedankengang des Briefes ließe sich dabei in Kürze etwa so wiedergeben: Alles Opferwesen der Menschheit, alle Versuche, durch Kult und Ritus Gott zu versöhnen, von denen die Welt voll ist, mussten hilfloses Menschenwerk bleiben, weil Gott nicht Stiere und Böcke sucht, oder was immer sonst ihm rituell dargeboten wird. Man kann ganze Hekatomben von Tieren Gott allenthalben auf der Welt opfern; er braucht sie nicht, weil alles das ohnedies ihm gehört und weil dem Herrn des Alls nichts gegeben wird, wenn man solches zu seiner Ehre verbrennt. »Ich nehme den Stier aus deinem Stall nicht an und Böcke aus deinen Hürden. Alles Wild des Waldes ist ja mein Eigentum, der Tiere auf meinen Bergen sind tausend. Die Vögel der Luft sind mir alle bekannt, was im Felde sich regt, gehört mir an. Hätte ich Hunger, dann sagte ich dir's nicht, denn mein ist der Erdkreis und seine Fülle. Genieße ich denn Stierfleisch überhaupt, trinke ich denn das Blut von Böcken? Bringe Gott Danksagung als Opfer dar ...«, so sagt ein Gottesspruch des Alten Testaments (Ps 50 [49],9–14). Der Verfasser des Hebräerbriefs stellt sich in die geistige Linie dieses und ähnlicher Texte. Mit noch endgültigerem Nachdruck betont er die Vergeblichkeit des rituellen Bemühens. Gott sucht nicht Stiere und Böcke, sondern den Menschen; das uneingeschränkte Ja des Menschen zu Gott könnte allein die wahre Anbetung sein. Gott gehört alles, dem Menschen aber ist die Freiheit des Ja und des Nein, der Liebe und der Verweigerung, verliehen; das freie Ja der Liebe ist das Einzige, worauf Gott warten muss – die Anbetung und das »Opfer«, das allein Sinn haben kann. Das Ja zu Gott, in dem der Mensch sich selbst zurückgibt an Gott, ist aber nicht durch das Blut von Stieren und Böcken zu ersetzen und zu vertreten. »Was könnte der Mensch als Ersatz für sich selber bieten?« heißt es einmal im Evangelium (Mk 8,37). Die Antwort kann nur lauten: Es gibt nichts, womit er sich aufwiegen könnte.

Da aber der ganze vorchristliche Kult auf der Idee des Ersatzes, der Vertretung beruht, das zu ersetzen versucht, was unersetzbar ist, musste dieser Kult vergeblich bleiben. Der Hebräerbrief kann im Lichte des Christusglaubens es wagen, diese vernichtende Bilanz der Religionsgeschichte zu ziehen, die auszusprechen in einer Welt voller Opfer als ungeheurer Frevel erscheinen musste. Er kann es wagen, dies völlige Scheitern der Religionen ohne Rückhalt auszusagen, weil er weiß, dass in Christus die Idee des Ersatzes, der Vertretung einen neuen Sinn bekommen hat. Er, der religionsgesetzlich gesehen ein Laie war, kein Amt im Kultdienst Israels innehatte, er war – so sagt es der Text – der einzige wahre Priester der Welt. Sein Tod, der innergeschichtlich gesehen einen völlig profanen Vorgang darstellte – die Hinrichtung eines Mannes, der als politischer Verbrecher verurteilt war –, dieser Tod war in Wirklichkeit die einzige Liturgie der Weltgeschichte, kosmische Liturgie, in der nicht im abgegrenzten Bereich des liturgischen Spiels, im Tempel, sondern in der Öffentlichkeit der Welt Jesus durch den Vorhang des Todes hindurch in den wirklichen Tempel, das heißt vor das Angesicht Gottes selbst, hintrat, um nicht Dinge, Blut von Tieren oder was auch immer, sondern sich selbst darzubringen (Hebr 9,11 ff).

Achten wir auf diese grundlegende Umkehrung, die zum Kerngedanken des Briefes gehört: Was irdisch betrachtet ein profanes Geschehen war, ist der wahre Kult der Menschheit, denn der ihn vollzog, hat den Raum des liturgischen Spiels durchbrochen und Wahrheit gemacht: Er gab sich selbst. Er nahm den Menschen die Opfersachen aus der Hand und setzte an ihre Stelle die geopferte Persönlichkeit, sein eigenes Ich. Wenn in unserem Text dennoch gesagt wird, Jesus habe durch sein *Blut* die Versöhnung vollzogen (9,12), so ist dieses Blut nicht wieder als eine sachliche Gabe zu verstehen, als ein quantitativ zu bemessendes Sühnemittel, sondern es ist einfach die Konkretisierung einer Liebe, von der gesagt ist, dass sie bis zum äußersten reicht (Jo 13,1). Es ist Ausdruck der Totalität seiner Hingabe und seines Dienstes; Inbegriff der Tatsache, dass er nicht mehr und nicht weniger bringt als sich selbst. Der Gestus der alles gebenden Liebe, er und er allein war nach dem Hebräerbrief die wirkliche Versöhnung der Welt; deshalb ist die Kreuzesstunde der kosmische Versöhnungstag, das wahre und endgültige Versöhnungsfest. Einen anderen Kult gibt es nicht und einen anderen Priester nicht als den, der ihn vollzog: Jesus Christus.

c) Das Wesen des christlichen Kultes. Das Wesen des christlichen Kultes besteht demnach nicht in der Hingabe von Dingen, auch nicht in irgendeiner Zerstörung, wie man seit dem 16. Jahrhundert immer wieder in den Meßopfertheorien lesen kann – auf diese Weise müsse die Oberherrschaft Gottes über alles anerkannt werden, sagte man dort. Alle diese Denkbemühungen sind durch das Christusgeschehen und seine biblische Auslegung einfach überholt. Der christliche Kult besteht in der Schlechthinnigkeit der Liebe, wie sie nur der eine zu schenken vermochte, in dem Gottes eigene Liebe menschliche Liebe geworden war; und er besteht in der neuen Form von Stellvertretung, die in dieser Liebe eingeschlossen ist: darin, dass er für uns stand und wir uns von ihm nehmen lassen. So bedeutet er, dass wir unsere eigenen Rechtfertigungsversuche beiseite tun, die im Grunde nur Ausreden sind und uns gegeneinander stellen – wie Adams Rechtfertigungsversuch eine Ausrede und ein Abschieben der Schuld auf den anderen, ja, schließlich ein Versuch, Gott selber zu verklagen, war: »Das Weib, das du mir als Gefährtin gegeben, hat mir etwas vom Baume gereicht ...« (Gn 3,12). Er verlangt, dass wir statt des zerstörerischen Gegeneinander der Selbstrechtfertigung das Geschenk der für uns einstehenden Liebe Jesu Christi annehmen, uns darin vereinigen lassen und so mit ihm und in ihm Anbetende werden. Von hier aus dürfte es möglich sein, in gedrängter Kürze auf einige Fragen zu antworten, die sich noch stellen.

1. Im Blick auf die Liebesbotschaft des Neuen Testaments drängt heute immer mehr eine Tendenz nach vorn, die christlichen Kult vollständig in Bruderliebe, in »Mitmenschlichkeit« auflösen und keine direkte Gottesliebe oder Gottesverehrung mehr zulassen will: Nur noch die Horizontale wird anerkannt, die Vertikale der unmittelbaren Beziehung zu Gott verneint. Vom Gesagten aus ist wohl unschwer einzusehen, warum diese auf den ersten Blick so sympathisch scheinende Konzeption mit der Sache des Christentums auch die der wahren Menschlichkeit verfehlt. Die sich selbst genügen wollende Bruderliebe würde gerade so zum äußersten Egoismus der Selbstbehauptung werden. Sie verweigert ihre letzte Offenheit, Gelassenheit und Selbstlosigkeit, wenn sie nicht auch noch die Erlösungsbedürftigkeit dieser Liebe durch den annimmt, der allein wirklich genügend liebte. Und sie tut bei allem Wohlwollen letztlich dem anderen und sich selber Unrecht, weil der Mensch sich nicht im Zueinander der Mitmenschlichkeit allein vollendet, sondern erst im Miteinander jener zwecklosen Liebe, die Gott selbst verherrlicht. Die Zwecklosigkeit der einfachen Anbetung ist die höchste Möglichkeit des Menschseins und erst seine wahre und endgültige Befreiung.

2. Vor allem von den herkömmlichen Passionsandachten her kommt immer wieder die Frage auf, in welcher Weise eigentlich Opfer (also Anbetung) und Schmerz zusammenhängen. Nach dem eben Bedachten ist das christliche Opfer nichts anderes als der Exodus des Für, das sich selbst verlässt, grundlegend vollzogen in dem Menschen, der ganz Exodus, Selbstüberschreitung der Liebe ist. Das konstitutive Prinzip des christlichen Kultes ist folglich diese Bewegung des Exodus mit ihrer zweieinigen Richtung auf Gott und Mitmensch hin. Indem Christus das Mensch-

sein zu Gott hinträgt, trägt er es in sein Heil hinein. Das Kreuzesgeschehen ist deshalb Brot des Lebens »für die Vielen« (Lk 22,19), weil der Gekreuzigte den Leib der Menschheit ins Ja der Anbetung umgeschmolzen hat. Es ist deshalb ganz »anthropozentrisch«, ganz menschbezogen, weil es radikale Theozentrik, Auslieferung des Ich und darin des Wesens Mensch an Gott war. Insofern nun dieser Exodus der Liebe die Ekstase des Menschen aus sich selbst heraus ist, in der er unendlich über sich hinausgespannt, gleichsam auseinander gerissen wird, weit über seine scheinbar möglichen Ausstreckungsmöglichkeiten hinaus, *insofern* ist Anbetung (Opfer) immer zugleich Kreuz, Schmerz des Zerrissenwerdens, Sterben des Weizenkorns, das nur im Tod zur Frucht kommen kann. Aber damit ist zugleich deutlich, dass dies Element des Schmerzhaften das Sekundäre ist, das sich aus einem vorausgehenden Primaren ergibt und nur von ihm her seinen Sinn hat. Das konstitutive Prinzip des Opfers ist nicht die Zerstörung, sondern die Liebe. Und nur insofern sie aufbricht, öffnet, kreuzigt, zerreißt, gehört auch dieses mit zum Opfer: als die Form der Liebe in einer vom Tod und von der Selbstsucht gezeichneten Welt.

Es gibt zu dieser Sache einen bedeutenden Text von Jean Daniélou, der zwar einer anderen Fragestellung zugeordnet ist, aber doch gut geeignet sein dürfte, den Gedanken weiter zu erhellen, um den wir uns mühen: »Zwischen der Heidenwelt und dem Dreifaltigen Gott gibt es nur eine einzige Verbindung, und das ist das Kreuz Christi. Wenn wir uns dennoch in dieses Niemandsland stellen und von neuem die verbindenden Fäden zwischen der Heidenwelt und dem Dreifaltigen Gott hin- und herziehen wollen, wie sollen wir uns da noch wundern, dass wir es nur im Kreuz Christi tun können? Wir müssen uns diesem Kreuz ähnlich machen, es in uns tragen und, wie der heilige Paulus vom Glaubensboten sagt, ›allzeit das Todesleiden Christi in unserem Leibe mittragen‹ (2 Kor 4,10). Diese Zerrissenheit, die uns ein Kreuz ist, dieses Unvermögen unseres Herzens, gleichzeitig die Liebe zur hochheiligen Dreifaltigkeit und die Liebe zu einer der Dreifaltigkeit entfremdeten Welt in sich zu tragen, das ist gerade das Todesleiden des eingeborenen Sohnes, zu dessen Teilnahme er uns beruft. Er, der diese Trennung in sich getragen hat, um sie in sich aufzuheben, der sie aber nur aufgehoben hat, weil er sie vorhin in sich trug: Er reicht von einem Ende bis zum andern. Ohne den Schoß der Dreifaltigkeit zu verlassen, streckt er sich bis zur äußersten Grenze menschlichen Elends aus und erfüllt den ganzen Zwischenraum. Dieses Sichausspannen Christi, das die vier Richtungen des Kreuzes sinnbilden, ist der geheimnisvolle Ausdruck unserer eigenen Zerrissenheit und macht uns ihm gleichförmig«[53]. Der Schmerz ist im letzten Ergebnis und Ausdruck des Ausgespanntseins Jesu Christi vom Sein in Gott bis in die Hölle des »Mein Gott, warum hast du mich verlassen?«. Wer seine Existenz so ausgestreckt hat, dass er gleichzeitig in Gott eingetaucht ist und eingetaucht in die tiefe des gottverlassenen Geschöpfes, der muss gleichsam auseinanderreißen – der ist wirklich »gekreuzigt«. Aber dieses Zerrissenwerden ist identisch mit der Liebe: Es ist ihre Verwirklichung bis ins Letzte (Jo 13,1) und der konkrete Ausdruck für die Weite, die sie schafft.

Von hier aus könnte wohl der wahre Grund sinnvoller Passionsfrömmigkeit sichtbar gemacht werden und auch deutlich werden, wie Passionsfrömmigkeit und apostolische Spiritualität ineinander übergehen. Es könnte sichtbar werden, dass das Apostolische, der Dienst an dem Menschen und in der Welt, sich mit dem Innersten christlicher Mystik und christlicher Kreuzesfrömmigkeit durchdringt. Beides hindert einander nicht, sondern in seiner wahren Tiefe lebt je eins vom andern. Damit sollte nun auch deutlich sein, dass es beim Kreuz nicht auf eine Summierung physischer Schmerzen ankommt, als ob in der größtmöglichen Summe von Qualen sein Erlösungswert bestünde. Wie sollte Gott an der Qual seiner Kreatur oder gar seines Sohnes Freude haben oder womöglich gar darin die Valuta sehen können, mit der von ihm Versöhnung erkauft werden müsste? Die Bibel und der rechte christliche Glaube sind weit von solchen Gedanken entfernt. Nicht der Schmerz als solcher zählt, sondern die Weite der Liebe, die die Existenz so ausspannt, dass sie das Ferne und das Nahe vereint, den gottverlassenen Menschen mit Gott in Beziehung bringt. Sie allein gibt dem Schmerz Richtung und Sinn. Wäre es anders, dann wären die Henkersknechte am Kreuz die eigentlichen Priester gewesen; sie, die den Schmerz provoziert haben, hätten ja dann das Opfer dargebracht. Aber weil es nicht darauf ankam, sondern auf jene innere Mitte, die ihn trägt und erfüllt, darum waren nicht sie es, sondern war Jesus der Priester, der die beiden getrennten Enden der Welt in seinem Leibe wieder vereinte (Eph 2,13 f).

Damit ist nun im Grunde auch schon die Frage beantwortet, von der wir ausgegangen sind, ob es nicht ein unwürdiger Gottesbegriff sei, sich einen Gott vorzustellen, der die Schlachtung seines Sohnes verlangt, damit sein Zorn besänftigt werde. Auf eine solche Frage kann man nur sagen: In der Tat, so darf Gott nicht gedacht werden. Aber ein solcher Gottesbegriff hat auch nichts mit dem Gottesgedanken des Neuen Testaments zu tun. Denn dieses handelt gerade umgekehrt von dem Gott, der von sich aus in Christus das Omega – der letzte Buchstabe – im Alphabet der Schöpfung werden wollte. Es handelt von dem Gott, der selbst der Akt der Liebe ist, das reine Für, und der darum notwendig in das Inkognito des letzten Wurms eintritt (Ps 22 [21],7). Es handelt von dem Gott, der sich mit seinem Geschöpf identifiziert und in diesem »contineri a minimo«, im Umgriffen- und Übermächtigtwerden vom Geringsten, jenen »Überfluss« setzt, der ihn als Gott ausweist.

Das Kreuz ist Offenbarung. Es offenbart nicht irgendetwas, sondern Gott und den Menschen. Es enthüllt, wer Gott ist und wie der Mensch ist. In der griechischen Philosophie gibt es eine eigentümliche Vorahnung dieses Zusammenhangs: Platons Bild vom gekreuzigten Gerechten. Der große Philosoph fragt sich in seinem Werk über den Staat, wie es wohl um einen ganz und gar gerechten Menschen in dieser Welt bestellt sein müsste. Er kommt dabei zu dem Ergebnis, dass die Gerechtigkeit eines Menschen erst dann vollkommen und bewährt sei, wenn er den Schein der Ungerechtigkeit auf sich nehme, denn dann erst zeige sich, dass er nicht der Meinung der Menschen folgt, sondern allein zur Gerechtigkeit um ihrer selbst willen steht. So muss also nach Platon der wahrhaft Gerechte in dieser Welt ein Verkannter und Verfolgter sein, ja, Platon scheut sich nicht, zu schreiben: »Sie werden denn sagen, dass der Gerechte unter diesen Umständen gegeißelt, gefoltert, gebunden werden wird, dass ihm die Augen ausgebrannt werden und dass er zuletzt nach allen Misshandlungen gekreuzigt werden wird ... «[54]. Dieser Text, 400 Jahre vor Christus niedergeschrieben, wird einen Christen immer wieder tief bewegen. Vom Ernst philosophischen Denkens her ist hier erahnt, dass der vollendete Gerechte in der Welt der gekreuzigte Gerechte sein muss; es ist etwas geahnt von jener Offenbarung des Menschen, die sich am Kreuz zuträgt.

Dass der vollendete Gerechte, als er erschien, zum Gekreuzigten, von der Justiz dem Tod Ausgelieferten, wurde, das sagt uns nun schonungslos, wer der Mensch ist: So bist du, Mensch, dass du den Gerechten nicht ertragen kannst – dass der einfach Liebende zum Narren, zum Geschlagenen und zum Verstoßenen wird. So bist du, weil du als Ungerechter selbst immer die Ungerechtigkeit des andern brauchst, um dich entschuldigt zu fühlen, und also den Gerechten, der dir diese Entschuldigung zu nehmen scheint, nicht brauchen kannst. Das bist du. Johannes hat dies alles zusammengefasst in dem »Ecce homo« (»Siehe, das ist der Mensch!«) des Pilatus, das ganz grundsätzlich sagen will: So steht es um den Menschen. Dies ist der Mensch. Die Wahrheit des Menschen ist seine Wahrheitslosigkeit. Das Psalmwort, jeder

Mensch sei ein Lügner (Ps 116 [115],11), lebe irgendwo gegen die Wahrheit, enthüllt schon, wie es wirklich um den Menschen steht. Die Wahrheit des Menschen ist, dass er immer wieder gegen die Wahrheit anrennt; der gekreuzigte Gerechte ist so der dem Menschen hingehaltene Spiegel, in dem er unbeschönigt sich selber sieht. Aber das Kreuz offenbart nicht nur den Menschen, es offenbart auch Gott: So ist Gott, dass er bis in diesen Abgrund hinein sich mit dem Menschen identifiziert und dass er richtet, indem er rettet. Im Abgrund des menschlichen Versagens enthüllt sich der noch viel unerschöpflichere Abgrund der göttlichen Liebe. Das Kreuz ist so wahrhaft die Mitte der Offenbarung, einer Offenbarung, die nicht irgendwelche bisher unbekannten Sätze enthüllt, sondern uns selbst, indem sie uns vor Gott und Gott in unserer Mitte offenbart.

3.
»Abgestiegen zu der Hölle«

Vielleicht kein Glaubensartikel steht unserem heutigen Bewusstsein so fern wie dieser. Neben dem Bekenntnis zur Geburt Jesu aus der Jungfrau Maria und demjenigen zur Himmelfahrt des Herrn reizt er am meisten zur »Entmythologisierung«, die man hier gefahrlos und ohne Ärgernis scheint vollziehen zu können. Die paar Stellen, an denen die Schrift etwas von dieser Sache zu sagen scheint (1 Petr 3,19 f; 4,6; Eph 4,9; Röm 10,7; Mt 12,40; Apg 2,27.31), sind so schwer zu verstehen, dass man sie leicht in vielerlei Richtungen auslegen kann. Wenn man demgemäß die Aussage zuletzt ganz eliminiert, scheint man den Vorteil zu haben, eine seltsame und in unser Denken schwer einzuordnende Sache losgeworden zu sein, ohne sich einer besonderen Untreue schuldig gemacht zu haben. Aber ist damit wirklich etwas gewonnen? Oder ist man vielleicht nur der Schwere und dem Dunkel des Wirklichen aus dem Weg gegangen? Man kann versuchen, mit Problemen fertig zu werden, indem man sie einfach negiert oder indem man sich ihnen stellt. Der eine Weg ist bequemer, aber nur der zweite führt weiter. Müssten wir also, anstatt die Frage beiseite zu schieben, nicht viel eher einsehen lernen, dass dieser Glaubensartikel, dem im Ablauf des Kirchenjahres der Karsamstag liturgisch zugeordnet ist, uns heute ganz besonders nahe steht, in ganz besonderem Maß die Erfahrung unseres Jahrhunderts ist? Am Karfreitag bleibt immerhin der Blick auf den Gekreuzigten, Karsamstag aber ist der Tag des »Todes Gottes«, der Tag, der die unerhörte Erfahrung unserer Zeit ausdrückt und vorwegnimmt, dass Gott einfach abwesend ist, dass das Grab ihn deckt, dass er nicht mehr aufwacht, nicht mehr spricht, sodass man nicht einmal mehr ihn zu bestreiten braucht, sondern ihn einfach übergehen kann. »Gott ist tot, und wir haben ihn getötet«. Dieses Wort Nietzsches gehört sprachlich der Tradition der christlichen Passionsfrömmigkeit zu; es drückt den Gehalt des Karsamstags aus, das »Abgestiegen zu der Hölle«[55].

Mir kommen im Zusammenhang mit diesem Artikel immer wieder zwei biblische Szenen in den Sinn. Zunächst jene grausame Geschichte des Alten Testaments, in der Elias die Baalspriester auffordert, von ihrem Gott Feuer für das Opfer zu erflehen. Sie tun es, und es geschieht natürlich nichts. Er verhöhnt sie, gerade so wie ein Aufklärer den Frommen verhöhnt und ihn der Lächerlichkeit überführt findet, wenn sich nichts zuträgt auf sein Beten hin. Er ruft ihnen zu, sie hätten vielleicht nicht laut genug gebetet: »Schreit doch lauter. Baal ist ja ein Gott. Er ist aber in Gedanken vertieft oder vielleicht ausgetreten; vielleicht schläft er auch und wacht dann auf!« (3 Kg 18,27). Wenn man heute diese Verhöhnung der Frommen Baals liest, kann einem etwas unheimlich zumute werden; man kann das Gefühl haben, *wir* seien jetzt in jene Situation geraten und jener Spott müsse nun auf uns fallen. Kein Rufen scheint Gott aufwecken zu können. Der Rationalist scheint beruhigt uns sagen zu dürfen: Betet lauter, vielleicht erwacht dann euer Gott. »Abgestiegen zu den Toten«: wie sehr ist das die Wahrheit unserer Stunde, der Abstieg Gottes in das Verstummen, in das dunkle Schweigen des Abwesenden hinein.

Aber neben der Eliasgeschichte und ihrer neutestamentlichen Analogie in der Erzählung von dem Herrn, der mitten im Seesturm schläft (Mk 4,35–41 par), gehört auch die Emmausgeschichte hierher (Lk 24,13–35). Die verstörten Jünger reden vom Tod ihrer Hoffnung. Für sie ist so etwas wie der Tod Gottes geschehen: Der Punkt, an dem Gott endlich gesprochen zu haben schien, ist erloschen. Der Gesandte Gottes ist tot, und so ist völlige Leere. Nichts antwortet mehr. Aber während sie so vom Tod ihrer Hoffnung sprechen und Gott nicht mehr zu sehen vermögen, merken sie nicht, dass eben diese Hoffnung lebendig in ihrer Mitte steht. Dass »Gott« oder vielmehr jenes Bild, das sie von seiner Verheißung sich gebildet hatten, sterben musste, damit er größer leben konnte. Ihr Bild, das sie von Gott geformt hatten und in das sie ihn einzuzwängen versuchten, musste zerstört werden, damit sie gleichsam über den Trümmern des zerstörten Hauses wieder den Himmel sehen konnten und ihn selber, der der unendlich Größere bleibt. Eichendorff hat es in der gemütvollen, uns fast zu harmlos erscheinenden Weise seines Jahrhunderts so formuliert:

> Du bist's, der, was wir bauen,
> Mild über uns zerbricht,
> Dass wir den Himmel schauen –
> Darum so klag ich nicht.

So aber erinnert uns der Artikel vom Höllenabstieg des Herrn daran, dass zur christlichen Offenbarung nicht nur Gottes Reden, sondern auch Gottes Schweigen gehört. Gott ist nicht nur das verstehbare Wort, das auf uns zugeht, er ist auch der verschwiegene und unzugängliche, unverstandene und unverstehbare Grund, der sich uns entzieht. Gewiss gibt es im Christlichen einen Primat des Logos, des Wortes, vor dem Schweigen: Gott *hat* gesprochen. Gott *ist* Wort. Aber darüber dürfen wir die Wahrheit von der bleibenden Verborgenheit Gottes nicht vergessen. Nur wenn wir ihn als Schweigen erfahren haben, dürfen wir hoffen, auch sein Reden zu vernehmen, das im Schweigen ergeht[56]. Die Christologie reicht über das Kreuz, den Augenblick der Greifbarkeit göttlicher Liebe, hinaus in den Tod, in das Schweigen und die Verdunkelung Gottes hinein. Können wir uns wundern, dass die Kirche, dass das Leben des Einzelnen immer wieder in diese Stunde des Schweigens hineingeführt wird, in den vergessenen und beiseite geschobenen Artikel »Abgestiegen zu der Hölle«?

Wenn man dies bedenkt, löst sich die Frage nach dem »Schriftbeweis« von selber; zum wenigsten im Todesruf Jesu »Mein Gott, mein Gott, warum hast du mich verlassen?« (Mk 15,34) wird das Geheimnis des Höllenabstiegs Jesu wie in einem grellen Blitz in dunkler Nacht sichtbar. Vergessen wir dabei nicht, dass dieses Wort des Gekreuzigten die Anfangszeile eines Gebetes Israels ist (Ps 22 [21],2), in welchem die Not und die Hoffnung dieses von Gott erwählten und gerade so scheinbar zutiefst von ihm verlassenen Volkes erschütternd sich zusammenfasst. Dieses Gebet aus der tiefsten Not der Gottesfinsternis endet mit einem Lobpreis der Größe Gottes. Auch das ist im Todesruf Jesu mit anwesend, den Ernst Käsemann kürzlich als ein Gebet aus der Hölle herauf bezeichnet hat, als das Aufrichten des ersten Gebotes in der Wüste der scheinbaren Abwesenheit Gottes: »Der Sohn hält dann noch den Glauben, wenn Glaube sinnlos geworden zu sein scheint und die irdische Wirklichkeit den abwesenden Gott kundtut, von dem nicht umsonst der erste Schächer und die höhnende Menge sprechen. Sein Schrei gilt nicht dem Leben und Überleben, nicht sich selbst, sondern dem Vater. Sein Schrei steht gegen die Realität der ganzen Welt«. Brauchen wir da noch zu fragen, was Anbetung in unserer Stunde der Finsternisse heißen muss? Kann sie etwas anderes sein als der Ruf aus der Tiefe zusammen mit dem Herrn, der »abgestiegen ist zur Hölle« und Gottesnähe mitten in der Gottverlassenheit aufgerichtet hat?

Versuchen wir noch eine weitere Überlegung, um in dieses vielschichtige Geheimnis einzudringen, das von einer Seite allein her nicht aufzuhellen ist. Nehmen wir dabei zunächst noch einmal eine exegetische Feststellung zur Kenntnis. Man sagt uns, dass in unserem Glaubensartikel das Wort »Hölle« nur eine falsche Übersetzung für Sch^{e}ol (griechisch: Hades) sei, womit der Hebräer den Zustand jenseits des Todes bezeichnet, den man sich sehr undeutlich als eine Art von Schattendasein, mehr Nichtsein als Sein, vorstellte. Demnach hätte der Satz ursprünglich nur bedeutet, dass Jesus in die Sch^{e}ol eingetreten, das heißt, dass er gestorben ist. Nun mag das durchaus richtig sein. Aber es bleibt die Frage, ob die Sache damit einfacher und geheimnisloser geworden ist. Ich denke, dass sich jetzt erst recht das Problem auftut, was das eigentlich ist: der Tod, und was denn geschieht, wenn jemand stirbt, also ins Geschick des Todes eintritt. Wir alle werden vor dieser Frage unsere Verlegenheit bekennen müssen. Niemand weiß es wirklich, weil wir alle diesseits des Todes leben, die Erfahrung des Todes nicht kennen. Aber vielleicht können wir eine Annäherung versuchen, indem wir noch einmal ausgehen von dem Kreuzesruf Jesu, in dem wir den Kern dessen ausgedrückt fanden, was Abstieg Jesu, Teilhabe am Todesgeschick des Menschen meint. In diesem letzten Gebet Jesu erscheint, ähnlich wie in der Ölbergsszene, als der tiefste Kern seiner Passion nicht irgendein physischer Schmerz, sondern die radikale Einsamkeit, die vollständige Verlassenheit. Darin kommt aber schließlich einfach der Abgrund der Einsamkeit des Menschen überhaupt zum Vorschein, des Menschen, der im Innersten allein ist. Diese Einsamkeit, die zwar meist vielfältig überdeckt, aber doch die wahre Situation des Menschen ist, bedeutet zugleich den tiefsten Widerspruch zum Wesen des Menschen, der nicht allein sein kann, sondern das Mitsein braucht. Deshalb ist die Einsamkeit die Region der Angst, die in der Ausgesetztheit des Wesens gründet, das sein muss und doch in das ihm Unmögliche ausgestoßen ist.

Versuchen wir, uns das mit einem Beispiel noch weiter zu verdeutlichen. Wenn ein Kind einsam in dunkler Nacht durch den Wald gehen muss, fürchtet es sich, auch wenn man ihm noch so überzeugend bewiesen hat, dass überhaupt nichts sei, wovor es sich zu fürchten brauche. Im Augenblick, wo es allein in der Finsternis ist und so Einsamkeit radikal erfährt, steht Furcht auf, die eigentliche Furcht des Menschen, die nicht Furcht vor etwas, sondern Furcht an sich ist. Die Furcht vor etwas Bestimmtem ist im Grunde harmlos, sie kann gebannt werden, indem man den betreffenden Gegenstand wegnimmt. Wenn jemand sich beispielsweise vor einem bissigen Hund fürchtet, kann man die Sache schnell bereinigen, indem man den Hund an die Kette nimmt. Hier stoßen wir auf etwas viel Tieferes: dass der Mensch da, wo er in letzte Einsamkeit gerät, sich fürchtet, nicht vor etwas Bestimmtem, das man wegbeweisen könnte; er erfährt vielmehr die Furcht der Einsamkeit, die Unheimlichkeit und Ausgesetztheit seines eigenen Wesens, die nicht rational überwindbar ist. Nehmen wir noch ein Beispiel hinzu: Wenn jemand nachts allein mit einem Toten in einem Zimmer wachen muss, wird er seine Lage immer irgendwie als unheimlich empfinden, selbst wenn er sich's nicht gestehen will und imstande ist, sich rational das Gegenstandslose seiner Empfindung begreiflich zu machen. Er weiß an sich genau, dass der Tote ihm nichts antun kann und dass seine Lage vielleicht viel gefährlicher wäre, wenn der Betreffende noch leben würde. Was hier aufsteht, ist eine völlig andere Art von Furcht, nicht Furcht vor etwas, sondern im Einsamsein mit dem Tod das Unheimliche der Einsamkeit an sich, die Ausgesetztheit der Existenz.

Wie aber, so müssen wir nun fragen, kann solche Furcht überwunden werden, wenn der Beweis der Gegenstandslosigkeit ins Leere zielt? Nun, das Kind wird seine Furcht verlieren in dem Augenblick, in dem eine Hand da ist, die es nimmt und führt, eine Stimme, die mit ihm redet; in dem Augenblick also, in dem es das Mitsein eines liebenden Menschen erfährt. Und auch derjenige, der mit dem Toten einsam ist, wird die Anwandlung der Furcht verschwinden fühlen, wenn ein Mensch mit ihm ist, wenn er die Nähe eines Du erfährt. In dieser Überwindung der Furcht enthüllt sich zugleich noch einmal ihr Wesen: dass sie die Furcht der Einsamkeit ist, die Angst eines Wesens, das nur im Mitsein leben kann. Die eigentliche Furcht des Menschen kann nicht durch den Verstand, sondern nur durch die Gegenwart eines Liebenden überwunden werden.

Wir müssen unsere Frage noch weiter fortsetzen. Wenn es eine Einsamkeit gäbe, in die kein Wort eines anderen mehr verwandelnd eindringen könnte; wenn eine Verlassenheit aufstünde, die so tief wäre, dass dorthin kein Du mehr reichte, dann wäre die eigentliche, totale Einsamkeit und Furchtbarkeit gegeben, das, was der Theologe »Hölle« nennt. Was dieses Wort bedeutet, können wir von hier aus genau definieren: Es bezeichnet eine Einsamkeit, in die das Wort der Liebe nicht mehr dringt und die damit die eigentliche Ausgesetztheit der Existenz bedeutet. Wem fiele in diesem Zusammenhang nicht ein, dass Dichter und Philosophen unserer Zeit der Meinung sind, im Grunde blieben alle Begegnungen zwischen Menschen an der Oberfläche; kein Mensch habe zur eigentlichen Tiefe des anderen Zutritt? Niemand kann danach wirklich ins Innerste des anderen hineinreichen; jede Begegnung, wie schön sie auch scheint, betäubt im Grunde nur die unheilbare Wunde der Einsamkeit. Im tiefsten Grunde von unser aller Dasein würde so die Hölle, die Verzweiflung wohnen – die Einsamkeit, die ebenso unentrinnbar wie grauenvoll ist. Sartre hat bekanntlich seine Anthropologie von dieser Vorstellung her konstruiert. Aber auch ein so versöhnlicher und so heiter-gelassen erscheinender Dichter wie Hermann Hesse lässt im Grunde die gleichen Gedanken sichtbar werden:

> Seltsam, im Nebel zu wandern!
> Leben ist Einsamsein.
> Kein Mensch kennt den andern,
> Jeder ist allein!

In der Tat – eines ist gewiss: Es gibt eine Nacht, in deren Verlassenheit keine Stimme hinabreicht; es gibt eine Tür, durch die wir nur einsam schreiten können: das Tor des Todes. Alle Furcht der Welt ist im Letzten die Furcht dieser Einsamkeit. Von da aus ist es zu verstehen, weshalb das Alte Testament nur *ein* Wort für Hölle *und* Tod hat, das Wort Sch^{e}ol: Beides ist ihm letztlich identisch. Der Tod ist die Einsamkeit schlechthin. Jene Einsamkeit aber, in die die Liebe nicht mehr vordringen kann, ist die Hölle.

Damit sind wir wieder bei unserem Ausgangspunkt angelangt, beim Glaubensartikel vom Abstieg in die Hölle. Dieser Satz besagt von hier aus, dass Christus das Tor unserer letzten Einsamkeit durchschritten hat, dass er in seiner Passion eingetreten ist in diesen Abgrund unseres Verlassenseins. Wo uns keine Stimme mehr erreichen kann, da ist Er. Damit ist die Hölle überwunden, oder genauer: der Tod, der vordem die Hölle war, ist es nicht mehr. Beides ist nicht mehr das Gleiche, weil mitten im Tod Leben ist, weil die Liebe mitten in ihm wohnt. Nur noch die gewollte Selbstverschließung ist jetzt Hölle oder, wie die Bibel sagt: zweiter Tod (etwa Apk 20,14). Das Sterben aber ist kein Weg in die eisige Einsamkeit mehr, die Pforten der Sch^{e}ol sind geöffnet. Ich glaube, dass man von hier aus die vordergründig so mythologisch wirkenden Bilder der Väter verstehen kann, die vom Heraufholen der Toten, von der Öffnung der Pforten sprechen; auch der scheinbar so mythische Text des Matthäusevangeliums wird verständlich, der davon spricht, dass beim Tode Jesu die Gräber sich öffneten und die Leiber der Heiligen erstanden (Mt 27,52). Die Todestür steht offen, seit im Tode das Leben: die Liebe, wohnt ...

4.
»Auferstanden von den Toten«

Das Bekenntnis zur Auferstehung Jesu Christi ist für den Christen der Ausdruck der Gewissheit, dass das Wort wahr ist, das nur ein schöner Traum zu sein scheint: »Stark wie der Tod ist die Liebe« (Hl 8,6). Im Alten Testament steht dieser Satz im Rahmen einer Lobpreisung der Macht des Eros. Aber das bedeutet keineswegs, dass wir ihn einfach als eine hymnische Übertreibung beiseite tun können. In dem grenzenlosen Anspruch des Eros, in seinen scheinbaren Übertreibungen und Maßlosigkeiten kommt in Wirklichkeit ein Grundproblem, ja *das* Grundproblem der menschlichen Existenz zur Sprache, insofern das Wesen und die innere Paradoxie der Liebe darin sichtbar werden: Liebe fordert Unendlichkeit, Unzerstörbarkeit, ja sie *ist* gleichsam ein Schrei nach Unendlichkeit. Damit aber besteht zusammen, dass dieser ihr Schrei unerfüllbar ist, dass sie Unendlichkeit verlangt, aber nicht geben kann; dass sie Ewigkeit beansprucht, aber in Wahrheit in die Todeswelt, in ihre Einsamkeit und in ihre Zerstörungsmacht einbezogen ist. Von hier aus erst kann man verstehen, was »Auferstehung« bedeutet. Sie *ist* das Stärkersein der Liebe gegenüber dem Tod.

Zugleich ist sie der Erweis dafür, was allein Unsterblichkeit zu schaffen vermag: Das Sein im anderen, der noch steht, wenn ich zerfallen bin. Der Mensch ist jenes Wesen, das selbst nicht ewig lebt, sondern notwendig dem Tod anheimgegeben ist. Weiterleben kann für ihn, da er in sich selbst nicht Bestand hat, rein menschlich gesprochen doch nur dadurch möglich werden, dass er in einem anderen fortbesteht. Die Aussagen der Schrift über den Zusammenhang von Sünde und Tod sind von hier aus zu begreifen. Denn nun wird klar, dass der Versuch des Menschen, »wie Gott zu sein«, sein Streben nach Autarkie, durch das er nur in sich selber stehen will, seinen Tod bedeutet, denn er selbst steht nun einmal nicht. Wenn der Mensch – was das eigentliche Wesen der Sünde ist – in Verkennung seiner Grenzen dennoch nur ganz aus sich, völlig »autark« sein will, liefert er sich gerade dadurch dem Tode aus.

Natürlich begreift der Mensch dann doch, dass sein Leben allein nicht standhält und dass er so anstreben muss, in anderen zu sein, um durch sie und in ihnen im Land der Lebendigen zu bleiben. Zwei Wege sind vor allem versucht worden. Zunächst das Fortleben in den eigenen Kindern: Von daher kommt es, dass Ehelosigkeit und Kinderlosigkeit bei Naturvölkern als der furchtbarste Fluch gilt; sie bedeuten hoffnungslosen Untergang, endgültigen Tod. Umgekehrt bietet die größtmögliche Kinderzahl zugleich die größtmögliche Chance des Überlebens, Hoffnung auf Unsterblichkeit und so den eigentlichen Segen, den der Mensch erhoffen kann. Ein anderer Weg tut sich auf, wenn der Mensch entdeckt, dass er in seinen Kindern doch nur sehr uneigentlich fortbesteht; er wünscht, dass mehr von ihm selbst bleibe. So flieht er in die Idee des Ruhms, der wirklich ihn selbst unsterblich machen soll, wenn er im Gedächtnis der anderen alle Zeiten hindurch weiterlebt. Aber auch dieser zweite Versuch des Menschen, sich Unsterblichkeit durch das Sein-im-anderen selber zu verschaffen, scheitert nicht weniger als der erste: Was bleibt, ist nicht das Selbst, sondern nur sein Echo, ein Schatten. Und so ist die selbstgeschaffene Unsterblichkeit wirklich nur ein Hades, eine Sch^{e}ol: mehr Nichtsein als Sein. Das Ungenügen beider Wege gründet darin, dass der andere, der in ein Sein nach meinem Tode festhält, gar nicht dieses Sein selbst, sondern eben nur seinen Nachhall zu tragen vermag; es gründet noch mehr darin, dass auch der andere selbst, dem ich meinen Fortbestand gleichsam anvertraut habe, nicht stehen wird – auch er zerfällt.

Das führt uns zum nächsten Schritt. Wir haben bisher gesehen, dass der Mensch für sich selbst keinen Bestand hat und folglich nur im anderen stehen kann, dass er aber im andern immer nur schattenhaft ist und wieder nicht endgültig, weil auch er zerfällt. Wenn es so ist, dann könnte nur *einer* wahrhaft Halt geben: derjenige, der *»ist«,* der nicht wird und vergeht, sondern mitten im Werden und im Vorübergang bleibt: der Gott der Lebendigen, der nicht nur den Schatten und das Echo meines Seins hält, dessen Gedanken nicht bloße Nachbilder des Wirklichen sind. Ich selbst bin sein Gedanke, der gleichsam ursprünglicher mich selber setzt, als ich in mir bin; sein Gedanke ist nicht der nachträgliche Schatten, sondern die Ursprungskraft meines Seins. In ihm kann ich nicht nur als Schatten stehen, sondern in ihm bin ich in Wahrheit näher bei mir, als wenn ich bloß bei mir zu sein versuche.

Bevor wir von hier aus zur Auferstehung zurückkehren, versuchen wir das Gleiche nochmal von einer etwas anderen Seite her zu sehen. Wir können dazu wiederum beim Wort von Liebe und Tod anknüpfen und sagen: Nur wo für jemanden der Wert der Liebe über dem Wert des Lebens steht, das heißt, nur wo jemand bereit ist, das Leben zurückzustellen hinter der Liebe und um der Liebe willen, nur da kann sie auch stärker und mehr sein als der Tod. Damit sie mehr werden kann als der Tod, muss sie zuerst mehr sein als das bloße Leben. Wo sie das aber dann nicht bloß dem Wollen, sondern der Wirklichkeit nach zu sein vermöchte, da würde das zugleich heißen, dass die Macht der Liebe sich über die bloße Macht des Biologischen erhoben und sie in ihren Dienst genommen hätte. In der Terminologie von Teilhard de Chardin gesprochen: Wo das stattfände, da wäre die entscheidende »Komplexität« und Komplexion geschehen; da wäre auch der Bios umgriffen und einbegriffen von der Macht der Liebe. Da würde sie seine Grenze – den Tod – überschreiten und Einheit schaffen, wo er trennt. Wenn die Kraft der Liebe zum andern irgendwo so stark wäre, dass sie nicht nur dessen Gedächtnis, den Schatten seines Ich, sondern ihn selbst lebendig zu halten vermöchte, dann wäre eine neue Stufe des Lebens erreicht, die den Raum der biologischen Evolutionen und Mutationen hinter sich ließe und den Sprung auf eine ganz andere Ebene bedeuten würde, in der Liebe nicht mehr unter dem Bios stünde, sondern sich seiner bediente. Eine solche letzte »Mutations«- und »Evolutions«stufe wäre dann selbst keine biologische Stufe mehr, sondern würde den Ausbruch aus der Alleinherrschaft des Bios bedeuten, die zugleich Todesherrschaft ist; sie würde jenen Raum eröffnen, den die griechische Bibel »Zoë« nennt, das heißt endgültiges Leben, welches das Regiment des Todes hinter sich gelassen hat. Die letzte Stufe der Evolution, deren die Welt bedarf, um an ihr Ziel zu kommen, würde dann nicht mehr innerhalb des Biologischen geleistet, sondern vom Geist, von der Freiheit, von der Liebe. Sie wäre nicht mehr Evolution, sondern Entscheidung und Geschenk in einem.

Aber was hat das alles mit dem Glauben an die Auferstehung Jesu zu tun? Nun, wir hatten bisher die Frage der möglichen Unsterblichkeit des Menschen von zwei Seiten her bedacht, die sich freilich jetzt als Aspekte ein und desselben Sachverhalts erweisen. Wir hatten gesagt, da der Mensch in sich selbst keinen Bestand hat, könne sein Weiterleben nur dadurch zustande kommen, dass er in einem anderen fortlebt. Und wir hatten, von diesem »anderen« her, gesagt, nur die Liebe, die den Geliebten in sich selbst, ins Eigene aufnimmt, könne dieses Sein im andern ermöglichen. Diese beiden sich ergänzenden Aspekte spiegeln sich, wie mir scheint, wider in den zwei neutestamentlichen Aussageformen für die Auferstehung des Herrn: »Jesus ist auferstanden« und »Gott (der Vater) hat Jesus auferweckt«. Beide Formeln treffen sich in der Tatsache, dass die totale Liebe Jesu zu den Menschen, die ihn ans Kreuz führt, sich in der totalen Überschreitung auf den Vater hin vollendet und darin stärker wird als der Tod, weil sie darin zugleich totales Gehaltensein von ihm ist.

Von hier aus ergibt sich ein weiterer Schritt. Wir können jetzt sagen, dass die Liebe immer irgendeine Art von Unsterblichkeit gründet, selbst schon in ihren vormenschlichen Vorstufen weist sie als Erhaltung der Art in diese Richtung. Ja, solches Gründen von Unsterblichkeit ist nichts Beiläufiges für sie, nicht etwas, das sie unter anderem auch tut, sondern es macht recht eigentlich ihr Wesen aus. Dieser Satz ist umkehrbar und besagt dann, dass Unsterblichkeit *immer* aus Liebe hervorkommt, nie aus der Autarkie dessen, das sich selbst genügt. Wir dürfen sogar verwegen genug sein, zu behaupten, dass dieser Satz, recht verstanden, selbst noch in Bezug auf Gott zutrifft, wie ihn der christliche Glaube sieht. Auch Gott ist deshalb allem Vergehenden gegenüber schlechthinniges Stehen und Bestehen, weil er Zuordnung der drei Personen aufeinander, ihr Aufgehen im Füreinander der Liebe ist, Akt-Substanz der absoluten und darin ganz »relativen« und nur im Bezogensein aufeinander lebenden Liebe. Nicht die Autarkie, die niemand als sich selber kennt, ist göttlich, so sagten wir früher; die Revolution des christlichen Welt- und Gottesbildes gegenüber der Antike fanden wir darin, dass es das »Absolute« als absolute »Relativität«, als »Relatio subsistens«, verstehen lehrt.

Kehren wir zurück. Liebe gründet Unsterblichkeit, und Unsterblichkeit kommt allein aus Liebe. Diese Aussage, die wir nun erarbeitet haben, bedeutet dann ja auch, dass der, der für alle geliebt hat, für alle Unsterblichkeit gegründet hat. Das genau ist der Sinn der biblischen Aussage, dass *seine* Auferstehung *unser* Leben ist. Die für unser Empfinden zunächst so eigenartige Argumentation des heiligen Paulus in seinem ersten Korintherbrief wird von hier aus verständlich: Wenn er auferstanden ist, dann auch wir, denn dann ist die Liebe stärker als der Tod; wenn er nicht auferstanden ist, dann auch wir nicht, denn dann bleibt es dabei, dass der Tod das letzte Wort hat, nichts sonst (vgl. 1 Kor 15,16 f). Dolmetschen wir es uns, da es um eine zentrale Aussage geht, nochmals auf andere Weise: Entweder ist Liebe stärker als der Tod, oder sie ist es nicht. Wenn sie es in ihm geworden ist, dann gerade als Liebe für die anderen. Das heißt dann freilich auch, dass unsere eigene, allein gelassene Liebe nicht ausreicht, den Tod zu überwinden, sondern für sich genommen ein unerfüllter Ruf bleiben müsste. Es bedeutet, dass allein seine mit Gottes eigener Lebens- und Liebesmacht ineinander fallende Liebe unsere Unsterblichkeit gründen kann. Trotzdem bleibt dabei bestehen, dass die *Weise* unserer Unsterblichkeit von unserer Weise zu lieben abhängen wird. Darauf werden wir bei dem Abschnitt über das Gericht zurückkommen müssen.

Aus dem bisher Bedachten geht noch ein Weiteres hervor. Es versteht sich von da aus von selber, dass das Leben des Auferstandenen nicht wieder »Bios«, die bio-logische Form unseres innergeschichtlichen Todeslebens ist, sondern »Zoë«, neues, anderes, endgültiges Leben; Leben, das den Todesraum der Bios-Geschichte überschritten hat, der hier durch eine größere Macht überstiegen worden ist. Die Auferstehungsberichte des Neuen Testaments lassen uns denn auch ganz deutlich erkennen, dass das Leben des Auferstandenen nicht innerhalb der Bios-Geschichte liegt, sondern außerhalb und oberhalb davon. Ebenso gilt freilich, dass sich dies neue Leben *in* der Geschichte bezeugt hat und bezeugen musste, weil es ja *für* sie da ist und christliche Verkündigung im Grunde nichts anderes ist als das Weitergeben dieses Zeugnisses, dass Liebe hier den Durchbruch durch den Tod vermocht und so unser aller Situation von Grund auf gewandelt hat. Von diesen Einsichten aus ist es nicht mehr schwer, die rechte »Hermeneutik« für das schwierige Geschäft der Auslegung der biblischen Auferstehungstexte zu finden, das heißt Klarheit zu gewinnen, in welcher Richtung sie sinngerecht verstanden werden müssen. Selbstverständlich können wir hier nicht eine ins Einzelne gehende Diskussion der entsprechenden Fragen versuchen, die sich heute schwieriger darstellen denn je zuvor, zumal historische und – meist ungenügend reflektierte – philosophische Aussagen immer unentwirrbarer ineinander gemengt werden und Exegese sich nicht selten ihre eigene Philosophie schafft, die dem Außenstehenden als eine aufs Letzte verfeinerte Erhebung des biblischen Befundes erscheinen soll. Im Einzelnen wird hier immer vieles diskutabel bleiben, aber eine grundsätzliche Grenze zwischen Auslegung, die Auslegung bleibt, und eigenmächtigen Adaptationen ist durchaus zu erkennen.

Es ist zunächst völlig klar, dass Christus bei der Auferstehung nicht wieder in sein voriges irdisches Leben zurückgekehrt ist, wie solches etwa vom Jüngling zu Naim und von Lazarus gesagt wird. Er ist auferstanden ins endgültige Leben hinein, das nicht mehr den chemischen und biologischen Gesetzen eingefügt ist und deswegen außerhalb der Todesmöglichkeit steht, in jener Ewigkeit, welche die Liebe gibt. Darum sind die Begegnungen mit ihm »Erscheinungen«; darum wird der, mit dem man noch zwei Tage zuvor zu Tische gesessen war, von seinen besten Freunden nicht wiedererkannt und bleibt auch als Erkannter fremd: Nur wo *er* das Sehen gibt, *wird* er gesehen; nur wo er die Augen auftut und das Herz sich auftun lässt, kann mitten in unserer Todeswelt das Angesicht der todesüberwindenden ewigen Liebe erkennbar werden und in ihr die neue, die andere Welt: die Welt des Kommenden. Darum auch ist es für die Evangelien so schwierig, ja geradezu unmöglich, die Begegnungen mit dem Auferstandenen zu beschreiben; darum stammeln sie nur noch, wenn sie davon reden, und scheinen sich zu widersprechen, wenn sie sie darstellen. In Wirklichkeit sind sie überraschend einheitlich in der Dialektik ihrer Aussagen, in der Gleichzeitigkeit von Berühren und Nichtberühren, von Erkennen und Nichterkennen, von völliger Identität zwischen Gekreuzigtem und Auferstandenem und völliger Verwandeltheit. Man erkennt den Herrn und erkennt ihn doch wieder nicht; man berührt ihn, und er ist doch der Unberührbare; er ist derselbe und doch ganz anders. Diese Dialektik ist, wie gesagt, immer die gleiche; nur die Stilmittel, mit denen sie ins Wort gebracht wird, wechseln.

Sehen wir uns etwa die Geschichte von den Emmaus-Jüngern, auf die wir schon einmal kurz gestoßen waren, unter diesem Aspekt etwas näher an! Fürs Erste erweckt sie den Eindruck, als sei hier eine ganz irdisch-massive Auferstehungsvorstellung am Werk; als sei nichts übrig geblieben von dem Geheimnisvollen und Unbeschreiblichen, das wir in den paulinischen Berichten finden. Es sieht so aus, als hätte die Tendenz zur Ausmalung, zur legendarischen Konkretheit, unterstützt von der nach Handgreiflichem strebenden Apologetik, völlig die Oberhand gewonnen und den auferstandenen Herrn wieder ganz in die irdische Geschichte zurückgeholt. Aber dem widerspricht zunächst schon sein geheimnisvolles Auftauchen und sein nicht minder geheimnisvolles Entschwinden. Noch mehr widerspricht ihm, dass er auch hier dem gewöhnlichen Auge unerkennbar bleibt. Man kann ihn nicht feststellen wie zur Zeit seines irdischen Lebens; er wird allein im Bereich des Glaubens entdeckt; durch die Schriftauslegung macht er den beiden Wanderern das Herz brennend, und durch das Brotbrechen öffnet er ihnen die Augen. Das ist ein Hinweis auf die beiden Grundelemente des frühchristlichen Gottesdienstes, der sich aus dem Wortgottesdienst (Schriftlesung und -auslegung) und dem eucharistischen Brotbrechen zusammensetzt. Auf diese Weise lässt der Evangelist deutlich werden, dass die Begegnung mit dem Auferstandenen auf einer ganz neuen Ebene liegt; mit den Chiffren der liturgischen Gegebenheiten versucht er, das Unbeschreibbare zu beschreiben. Er gibt damit ebenso eine Theologie der Auferstehung wie eine Theologie der Liturgie: Dem Auferstandenen begegnet man im Wort und im Sakrament; der Gottesdienst ist die Weise, wie er uns berührbar, als der Lebendige erkenntlich wird. Und umgekehrt: Liturgie gründet im Ostergeheimnis; sie ist zu verstehen als das Zutreten des Herrn auf uns, der darin zu unserem Weggefährten wird, uns das stumpfe Herz brennend macht und die gehaltenen Augen öffnet. Er geht noch immer mit uns, er trifft uns noch immer grübelnd und mutlos, er hat noch immer die Kraft, uns sehend zu machen.

Mit alledem ist freilich erst die Hälfte gesagt; das neutestamentliche Zeugnis wäre verfälscht, wollte man dabei allein stehen bleiben. Die Erfahrung des Auferstandenen ist etwas anderes als das Zusammentreffen mit einem Menschen dieser unserer Geschichte, aber sie darf erst recht nicht zurückgeführt werden auf Tischgespräche und auf Erinnerungen, die sich schließlich zu dem Gedanken verdichtet hätten, dass er lebe und seine Sache weitergehe. Mit einer solchen Auslegung wird das Geschehen nach der anderen Seite hin ins bloß Menschliche eingeebnet und seines Eigentlichen beraubt. Die Auferstehungsberichte sind etwas anderes und mehr als verkleidete liturgische Szenen: Sie machen das Gründungsgeschehen sichtbar, auf dem alle christliche Liturgie beruht. Sie bezeugen ein Zukommnis, das nicht aus dem Herzen der Jünger aufstieg, sondern von außen an sie herantrat und *gegen* ihren Zweifel sie übermächtigte und sie gewiss werden ließ: Der Herr ist wahrhaft auferstanden. Der im Grabe lag, ist nicht mehr dort, sondern er – wirklich er selber – lebt. Er, der in die andere Welt Gottes hineinverwandelt war, zeigte sich doch mächtig genug, um bis zur Handgreiflichkeit hin klarzumachen, dass er selbst ihnen wieder gegenüberstand, dass in ihm die Macht der Liebe wirklich sich stärker erwiesen hatte als die Macht des Todes.

Nur indem man dies ebenso ernst nimmt wie das zuerst Gesagte, bleibt man dem Zeugnis des Neuen Testaments treu; nur so wird auch sein weltgeschichtlicher Ernst gewahrt. Der allzu bequeme Versuch, der sich einerseits den Glauben an das Mysterium des mächtigen Handelns Gottes in dieser Welt sparen will und doch gleichzeitig die Genugtuung haben möchte, auf dem Boden der biblischen Botschaft zu bleiben – dieser Versuch führt ins Leere: Er genügt weder der Redlichkeit der Vernunft noch dem Anspruch des Glaubens. Man kann nicht den christlichen Glauben und die »Religion innerhalb der Grenzen der bloßen Vernunft« in einem haben; die Wahl ist unerlässlich. Dem, der glaubt, wird freilich immer mehr sichtbar werden, wie voller Vernunft das Bekenntnis zu jener Liebe ist, die den Tod überwunden hat.

5. »Aufgefahren in den Himmel, sitzet zur Rechten Gottes, des allmächtigen Vaters«

Die Rede von der Himmelfahrt bedeutet unserer von Bultmann kritisch erweckten Generation zusammen mit derjenigen vom Höllenabstieg den Ausdruck jenes dreistöckigen Weltbildes, das wir mythisch nennen und für definitiv überwunden ansehen. Die Welt ist »oben« und »unten« überall nur Welt, überall von denselben physikalischen Gesetzen regiert, überall grundsätzlich auf dieselbe Art erforschbar. Sie hat keine Stockwerke, und die Begriffe »oben« und »unten« sind relativ, abhängig vom Standort des Beobachters. Ja, da es keinen absoluten Bezugspunkt gibt (und die Erde ganz gewiss keinen solchen darstellt), kann man im Grund überhaupt nicht mehr von »oben« und »unten« – oder auch von »links« und »rechts« sprechen; der Kosmos weist keine festen Richtungen mehr auf.

Niemand wird heute im Ernst mehr solche Einsichten bestreiten wollen. Eine örtlich verstandene Dreistöckigkeit der Welt gibt es nicht mehr. Aber ist sie denn eigentlich gemeint gewesen in den Glaubensaussagen von Höllenabstieg und Himmelfahrt des Herrn? Sicher hat sie das Vorstellungsmaterial dafür geliefert, aber das sachlich Entscheidende war sie ebenso sicher nicht. Die beiden Sätze drücken vielmehr, zusammen mit dem Bekenntnis zum geschichtlichen Jesus, die Gesamtdimension des menschlichen Daseins aus, das zwar nicht drei kosmische Stockwerke, wohl aber drei metaphysische Dimensionen umspannt. Insofern ist es umgekehrt konsequent, dass die augenblicklich sich modern dünkende Einstellung nicht nur Himmelfahrt und Höllenabstieg, sondern auch den geschichtlichen Jesus beiseite räumt, das heißt alle drei Dimensionen des menschlichen Daseins; was übrig bleibt, *kann* nur noch ein verschieden drapiertes Gespenst sein, auf das nicht zufällig niemand mehr ernstlich bauen will.

Was aber sagen denn unsere drei Dimensionen wirklich? Wir haben uns bereits früher klargemacht, dass die Höllenfahrt nicht eigentlich auf eine äußere Tiefe des Kosmos verweist; diese ist völlig entbehrlich für sie: In dem grundlegenden Text, dem Gebet des Gekreuzigten zu dem Gott, der ihn verlassen hat, fehlt jede kosmische Anspielung. Unser Satz lenkt unseren Blick vielmehr hin auf die Tiefe der menschlichen Existenz, die in den Todesgrund, in die Zone der unberührbaren Einsamkeit und der verweigerten Liebe hinabreicht und damit die Dimension der Hölle umschließt, sie als Möglichkeit ihrer selbst in sich trägt. Hölle, Existieren in der endgültigen Verweigerung des »Seins-für«, ist nicht eine kosmographische Bestimmtheit, sondern eine Dimension der menschlichen Natur, ihr Abgrund, in den sie hinunterreicht. Mehr denn je wissen wir heute, dass eines jeden Existenz diese Tiefe berührt; da die Menschheit im Letzten »*ein* Mensch« ist, geht diese Tiefe freilich nicht nur den Einzelnen an, sondern betrifft den einen Körper des Menschengeschlechtes insgesamt, das diese Tiefe daher als Ganzes mitaustragen muss. Von hier aus ist noch einmal zu verstehen, dass Christus, der »neue Adam«, diese Tiefe mitzutragen unternommen hat und nicht in erhabener Unberührtheit von ihr getrennt bleiben wollte; umgekehrt ist freilich jetzt erst die totale Verweigerung in ihrer vollen Abgründigkeit möglich geworden.

Die Himmelfahrt Christi hinwiederum verweist auf das andere Ende der nach oben und unten unendlich über sich selbst ausgestreckten menschlichen Existenz. Als Gegenpol zur radikalen Vereinsamung, zur Unberührbarkeit der verweigerten Liebe, trägt diese Existenz die Möglichkeit der Berührung mit allen anderen Menschen in der Berührung mit der göttlichen Liebe in sich, sodass das Menschsein gleichsam seinen geometrischen Ort im Innern des Selbstseins Gottes finden kann. Freilich sind die beiden Möglichkeiten des Menschen, die so in den Worten Himmel und Hölle vor den Blick kommen, von je völlig anderer Art, auf ganz unterschiedliche Weise Möglichkeiten des Menschen. Die Tiefe, die wir Hölle nennen, kann nur der Mensch sich selber geben. Ja, wir müssen es schärfer ausdrücken: Sie besteht förmlich darin, dass er nichts empfangen und gänzlich autark sein will. Sie ist der Ausdruck der Verschließung ins bloß Eigene. Das Wesen dieser Tiefe besteht demnach eben darin, dass der Mensch nicht empfangen will, dass er nichts nehmen, sondern nur gänzlich auf sich selbst stehen, sich selbst genügen möchte. Wenn diese Haltung letzte Radikalität gewinnt, dann ist er der Unberührbare, der Einsame, der Verweigerte geworden. Hölle ist das Nur-selbst-sein-Wollen, das, was wird, wenn der Mensch sich ins Eigene versperrt. Umgekehrt ist es das Wesen jenes Oben, das wir Himmel genannt haben, dass es nur empfangen werden kann, so wie man sich die Hölle nur selbst zu geben vermag. Der »Himmel« ist vom Wesen her das nicht Selbstgemachte und Selbstmachbare; in der Sprache der Schule hatte man gesagt, er sei als Gnade ein »donum indebitum et superadditum naturae« (ein ungeschuldet der Natur dreingegebenes Geschenk). Der Himmel kann als erfüllte Liebe dem Menschen immer nur geschenkt werden; seine Hölle aber ist die Einsamkeit dessen, der das nicht annehmen will, der den Bettlerstatus verweigert und sich auf sich selbst zurückzieht.

Von hier aus lässt sich nun überhaupt erst zeigen, was christlich gesehen eigentlich mit Himmel gemeint ist. Er ist nicht zu verstehen als ein ewiger, überweltlicher Ort, aber auch nicht einfach als eine ewige metaphysische Region. Wir müssen vielmehr sagen, dass die Wirklichkeiten »Himmel« und »Himmelfahrt Christi« untrennbar zusammenhängen; erst von diesem Zusammenhang her wird der christologische, personale, geschichtsbezogene Sinn der christlichen Botschaft vom Himmel deutlich. Setzen wir noch einmal anders an: Himmel ist nicht ein Ort, der vor der Himmelfahrt Christi aus einem positivistischen Strafdekret Gottes heraus abgesperrt gewesen wäre, um dann eines Tages ebenso positivistisch aufgeschlossen zu werden. Die Wirklichkeit Himmel entsteht vielmehr allererst durch das Ineinstreten von Gott und Mensch. Der Himmel ist zu definieren als das Sichberühren des Wesens Mensch mit dem Wesen Gott; dieses Ineinstreten von Gott und Mensch ist in Christus mit seinem Überschritt über den Bios durch den Tod hindurch zum neuen Leben endgültig geschehen. Himmel ist demnach jene Zukunft des Menschen und der Menschheit, die diese sich nicht selbst geben kann, die ihr daher, solange sie nur auf sich selbst wartet, verschlossen ist und die erstmals und grundlegend eröffnet worden ist in dem Menschen, dessen Existenzort Gott war und durch den Gott ins Wesen Mensch eingetreten ist.

Deshalb ist Himmel immer mehr als ein privates Einzelgeschick; er hängt notwendig mit dem »letzten Adam«, mit dem endgültigen Menschen, und demgemäß notwendig mit der Gesamtzukunft des Menschen zusammen. Ich glaube, dass von hier aus wieder einige wichtige hermeneutische Einsichten zu gewinnen wären, die in diesem Zusammenhang freilich nur andeutungsweise genannt werden können. Eine der auffälligsten Gegebenheiten des biblischen Befundes, wovon Exegese und Theologie seit etwa einem halben Jahrhundert zutiefst bedrängt und umgetrieben werden, bildet die so genannte Naheschatologie; das will sagen: In der Botschaft Jesu und der Apostel sieht es so aus, als würde das Weltende als unmittelbar bevorstehend angekündigt. Ja, man kann den Eindruck gewinnen, dass die Botschaft vom nahen Ende sogar der eigentliche Kern der Predigt Jesu und der beginnenden Kirche gewesen sei. Die Gestalt Jesu, sein Tod und seine Auferstehung werden in einer Weise mit dieser Vorstellung in Verbindung gebracht, die uns ebenso befremdlich wie unverständlich ist. Selbstverständlich kann hier nicht im Einzelnen auf den weit erstreckten Fragebereich eingegangen werden, der damit berührt ist. Aber ist nicht mit unseren letzten Überlegungen der Weg sichtbar geworden, auf dem dafür die Antwort gesucht werden kann? Wir haben Auferstehung und Himmelfahrt beschrieben als das endgültige Ineinandertreten des Wesens Mensch mit dem Wesen Gott, das dem Menschen die Möglichkeit immerwährenden Seins eröffnet. Wir haben beides zu verstehen versucht als das Stärkersein der Liebe gegenüber dem Tod und so als die entscheidende »Mutation« von Mensch und Kosmos, in der die Biosgrenze aufgebrochen und ein neuer Daseinsraum geschaffen ist. Wenn das alles zutrifft, dann bedeutet es den Beginn der »Eschatologie«, des Weltendes. Mit der Überschreitung der Todesgrenze ist die Zukunftsdimension der Menschheit eröffnet, ihre Zukunft hat in der Tat schon begonnen. So wird aber auch sichtbar, wie die Unsterblichkeitshoffnung des Einzelnen und die Ewigkeitsmöglichkeit der Menschheit insgesamt ineinander greifen und beides sich in Christus trifft, der ebenso die »Mitte« wie, recht verstanden, das »Ende« der Geschichte heißen darf. Noch ein Gedanke muss im Zusammenhang des Glaubensartikels von der Himmelfahrt des Herrn erwogen werden: Die Aussage von der Himmelfahrt, die nach dem bisher Bedachten entscheidend ist für das Verständnis des Jenseits der menschlichen Existenz, ist nicht weniger entscheidend für das Verständnis seines Diesseits bzw. für die Frage, wie Diesseits und Jenseits zueinander kommen können, also für die Frage nach Möglichkeit und Sinn menschlicher Gottesbeziehung. Wir hatten bei der Betrachtung des ersten Glaubensartikels die Frage, ob denn der Unendliche den Endlichen, der Ewige den Zeitlichen hören könne, mit ja beantwortet und darauf verwiesen, dass des wahren Gottes Größe gerade darin zu sehen ist, dass ihm das Kleinste nicht zu klein und das Größte nicht zu groß ist; wir hatten zu begreifen versucht, dass er als der Logos nicht nur die allsprechende, sondern auch die allvernehmende Vernunft ist, von der nichts ob seiner Geringheit ausgeschlossen bleibt. Wir hatten auf das sorgende Fragen unserer Zeit geantwortet: Ja, Gott kann hören. Aber noch bleibt eine Frage offen. Denn wenn jemand, unseren Gedanken folgend, sagen wird: Gut denn, er kann hören; bleibt ihm dann nicht immer noch zu fragen: Kann er aber auch er-hören? Oder ist das Bittgebet, der Ruf der Kreatur zu ihm hinauf nicht zu guter Letzt doch ein frommer Trick, um den Menschen psychisch zu erheben und zu trösten, weil er zu höheren Gebetsformen selten fähig ist? Dient das Ganze nicht doch lediglich dazu, den Menschen irgendwie auf Transzendenz in Bewegung zu setzen, obgleich in Wahrheit dabei nichts geschehen oder sich ändern kann; denn was ewig ist, ist ewig, und was zeitlich ist, ist zeitlich – vom einen zum anderen scheint kein Weg zu führen? Auch das können wir hier nicht im Detail bedenken, weil dafür eine sehr eingehende kritische Analyse der Begriffe Zeit und Ewigkeit vonnöten wäre. Man müsste ihre Grundlegung im antiken Denken und die Synthese dieses Denkens mit dem biblischen Glauben untersuchen, deren Unvollkommenheit an der Wurzel unseres heutigen Fragens steht. Man müsste noch einmal über das Verhältnis des naturwissenschaftlich-technischen Denkens zum Denken des Glaubens reflektieren – alles Aufgaben, die den Rahmen dieses Buches beträchtlich übersteigen. So muss auch hier wieder statt ausgearbeiteter Einzelantworten ein Hinweis auf die Richtung genügen, in der die Antwort zu erfragen ist.

Das heutige Denken lässt sich meist von der Vorstellung leiten, dass die Ewigkeit gleichsam in ihre Unveränderlichkeit eingeschlossen sei; Gott erscheint als der Gefangene seines »vor allen Zeiten« gefassten ewigen Planes. »Sein« und »Werden« vermischen sich nicht. Ewigkeit wird so rein negativ verstanden als Zeitlosigkeit, als das andere gegenüber der Zeit, das schon deshalb nicht in die Zeit einwirken kann, weil es damit ja aufhören würde, unveränderlich zu sein, und selbst zeitlich würde. Diese Gedanken verbleiben im Grund in einer vorchristlichen Auffassung, in welcher der Gottesbegriff gar nicht zur Kenntnis genommen ist, der sich im Glauben an Schöpfung und Menschwerdung zu Worte meldet. Sie setzen – was hier nicht ausgeführt werden kann – letztlich den antiken Dualismus voraus, und sie sind Zeichen einer denkerischen Naivität, die Gott doch wieder nach Menschenweise betrachtet. Denn wenn man meint, was Gott »vor« Ewigkeit geplant habe, könne er nicht nachträglich wieder ändern, so wird Ewigkeit unvermerkt doch wieder mit dem Schema der Zeit, im Unterscheiden von »Vor« und »Nach«, gedacht.

Ewigkeit aber ist nicht das Uralte, das vor der Zeit war, sondern sie ist das ganz Andere, das zu jeder vorübergehenden Zeit sich als ihr Heute verhält, ihr wirklich heutig ist; sie ist nicht selbst wieder in ein Vor und Nach versperrt, sie ist vielmehr die Macht der Gegenwart in aller Zeit. Ewigkeit steht nicht etwa beziehungslos neben der Zeit, sondern sie ist die schöpferisch tragende Macht aller Zeit, die die vorübergehende Zeit in ihrer einigen Gegenwart umspannt und ihr so das Seinkönnen gibt. Sie ist nicht Zeitlosigkeit, sondern Zeitmächtigkeit. Als das Heute, das allen Zeiten gleichzeitig ist, kann sie auch in jede Zeit hineinwirken.

Die Menschwerdung Gottes in Jesus Christus, kraft deren der ewige Gott und der zeithafte Mensch in einer einzigen Person ineinander treten, ist nichts anderes als die letzte Konkretwerdung der Zeitmächtigkeit Gottes. Gott hat an diesem Punkt der menschlichen Existenz Jesu die Zeit ergriffen und in sich selbst hineingezogen. Seine Zeitmächtigkeit steht gleichsam leibhaftig vor uns in ihm. Christus ist wirklich, wie es das Johannesevangelium sagt, die »Tür« zwischen Gott und Mensch (Jo 10,9), ihr »Mittler« (1 Tim 2,5), in dem der Ewige Zeit hat. In Jesus können wir Zeitliche den Zeitlichen anreden, unseren Zeit-genossen; in ihm, der mit uns Zeit ist, berühren wir aber zugleich den Ewigen, weil er mit uns Zeit und mit Gott Ewigkeit ist.

Hans Urs von Balthasar hat, wenn auch in einem etwas anderen Zusammenhang, die geistliche Bedeutung dieser Einsichten tiefsinnig erhellt. Er erinnert zunächst daran, dass Jesus in seinem Erdenleben nicht über Zeit und Raum stand, sondern mitten aus seiner Zeit und in seiner Zeit lebte: Die Menschlichkeit Jesu, die ihn mitten in jene Zeit hineinstellte, tritt uns aus jeder Zeile der Evangelien entgegen; wir sehen sie heute in vieler Hinsicht lebhafter und deutlicher, als es früheren Perioden gegeben war. Aber dieses »Stehen in der Zeit« ist ja nicht nur ein äußerer kulturhistorischer Rahmen, hinter dem sich irgendwo, unberührt davon, das Überzeitliche seines eigentlichen Seins finden ließe; es ist vielmehr ein anthropologischer Sachverhalt, der die Form des Menschseins selber zutiefst bestimmt. Jesus hat Zeit und nimmt nicht in sündiger Ungeduld den Willen des Vaters vorweg. »Darum ist der Sohn, der in der Welt für Gott Zeit hat, der originäre Ort, wo Gott für die Welt Zeit hat. Andere Zeit als im Sohn hat Gott für die Welt nicht, aber in ihm hat er alle Zeit«[57]. Gott ist nicht der Gefangene seiner Ewigkeit: in Jesus hat er Zeit – für uns, und Jesus ist so wirklich »der Gnadenstuhl«, zu dem wir jeder-zeit »voll Vertrauen hinzutreten« können (Hebr 4,16).

6.
»Von dannen er kommen wird, zu richten die Lebendigen und die Toten«

Rudolf Bultmann rechnet, wie Höllenfahrt und Himmelfahrt des Herrn, auch den Glauben an »das Ende der Welt« durch die richtende Wiederkunft des Herrn zu jenen Vorstellungen, die für den modernen Menschen »erledigt« sind: Jeder Vernünftige sei davon überzeugt, dass die Welt weitergehe, wie sie nun schon fast zweitausend Jahre nach der eschatologischen Verkündigung des Neuen Testamentes weitergegangen ist. Eine solche Bereinigung des Denkens scheint hier um so mehr gefordert zu sein, als die biblische Botschaft in dieser Sache unbestreitbar auch stark kosmologische Elemente enthält, also in jenen Bereich ausgreift, den wir als das Feld der Naturwissenschaften vor Augen haben. Zwar bedeutet in der Redeweise vom Weltende das Wort »Welt« zunächst nicht den physikalischen Bau des Kosmos, sondern die Menschenwelt, die menschliche Geschichte; unmittelbar will diese Redeweise also sagen, dass *diese* Art von Welt – die Menschenwelt – an ein von Gott verfügtes und vollzogenes Ende kommen werde. Aber es ist nicht zu leugnen, dass die Bibel dieses wesentlich anthropologische Ereignis in kosmologischen (zum Teil auch in politischen) Bildern vorstellt. Wieweit es sich dabei *nur* um Bilder handelt und wieweit die Bilder doch die Sache selbst betreffen, wird schwer zu entscheiden sein.

Sicher kann man darüber nur vom größeren Zusammenhang der ganzen Weltansicht der Bibel her etwas sagen. Für sie aber sind Kosmos und Mensch gar nicht zwei reinlich trennbare Größen, sodass der Kosmos etwa den zufälligen Schauplatz des Menschseins bilden würde, das man an sich auch davon abtrennen und weltlos sich vollziehen lassen könnte. Welt und Menschsein gehören vielmehr beide notwendig zueinander, sodass weder ein weltloses Menschsein noch auch eine menschenlose Welt denkbar erscheint. Das Erste ist uns heute wieder ohne weiteres einsichtig; das Zweite sollte uns, etwa nach den Belehrungen, die wir von Teilhard empfangen haben, auch nicht mehr ganz unverständlich bleiben. Von da aus möchte man versucht sein, zu sagen, dass die biblische Botschaft vom Weltende und von der Wiederkunft des Herrn nicht einfach Anthropologie in kosmischen Bildern sei; auch nicht bloß einen kosmologischen Aspekt neben einem anthropologischen aufweise, sondern in der inneren Konsequenz der biblischen Gesamtansicht das Ineinsfallen von Anthropologie und Kosmologie in der definitiven Christologie und eben *darin* das Ende der »Welt« darstelle, die in ihrer zwei-einigen Konstruktion aus Kosmos und Mensch immer schon auf diese Einheit als ihren Zielpunkt verweist. Kosmos und Mensch, die je schon zueinander gehören, wenn sie auch so oft gegeneinander stehen, werden eins sein durch ihre Komplexion im Größeren der den Bios überschreitenden und umgreifenden Liebe, wie wir vorhin sagten: Damit wird hier noch einmal sichtbar, wie sehr das End-Eschatologische und der in der Auferstehung Jesu geschehene Durchbruch real eins sind; es wird noch einmal deutlich, dass das Neue Testament mit Recht diese Auferstehung als *das* Eschatologische hinstellt.

Um vorwärts zu kommen, müssen wir unseren Gedanken noch etwas deutlicher auseinander falten. Wir hatten eben gesagt, der Kosmos sei nicht bloß ein äußerer Rahmen der menschlichen Geschichte, nicht ein statisches Gebilde – eine Art Behälter, in dem allerlei Lebewesen vorkommen, die man an sich auch ebensogut in einen anderen Behälter umfüllen könnte. Das bedeutet positiv, dass der Kosmos Bewegung ist; dass es nicht bloß *in* ihm eine Geschichte *gibt*, sondern dass *er* selbst Geschichte *ist*: Er bildet nicht bloß den Schauplatz der menschlichen Geschichte, sondern ist selbst vor ihr schon und mit ihr dann »Geschichte«. Letztlich gibt es nur eine einzige umfassende Welt-geschichte, die in allem Auf und Ab, in allem Vorwärts und Rückwärts, das sie aufweist, doch eine Gesamtrichtung hat und »vorwärts«geht. Gewiss, für denjenigen, der nur einen Ausschnitt sieht, erscheint dieses Stück, selbst wenn es verhältnismäßig groß sein mag, nur wie ein Kreisen im ständig Gleichen. Eine Richtung ist nicht zu erkennen. Erst wer anfängt, das Ganze zu sehen, bemerkt sie. In dieser kosmischen Bewegung aber ist, wie wir früher schon sahen, der Geist nicht irgendein zufälliges Nebenprodukt der Entwicklung, das fürs Ganze nichts zu bedeuten hätte; vielmehr konnten wir feststellen, dass in ihr die Materie und deren Entfaltung die Vorgeschichte des Geistes bilden.

Der Glaube an die Wiederkunft Jesu Christi und an die Vollendung der Welt in ihr ließe sich von da aus erklären als die Überzeugung, dass unsere Geschichte auf einen Punkt Omega zuschreitet, in dem endgültig deutlich und unübersehbar sein wird, dass jenes Stabile, das uns gleichsam als der tragende Wirklichkeitsboden erscheint, nicht die bloße, ihrer selbst nicht bewusste Materie ist, sondern dass der eigentliche, feste Boden der Sinn ist: Er hält das Sein zusammen, er gibt ihm Wirklichkeit, ja, er *ist* die Wirklichkeit – nicht von unten, sondern von oben her empfängt das Sein seinen Bestand. Dass es diesen Vorgang der Komplexion des materiellen Seins durch den Geist und von diesem her dessen Zusammenfassung in eine neue Form der Einheit gibt, können wir in gewissem Sinn schon heute erfahren in der Umschaffung der Welt, wie sie sich durch die Technik zuträgt. In der Manipulierbarkeit des Wirklichen beginnen sich uns bereits die Grenzen zwischen Natur und Technik zu verwischen, beides ist nicht mehr eindeutig voneinander zu trennen. Gewiss ist dieses Analogon in mehr als einer Hinsicht fragwürdig zu nennen. Dennoch deutet sich uns in solchen Vorgängen eine Weltgestalt an, in der Geist und Natur nicht einfach nebeneinander stehen, sondern in einer neuen Komplexion der Geist das scheinbar bloß Naturale in sich einbezieht und damit eine neue Welt erschafft, die zugleich notwendig den Untergang der alten bedeutet. Nun ist das Weltende, an das der Christ glaubt, gewiss etwas ganz anderes als der totale Sieg der Technik. Aber die Verschmelzung von Natur und Geist, die in ihr geschieht, ermöglicht uns doch, auf neue Weise zu erfassen, in welcher Richtung die Wirklichkeit des Glaubens an die Wiederkunft Christi zu denken ist: als Glaube an die endgültige Vereinigung des Wirklichen vom Geist her.

Damit eröffnet sich ein weiterer Schritt. Wir hatten gesagt, dass Natur und Geist eine einzige Geschichte bilden, die so voranschreitet, dass der Geist immer mehr als das alles Umgreifende sich erweist und so konkret Anthropologie und Kosmologie schließlich ineinander münden. Diese Behauptung von der zunehmenden Komplexion der Welt durch den Geist bedeutet aber notwendig ihre Vereinigung auf eine personale Mitte hin, denn der Geist ist nicht irgendein unbestimmtes Etwas, sondern wo er in seiner Eigentlichkeit existiert, besteht er als Individualität, als Person. Zwar gibt es so etwas wie »objektiven Geist«, Geist investiert in Maschinen, in Werke vielfältigster Art; aber in all diesen Fällen besteht der Geist nicht in der ihm ursprünglichen Form: »objektiver Geist« ist immer abkünftig von subjektivem Geist, er verweist zurück auf Person, die einzig eigentliche Existenzweise des Geistes. Die Behauptung, dass die Welt auf eine Komplexion durch den Geist zugehe, schließt also die Aussage ein, dass der Kosmos auf eine Vereinigung im Personalen zugeht.

Das aber bestätigt noch einmal den unendlichen Vorrang des Einzelnen vor dem Allgemeinen. Dieses früher entwickelte Prinzip zeigt sich hier wiederum in seinem ganzen Gewicht. Die Welt bewegt sich auf die Einheit in der Person zu. Das Ganze erhält seinen Sinn vom Einzelnen und nicht umgekehrt. Dies einzusehen rechtfertigt auch noch einmal den scheinbaren Positivismus der Christologie, jene für die Menschen aller Zeiten so skandalöse Überzeugung, die einen Einzelnen zur Mitte der Geschichte und des Ganzen macht. Dieser »Positivismus« erweist sich hier erneut in seiner inneren Notwendigkeit: Wenn es wahr ist, dass am Ende der Triumph des Geistes steht, das heißt der Triumph der Wahrheit, Freiheit, Liebe, dann ist es nicht irgendeine Kraft, die am Schluss den Sieg davonträgt, dann ist es ein Antlitz, das am Ende steht. Dann ist das Omega der Welt ein Du, eine Person, ein Einzelner. Dann ist die allumgreifende Komplexion, die unendlich alles umfassende Vereinigung, zugleich die endgültige Verneinung alles Kollektivismus, die Verneinung jedes Fanatismus der bloßen Idee, auch einer so genannten Idee des Christentums. Immer hat der Mensch, die Person, den Vorrang vor der bloßen Idee.

Das schließt eine weitere und sehr wesentliche Konsequenz ein. Wenn der Durchbruch in die Ultrakomplexität des Letzten auf Geist und Freiheit gegründet ist, dann ist er keinesfalls eine neutrale, kosmische Drift, dann schließt er Verantwortung mit ein. Er geschieht nicht wie ein physikalischer Prozess von selbst, sondern beruht auf Entscheidungen. Deshalb ist die Wiederkunft des Herrn nicht nur Heil, nicht nur das alles ins Lot bringende Omega, sondern auch Gericht. Ja, wir können von hier aus geradezu den Sinn der Rede vom Gericht definieren. Sie besagt genau dies, dass das Endstadium der Welt nicht Ergebnis einer naturalen Strömung ist, sondern Ergebnis von Verantwortung, die in Freiheit gründet. Von solchen Zusammenhängen her wird man auch verstehen müssen, warum das Neue Testament trotz seiner Gnadenbotschaft daran festgehalten hat, dass am Ende die Menschen »nach ihren Werken« gerichtet werden und dass niemand sich dieser Rechenschaft über seine Lebensführung entziehen kann. Es gibt eine Freiheit, die auch von der Gnade nicht aufgehoben, ja, von ihr ganz zu sich selbst gebracht wird: Das endgültige Geschick des Menschen wird ihm nicht an seiner Lebensentscheidung vorbei aufgedrängt. Diese Aussage ist im Übrigen gerade auch als Grenze gegenüber einem falschen Dogmatismus und einer falschen christlichen Selbstsicherheit notwendig. Nur sie hält die Gleichheit der Menschen fest, indem sie die Identität ihrer Verantwortung festhält. Seit den Tagen der Kirchenväter war und ist es eine entscheidende Aufgabe christlicher Verkündigung, diese Identität der Verantwortung ins Bewusstsein zu rücken und sie dem falschen Vertrauen auf das »Herr-Herr-Sagen« entgegenzustellen.

Es dürfte nützlich sein, in diesem Zusammenhang an Ausführungen des großen jüdischen Theologen Leo Baeck zu erinnern, denen der Christ nicht zustimmen wird, aber an deren Ernst er auch nicht achtlos vorbeigehen kann. Baeck verweist darauf, dass das Sonderdasein Israels zum Bewusstsein des Dienstes um der Zukunft der Menschheit willen geworden sei. »*Die Eigentümlichkeit des Berufes* wird gefordert, aber *keine Exklusivität des Heils* verkündet. Das Judentum blieb davor bewahrt, in die religiöse Enge des Begriffs einer alleinseligmachenden Kirche hineinzugeraten. Wo nicht der Glaube, sondern die Tat zu Gott hinführt, wo die Gemeinde ihren Kindern als seelisches Zeichen der Zugehörigkeit das Ideal und die Aufgabe darbietet, dort kann der Platz im Bunde des Glaubens noch nicht das Heil der Seele verbürgen«. Baeck zeigt dann, wie sich dieser Universalismus des auf der Tat gründenden Heils immer deutlicher in der jüdischen Überlieferung kristallisiert, um schließlich ganz klar hervorzutreten in dem »klassischen« Wort: »Auch die Frommen, die nicht Israeliten sind, haben an der ewigen Seligkeit teil«. Niemand wird es ohne Betroffenheit lesen können, wenn Baeck dann fortfährt, dass man diesem Satz bloß »Dantes Schilderung des Ortes der Verdammnis, der Schicksalsstätte auch der Besten in dem Heidenvolke gegenüberzustellen« brauche »mit all der Fülle ihrer grausigen Bilder, die den kirchlichen Vorstellungen der Jahrhunderte vorher und nachher entsprechen, um den Kontrast in seiner ganzen Schärfe zu empfinden«[58].

Gewiss, vieles an diesem Text ist ungenau und reizt zum Widerspruch; dennoch enthält er eine ernste Aussage. Er vermag auf seine Weise deutlich zu machen, worin die Unerlässlichkeit des Artikels vom gemeinsamen Gericht über alle Menschen »gemäß ihren Werken« besteht. Es ist nicht unsere Aufgabe, im Einzelnen zu bedenken, wie diese Aussage mit dem vollen Gewicht der Lehre von der Gnade zusammen bestehen kann. Vielleicht wird man letztlich auch gar nicht über ein Paradox hinauskommen, dessen Logik sich vollends nur der Erfahrung eines Lebens aus dem Glauben erschließen wird. Wer sich ihm anvertraut, wird inne, dass es beides gibt: die Radikalität der Gnade, die den ohnmächtigen Menschen befreit, und nicht weniger den bleibenden Ernst der Verantwortung, die den Menschen Tag um Tag fordert. Beides zusammen heißt, dass es für den Christen einerseits die frei machende, gelöste Gelassenheit dessen gibt, der vom Überfluss der göttlichen Gerechtigkeit lebt, die Jesus Christus heißt. Es gibt eine Gelassenheit, die weiß: Ich kann letztlich gar nicht zerstören, was *Er* aufgebaut hat. An sich steht ja der Mensch unter dem furchtbaren Wissen, dass seine Macht, zu zerstören, unendlich größer ist als seine Macht, aufzubauen. Aber dieser gleiche Mensch weiß, dass in Christus die Macht des Aufbauens sich doch als unendlich stärker erwiesen hat. So geht von da eine tiefe Freiheit aus, ein Wissen um die reuelose Liebe Gottes, der, durch alle Verirrungen hindurchschauend, uns gut bleibt. Es wird möglich, furchtlos das eigene Werk zu tun; es hat seine Unheimlichkeit verloren, weil es seine Zerstörungsmacht verloren hat: Der Ausgang der Welt hängt nicht von uns ab; er steht in Gottes Händen. Aber gleichzeitig weiß doch der Christ darum, dass er nun nicht ins Beliebige entlassen ist, dass sein Tun nicht Spielerei ist, die Gott ihm lässt, ohne sie ernst zu nehmen. Er weiß, dass er antworten muss, dass er als Verwalter von Anvertrautem Rechenschaft schuldig ist. Verantwortung gibt es nur da, wo einer ist, der fragt. Dieses Befragtsein unseres Lebens richtet der Gerichtsartikel unüberhörbar vor uns auf. Nichts und niemand ermächtigt uns, den ungeheuren Ernst zu verharmlosen, der über einem solchen Wissen liegt; es weist unser Leben als Ernstfall aus und gibt ihm gerade darin seine Würde.

»Zu richten die Lebendigen und die Toten« – das heißt im Übrigen auch, dass niemand sonst als *Er* im Letzten zu richten hat. Damit ist gesagt, dass das Unrecht der Welt nicht das letzte Wort behält, auch nicht dadurch, dass es in einem allgemeinen Gnadenakt gleichgültig ausgelöscht wird; da ist vielmehr eine letzte Appellationsinstanz, die das Recht wahrt, um so die Liebe vollziehen zu können. Eine Liebe, die das Recht zerstören würde, würde Unrecht schaffen, damit aber nur mehr eine Karikatur von Liebe sein. Wahre Liebe ist Überschuss an Recht, Überfluss über das Recht hinaus, aber nie Zerstörung des Rechts, das die Grundgestalt der Liebe sein und bleiben muss.

Freilich muss man sich auch vor dem gegenteiligen Extrem hüten. Man kann nicht bestreiten, dass der Artikel vom Gericht sich im christlichen Bewusstsein zeitweise zu einer Form entwickelt hat, in der er praktisch zur Zerstörung des vollen Erlösungsglaubens und der Verheißung der Gnade führen musste. Als Beispiel dafür verweist man immer wieder auf den tief gehenden Gegensatz zwischen »Maran atha« und »Dies irae«. Das Urchristentum hat mit seinem Gebetsruf »Unser Herr, komm!« (Maran atha) die Wiederkunft Jesu als ein Ereignis voll Hoffnung und Freude ausgelegt, sich verlangend nach ihm als dem Augenblick der großen Erfüllung ausgestreckt. Für den Christen des Mittelalters hingegen erschien jener Augenblick als der Schrecken erregende »Tag des Zornes« (Dies irae), vor dem der Mensch in Weh und Schrecken vergehen möchte, dem er mit Angst und Grauen entgegenblickt. Die Wiederkunft Christi ist nur noch Gericht, Tag der großen Abrechnung, die einen jeden bedroht. In einer solchen Sicht wird Entscheidendes vergessen; das Christentum erscheint praktisch auf den Moralismus reduziert und wird so jenes Atems der Hoffnung und der Freude beraubt, der seine eigentlichste Lebensäußerung ist.

Vielleicht wird man sagen müssen, dass ein erster Ansatz zu einer solchen Fehlentwicklung, die dann nur noch die Gefährdung der Verantwortung und nicht mehr die Freiheit der Liebe sieht, bereits in unserem Glaubensbekenntnis vorliegt, in dem der Gedanke der Wiederkunft Christi wenigstens dem Wortlaut nach bereits ganz auf den Gerichtsgedanken reduziert sich darbietet: »Von dannen er kommen wird, zu richten die Lebendigen und die Toten«. Freilich, in den Kreisen, in denen das Symbolum geistig beheimatet ist, war das urchristliche Erbe noch durchaus lebendig; man empfand das Wort vom Gericht noch in selbstverständlicher Einheit mit der Botschaft von der Gnade: Die Aussage, dass *Jesus* es ist, der richtet, tauchte von selbst das Gericht zugleich in den Aspekt der Hoffnung. Ich möchte nur auf eine Stelle aus dem so genannten zweiten Clemensbrief verweisen, in der das ganz deutlich wird: »Brüder, so müssen wir über Jesus Christus denken wie über Gott, wie über den, der Lebendige und Tote richtet. Wir dürfen nicht klein denken von unserer Rettung, denn, indem wir von ihm klein denken, denken wir auch von unserer Hoffnung gering«[59].

Hier wird der eigentliche Akzent unseres Textes sichtbar: Es ist nicht einfach – wie man erwarten müsste – Gott, der Unendliche, der Unbekannte, der Ewige, der da richtet. Er hat vielmehr einem das Gericht übergeben, der als Mensch unser Bruder ist. Nicht ein Fremder richtet uns, sondern der, den wir im Glauben kennen. Nicht als der ganz andere wird der Richter uns entgegentreten, sondern als einer der Unsrigen, der das Menschsein von innen kennt und erlitten hat.

So liegt aber von selbst über dem Gericht die Morgenröte der Hoffnung; es ist nicht nur Tag des Zornes, sondern Wiederkehr unseres Herrn. Man fühlt sich erinnert an die gewaltige Christusvision, mit der die Geheime Offenbarung beginnt (1,9–19):

Der Seher sinkt wie tot nieder vor diesem Wesen voll unheimlicher Macht. Aber der Herr legt seine Hand auf ihn und sagt ihm wie einst in den Tagen, da sie bei Wind und Wetter den See Genezareth überquerten: »Fürchte dich nicht, ich bin's« (1,17). Der Herr aller Gewalt ist jener Jesus, dessen Weggefährte der Seher einst im Glauben geworden war. Der Gerichtsartikel des Symbolums überträgt eben diesen Gedanken auf unsere Begegnung mit dem Weltenrichter. Der Christ wird an jenem Tag der Angst mit seligem Erstaunen gewahren dürfen, dass der, »dem alle Gewalt gegeben ist im Himmel und auf Erden« (Mt 28,18), im Glauben der Weggefährte seiner irdischen Tage war, und es ist, als ob er ihm jetzt schon durch die Worte des Symbolums die Hände auflegen und sagen würde: Sei ohne Furcht: ich bin's. Vielleicht kann man das Problem des Ineinander von Gericht und Gnade nicht schöner beantworten, als es so durch den Gedanken geschieht, der im Hintergrund unseres Credo steht.

DRITTER HAUPTTEIL

DER GEIST UND DIE KIRCHE

ERSTES KAPITEL

Die innere Einheit der letzten Aussagen des Symbols

Die Kernaussage im dritten Teil des Symbolums lautet nach dem griechischen Urtext einfach: »Ich glaube an Heiligen Geist«. Es fehlt also der bestimmte Artikel, wie wir ihn aus unserer Übersetzung gewohnt sind. Für die Deutung des ursprünglich Gemeinten ist das sehr wichtig. Denn daraus geht hervor, dass dieser Artikel zunächst eigentlich nicht innertrinitarisch, sondern heilsgeschichtlich verstanden worden ist. Anders ausgedrückt: Der dritte Teil des Symbolums verweist in erster Linie nicht auf den Heiligen Geist als dritte Person in der Gottheit, sondern auf Heiligen Geist als Gabe Gottes an die Geschichte in der Gemeinde derer, die an Christus glauben.

Freilich ist das trinitarische, auf den dreieinigen Gott bezogene Verständnis damit nicht ausgeschlossen. Wir hatten ja bei unseren Eingangsüberlegungen gesehen, dass das ganze Credo aus der dreifachen Tauffrage nach dem Glauben an Vater, Sohn und Geist hervorgewachsen ist, die ihrerseits auf der bei Matthäus bezeugten Taufformel beruht (Mt 28,19). Insofern stellt die älteste Gestalt unseres Bekenntnisses mit seiner Dreigliederung sogar eine der entscheidenden Wurzeln des trinitarischen Gottesbildes dar. Erst die allmähliche Ausweitung der Tauffragen zu einem ausgeführten Symboltext hat die trinitarische Struktur etwas überdeckt. Nun wurde ja, wie wir sahen, als Mittelstück die ganze Geschichte Jesu von der Empfängnis bis zur Wiederkunft eingebaut. Das führte dazu, dass man jetzt den ersten Teil gleichfalls mehr geschichtlich verstand, indem man ihn wesentlich auf die Schöpfungsgeschichte und die vorchristliche Zeit bezog. Damit aber war ein geschichtliches Verständnis des ganzen Textes unausweichlich: Der dritte Teil musste so als Verlängerung der Christusgeschichte in der Gabe des Geistes verstanden werden, also als Hinweis auf die »Endzeit« zwischen Christi Ankunft und Wiederkehr. Mit dieser Entwicklung war freilich nicht die trinitarische Sicht einfach aufgehoben, so wie umgekehrt die Tauffragen nicht von einem geschichtslos-jenseitigen Gott, sondern von dem uns zugewandten Gott handeln wollten. Insofern ist für die ältesten Stadien des christlichen Denkens eine Interferenz von heilsgeschichtlicher Schau und trinitarischer Betrachtung charakteristisch, die erst später zum Nachteil der Sache immer mehr vergessen wurde, sodass es zu einer Zerreißung in theologische Metaphysik einerseits und Geschichtstheologie auf der anderen Seite kam: Beide stehen fortan als zwei völlig verschiedene Dinge nebeneinander, man treibt entweder ontologische Spekulation oder antiphilosophische Theologie der Heilsgeschichte und verliert dabei in einer wahrhaft tragischen Weise die ursprüngliche Einheit des christlichen Denkens. An seinem Ausgangspunkt ist dieses Denken weder bloß »heilsgeschichtlich« noch bloß »metaphysisch« bestimmt, sondern durch die Einheit von Geschichte und Sein geprägt. Darin liegt ein großer Auftrag gerade auch an die heutige theologische Arbeit, die erneut von diesem Dilemma zerrissen ist[1].

Aber lassen wir diese allgemeinen Überlegungen, um konkret zu fragen, was unser Text bedeutet, so wie er jetzt steht. Er spricht, wie wir bereits sahen, nicht vom inneren Leben Gottes, sondern von »Gott nach außen«, vom Heiligen Geist als der Macht, durch die der erhöhte Herr inmitten der Weltgeschichte anwesend bleibt als Prinzip einer neuen Geschichte und einer neuen Welt. Mit dieser Richtung der Aussage ergab sich eine weitere Folge von selbst. Dass hier nicht vom Geist als innergöttlicher Person, sondern als Macht Gottes in der mit der Auferstehung Jesu eröffneten Geschichte die Rede ist, bewirkte, dass im Bewusstsein der Betenden Bekenntnis zum »Geist« und Bekenntnis zur Kirche interferierten. Damit wird im Übrigen nur die vorhin besprochene Interferenz zwischen Trinität und Heilsgeschichte praktisch angewandt. Wiederum muss man es als das Unglück der späteren Entwicklung betrachten, dass diese Interferenz auseinander fiel: Die Lehre von der Kirche wie die Lehre vom Heiligen Geist haben dadurch gleichermaßen Schaden gelitten. Kirche wurde nun nicht mehr pneumatisch-charismatisch, sondern ausschließlich von der Menschwerdung her, allzu irdisch geschlossen verstanden und schließlich ganz von den Machtkategorien weltlichen Denkens her ausgelegt. Auf diese Weise wurde aber auch die Lehre vom Heiligen Geist ortlos; soweit sie nicht in reiner Erbaulichkeit ein kümmerliches Dasein weiterfristete, war sie in die allgemeine Trinitätsspekulation aufgesogen und damit praktisch ohne Funktion für das christliche Bewusstsein. Hier stellt der Text unseres Glaubensbekenntnisses eine ganz konkrete Aufgabe: Die Lehre von der Kirche muss ihren Ausgangspunkt in der Lehre vom Heiligen Geist und seinen Gaben finden. Ihr Ziel aber liegt in einer Lehre von der Geschichte Gottes mit den Menschen bzw. von der Funktion der Christusgeschichte für die Menschheit als ganze. Damit wird zugleich die Richtung deutlich, wohin sich die Christologie entfalten muss: Sie ist nicht als eine Lehre von der Einwurzelung Gottes in der Welt zu betreiben, die vom Menschsein Jesu her Kirche allzu innerweltlich deutet. Christus bleibt gegenwärtig durch den Heiligen Geist mit seiner Offenheit und Weite und Freiheit, die zwar die institutionelle Form keineswegs ausschließt, aber ihren Anspruch begrenzt und nicht gestattet, sich einfach den weltlichen Institutionen gleichförmig zu machen.

Die restlichen Aussagen, die sich im dritten Hauptteil des Symbolums finden, wollen nichts anderes als die Ausfaltungen seines Grundbekenntnisses sein: »Ich glaube an Heiligen Geist«. Diese Entfaltung geschieht in doppelter Richtung. Zunächst in dem Wort von der Gemeinschaft der Heiligen, das zwar nicht zum alten Textbestand des stadtrömischen Symbols gehört, aber doch altkirchliches Gut wiedergibt. Dann folgt das Wort von der Nachlassung der Sünden. Beide Aussagen sind als Konkretisierungen der Rede vom Heiligen Geist zu verstehen, als Darstellungen dessen, wie dieser Geist in der Geschichte wirkt. Beide haben auch eine unmittelbar sakramentale Bedeutung, die uns heute kaum noch bewusst ist. Mit dem Wort von der Gemeinschaft der Heiligen ist nämlich zunächst auf die eucharistische Gemeinschaft verwiesen, welche die über das Erdenrund verstreuten Kirchen vom Leib des Herrn her zu *einer* Kirche verbindet. Das Wort »sanctorum« (»der Heiligen«) ist also ursprünglich nicht auf Personen bezogen, sondern meint die heiligen Gaben, *das* Heilige, das der Kirche in ihrer eucharistischen Feier von Gott als das eigentliche Band der Einheit geschenkt ist. Kirche wird also nicht von ihren Ämtern und von ihrer Organisation her definiert, sondern von ihrem Gottesdienst her: als Tischgemeinschaft um den Auferstandenen, der sie allerorten versammelt und eint. Sehr bald freilich begann man doch auch die Personen mitzudenken, die durch Gottes eine, heilige Gabe selbst untereinander geeint und geheiligt werden. Man fing an, Kirche nicht mehr bloß als Einheit des eucharistischen Tisches zu verstehen, sondern als Gemeinschaft derer, die von diesem Tisch aus auch untereinander eins sind. Von da aus tritt dann sehr bald eine kosmische Weite in den Kirchenbegriff ein: Die Gemeinschaft der Heiligen, von der hier die Rede ist, überschreitet die Todesgrenze; sie verbindet alle jene miteinander, die den einen Geist, seine einige, lebenspendende Macht empfangen haben.

Das Wort von der Vergebung der Sünden zielt demgegenüber auf das andere kirchengründende Sakrament, die Taufe; sehr bald schon entwickelt sich dann daraus auch der Blick auf das Bußsakrament. Zunächst freilich steht die Taufe als das große Sakrament der Vergebung, als der Augenblick der verwandelnden Wende vor Augen. Erst allmählich musste man sich durch eine leidvolle Erfahrung darüber belehren lassen, dass der Christ auch als Getaufter der Vergebung bedürftig ist, sodass immer mehr der erneuerte Sündennachlass des Bußsakraments in den Vordergrund trat, zumal seit die Taufe an den Anfang des Lebens rückte und so aufhörte, Ausdruck aktiver Bekehrung zu sein. Immerhin blieb auch jetzt bestehen, dass man Christ nicht durch Geburt, sondern nur durch Wiedergeburt werden kann: Christsein kommt immer nur dadurch zustande, dass der Mensch sein Dasein herumwendet, sich abwendet von der Selbstzufriedenheit des bloßen Dahinlebens und sich »bekehrt«. In diesem Sinn bleibt die Taufe als Anfang einer lebenslangen Bekehrung das grundlegende Vorzeichen der christlichen Existenz, an das uns das Wort vom »Nachlass der Sünden« erinnern will. Wenn aber Christsein nicht als eine zufällige Gruppenbildung angesehen wird, sondern als Wende ins eigentliche Menschsein hinein, dann besagt dieses Bekenntnis über den Kreis der Getauften hinaus, dass der Mensch nicht zu sich selbst kommt, wenn er sich einfach dem naturhaften Schwergewicht überlässt. Um wahrhaft Mensch zu werden, muss er diesem Schwergewicht entgegentreten, muss er sich wenden: Auch die Wasser seiner Natur steigen nicht von selber nach oben.

Wenn wir alles Bisherige zusammenfassen, können wir feststellen, dass in unserem Bekenntnis die Kirche vom Heiligen Geist her verstanden wird als seine Wirkstätte in der Welt. Konkret wird sie gesehen von den zwei Angelpunkten Taufe (Buße) und Eucharistie her. Dieser sakramentale Ansatz bewirkt ein ganz theozentrisches Verständnis von Kirche: Im Vordergrund steht nicht die Gruppierung von Menschen, die sie ist, sondern die Gabe Gottes, die den Menschen herumwendet auf ein neues Sein zu, das er sich nicht selbst geben kann, auf eine Gemeinschaft zu, die er nur als Geschenk zu empfangen vermag. Und doch ist gerade dieses theozentrische Kirchenbild ganz menschlich, ganz real: Indem es um Bekehrung und Vereinigung kreist und beides als innergeschichtlich unabschließbaren Prozess versteht, deckt es den menschlichen Sinnzusammenhang von Sakrament und Kirche auf. So bringt die »sachliche« Betrachtungsweise (von der Gabe Gottes her) von selbst das personale Element ins Spiel: Das neue Sein der Vergebung führt ins Mitsein mit denen, die von der Vergebung leben; Vergebung stiftet Gemeinschaft, und die Gemeinschaft mit dem Herrn in der Eucharistie führt notwendig zur Gemeinschaft der Bekehrten, die alle ein und dasselbe Brot essen, um darin »ein Leib« (1 Kor 10,17), ja, »ein einziger neuer Mensch« zu werden (vgl. Eph 2,15).

Auch die abschließenden Worte des Symbols, das Bekenntnis zur »Auferstehung des Fleisches« und zum »ewigen Leben«, sind als Ausfaltung des Glaubens an den Heiligen Geist und seine verwandelnde Macht zu verstehen, deren letzte Auswirkung sie schildern. Denn der Ausblick auf die Auferstehung, in den hier das Ganze mündet, folgt notwendig aus dem Glauben an die Verwandlung der Geschichte, die mit der Auferstehung Jesu eröffnet ist. Mit diesem Geschehnis ist, wie wir sahen, die Grenze des Bios, das heißt der Tod, überschritten und ein neuer Zusammenhang eröffnet: Das Biologische ist übergriffen vom Geist, von der Liebe, die stärker ist als der Tod. Damit ist die Todesgrenze grundsätzlich durchbrochen und eine endgültige Zukunft für Mensch und Welt eröffnet. Diese Überzeugung, in der Christusglaube und Bekenntnis zur Macht des Heiligen Geistes ineinander treffen, wird in den letzten Worten des Symbolums ausdrücklich auf unser aller Zukunft angewandt. Der Blick auf das Omega der Weltgeschichte, in dem alles erfüllt sein wird, ergibt sich mit innerer Notwendigkeit aus dem Glauben an den Gott, der selbst im Kreuz das Omega der Welt werden wollte, ihr letzter Buchstabe. Er hat eben damit das Omega zu *seinem* Punkt gemacht, sodass eines Tages definitiv Liebe stärker ist als der Tod und aus der Komplexion des Bios durch die Liebe das endgültig Komplexe, die Endgültigkeit der Person und die Endgültigkeit der Einheit hervortritt, die aus der Liebe kommt. Weil Gott selbst zum Wurm geworden ist, zum letzten Buchstaben im Alphabet der Schöpfung, ist der letzte Buchstabe zu seinem Buchstaben geworden und damit die Geschichte auf den endgültigen Sieg der Liebe ausgerichtet: Das Kreuz ist wirklich die Erlösung der Welt.

ZWEITES KAPITEL

Zwei Hauptfragen des Artikels vom Geist und von der Kirche

Die bisherigen Überlegungen haben versucht, den Reichtum und die Spannweite der letzten Sätze des Glaubensbekenntnisses herauszustellen. Das christliche Menschenbild, das Problem von Sünde und Erlösung klingt darin noch einmal auf; vor allem aber ist in ihnen das Ja zur sakramentalen Idee verankert, die ihrerseits den Kern des Kirchenbegriffs darstellt: Kirche und Sakrament stehen und fallen miteinander; Kirche ohne Sakramente wäre eine leere Organisation, und Sakramente ohne Kirche wären Riten ohne Sinn und inneren Zusammenhang. So ist die eine Hauptfrage, die der letzte Artikel wachruft, diejenige nach der Kirche; das andere große Problem, das er uns aufgibt, ist in dem Wort von der Auferstehung des Fleisches enthalten, das unserem modernen Verstand nicht weniger anstößig ist als dem Spiritualismus der griechischen Welt, wenn auch die Gründe des Anstoßes sich geändert haben. Wir wollen versuchen, zum Abschluss unseres Rundganges durch das Glaubensbekenntnis diese beiden Fragen noch etwas zu erwägen.

1.
»Die heilige, katholische Kirche«

Selbstverständlich kann es nicht unsere Absicht sein, hier eine vollständige Lehre von der Kirche zu entwickeln; wir wollen abseits der einzelnen theologischen Fachfragen nur kurz versuchen, den eigentlichen Anstoß zu erkennen, der uns beim Aussprechen der Formel von der »heiligen, katholischen Kirche« im Wege steht, und uns um die Antwort mühen, die im Text des Bekenntnisses selbst gemeint ist. Dabei bleibt immer vorausgesetzt, was wir vorhin über den geistigen Ort und den inneren Zusammenhang dieser Worte bedacht haben, die einerseits bezogen sind auf das Bekenntnis zum machtvollen Wirken des Heiligen Geistes in der Geschichte und andererseits ausgelegt werden in den Worten von der Sündenvergebung und von der Gemeinschaft der Heiligen, in denen Taufe, Buße und Eucharistie als die Konstruktionspunkte der Kirche, als ihr eigentlicher Inhalt und ihre wahre Existenzweise angegeben sind.

Vielleicht ist vieles von dem, was uns bei dem Bekenntnis zur Kirche stört, schon ausgeräumt, wenn man diesen doppelten Zusammenhang bedenkt. Aber sprechen wir trotzdem aus, was uns heute an dieser Stelle bedrängt. Wir sind doch, wenn wir uns nichts verheimlichen, versucht zu sagen, die Kirche sei weder heilig noch katholisch: Das Zweite Vatikanische Konzil selbst hat sich dazu durchgerungen, nicht mehr bloß von der heiligen, sondern von der sündigen Kirche zu sprechen; wenn man ihm dabei etwas vorwarf, so höchstens dies, dass es noch viel zu zaghaft darin geblieben sei, so stark steht der Eindruck von der Sündigkeit der Kirche in unser aller Bewusstsein. Gewiss mag darin lutherische Sündentheologie und damit auch wieder eine Voraussetzung mitwirken, die aus dogmatischen Vorentscheidungen kommt. Aber was diese »Dogmatik« so einsichtig macht, ist ihr Zusammenklingen mit unserer Erfahrung. Die Jahrhunderte der

Kirchengeschichte sind so erfüllt von allem menschlichen Versagen, dass wir Dantes grauenvolle Vision verstehen können, der im Wagen der Kirche die Babylonische Hure sitzen sah, und dass uns die furchtbaren Worte des Pariser Bischofs Wilhelm von Auvergne (aus dem 13. Jahrhundert) begreiflich scheinen, der meinte, ob der Verwilderung der Kirche müsse jeder, der es sieht, vor Schrecken erstarren. »Braut ist das nicht mehr, sondern ein Untier von furchtbarer Ungestalt und Wildheit ... «[2].

Wie die Heiligkeit, so scheint uns auch die Katholizität der Kirche fragwürdig. Der eine Rock des Herrn ist zerrissen zwischen den streitenden Parteien, die eine Kirche auseinander geteilt in die vielen Kirchen, deren jede mehr oder minder intensiv in Anspruch nimmt, allein im Recht zu sein. Und so ist die Kirche für viele heute zum Haupthindernis des Glaubens geworden. Sie vermögen nur noch das menschliche Machtstreben, das kleinliche Theater derer in ihr zu sehen, die mit ihrer Behauptung, das amtliche Christentum zu verwalten, dem wahren Geist des Christentums am meisten im Wege zu stehen scheinen.

Es gibt keine Theorie, die solche Gedanken der bloßen Vernunft gegenüber zwingend widerlegen könnte, so wie freilich auch umgekehrt diese Gedanken ihrerseits nicht bloß aus der Vernunft, sondern aus einer Bitterkeit des Herzens kommen, das vielleicht in einer hohen Erwartung enttäuscht worden ist und nun in einer gekränkten und verletzten Liebe nur noch die Zerstörung seiner Hoffnung empfindet. Wie sollen wir also antworten? Im Letzten kann man nur ein Bekenntnis ablegen, warum man dennoch diese Kirche im Glauben zu lieben vermag, warum man durch das entstellte Angesicht hindurch immer noch das Antlitz der heiligen Kirche zu erkennen wagt. Aber fangen wir trotzdem von den sachlichen Elementen her an. Das Wort »heilig« ist, wie wir vorhin schon sahen, in allen diesen Aussagen zunächst nicht als Heiligkeit menschlicher Personen gemeint, sondern verweist auf die göttliche Gabe, die Heiligkeit schenkt inmitten der menschlichen Unheiligkeit. »Heilig« wird die Kirche im Symbolum nicht deshalb genannt, weil ihre Glieder samt und sonders heilige, sündenlose Menschen wären – dieser Traum, der in allen Jahrhunderten von neuem auftaucht, hat in der wachen Welt unseres Textes keinen Platz, so bewegend er eine Sehnsucht des Menschen ausdrückt, die ihn nicht verlassen kann, bis nicht wirklich ein neuer Himmel und eine neue Erde ihm schenken, was ihm diese Zeit niemals geben wird. Schon hier werden wir sagen können, dass die härtesten Kritiker der Kirche in unserer Zeit verborgenerweise ebenfalls von jenem Traum leben und, da sie ihn enttäuscht finden, die Türe des Hauses krachend ins Schloss schlagen und es als lügnerisch denunzieren. Aber kehren wir zurück: Die Heiligkeit der Kirche besteht in jener Macht der Heiligung, die Gott in ihr trotz der menschlichen Sündigkeit ausübt. Wir stoßen hier auf das eigentliche Kennzeichen des »Neuen Bundes«: In Christus hat sich Gott selbst an die Menschen gebunden, sich binden lassen durch sie. Der Neue Bund beruht nicht mehr auf der gegenseitigen Einhaltung der Abmachung, sondern er ist von Gott geschenkt als Gnade, die auch gegen die Treulosigkeit des Menschen bestehen bleibt. Er ist der Ausdruck der Liebe Gottes, die sich durch die Unfähigkeit des Menschen nicht besiegen lässt, sondern ihm dennoch und immer wieder von neuem gut ist, die ihn gerade als den sündigen immer wieder annimmt, sich ihm zuwendet, ihn heiligt und ihn liebt.

Aufgrund der nicht mehr zurückgenommenen Hingabe des Herrn ist die Kirche immerfort die von ihm geheiligte, in der die Heiligkeit des *Herrn* anwesend wird unter den Menschen. Aber es ist wahrhaft Heiligkeit des *Herrn*, die da anwesend wird und die sich zum Gefäß ihrer Anwesenheit immer wieder auch und gerade in paradoxer Liebe die schmutzigen Hände der Menschen wählt. Es ist Heiligkeit, die als Heiligkeit Christi aufstrahlt inmitten der Sünde der Kirche. So ist die paradoxe Gestalt der Kirche, in der sich das Göttliche so oft in unwürdigen Händen präsentiert, in der das Göttliche immer nur in der Form des Dennoch anwesend ist, den Gläubigen ein Zeichen für das Dennoch der je größeren Liebe Gottes. Das erregende Ineinander von Treue Gottes und Untreue der Menschen, welches die Struktur der Kirche kennzeichnet, ist gleichsam die dramatische Gestalt der Gnade, durch die die Realität der Gnade als Begnadigung der an sich Unwürdigen fortwährend in der Geschichte anschaulich gegenwärtig wird. Man könnte von da aus geradezu sagen, eben in ihrer paradoxalen Struktur aus Heiligkeit und Unheiligkeit sei die Kirche die Gestalt der Gnade in dieser Welt.

Gehen wir noch einen Schritt weiter. Heiligkeit wird im menschlichen Traum von der heilen Welt als Unberührbarkeit von der Sünde und vom Bösen, unvermischt mit diesem vorgestellt; immer bleibt dabei in irgendeiner Weise ein Schwarz-Weiß-Denken, das die jeweilige Form des Negativen (die freilich sehr verschieden gefasst sein kann) unerbittlich ausscheidet und verwirft. In der heutigen Gesellschaftskritik und in den Aktionen, in denen sie sich entlädt, wird dieser unerbittliche Zug, der menschlichen Idealen immerzu anhaftet, wieder allzu deutlich. Das Anstößige an Christi Heiligkeit war deshalb schon für seine Zeitgenossen die Tatsache, dass ihr diese richtende Note durchaus fehlte – dass weder Feuer über die Unwürdigen fiel noch den Eiferern erlaubt wurde, das Unkraut auszureißen, das sie wuchern sahen. Im Gegenteil, diese Heiligkeit äußerte sich gerade als Vermischung mit den Sündern, die Jesus in seine Nähe zog; als Vermischung bis dahin, dass er selbst »zur Sünde« gemacht wurde, den Fluch des Gesetzes in der Hinrichtung trug – vollendete Schicksalsgemeinschaft mit den Verlorenen (vgl. 2 Kor 5,21; Gal 3,13). Er hat die Sünde an sich gezogen, zu seinem Anteil gemacht und so offenbart, was wahre »Heiligkeit« ist: nicht Absonderung, sondern Vereinigung, nicht Urteil, sondern erlösende Liebe. Ist nicht die Kirche einfach das Fortgehen dieses Sich-Einlassens Gottes in die menschliche Erbärmlichkeit; ist sie nicht einfach das Fortgehen der Tischgemeinschaft Jesu mit den Sündern, seiner Vermischung mit der Not der Sünde, sodass er geradezu in ihr unterzugehen scheint? Offenbart sich nicht in der unheiligen Heiligkeit der Kirche gegenüber der menschlichen Erwartung des Reinen die wahre Heiligkeit Gottes, die Liebe ist, Liebe, die sich nicht in der adeligen Distanz des unberührbar Reinen hält, sondern sich mit dem Schmutz der Welt vermischt, um ihn so zu überwinden? Kann von da aus die Heiligkeit der Kirche etwas anderes sein als das Einander-Tragen, das freilich für alle davon kommt, dass alle von Christus getragen werden?

Ich gestehe es: Für mich hat gerade die unheilige Heiligkeit der Kirche etwas unendlich Tröstendes an sich. Denn müsste man nicht verzagen vor einer Heiligkeit, die makellos wäre und die nur richtend und verbrennend auf uns wirken könnte? Und wer dürfte von sich behaupten, dass er nicht nötig hätte, von den anderen ertragen, ja getragen zu werden? Wie aber kann jemand, der vom Ertragenwerden seitens der anderen lebt, selbst das Ertragen aufkündigen? Ist es nicht die einzige Gegengabe, die er anbieten kann; der einzige Trost, der ihm bleibt, dass er erträgt, so wie auch er ertragen wird? Die Heiligkeit in der Kirche fängt mit dem Ertragen an und führt zum Tragen hin; wo es aber das Ertragen nicht mehr gibt, hört auch das Tragen auf, und die haltlos gewordene Existenz kann nur ins Leere absinken. Man mag ruhig sagen, in solchen Worten drücke sich eine schwächliche Existenz aus – zum Christsein gehört es, die Unmöglichkeit der Autarkie und die Schwachheit des Eigenen anzunehmen. Im Grunde ist immer ein versteckter Stolz wirksam, wo die Kritik an der Kirche jene gallige Bitterkeit annimmt, die heute schon anfängt, zum Jargon zu werden. Leider gesellt sich nur allzu oft eine spirituelle Leere dazu, in der das Eigentliche der Kirche überhaupt nicht mehr gesehen wird, in der sie nur noch wie ein politisches Zweckgebilde betrachtet wird, dessen Organisation man als kläglich oder als brutal empfindet, als ob das Eigentliche der Kirche nicht jenseits der Organisation läge, im Trost des Wortes und der Sakramente, den sie gewährt in guten und in bösen Tagen. Die wirklich Glaubenden messen dem Kampf um die Reorganisation kirchlicher Formen kein allzu großes Gewicht bei. Sie leben von dem, was die Kirche immer ist. Und wenn man wissen will, was Kirche eigentlich sei, muss man zu ihnen gehen. Denn die Kirche ist am meisten nicht dort, wo organisiert, reformiert, regiert wird, sondern in denen, die einfach glauben und in ihr das Geschenk des Glaubens empfangen, das ihnen zum Leben wird. Nur wer erfahren hat, wie über den Wechsel ihrer Diener und ihrer Formen hinweg Kirche die Menschen aufrichtet, ihnen Heimat und Hoffnung gibt, eine Heimat, die Hoffnung ist: Weg zum ewigen Leben – nur wer dies erfahren hat, weiß, was Kirche ist, damals und heute.

Das will nicht sagen, dass man immer alles beim Alten lassen und es so ertragen muss, wie es nun einmal ist. Das Ertragen kann auch ein höchst aktiver Vorgang sein, ein Ringen darum, dass die Kirche immer mehr selbst die tragende und ertragende werde. Die Kirche lebt ja nicht anders als in uns, sie lebt vom Kampf der Unheiligen um die Heiligkeit, so wie freilich dieser Kampf von der Gabe Gottes lebt, ohne die er nicht sein könnte. Aber fruchtbar, aufbauend wird solches Ringen nur, wenn es vom Geist des Ertragens beseelt ist, von der wirklichen Liebe. Und hier sind wir zugleich bei dem Kriterium angelangt, an dem sich jenes kritische Ringen um die bessere Heiligkeit jederzeit messen lassen muss, das dem Ertragen nicht nur nicht widerspricht, sondern von ihm gefordert wird. Dieser Maßstab ist das Aufbauen. Eine Bitterkeit, die nur destruiert, richtet sich selbst. Eine zugeschlagene Tür kann zwar zum Zeichen werden, das die aufrüttelt, die drinnen sind. Aber die Illusion, als ob man in der Isolierung mehr aufbauen könnte als im Miteinander, ist eben eine Illusion genau wie die Vorstellung einer Kirche der »Heiligen« anstatt einer »heiligen Kirche«, die heilig ist, weil der Herr in ihr die Gabe der Heiligkeit schenkt ohne Verdienst[3].

Damit aber sind wir schon bei dem anderen Wort angelangt, mit dem das Credo die Kirche bezeichnet: Es nennt sie »katholisch«. Die Bedeutungsnuancen, die dieses Wort von seinem Ursprung her mit auf den Weg bekommen hat, sind vielfältig. Dennoch lässt sich ein Hauptgedanke von Anfang an als entscheidend belegen: Mit diesem Wort wird in doppeltem Sinn auf die Einheit der Kirche verwiesen, einmal auf die Einheit am Ort – nur die mit dem Bischof einige Gemeinde ist »katholische Kirche«, nicht die Teilgruppen, die sich – aus welchen Gründen auch immer – davon abgesondert haben. Zum andern ist die Einheit der vielen Ortskirchen untereinander damit angesprochen, die sich nicht in sich selbst verkapseln dürfen, sondern nur dadurch Kirche bleiben können, dass sie offen sind aufeinander hin, dass sie im gemeinsamen Zeugnis des Wortes und in der Gemeinsamkeit des eucharistischen Tisches, der allen allerorten offen steht, die eine Kirche bilden. Die »katholische« Kirche wird in den alten Erklärungen des Credo jenen »Kirchen« gegenübergestellt, die nur »jeweils in ihren Provinzen« bestehen[4] und damit dem wahren Wesen der Kirche widerstreiten.

So ist in dem Wort »katholisch« die bischöfliche Struktur der Kirche und die Notwendigkeit der Einheit aller Bischöfe untereinander ausgedrückt; eine Anspielung auf die Kristallisierung dieser Einheit im Bischofssitz zu Rom enthält das Symbolum nicht. Es wäre zweifellos verfehlt, daraus zu schließen, dass ein solcher Orientierungspunkt der Einheit nur eine sekundäre Entwicklung sei. In Rom, wo unser Symbolum entstanden ist, ist dieser Gedanke alsbald schon als Selbstverständlichkeit mitgedacht worden. Richtig ist aber, dass diese Aussage nicht zu den primären Elementen des Kirchenbegriffs zu zählen ist, schon gar nicht als sein eigentlicher Konstruktionspunkt gelten kann. Als die Grundelemente der Kirche erscheinen vielmehr Vergebung, Bekehrung, Buße, eucharistische Gemeinschaft und von ihr her Pluralität und Einheit: Pluralität der Ortskirchen, die aber doch nur Kirche bleiben durch die Einfügung in den Organismus der einen Kirche. Als Inhalt der Einheit haben zunächst Wort und Sakrament zu gelten – die Kirche ist eins durch das eine Wort und das eine Brot. Die bischöfliche Verfassung scheint im Hintergrund als ein Mittel *dieser* Einheit auf. Sie ist nicht um ihrer selbst willen da, sondern gehört der Ordnung der Mittel zu; ihre Stellung ist durch das Wörtchen »um-zu« zu umschreiben: Sie dient der Verwirklichung der Einheit der Ortskirchen in sich und unter sich. Noch einmal ein nächstes Stadium in der Ordnung der Mittel beschriebe dann der Dienst des Bischofs von Rom.

Eines ist klar: Die Kirche ist nicht von ihrer Organisation her zu denken, sondern die Organisation von der Kirche her zu verstehen. Aber zugleich ist deutlich, dass für die sichtbare Kirche die sichtbare Einheit mehr ist als »Organisation«. Die konkrete Einheit des gemeinsamen, im Wort sich bezeugenden Glaubens und des gemeinsamen Tisches Jesu Christi gehört wesentlich zu dem Zeichen, welches die Kirche aufrichten soll in der Welt. Nur als »katholische«, das heißt in der Vielheit dennoch sichtbar eine, entspricht sie der Forderung des Bekenntnisses[5]. Sie soll in der zerrissenen Welt Zeichen und Mittel der Einheit sein, Nationen, Rassen und Klassen überschreiten und vereinen. Wie sehr sie auch darin immer wieder versagt hat, wissen wir: Schon im Altertum fiel es ihr unendlich schwer, Kirche der Barbaren und der Römer in einem zu sein; in der Neuzeit vermochte sie den Streit der christlichen Nationen nicht zu hindern, und heute gelingt es ihr noch immer nicht, Reiche und Arme so zu verbinden, dass der Überfluss der einen zur Sättigung der anderen wird – das Zeichen der Tischgemeinschaft bleibt weithin unerfüllt. Und trotzdem darf man auch hier nicht verkennen, was der Anspruch der Katholizität immer wieder an Imperativen aus sich entlassen hat;

vor allem aber sollten wir, statt mit der Vergangenheit abzurechnen, uns dem Ruf der Gegenwart stellen und in ihr versuchen, Katholizität nicht nur im Credo zu bekennen, sondern im Leben unserer zerrissenen Welt zu verwirklichen.

2.
»Auferstehung des Fleisches«

a) Der Inhalt der neutestamentlichen Auferstehungshoffnung[6]. Vor dem Artikel von der Auferstehung des Fleisches befinden wir uns in einem eigentümlichen Dilemma. Wir haben die Unteilbarkeit des Menschen neu entdeckt; wir leben mit einer neuen Intensität unsere Leibhaftigkeit und erfahren sie als unerlässliche Verwirklichungsweise des einen Seins des Menschen. Wir können von da aus die biblische Botschaft neu verstehen, die nicht einer abgetrennten Seele Unsterblichkeit verheißt, sondern dem ganzen Menschen. Aus einem solchen Empfinden heraus hat sich in unserem Jahrhundert vor allem die evangelische Theologie nachdrücklich gegen die griechische Lehre von der Unsterblichkeit der Seele gewandt, die man zu Unrecht auch als christlichen Gedanken ansehe. In Wahrheit drücke sich darin ein durchaus unchristlicher Dualismus aus; der christliche Glaube wisse allein von der Auferweckung der Toten durch Gottes Macht. Aber hier stellen sich sofort die Bedenken ein: Mag die griechische Unsterblichkeitslehre problematisch sein, ist denn die biblische Aussage nicht noch viel unvollziehbarer für uns? Einheit des Menschen, schön, aber wer vermag sich schon von unserem heutigen Weltbild her eine Auferstehung des Leibes vorzustellen? Diese Auferstehung schlösse ja – so scheint es jedenfalls – einen neuen Himmel und eine neue Erde mit ein, sie verlangte unsterbliche, nahrungslose Körper, einen völlig veränderten Zustand der Materie. Aber ist dies nicht alles völlig absurd, unserem Verständnis der Materie und ihrer Verhaltensweisen durchaus entgegen und somit heillos mythologisch?

Nun, ich denke, dass man zu einer Antwort tatsächlich nur kommen kann, wenn man sorgfältig nach den eigentlichen Intentionen der biblischen Aussage fragt und dabei auch das Verhältnis der biblischen und der griechischen Vorstellungen neu bedenkt. Denn deren Aufeinandertreffen hat beide Auffassungen umgeprägt und damit die ursprünglichen Intentionen des einen wie des anderen Weges überdeckt in einer neuen Gesamtansicht, die wir vorerst wieder abtragen müssen, wenn wir an den Anfang zurückfinden wollen. Die Hoffnung auf die Auferweckung der Toten stellt zunächst einfach die Grundform der biblischen Unsterblichkeitshoffnung dar; sie erscheint im Neuen Testament nicht eigentlich als ergänzende Idee zu einer vorausgehenden und davon unabhängigen Unsterblichkeit der Seele, sondern als die wesentliche Grundaussage über das Geschick des Menschen. Freilich gab es schon vom Spätjüdischen her Ansätze zu einer Unsterblichkeitslehre griechischer Prägung, und dies wird einer der Gründe sein, weshalb man sehr bald den umfassenden Anspruch des Auferstehungsgedankens in der griechisch-römischen Welt nicht mehr begriff. Vielmehr wurden nun die griechische Vorstellung von der Unsterblichkeit der Seele und die biblische Botschaft von der Auferweckung der Toten als eine je halbe Antwort auf die Frage nach dem ewigen Geschick des Menschen betrachtet und beides additiv zueinander gefügt. Dem schon gegebenen griechischen Vorwissen um die Unsterblichkeit der Seele füge die Bibel noch die Offenbarung hinzu, dass am Ende der Tage auch die Körper auferweckt würden, um fortan auf immer das Geschick der Seele – Verwerfung oder Seligkeit – zu teilen.

Demgegenüber werden wir festhalten müssen, dass es sich ursprünglich nicht eigentlich um zwei komplementäre Vorstellungen handelte; vielmehr stehen wir vor zwei verschiedenen Gesamtanschauungen, die man gar nicht einfach addieren kann:

Das Menschenbild, das Gottesbild und das Bild von der Zukunft ist jeweils durchaus verschieden, und so kann man im Grunde jede der beiden Ansichten nur als Versuch einer Totalantwort auf die Frage nach dem menschlichen Geschick verstehen. Der griechischen Auffassung liegt die Vorstellung zugrunde, im Menschen seien zwei an sich einander fremde Substanzen zusammengefügt, von denen die eine (der Körper) zerfällt, während die andere (die Seele) von sich aus unvergänglich ist und daher aus sich, unabhängig von irgendwelchen anderen Wesen, weiterbesteht. Ja, in der Trennung von dem ihr wesensfremden Körper käme die Seele erst zu ihrer vollen Eigentlichkeit. Der biblische Gedankengang setzt dem gegenüber die ungeteilte Einheit des Menschen voraus; die Schrift kennt beispielsweise kein Wort, das nur den Körper (abgetrennt und unterschieden von der Seele) bezeichnen würde, umgekehrt bedeutet auch das Wort Seele in den allermeisten Fällen den ganzen leibhaftig existierenden Menschen; die wenigen Stellen, in denen sich eine andere Sicht abzeichnet, bleiben in einer gewissen Schwebe zwischen griechischem und hebräischem Denken und geben jedenfalls die alte Sicht keineswegs auf. Die Auferweckung der Toten (nicht der Körper!), von der die Schrift redet, handelt demgemäß vom Heil des *einen*, ungeteilten Menschen, nicht nur vom Schicksal einer (womöglich noch sekundären) Hälfte des Menschen. Damit ist nun auch schon klar, dass der eigentliche Kern des Auferstehungsglaubens gar nicht in der Idee der Rückgabe der Körper besteht, auf die wir ihn aber in unserem Denken reduziert haben; das gilt, obwohl diese Bildvorstellung in der Bibel durchgehend verwendet wird. Aber was ist dann der eigentliche Inhalt dessen, was die Bibel mit der Chiffre von der Auferstehung der Toten den Menschen als ihre Hoffnung ankündigen will? Ich denke, man kann dieses Eigentliche am ehesten in der Gegenüberstellung zur dualistischen Konzeption der antiken Philosophie heraus arbeiten:

1. Die Unsterblichkeitsidee, welche die Bibel mit dem Wort von der Auferstehung ansagt, meint eine Unsterblichkeit der »Person«, des *einen* Gebildes Mensch. Während im Griechischen das typische Wesen Mensch ein Zerfallsprodukt ist, das als solches nicht weiterlebt, sondern seiner heterogenen Artung aus Leib und Seele gemäß zwei verschiedene Wege geht, ist es nach biblischem Glauben gerade dies Wesen Mensch, das als solches, wenn auch verwandelt, fortbesteht.

2. Es handelt sich um eine »dialogische« Unsterblichkeit (= Auf*erweckung*!); das heißt, Unsterblichkeit ergibt sich nicht einfach aus der Selbstverständlichkeit des Nicht-sterben-Könnens des Unteilbaren, sondern aus der rettenden Tat des Liebenden, der die Macht dazu hat: Der Mensch kann deshalb nicht mehr total untergehen, weil er von Gott gekannt und geliebt ist. Wenn alle Liebe Ewigkeit will – Gottes Liebe will sie nicht nur, sondern wirkt und ist sie. Tatsächlich ist der biblische Auferweckungsgedanke unmittelbar aus diesem dialogischen Motiv erwachsen: Der Beter weiß im Glauben, dass Gott das Recht herstellen wird (Job 19,25 ff; Ps 73,23 ff); der Glaube ist überzeugt, dass diejenigen, die um der Sache Gottes willen gelitten haben, auch an der Einlösung der Verheißung Anteil erhalten werden (2 Makk 7,9 ff). Weil biblisch vorgestellte Unsterblichkeit nicht aus der Eigenmacht des von sich aus Unzerstörbaren hervorgeht, sondern aus dem Einbezogensein in den Dialog mit dem Schöpfer, *darum* muss sie Auferweckung heißen. Weil der Schöpfer nicht bloß die Seele, sondern den inmitten der Leibhaftigkeit der Geschichte sich realisierenden Menschen meint und *ihm* Unsterblichkeit gibt, muss sie Auferweckung der Toten = der Menschen heißen. Hier ist anzumerken, dass auch bei der Formel unseres Symbolums, welches von der »Auferstehung des Fleisches« spricht, das Wort »Fleisch« soviel wie »Menschenwelt« bedeutet (im Sinn biblischer Ausdrucksweise, etwa: »Alles *Fleisch* wird schauen Gottes Heil« usw.); auch hier ist das Wort nicht im Sinn einer von der Seele isolierten Körperlichkeit gemeint.

3. Dass die Auferweckung am »Jüngsten Tage«, am Ende der Geschichte, und in der Gemeinschaft aller Menschen erwartet wird, zeigt den mitmenschlichen Charakter der menschlichen Unsterblichkeit an, die in Beziehung steht zur gesamten Menschheit, von der, zu der hin und mit der der Einzelne gelebt hat und daher selig oder unselig wird. Im Grunde ergibt sich dieser Zusammenhang aus dem gesamtmenschlichen Charakter der biblischen Unsterblichkeitsidee von selbst. Der griechisch gedachten Seele ist der Leib und so auch die Geschichte durchaus äußerlich, sie existiert davon losgelöst weiter und bedarf dazu keines anderen Wesens. Für den als Einheit verstandenen Menschen ist demgegenüber die Mitmenschlichkeit konstitutiv; soll *er* weiterleben, dann kann diese Dimension nicht ausgeschlossen sein. So erscheint vom biblischen Grundansatz her die viel verhandelte Frage, ob es nach dem Tod eine Gemeinschaft der Menschen untereinander geben kann, als gelöst; sie konnte im Grunde nur durch ein Überwiegen des griechischen Elements im gedanklichen Ansatz aufkommen: Wo die »Gemeinschaft der Heiligen« geglaubt wird, ist die Idee der Anima separata (der »losgetrennten Seele«, von der die Schultheologie spricht) im Letzten überholt.

Im vollen Umfang wurden alle diese Gedanken erst möglich in der neutestamentlichen Konkretisierung der biblischen Hoffnung – das Alte Testament allein lässt die Frage nach der Zukunft des Menschen letztlich doch in der Schwebe. Erst mit Christus, dem Menschen, der »mit dem Vater eins ist«, dem Menschen, durch den das Wesen Mensch eingetreten ist in Gottes Ewigkeit, zeigt sich definitiv die Zukunft des Menschen offen. Erst in ihm, dem »Zweiten Adam«, rundet sich die Frage, die der Mensch selber ist, zur Antwort. Christus ist Mensch, ganz und gar; insofern ist in ihm die Frage anwesend, die wir Menschen sind. Aber er ist zugleich Anrede Gottes an uns, »Wort Gottes«. Das Gespräch zwischen Gott und Mensch, das seit Anfang der Geschichte hin und her geht, ist in ihm in ein neues Stadium getreten: In ihm ist das Wort Gottes »Fleisch« geworden, real eingelassen in unsere Existenz. Wenn aber der Dialog Gottes mit dem Menschen Leben bedeutet, wenn wahr ist, dass der Dialogpartner Gottes eben durch sein Angesprochensein durch den, der ewig lebt, selbst Leben hat, dann bedeutet dies, dass Christus als die Rede Gottes an uns selber »die Auferstehung und das Leben« ist (Jo 11,25). Das bedeutet dann weiterhin, dass das Eintreten in Christus, das heißt der Glaube, in qualifiziertem Sinn ein Eintreten in jenes Gekanntsein und Geliebtsein von Gott her wird, welches Unsterblichkeit ist: »Wer an den Sohn glaubt, *hat* ewiges Leben« (Jo 3,15 f; 3,36; 5,24). Nur von da aus ist die Gedankenwelt des vierten Evangelisten zu verstehen, der in seiner Darstellung der Lazarus-Geschichte dem Leser begreiflich machen will, dass Auferstehen nicht bloß ein fernes Geschehen am Ende der Tage ist, sondern durch den Glauben jetzt geschieht. Wer glaubt, steht in dem Gespräch mit Gott, das Leben ist und den Tod überdauert. Damit fallen nun auch die »dialogische«, unmittelbar auf Gott bezogene, und die mitmenschliche Linie des biblischen Unsterblichkeitsgedankens ineinander. Denn in Christus, dem Menschen, treffen wir Gott; in ihm treffen wir aber auch auf die Gemeinschaft der anderen, deren Weg zu Gott durch ihn und so zueinander läuft. Die Orientierung auf Gott ist in ihm zugleich die Orientierung in die Gemeinschaft der Menschheit hinein, und nur die Annahme dieser Gemeinschaft ist Zugehen auf Gott, den es nicht abseits Christi und so auch nicht abseits des Zusammenhangs der ganzen menschlichen Geschichte und ihres mitmenschlichen Auftrags gibt.

Damit klärt sich auch die in der Väterzeit und wieder seit Luther viel bedachte Frage des »Zwischenzustandes« zwischen Tod und Auferstehung: Das im Glauben eröffnete Mit-Christus-Sein ist begonnenes Auferstehungsleben und daher den Tod überdauernd (Phil 1,23; 2 Kor 5,8; 1 Thess 5,10). Der Dialog des Glaubens ist jetzt schon Leben, das durch den Tod nicht mehr zerbrochen werden kann. Die von lutherischen Theologen immer wieder erwogene und neuerdings auch vom holländischen Katechismus ins Spiel gebrachte Idee des Todesschlafes ist daher vom Neuen Testament her nicht zu halten und auch nicht durch das mehrfache Vorkommen des Wortes »schlafen« im Neuen Testament zu rechtfertigen: Der geistige Duktus des Neuen Testaments steht einer solchen Auslegung grundsätzlich und in allen Schriften im Weg, die übrigens auch von dem im Spätjudentum erreichten Denken über das Leben nach dem Tode aus kaum noch zu verstehen wäre.

b) Die wesentliche Unsterblichkeit des Menschen. Mit den bisherigen Überlegungen dürfte einigermaßen deutlich geworden sein, worum es in der biblischen Auferstehungsverkündigung eigentlich geht: Ihr wesentlicher Gehalt ist nicht die Vorstellung von einer Rückgabe der Körper an die Seelen nach einer langen Zwischenzeit, sondern ihr Sinn ist, den Menschen zu sagen, dass sie, sie selbst, weiterleben; nicht aus eigener Macht, sondern weil sie in einer Weise von Gott gekannt und geliebt sind, dass sie nicht mehr untergehen können. Gegenüber der dualistischen Unsterblichkeitskonzeption, wie sie sich in der griechischen Leib-Seele-Schematik ausspricht, will die biblische Formel von der Unsterblichkeit durch Auferweckung eine ganzmenschliche und dialogische Vorstellung von der Unsterblichkeit vermitteln: Das Wesentliche des Menschen, die Person, bleibt; das, was in dieser irdischen Existenz leibhaftiger Geistigkeit und durchgeisteter Leiblichkeit gereift ist, das besteht auf eine andere Weise fort. Es besteht fort, weil es in Gottes Gedächtnis lebt. Und weil es der Mensch selbst ist, der leben wird, nicht eine isolierte Seele, darum gehört das mitmenschliche Element mit in die Zukunft hinein; darum wird die Zukunft des einzelnen Menschen erst dann voll sein, wenn die Zukunft der Menschheit erfüllt ist.

Nun drängt sich hier eine Reihe von Fragen auf. Die erste lautet: Ist Unsterblichkeit damit nicht zu einer puren Gnade gemacht, obgleich sie doch in Wahrheit dem Wesen des Menschen als Menschen zukommen muss? Oder anders ausgedrückt: Landet man hier nicht am Ende bei einer Unsterblichkeit allein für die Frommen, also in einer Zerteilung des menschlichen Schicksals, die unannehmbar ist? Wird hier nicht, theologisch gesprochen, die natürliche Unsterblichkeit des Wesens Mensch mit dem übernatürlichen Geschenk der ewigen Liebe verwechselt, die den Menschen selig macht? Muss nicht gerade um der Menschlichkeit des Glaubens willen an der natürlichen Unsterblichkeit festgehalten werden, weil eine rein christologisch aufgefasste Fortexistenz des Menschen notwendig ins Mirakelhafte und Mythologische abgleiten würde? Diese letzte Frage kann man ohne Zweifel nur bejahend beantworten. Aber das widerspricht auch unserem Ansatz keineswegs. Auch von ihm her wird man mit Entschiedenheit sagen müssen: Die Unsterblichkeit, die wir eben ihres dialogischen Charakters wegen als »Auferweckung« benannt haben, kommt dem Menschen als Menschen, *jedem* Menschen, zu und ist nichts sekundär hinzugefügtes »Übernatürliches«. Aber man muss doch weiter fragen: Was macht eigentlich den Menschen zum Menschen? Und was ist das definitiv Unterscheidende des Menschen? Darauf werden wir antworten müssen: Das Unterscheidende des Menschen ist, von oben gesehen, sein Angesprochensein von Gott, dies also, dass er Dialogpartner Gottes ist, das von Gott gerufene Wesen. Von unten gesehen bedeutet das, dass der Mensch jenes Wesen ist, das Gott denken kann, das auf Transzendenz geöffnet ist. Nicht ob er Gott wirklich denkt, sich wirklich auf ihn hin öffnet, ist hier die Frage, sondern dass er grundsätzlich jenes Wesen ist, das dazu an sich befähigt ist, auch wenn es faktisch, aus welchen Gründen auch immer, diese Fähigkeit vielleicht nie zu verwirklichen vermag.

Nun könnte man sagen: Aber ist denn nicht viel einfacher das Unterscheidende des Menschen darin zu sehen, dass er eine geistige, unsterbliche Seele hat? Diese Antwort ist richtig, aber wir bemühen uns eben, ihren konkreten Sinn ans Licht zu bringen. Beides widerspricht sich gar nicht, sondern drückt nur in verschiedenen Denkformen das Gleiche aus. Denn »eine geistige Seele haben« heißt gerade: besonderes Gewolltsein, besonderes Gekanntsein und Geliebtsein von Gott; eine geistige Seele haben heißt: ein Wesen sein, das von Gott auf ewigen Dialog hin gerufen und darum seinerseits fähig ist, Gott zu erkennen und ihm zu antworten. Was wir in einer mehr substantialistischen Sprache »Seele haben« nennen, werden wir in einer mehr geschichtlichen, aktualen Sprache bezeichnen »Dialogpartner Gottes sein«. Damit ist nicht gesagt, dass die Redeweise von der Seele falsch sei (wie ein einseitiger und unkritischer Biblizismus heute gelegentlich behauptet); sie ist in gewisser Hinsicht sogar notwendig, um das Ganze dessen zu sagen, worum es hier geht. Aber sie ist andererseits auch ergänzungsbedürftig, wenn man nicht in eine dualistische Konzeption zurückfallen will, die der dialogischen und personalistischen Sicht der Bibel nicht gerecht werden kann.

Wenn wir also sagen, dass des Menschen Unsterblichkeit in seiner dialogischen Verwiesenheit auf Gott hin gründet, dessen Liebe allein Ewigkeit gibt, so ist darin nicht ein Sondergeschick der Frommen angesprochen, sondern die wesentliche Unsterblichkeit des Menschen als Menschen herausgestellt. Nach unseren letzten Überlegungen ist es durchaus möglich, den Gedanken auch von der Leib-Seele-Schematik her zu entwickeln; deren Bedeutung, ja vielleicht Unerlässlichkeit besteht darin, dass sie diesen wesenhaften Charakter der menschlichen Unsterblichkeit herausstellt. Aber sie muss doch auch immer wieder in die biblische Perspektive gerückt und von ihr her korrigiert werden, um jener Sicht dienstbar zu bleiben, die vom Glauben auf die Zukunft des Menschen hin eröffnet worden ist. Im Übrigen wird an dieser

Stelle wieder einmal sichtbar, dass man im Letzten nicht reinlich zwischen »natürlich« und »übernatürlich« scheiden kann: Der Grunddialog, der den Menschen allererst als Menschen konstituiert, geht bruchlos über in den Gnadendialog, der Jesus Christus heißt. Wie könnte es auch anders sein, wenn Christus wirklich der »Zweite Adam«, die eigentliche Erfüllung jener unendlichen Sehnsucht ist, die aus dem ersten Adam – aus dem Menschen überhaupt – aufsteigt?

c) Die Frage des Auferstehungsleibes. Noch sind wir mit unseren Fragen nicht am Ende. Gibt es eigentlich, wenn es so steht, einen Auferstehungsleib, oder zieht sich das Ganze auf eine bloße Chiffre für die Unsterblichkeit der Person zusammen? Das ist das Problem, das noch unser wartet. Es ist kein neues Problem; schon Paulus wurde von den Korinthern mit Fragen dieser Art bestürmt, wie uns das fünfzehnte Kapitel des ersten Korintherbriefes zeigt, in dem der Apostel versucht, darauf zu antworten, soweit das in diesem Punkt, jenseits der Grenzen unseres Vorstellens und der uns zugänglichen Welt, überhaupt geschehen kann. viele der Bilder, die Paulus dabei verwendet, sind uns fremd geworden; seine Antwort als ganze ist noch immer das Großzügigste, Kühnste und Überzeugendste, das zu dieser Sache gesagt worden ist.

Gehen wir aus von dem Vers 50, der mir eine Art Schlüssel zu dem Ganzen zu sein scheint: »Das aber sage ich, Brüder, dass Fleisch und Blut das Reich Gottes nicht erben können und dass Vergängliches nicht zu Unvergänglichkeit kommt«. Mir scheint, dass dieser Satz in unserem Text ungefähr die gleiche Stelle einnimmt, die in dem eucharistischen Kapitel 6 des Johannesevangeliums dem Vers 63 zukommt, wie denn überhaupt diese beiden scheinbar so weit auseinander liegenden Texte viel näher verwandt sind, als der erste Zublick erkennen kann. Dort, bei Johannes, heißt es, nachdem eben in aller Schärfe die reale Anwesenheit von Fleisch und Blut Jesu in der Eucharistie betont worden war: »Der Geist ist's, der lebendig macht, das Fleisch nützt nichts«. In dem johanneischen wie in dem paulinischen Text geht es darum, den christlichen Realismus des »Fleisches« zu entwickeln. Bei Johannes wird der Realismus der Sakramente, das heißt der Realismus der Auferstehung Jesu und seines uns von daher zukommenden »Fleisches«, herausgestellt; bei Paulus geht es um den Realismus der Auferstehung des »Fleisches«, der Auferstehung der Christen und des darin für uns verwirklichten Heils. Aber in beiden Kapiteln wird auch ein scharfer Kontrapunkt gesetzt, der gegenüber einem bloß innerweltlichen, quasi-physikalischen Realismus den christlichen Realismus als Realismus jenseits der Physik, als Realismus des Heiligen Geistes herausstellt.

Hier versagt unsere deutsche Sprache gegenüber der Hintergründigkeit des biblischen Griechisch. In ihm besagt das Wort Soma so viel wie Leib, aber zugleich auch so viel wie das Selbst. Und dieses Soma kann »Sarx«, das heißt Leib in der irdisch-geschichtlichen, also in der chemisch-physikalischen Weise sein, es kann aber auch »Pneuma« sein – »Geist« müsste man hier nach den Lexika übersetzen; in Wirklichkeit soll das besagen: Das Selbst, das jetzt in einem chemisch-physikalisch fassbaren Leib erscheint, kann wiederum, definitiv, erscheinen in der Weise einer transphysikalischen Wirklichkeit. »Leib« und »Geist« sind in der Sprache des Paulus keine Gegensätze, sondern die Gegensätze heißen »Fleischesleib« und »Leib in der Weise des Geistes«. Wir brauchen nicht zu versuchen, hier die komplizierten historischen und philosophischen Probleme zu verfolgen, die damit gestellt sind. Eins dürfte auf jeden Fall klar sein: Sowohl Johannes (6,63) wie Paulus (1 Kor 15,50) machen mit allem Nachdruck deutlich, dass die »Auferstehung des Fleisches«, die »Auferstehung der *Leiber*« nicht eine »Auferstehung der *Körper*« ist. Der paulinische Entwurf ist so, von heutigem Denken her gesprochen, weit weniger naiv als die spätere theologische Gelehrsamkeit mit ihren subtilen Konstruktionen über die Frage, wie es ewige Körper geben könne. Paulus lehrt, um es noch einmal zu sagen, nicht die Auferstehung der Körper, sondern der Personen, und dies gerade nicht in der Wiederkehr der »Fleischesleiber«, das heißt der biologischen Gebilde, die er ausdrücklich als unmöglich bezeichnet (»das Vergängliche kann nicht unvergänglich werden«), sondern in der Andersartigkeit des Lebens der Auferstehung, wie es im auferstandenen Herrn vorgebildet ist.

Aber hat dann die Auferstehung überhaupt keine Beziehung zur Materie? Und wird der »Jüngste Tag« damit völlig gegenstandslos zugunsten des Lebens, das aus dem Ruf Gottes immer kommt? Auf diese letzte Frage haben wir im Grunde mit unseren Überlegungen zur Wiederkunft Christi die Antwort schon gegeben. Wenn der Kosmos Geschichte ist und wenn die Materie ein Moment an der Geschichte des Geistes darstellt, dann gibt es nicht ein ewiges neutrales Nebeneinander von Materie und Geist, sondern eine letzte »Komplexität«, in der die Welt ihr Omega und ihre Einheit findet. Dann gibt es einen letzten Zusammenhang zwischen Materie und Geist, in dem sich das Geschick des Menschen und der Welt vollendet, auch wenn wir heute unmöglich die Art dieses Zusammenhanges definieren können. Dann gibt es einen »Jüngsten Tag«, in dem das Geschick der Einzelmenschen voll wird, weil das Geschick der Menschheit erfüllt ist.

Das Ziel des Christen ist nicht eine private Seligkeit, sondern das Ganze. Er glaubt an Christus, und er glaubt darum an die Zukunft der Welt, nicht bloß an seine Zukunft. Er weiß, dass diese Zukunft mehr ist, als er selbst erschaffen kann. Er weiß, dass es einen Sinn gibt, den er gar nicht zu zerstören vermag. Aber soll er darum die Hände in den Schoß legen? Im Gegenteil – weil er weiß, dass es Sinn gibt, darum kann er und muss er freudig und unverzagt das Werk der Geschichte tun, auch wenn er von seinem kleinen Ausschnitt her das Gefühl haben wird, es bleibe eine Sisyphusarbeit und der Stein des menschlichen Geschicks werde nur immer neu, Generation um Generation, nach oben gerollt, um ebenso neu immer wieder zu entgleiten und alle Bemühungen von vorher zuschanden zu machen. Wer glaubt, weiß, dass es »vorwärts« geht, nicht im Kreis. Wer glaubt, weiß, dass die Geschichte nicht dem Teppich der Penelope gleicht, der immer von neuem gewoben wird, um immer von neuem aufgetrennt zu werden. Vielleicht werden auch den Christen die Alpträume der Furcht vor der Vergeblichkeit überfallen, aus denen heraus die vorchristliche Welt solche bewegenden Bilder der Angst vor der Fruchtlosigkeit menschlichen Tuns geschaffen hat. Aber in seinen Alptraum dringt rettend und verwandelnd die Stimme der Wirklichkeit: »Habt Mut, ich habe die Welt überwunden« (Jo 16,33). Die neue Welt, mit deren Darstellung im Bild des endgültigen Jerusalem die Bibel schließt, ist keine Utopie, sondern Gewissheit, der wir im Glauben entgegengehen. Es gibt eine Erlösung der Welt – das ist die Zuversicht, die den Christen trägt und die es ihm auch heute noch lohnend macht, ein Christ zu sein.

ANHANG

ANMERKUNGEN

Einführung: »Ich glaube – Amen«

1 *H. Cox*, Stadt ohne Gott?, Stuttgart-Berlin ^{2}1967, 265.

2 Vgl. den informativen Überblick, den die Herderkorrespondenz 7 (1962/3), 561–565 unter dem Titel »Die echten Texte der kleinen heiligen Therese« bot (die hier angeführten Zitate dort S. 564). Zugrunde liegt dabei hauptsächlich der Artikel von *M. Morée*, La table des pécheurs, in: Dieu vivant Nr. 24, 13–104. *Morée* bezieht sich dabei vor allem auf die Untersuchungen und Editionen von *A. Combes*, vgl. besonders Le problème de l' »Histoire d'une âme« et des oeuvres complètes de Ste. Thérèse de Lisieux, Paris 1950. Weitere Literatur: *A. Combes*, Theresia von Lisieux, in: Lexikon für Theologie und Kirche (^{2}LThK) X, 102–104.

3 Das erinnert auffällig an den für die frühchristliche Kreuzestheologie so wichtig gewordenen Text aus Weish 10,4: »Den ... überschwemmten Erdkreis hat die Weisheit gerettet, indem sie auf geringwertigem Holz den Gerechten steuerte«. Zur Auswertung dieses Textes in der Vätertheologie vgl. *H. Rahner*, Symbole der Kirche, Salzburg 1964, 504–547.

4 Nach der Übersetzung von *H. U. von Balthasar*, Salzburg 1953, 16.

5 *M. Buber*, Werke III, München-Heidelberg 1963, 348.

6 Bezeichnend dafür erscheint mir ein Zeitungsinserat, das ich kürzlich las: »Sie wollen doch nicht Tradition kaufen, sondern rationellen Fortschritt«. In diesem Zusammenhang muß auf die eigentümliche Tatsache hingewiesen werden, daß die katholische Theologie bei ihrer Reflexion über den Traditionsbegriff seit etwa einem Jahrhundert immer stärker dahin tendiert, Tradition stillschweigend mit Fortschritt gleichzusetzen, beziehungsweise die Traditionsidee in die Fortschrittsidee umzuinterpretieren, indem sie Tradition nicht mehr als das feststehende Überlieferungsgut des Anfangs, sondern als die vorwärtstreibende Kraft des Glaubenssinnes versteht; vgl. *J. Ratzinger*, Tradition, in: ^{2}LThK X, 293–299; ders., Kommentar zur Offenbarungskonstitution, in: ^{2}LThK, Ergänzungsband II, 498 ff und 515–528.

7 Θεὸν οὐδεὶς ἑώρακεν πώποτε· μονογενὴς θεὸς...ἐξηγήσατο.

8 1 Jo 1,1–3

9 Im vollen Umfang gilt diese Aussage freilich erst für das christliche Denken, das mit der Idee der creatio ex nihilo auch die Materie auf Gott zurückführt, die für die Antike das A-logische, der dem Göttlichen fremde Weltstoff, blieb, der damit auch die Grenze der Verstehbarkeit des Wirklichen markiert.

10 Zum historischen Material siehe den Überblick bei *K. Löwith*, Weltgeschichte und Heilsgeschehen, Stuttgart [3]1953, 109–128, sowie das demnächst erscheinende Werk von *N. Schiffers*, Anfragen der Physik an die Theologie, Düsseldorf 1968.

11 *N. Schiffers*, a.a.O.

12 *K. Löwith*, a.a.O., 38. Über den Umbruch in der Mitte des 19. Jahrhunderts siehe auch die lehrreiche Untersuchung von *J. Dörmann*, War J. J. Bachofen Evolutionist?, in: Anthropos 60 (1965), 1–48.

13 Vgl. *H. Freyer*, Theorie des gegenwärtigen Zeitalters, Stuttgart 1958, besonders 15–78.

14 Symptomatisch dafür das auf S. 345, Anm. 1 genannte Werk von *H. Cox* sowie die neuerdings in Mode kommende »Theologie der Revolution«; vgl. dazu *T. Rendtorff – H. E. Tödt*, Theologie der Revolution. Analysen und Materialien, Frankfurt 1968. Eine Tendenz in dieser Richtung auch bei *J. Moltmann*, Theologie der Hoffnung, München 1964, [5]1966 und bei *J. B. Metz*, Zur Theologie der Welt, Mainz-München 1968.

15 Das griechische Wort Logos stellt in seiner Sinnweite eine gewisse Entsprechung zu der hebräischen Wurzel 'mn (»Amen«) dar: Wort, Sinn, Vernunft, Wahrheit sind in seiner Bedeutungsbreite eingeschlossen.

16 Man kann in diesem Zusammenhang auf die bedeutsame Perikope Apg 16,6–10 verweisen (der Heilige Geist hindert Paulus, in Asien zu verkündigen, der Geist Jesu lässt ihn nicht nach Bithynien reisen; dazu die Vision mit dem Ruf Makedoniens »Komm herüber und hilf uns«). Dieser geheimnisvolle Text dürfte doch wohl so etwas wie einen ersten »geschichtstheologischen« Versuch darstellen, der den Übergang der Botschaft nach Europa, »zu den Griechen«, als göttlich verfügtes Müssen herausstellen will; vgl. dazu auch *E. Peterson*, Die Kirche, in: Theologische Traktate, München 1951, 409–429.

17 Vgl. *H. Fries*, Glauben – Wissen, Berlin 1960, besonders 84–95; *J. Mouroux*, Ich glaube an Dich, Einsiedeln 1951; *C. Cirne-Lima*, Der personale Glaube, Innsbruck 1959.

18 Das entscheidende Standardwerk hierzu ist nach wie vor *F. Kattenbusch*, Das apostolische Symbol I 1894, II 1900 (unveränderter Nachdruck Darmstadt 1962; fortan zitiert: *Kattenbusch*). Wichtig ist ferner *J. de Ghellinck*, Patristique et Moyen-âge 1, Paris [2]1949; dazu der Überblick von *J. N. D. Kelly*, Early Christian Creeds, London 1950; ferner *W. Trillhaas*, Das apostolische Glaubensbekenntnis. Geschichte, Text, Auslegung, Witten 1953. Kurze Zusammenfassung und weitere Literatur fin-

det man in den Patrologien, so zum Beispiel *B. Altaner–A. Stuiber*, Patrologie, Freiburg [7]1966, 85 ff; *J. Quasten*, Patrology I, Utrecht 1962, 23–29; siehe auch *J. N. D. Kelly*, Apostolisches Glaubensbekenntnis in: [2]LThK I, 760 ff.

19 Vgl. zum Beispiel den Text des Sacramentarium Gelasianum (ed. Wilson), 86, zitiert bei *Kattenbusch* II, 485, sowie vor allem den Text in der Traditio apostolica des *Hippolyt* (ed. Botte), Münster [2]1963, 48 ff.

20 *Hippolyt*, a.a.O., 46: Renuntio tibi, Satana, et omni servitio tuo et omnibus operibus tuis.

21 *Kattenbusch* II, 503.

22 Vgl. *A. Hahn*, Bibliothek der Symbole und Glaubensregeln der Alten Kirche, [3]1897; Neudruck Hildesheim 1962; *G. L. Dosetti*, Il simbolo di Nicea e di Costantinopoli, Rom 1967.

23 Vgl. *F. G. Jünger*, Sprache und Kalkül, in: Die Künste im technischen Zeitalter, herausgegeben von der Bayerischen Akademie der Schönen Künste, Darmstadt 1956, 86–104.

24 Vgl. *J. H. Emminghaus*, Symbol III, in: [2]LThK IX, 1208 ff.

25 Bei *Platon* wird die Idee des Symbols ausgeweitet zu einer Deutung des menschlichen Wesens, wenn er in Symposion 191 d im Anschluss an den Androgyne-Mythos den Menschen selbst als »Symbol«, als eine Hälfte auslegt, die auf ihre Entsprechung im anderen verweist: »Jeder von uns ist demnach nur eines Menschen (σύμβολον (Symbol, Hälfte), weil wir zerschnitten, wie die Schollen, aus einem zwei geworden sind. Immerfort sucht ein jeder nach dem zu ihm gehörenden σύμβολον (nach seiner anderen Hälfte)«.

26 *K. Rahner*, Was ist eine dogmatische Aussage?, in: Schriften zur Theologie V, Einsiedeln 1962, 54–81, besonders 67–72. Diesem wichtigen Beitrag weiß sich dieses ganze Kapitel verpflichtet.

27 Siehe den Bericht über die Konversion des Marius Victorinus und den Eindruck, den Augustin davon empfing, in Confessiones VIII 2, 3–5; dazu *A. Solignac*, Le cercle milanais, in: Les Confessions (Œuvres de St. Augustin 14), Desclée 1962, 529–536.

Erster Hauptteil: Gott

1 Das Wort »Schöpfer« fehlt im ursprünglichen römischen Text; der Schöpfungsgedanke ist aber doch im Begriff des »Allherrschers« mitgegeben.

2 *G. van der Leeuw*, Phänomenologie der Religion, Tübingen [2]1956, 103.

3 Vgl. dazu *R. Marlé*, Die fordernde Botschaft Dietrich Bonhoeffers, in: Orientierung 31 (1967), 42–46, besonders den klassischen Text aus Widerstand und Ergebung (ed. Bethge), München [12]1964, 182: »Ich möchte

von Gott nicht an den Grenzen, sondern in der Mitte, nicht in den Schwächen, sondern in der Kraft, nicht also bei Tod und Schuld, sondern im Leben und im Guten des Menschen sprechen«.

4 *P. Claudel*, Der seidene Schuh, Salzburg 1953, 288 ff – der große abschließende Dialog zwischen Proeza und Rodrigo; siehe auch 181 und die ganze vorausgehende Szene mit dem doppelten Schatten.

5 Vgl. dazu *A. Brunner*, Die Religion, Freiburg 1956, besonders 21–94; *R. Guardini*, Religion und Offenbarung I, Würzburg 1958.

6 Vgl. *J. A. Cuttat*, Begegnung der Religionen, Einsiedeln 1956; *J. Ratzinger*, Der christliche Glaube und die Weltreligionen, in: Gott in Welt (Festschrift für K. Rahner) II, Freiburg 1964, 287–305; sowie das Material bei *P. Hacker*, Prahlada. Werden und Wandlungen einer Idealgestalt I und II, Mainz 1958.

7 Es braucht nur darauf hingewiesen zu werden, dass die antike Philosophie philosophische Atheisten (Epikur, Lukrez usw.) und philosophische Monotheisten (Platon, Aristoteles, Plotin) kannte, dass aber die einen wie die anderen religiös Polytheisten waren – ein Tatbestand, der unter der Herrschaft einer einseitig philosophiegeschichtlichen Betrachtungsweise selten genügend gewürdigt wird. Erst auf diesem Hintergrund wird das Revolutionäre der christlichen Haltung sichtbar, für die philosophische und religiöse Orientierung identisch werden; vgl. dazu *J. Ratzinger*, Volk und Haus Gottes in Augustins Lehre von der Kirche, München 1954, 2–12 und 218–234.

8 Text des Sch'ma (wie dieses Gebet nach dem Anfangswort »Höre, Israel« heißt) bei *R. R. Geis*, Vom unbekannten Judentum, Freiburg 1961, 22 f.

9 *E. Brunner*, Die christliche Lehre von Gott. Dogmatik I, Zürich 1960, 124–135; vgl. *J. Ratzinger*, Der Gott des Glaubens und der Gott der Philosophen, München 1960.

10 So wird man es vom Standpunkt des Historikers her ausdrücken. Davon wird die Überzeugung des Gläubigen nicht berührt, dass dieses »schöpferische Umprägen« nur möglich war in der Form eines Empfangens von Offenbarung. Der schöpferische Vorgang ist im Übrigen immer ein Empfangensvorgang. Zum Historischen vgl. *H. Cazelles*, Der Gott der Patriarchen, in: Bibel und Leben 2 (1961), 39–49; *O. Eißfeldt*, Jahwe, der Gott der Väter, in: Theologische Literaturzeitung 88 (1963), 481–490; *G. von Rad*, Theologie des AT I, München 1958, 181–188.

11 *Cazelles*, a.a.O.

12 Dabei wäre wieder (wie schon in Anm. 10) daran zu erinnern, dass Entscheidung Geschenk, Empfangen und insofern Offenbarung einschließt.

13 Vgl. *Maximus Confessor*, Expositio Orationis Dominicae, in: Patrologia Graeca (PG) 90, 892: Für ihn versöhnen sich im Evangelium der heidnische Polytheismus und der jüdische Monotheismus. »Jener ist sich wi-

dersprechende Vielheit ohne Band, dieser ist Einheit ohne inneren Reichtum«. *Maximus* betrachtet sie beide als gleich unvollkommen und ergänzungsbedürftig. Nun aber durchdringen sie sich zur Idee des drei-einigen Gottes, die die Einheitsidee der Juden, die an sich »eng und unvollkommen und fast wertlos ist« und der Gefahr »des Atheismus zuneigt«, durch die »lebendige und geistvolle Vielheit der Griechen ergänzt«. So nach *H. U. von Balthasar*, Kosmische Liturgie. Das Weltbild Maximus' des Bekenners, Einsiedeln ²1961, 312; vgl. auch *A. Adam*, Lehrbuch der Dogmengeschichte I, Gütersloh 1965, 368.

14 Vgl. *W. Eichrodt*, Theologie des AT I, Leipzig ²1939, 92 f; *G. von Rad*, a.a.O. (siehe Anmerkung 10), 184.

15 Vgl. zur Herkunft und Bedeutung dieser Formel vor allem *E. Schweizer*, EGO EIMI ..., Göttingen 1939; *H. Zimmermann*, Das absolute ἐγώ εἰμι als die neutestamentliche Offenbarungsformel, in: Biblische Zeitschrift 4 (1960), 54–69; *E. Stauffer*, Jesus. Gestalt und Geschichte, Bern 1957, 130–146.

16 Dominus noster Christus veritatem se, non consuetudinem cognominavit. De virginibus velandis I, 1, in: Corpus Christianorum seu nova Patrum collectio (CChr) II, 1209.

17 Text des »Mémorial«, wie dieser Zettel genannt wird, bei *R. Guardini*, Christliches Bewusstsein, München ²1950, 47 f, ebd. 3 verkleinerte Wiedergabe des Originals; dazu die Analyse *Guardinis* 27–61. Zur Ergänzung und Korrektur *H. Vorgrimler*, Marginalien zur Kirchenfrömmigkeit *Pascals*, in: *J. Daniélou–H. Vorgrimler*, Sentire ecclesiam, Freiburg 1961, 371–406.

18 Die Herkunft der von *Hölderlin* angeführten »Grabschrift des Loyola« hat *H. Rahner* geklärt: Die Grabschrift des Loyola, in: Stimmen der Zeit, 72. Jahrgang, 139. Band (Februar 1947), 321–337: Der Spruch stammt aus dem großen Werk Imago primi saeculi Societatis Jesu a Provincia Flandro-Belgica eiusdem Societatis repraesentata, Antwerpen 1640. Dort Seite 280–282 ein von einem ungenannten jungen flandrischen Jesuiten verfasstes Elogium sepulcrale Sancti Ignatii, dem der Spruch entnommen ist; vgl. auch *Hölderlin*, Werke III (ed. F. Beißner, Sonderausgabe für die Wissenschaftliche Buchgesellschaft Darmstadt), Stuttgart 1965, 346 f. Der gleiche Gedanke findet sich in einer Vielzahl eindrucksvoller spätjüdischer Texte ausgedrückt vgl. dazu *P. Kuhn*, Gottes Selbsterniedrigung in der Theologie der Rabbinen, München 1968, besonders 13–22.

19 *Kattenbusch* II, 526; *P. van Imschoot*, Heerscharen, in: *H. Haag*, Bibellexikon, Einsiedeln 1951, 667–669. In der zweiten Auflage (1968), 684, ist der Artikel stark verkürzt.

20 *A. Einstein*, Mein Weltbild, herausgegeben von *C. Seelig*, Zürich-Stuttgart-Wien 1953, 21.

21 Ebd., 18–22. In dem Abschnitt »Die Notwendigkeit der ethischen Kultur« (22–24) zeigt sich dann doch eine Lockerung der vorher so intimen Bindung von naturwissenschaftlichem Erkennen und religiösem Staunen, der Blick für das Eigene des Religiösen scheint durch die vorangegangenen tragischen Erfahrungen etwas geschärft.

22 Zitiert bei *W. von Hartlieb*, Das Christentum und die Gegenwart, Salzburg 1953 (Stifterbibliothek, Band 21), 18 f.

23 *E. Peterson*, Theologische Traktate, München 1951, 45–147: Der Monotheismus als politisches Problem, besonders 52 f.

24 Ebd., 102 ff. Wichtig auch die abschließende Bemerkung *Petersons*, 147, Anm. 168: »Der Begriff der ›politischen Theologie‹ ist m. W. von Carl Schmitt, Politische Theologie, München 1922, in die Literatur eingeführt worden ... Wir haben hier den Versuch gemacht, an einem konkreten Beispiel die theologische Unmöglichkeit einer ›politischen Theologie‹ zu erweisen«.

25 Es sei nur stellvertretend auf die Geschichte des Homousios verwiesen; siehe die Zusammenfassung von *A. Grillmeier*, in: ^{2}LThK V, 467 f; dazu den Überblick über die Geschichte des trinitarischen Dogmas bei *A. Adam*, a.a.O., 115–254 (S. 349, Anm. 13). Zum Thema Stammeln des Menschen vor Gott vgl. die schöne Erzählung »Das Stammeln« aus den chassidischen Geschichten in: *M. Buber*, Werke III, München 1963, 334.

26 Zitiert bei *H. Dombois*, Der Kampf um das Kirchenrecht, in: *H. Asmussen – W. Stählin*, Die Katholizität der Kirche, Stuttgart 1957, 285–307, Zitat 297 f.

27 *H. Dombois* macht a.a.O. darauf aufmerksam, dass *N. Bohr*, der den Begriff der Komplementarität in die Physik eingeführt hat, seinerseits dafür auf die Theologie verwies: auf die Komplementarität von Gerechtigkeit und Barmherzigkeit Gottes; vgl. *N. Bohr*, Atomtheorie und Naturbeschreibung, Berlin 1931; ders., Atomphysik und menschliche Erkenntnis, Braunschweig 1958. Weitere Hinweise und Literatur bietet *C. F. von Weizsäcker* in seinem Artikel Komplementarität, in: Die Religion in Geschichte und Gegenwart (RGG) III, 1744 f.

28 *B. Pascal*, Pensées, Fragment 233 (ed. Brunschvicg 137 f); Übersetzung nach *M. Laros*, Pascals Pensées, München 1913, 96 f; vgl. dazu bei *Brunschvicg* S. 333, Anm. 53, der gegen *V. Cousin* (siehe auch *Laros* S. 97, Anm. 1) zeigt, dass »s'abêtir« (»einfältig machen«) für Pascal bedeutet: »retourner à l'enfance, pour atteindre les vérités supérieures qui sont inaccessibles à la courte sagesse des demi-savants«. *Brunschvicg* kann von hier aus im Sinn *Pascals* sagen: »Rien n'est plus conforme à la raison que le désaveu de la raison« (Nichts ist vernunftgemäßer als diese Verleugnung der Vernunft): *Pascal* spricht hier nicht, wie *Cousin* meinte, als Skeptiker, sondern aus der Überzeugung und der Gewissheit des Gläubigen heraus; vgl. auch *H. Vorgrimler*, a.a.O., 383 f. (siehe S. 349, Anm. 17 dieses Buches).

29 Vgl. dazu *W. Kern*, Einheit-in-Mannigfaltigkeit, in: Gott in Welt (Festschrift für K. Rahner) I, Freiburg 1964, 207–239; siehe auch das auf S. 348 f., Anm. 13, über *Maximus Confessor* Gesagte.

30 Vgl. den auf S. 347, Anm. 26, genannten Beitrag von *K. Rahner*.

31 Vgl. *C. Andresen*, Zur Entstehung und Geschichte des trinitarischen Personbegriffs, in: Zeitschrift für die neutestamentliche Wissenschaft 52 (1961), 1–38; *J. Ratzinger*, Zum Personverständnis in der Dogmatik, in: *J. Speck*, Das Personverständnis in der Pädagogik und ihren Nachbarwissenschaften, Münster 1966, 157–171.

32 Augustinus, Enarrationes in Psalmos 68 s 1, 5, in: CChr 39, 905 (Patrologia Latina [PL] 36, 845).

33 Vgl. De trinitate V 5, 6 (PL 42, 913 f): »... In Deo autem nihil quidem secundum accidens dicitur, quia nihil in eo mutabile est; nec tamen omne quod dicitur, secundum substantiam dicitur... quod tamen relativum non est accidens, quia non est mutabile«. Vgl. zum Ganzen auch *M. Schmaus*, Katholische Dogmatik I, München [3]1948, 425–432 (§ 58).

34 Vgl. den kurzen Überblick über die Geschichte des Begriffs Atom von *C. F. von Weizsäcker*, in: RGG I, 682–686.

35 Zitiert bei *K. H. Schelkle*, Jüngerschaft und Apostelamt, Freiburg 1957, 30.

36 Augustinus, In Ioannis Evangelium tractatus 29, 3 (zu Jo 7,16), in: CChr 36, 285.

Zweiter Hauptteil: Jesus Christus

1 Paradiso XXXIII 127 bis Schluss. Übersetzung hier nach *K. Voßler*, Zürich o. J., 525. Die entscheidende Stelle in V 130 ff: Dentro da sè del suo colore istesso / Mi parve pinta della nostra effige / Per che il mio viso in lei tutto era messo.

2 So in der Gruppe um *W. Pannenberg*; vgl. *W. Pannenberg*, Grundzüge der Christologie, Gütersloh [2]1966, besonders die Definition 23: »Die Aufgabe der Christologie ist es also, aus der Geschichte Jesu die wahre Erkenntnis seiner Bedeutung zu begründen ...«.

3 So in der früheren liberalen Theologie; vgl. deren klassischen Ausdruck bei *A. v. Harnack*, Das Wesen des Christentums (Neuauflage herausgegeben von *R. Bultmann*), Stuttgart 1950.

4 Das hat mit allem Nachdruck *A. Schweitzer* in seiner Geschichte der Leben-Jesu-Forschung, Tübingen 1906, herausgestellt, die damit auch einen vorläufigen Schlussstrich unter jenes Bemühen zog. Es sei nur an folgende klassische Stelle dieses Werkes erinnert: »Diejenigen, welche gern von negativer Theologie reden, haben es im Hinblick auf den Ertrag der Leben-Jesu-Forschung nicht schwer. Er ist negativ. Der Jesus von Naza-

reth, der als Messias auftrat, die Sittlichkeit des Gottesreiches verkündete, das Himmelreich auf Erden gründete und starb, um seinem Werke die Weihe zu geben, hat nie existiert. Er ist eine Gestalt, die vom Rationalismus entworfen, vom Liberalismus belebt und von der modernen Theologie mit geschichtlicher Wissenschaft überkleidet wurde. Dieses Bild ist nicht von außen zerstört worden, sondern in sich selbst zusammengefallen, erschüttert und gespalten durch die tatsächlichen historischen Probleme ...« (zitiert nach Siebensterntaschenbuch 77–80, S. 620, vgl. *W. G. Kümmel*, Das Neue Testament. Geschichte der Erforschung seiner Probleme, Freiburg-München 1958, 305).

5 Das wird ganz deutlich in *Bultmanns* letzter größerer Äußerung zur Jesusfrage: Das Verhältnis der urchristlichen Christusbotschaft zum historischen Jesus, Heidelberg 1960, noch mehr in den Arbeiten seines Schülers *H. Braun*, dem er sich aber in der erwähnten Schrift weitgehend annähert.

6 Neuauflage 1950, 86. Im 56.–60. Tausend (1908) hat *Harnack* in einer Anmerkung (183) sich noch einmal nachdrücklich hinter diesen Satz gestellt (»Ich habe nichts an ihm zu ändern«) und gleichzeitig betont, dass er selbstverständlich nur für das Evangelium gelte, »wie es Jesus verkündigt hat«, nicht »wie es Paulus und die Evangelisten verkündet haben«.

7 Vgl. dazu den Überblick von *G. Hasenhüttl*, Die Wandlung des Gottesbildes, in: Theologie im Wandel (Tübinger Festschrift, Schriftleitung *J. Ratzinger–J.Neumann*), München 1967, 228–253; *W. H. van de Pol*, Das Ende des konventionellen Christentums, Wien 1967, 438–443.

8 *Kattenbusch* II, 491; vgl. 541–562.

9 *K. Barth*, Kirchliche Dogmatik III, 2, Zürich 1948, 66–69; zitiert nach *H. U. von Balthasar*, Zwei Glaubensweisen, in: Spiritus Creator, Einsiedeln 1967, 76–91, Zitat 89 f. Der ganze Beitrag *Balthasars* ist mitzuvergleichen.

10 *H. U. von Balthasar*, a.a.O., besonders 90; ders., Verbum caro, Einsiedeln 1960, 11–72, besonders 32 f, 54 ff.

11 Vgl. dazu die erhellenden Bemerkungen von *E. Käsemann*, in: Exegetische Versuche und Besinnungen II, Göttingen 1964, 47, der darauf aufmerksam macht, dass schon die bloße Tatsache, dass Johannes sein Kerygma in der Form eines Evangeliums niederlegt, erhebliche Aussagekraft hat.

12 Vgl. *P. Hacker*, Das Ich im Glauben bei Martin Luther, Graz 1966, besonders den Abschnitt »Säkularisierung der Liebe«, 166–174. *Hacker* zeigt dort anhand ausgiebiger Textbelege, dass der reformatorische Luther (etwa ab 1520) die Liebe dem »äußeren Leben«, dem »Gebrauch der zweiten Tafel«, dem Leben nicht Gott gegenüber, sondern »gegenüber Menschen« und so dem Reich des Profanen, der heute so genannten reinen Weltlichkeit zuweist, also der »Gerechtigkeit des Gesetzes«, und sie

so säkularisierend aus dem Bereich der Gnade und des Heils ausschließt. *Hacker* kann damit überzeugend klarmachen, dass *Gogartens* Säkularisierungsprogramm sich mit vollem Recht auf Luther berufen darf. Es ist klar, dass an dieser Stelle Trient einen entscheidenden Trennungsstrich ziehen musste und dass da, wo die Säkularisierung der Liebe festgehalten wird, nach wie vor die Trennlinie verläuft. Zu *Gogarten* sei auf die zusammenfassende Darstellung und Würdigung seines Werkes durch *A. V. Bauer* verwiesen: Freiheit zur Welt (Säkularisation), Paderborn 1967.

13 Natürlich soll damit nicht der vorhin als unmöglich zurückgewiesene Versuch einer historischen Konstruktion des Glaubens nachträglich doch wieder aufgenommen werden, wohl aber geht es darum, die historische Legitimation des Glaubens zu erweisen.

14 Wenn hier von einer »Vulgarisierungsform moderner Theologie« gesprochen wird, so ist damit zugleich schon gesagt, dass die Dinge in den Fachuntersuchungen differenzierter und auch im Einzelnen vielfältig unterschiedlich gesehen werden. Die Aporien bleiben aber die gleichen, und deswegen zählt die beliebte Ausrede nicht, dass es so einfach auch wieder nicht sei.

15 *W. v. Martitz*, υἱός im Griechischen, in: Theologisches Wörterbuch zum NT (ed. Kittel–Friedrich) VIII, 335–340, hierzu 339 f.

16 Vgl. *H. J. Kraus*, Psalmen I, Neukirchen 1960, 18 ff (zu Ps 2,7).

17 Vgl. den wichtigen Artikel von *J. Jeremias*, παῖς θεοῦ, in: Theologisches Wörterbuch zum NT V, 653–713, besonders 702 f.

18 Vgl. *W. v. Martitz*, a.a.O., 330 ff, 336.

19 Deshalb ist ähnlichen Formeln immer irgendeine Determination beigegeben, vgl. das Material bei *W. Bauer*, Wörterbuch zum NT, Berlin [5]1958, 1649 ff und bei *W. v. Martitz*, a.a.O.

20 Vgl. dazu die wichtigen Materialien bei *A. A. T. Ehrhardt*, Politische Metaphysik von Solon bis Augustin, 2 Bände, Tübingen 1959; *E. Peterson*, Zeuge der Wahrheit, in: Theologische Traktate, München 1951, 165–224; *N. Brox*, Zeuge und Märtyrer, München 1961.

21 Das wurde überzeugend herausgestellt durch *F. Hahn*, Christologische Hoheitstitel, Göttingen [3]1966, 319–333; dazu die wichtigen Ausführungen von *J. Jeremias*, Abba. Studien zur neutestamentlichen Theologie und Zeitgeschichte, Göttingen 1966, 15–67.

22 *J. Jeremias*, a.a.O., 58–67. *Jeremias* korrigiert damit seine eigene frühere Auffassung etwas, wonach Abba reines Kinderlallwort wäre, in: Theologisches Wörterbuch zum NT V, 984 f; die Grundeinsicht bleibt: »... es wäre für jüdisches Empfinden unehrerbietig und darum undenkbar gewesen, Gott mit diesem familiären Wort anzureden. Es war etwas Neues und Unerhörtes, dass Jesus es gewagt hat, diesen Schritt zu vollziehen ... Das Abba der Gottesanrede Jesu enthüllt das Herzstück seines Gottesverhältnisses«.

23 Glauben und Verstehen II, Tübingen 1952, 258. Vgl. *G. Hasenhüttl*, Der Glaubensvollzug. Eine Begegnung mit R. Bultmann aus katholischem Glaubensverständnis, Essen 1963, 127.

24 Vgl. zu diesem Versuch *B. Welte*, Homousios hemin. Gedanken zum Verständnis und zur theologischen Problematik der Kategorien von Chalkedon, in: *A. Grillmeier–H. Bacht*, Das Konzil von Chalkedon III, Würzburg 1954, 51–80; *K. Rahner*, Zur Theologie der Menschwerdung, in: Schriften zur Theologie IV, Einsiedeln 1960, 137–155; ders., Die Christologie innerhalb einer evolutiven Weltanschauung, in: Schriften V, Einsiedeln 1962, 183–221.

25 Vgl. *J. Pedersen*, Israel, Its Life and Culture, 2 Bände, London 1926 und 1940; *H. W. Robinson*, The Hebrew Conception of Corporate Personality, in: Beihefte zur Zeitschrift für die alttestamentliche Wissenschaft 66 (Berlin 1936), 49–62; *J. de Fraine*, Adam und seine Nachkommen, Köln 1962.

26 Zitiert nach *C. Tresmontant*, Einführung in das Denken Teilhard de Chardins, Freiburg 1961, 77.

27 Ebd., 41.

28 Ebd., 40.

29 Ebd., 77.

30 Ebd., 82.

31 Ebd., 82.

32 Ebd., 90.

33 Ebd., 78.

34 Vgl. *O. Cullmann*, Urchristentum und Gottesdienst, Zürich 1950, 110 ff; *J. Betz*, Die Eucharistie in der Zeit der griechischen Väter II, 1: Die Realpräsenz des Leibes und Blutes Jesu im Abendmahl nach dem NT, Freiburg 1961, 189–200.

35 Im Folgenden greife ich weitgehend auf Gedanken zurück, die ich zuerst in meinem Büchlein »Vom Sinn des Christseins«, München [2]1966, entwickelt habe, und versuche, das dort Gesagte zu systematisieren und in den größeren Zusammenhang der Überlegungen dieses Buches einzuordnen.

36 So gibt *J. R. Geiselmann* zusammenfassend die von *Möhler* in: Theologische Quartalschrift 1830, 582 f, entwickelten Gedanken wieder: *J. R. Geiselmann*, Die Heilige Schrift und die Tradition, Freiburg 1962, 56.

37 Nach *J. R. Geiselmann*, ebd. 56; *F. von Baader*, Vorlesungen über spekulative Dogmatik (1830), 7. Vorl., in: Werke VIII, 231, vgl. *Möhler*, a.a.O.

38 Vgl. dazu die Bemerkung von *E. Mounier* in: L'esprit, Januar 1947: Einem Rundfunksprecher war es allzu gut gelungen, die Vorstellung der Weltuntergangskatastrophe zu erwecken. Gipfelpunkt des Widersinns: Menschen nahmen sich das Leben, um nicht zu sterben. Dieser ganz offenbar sinnlose Reflex beweist, dass wir weit mehr von Zukunft als von

Gegenwart leben. Ein Mensch, der jählings der Zukunft beraubt wird, ist ein Mensch, der schon des Lebens selbst beraubt wird. – Zum »Sein des Daseins als Sorge« *M. Heidegger*, Sein und Zeit, Tübingen [11]1967, 191–196.

39 Vgl. *J. Ratzinger*, Menschheit und Staatenbau in der Sicht der frühen Kirche, in: Studium generale 14 (1961), 664–682, besonders 666–674; *H. Schlier*, Mächte und Gewalten im Neuen Testament, Freiburg 1958, besonders 23 f, 27, 29. Über das »Man«: *Heidegger*, Sein und Zeit, Tübingen [11]1967, 126–130.

40 Vgl. dazu die instruktive Untersuchung von *J. Neuner*, Religion und Riten. Die Opferlehre der Bhagavadgita, in: Zeitschrift für Katholische Theologie 73 (1951), 170–213.

41 So im Kanon der Messe gemäß den Einsetzungsberichten Mk 14,24 par.

42 Vgl. den Puruṣa-Mythos der vedischen Religion; siehe dazu *P. Regamey*, in: *F. König*, Christus und die Religionen der Erde. Handbuch der Religionsgeschichte, 3 Bände, Freiburg 1951, III, 172 f; ders., in: *F. König*, Religionswissenschaftliches Wörterbuch, Freiburg 1956, 470 f; *J. Gonda*, Die Religionen Indiens I, Stuttgart 1960, 186 f u. ö. Der Haupttext dafür: Rigveda 10,90.

43 Nach *H. Meyer*, Geschichte der abendländischen Weltanschauung I, Würzburg 1947, 231(= ed. Bekker 993 b 9 ff).

44 Vgl. *Ph. Dessauer*, Geschöpfe von fremden Welten, in: Wort und Wahrheit 9 (1954), 569–583; *J. Ratzinger*, Vom Sinn des Christseins, München [2]1966, 32 ff.

45 Das Thema Gesetz und Evangelium wäre wohl vor allem von hier aus anzugehen; vgl. *G. Söhngen*, Gesetz und Evangelium, Freiburg 1957, 12–22.

46 *K. Rahner*, Schriften zur Theologie I, Einsiedeln 1954, 60; vgl. *J. Ratzinger*, Kommentar zur Offenbarungskonstitution, in: [2]LThK, Ergänzungsband II, 510.

47 Vgl. *A. Dempf*, Sacrum Imperium, Darmstadt 1954 (unveränderter Nachdruck der Erstauflage 1929), 269–398; *E. Benz*, Ecclesia spiritualis, Stuttgart 1934; *J. Ratzinger*, Die Geschichtstheologie des hl. Bonaventura, München 1959.

48 *L. Evely*, Manifest der Liebe. Das Vaterunser, Freiburg [3]1961, 26; vgl. *Y. Congar*, Wege des lebendigen Gottes, Freiburg 1964, 93.

49 Vgl. *R. Laurentin*, Struktur und Theologie der lukanischen Kindheitsgeschichte, Stuttgart 1967; *L. Deiss*, Maria, Tochter Sion, Mainz 1961; *A. Stöger*, Das Evangelium nach Lukas I, Düsseldorf 1964, 38–42; *G. Voß*, Die Christologie der lukanischen Schriften in Grundzügen. Studia Neotestamentica II, Paris–Brügge 1965.

50 Vgl. *W. Eichrodt*, Theologie des AT I, Leipzig 1939, 257: » ... Diese Züge ... lassen in ihrer Gesamtheit auf ein dem Volk wohl bekanntes Hei-

landsbild schließen, in dem sie ihre ideelle Einheit finden. Das wird bestätigt durch die Aufdeckung einer Reihe übereinstimmender Aussagen über den Erlöser–König in der ganzen vorderorientalischen Welt, die sich geradezu zu Szenen einer heiligen Biographie zusammenstellen lassen und zeigen, dass Israel hier weithin an orientalischem Gemeinbesitz teilhat«.

51 *E. Schweizer*, υἱός, in: Theologisches Wörterbuch zum NT VIII, 384.

52 Dies ist den Spekulationen entgegenzuhalten, mit denen *P. Schoonenberg* die Zurückhaltung des Holländischen Katechismus in dieser Sache zu rechtfertigen sucht in seinem Beitrag »De nieuwe Katechismus und die Dogmen«, deutsche Übersetzung in: Dokumentation des Holländischen Katechismus, Freiburg 1967, XIV–XXXIX, hierzu XXXVII–XXXVIII. Fatal an diesem Versuch ist aber vor allem das grundlegende Missverständnis des Dogmenbegriffs, auf dem er beruht; *Schoonenberg* versteht »Dogma« ganz aus der eingeengten Perspektive der Jesuitendogmatik des ausgehenden 19. Jahrhunderts und sucht dann natürlich vergebens nach einem lehramtlichen Dogmatisierungsakt in Bezug auf die Jungfrauengeburt, der der Dogmatisierung der »unbefleckten Empfängnis« (= Erbsündefreiheit) und der leiblichen Aufnahme Marias in den »Himmel« analog wäre. So kommt er zu dem Ergebnis, daß in Sachen Geburt Jesu aus der Jungfrau im Gegensatz zu den beiden anderen Aussagen keine feste kirchliche Lehre vorliege. In Wahrheit ist mit einer solchen Behauptung die Dogmengeschichte auf den Kopf gestellt und die endgültig seit dem Vaticanum I eingespielte Form des Lehramts in einer Weise verabsolutiert, die nicht bloß im Blick auf das Gespräch mit den Ostkirchen, sondern einfach von der Sache selbst her untragbar ist und von *Schoonenberg* denn auch nicht durchgehalten wird. Tatsächlich ist das Dogma als Einzelsatz, den der Papst »ex cathedra« verkündet, die letzte und unterste Form der Dogmenbildung. Die Urform, wie die Kirche ihren Glauben verbindlich aussagt ist das Symbolum; das seinem Sinn nach völlig eindeutige Bekenntnis zur Geburt Jesu aus der Jungfrau gehört von Anfang an fest zu allen Symbola und ist damit Bestandteil des kirchlichen Urdogmas. Nach der Verbindlichkeit des Lateranense I oder der Bulle Pauls IV. von 1555 herumzufragen, wie *Schoonenberg* es tut, ist so ein völlig gegenstandsloses Bemühen; der Versuch, etwa auch die Symbola auf eine bloß »geistige« Auslegung abzudrängen, wäre dogmengeschichtliche Nebelwerferei.

53 *J. Daniélou*, Vom Geheimnis der Geschichte, Stuttgart 1955, 388 f.

54 Politeia II, 361 e–362 a. Hier nach der Übersetzung von *S. Teuffel*, in: *Platon*, Sämtliche Werke II, Köln-Olten ^{5}1967, 51; vgl. dazu *H. U. von Balthasar*, Herrlichkeit III/1, Einsiedeln 1965, 156–161; *E. Benz*, Der gekreuzigte Gerechte bei Plato, im NT und in der alten Kirche. Abhandlungen der Mainzer Akademie 1950, Heft 12.

55 Vgl. *H. de Lubac*, Die Tragödie des Humanismus ohne Gott, Salzburg 1950, 21–31.

56 Vgl. die Bedeutung des Schweigens in den Schriften des *Ignatius von Antiochien*: Epistola ad Ephesios 19,1: »Und es blieb dem Fürsten dieser Welt die Jungfrauschaft Marias und ihre Niederkunft verborgen, ebenso auch der Tod des Herrn – drei laut rufende Geheimnisse, die in Gottes Stille vollbracht wurden«. (Übersetzung nach *J. A. Fischer*, Die Apostolischen Väter, Darmstadt 1956, 157); vgl. Epistola ad Magnesios 8, 2, wo vom λόγος ἀπὸ σιγῆς προελθών (von dem aus dem Schweigen kommenden Wort) die Rede ist, und die Meditation über Reden und Schweigen in Epistola ad Ephesios 15,1. Zum geschichtlichen Hintergrund *H. Schlier*, Religionsgeschichtliche Untersuchungen zu den Ignatiusbriefen, Berlin 1929.

57 *H. U. von Balthasar*, Theologie der Geschichte, Einsiedeln 1959, 31; vgl. *G. Hasenhüttl*, Der Glaubensvollzug, Essen 1963, 327.

58 *L. Baeck*, Das Wesen des Judentums, Köln ^{6}1960, 69.

59 2 Clem 1,1 f.; vgl. *Kattenbusch* II, 660.

Dritter Hauptteil: Der Geist und die Kirche

1 Vgl. *J. Ratzinger*, Heilsgeschichte und Eschatologie, in: Theologie im Wandel (Tübinger Festschrift), München 1967, 68–89.

2 Vgl. den großen Beitrag von *H. U. von Balthasar*, Casta meretrix, in seinem Aufsatzband Sponsa Verbi, Einsiedeln 1961, 203–305; die angeführten Texte 204–207; ferner *H. Riedlinger*, Die Makellosigkeit der Kirche in den lateinischen Hoheliedkommentaren des Mittelalters, Münster 1958.

3 Vgl. *H. de Lubac*, Die Kirche, Einsiedeln 1968 (französisch ^{3}1954), 251 bis 282.

4 *Kattenbusch* II, 919. Hier 917–927 auch über die Geschichte der Rezeption des Wortes »katholisch« im Apostolicum und über die Wortgeschichte überhaupt; vgl. auch *W. Beinert*, Um das dritte Kirchenattribut, 2 Bände, Essen 1964.

5 Zu dem Problem »Kirche und Kirchen«, das damit auftaucht, habe ich meine Auffassung dargelegt in: *J. Ratzinger*, Das Konzil auf dem Weg, Köln 1964, 48–71.

6 Die folgenden Ausführungen geschehen in engem Anschluss an meinen Artikel Auferstehung in: Sacramentum mundi I, herausgegeben von *Rahner-Darlap*, Freiburg 1967, 397–402, dort auch weitere Literatur.

VERZEICHNIS DER NAMEN UND SACHEN

Namen

Sachen

BIBLISCHES STELLENREGISTER

Apostolische Väter